U0581260

教育部人文社会科学
重点研究基地

武汉大学社会保障
研究中心

中国社会保障改革与发展报告2018

Reform and Development of Social Security Report 2018

邓大松 刘昌平 等 著

人民出版社

前　言

社会保障是社会稳定的"安全网"、经济运行的"调节器"，是构建社会主义和谐社会的重要内容，对于调节收入分配、促进社会公平，增加国内需求、拉动经济增长具有十分重要的作用。改革开放以来，中国政府就一直高度重视社会保障制度建设，党的十四届三中全会通过的《中共中央关于建立社会主义市场经济体制若干问题的决定》明确提出"建立多层次的社会保障制度，为城乡居民提供同我国国情相适应的社会保障，促进经济发展和社会稳定"，将社会保障制度作为社会主义市场经济体制的重要支柱；党的十七大明确提出将"建立覆盖城乡居民的社会保障体系"作为构建社会主义和谐社会的主要任务之一，要求到2020年基本建立覆盖城乡居民的社会保障体系，使人人享有基本生活保障；党的十八大又进一步提出"要坚持全覆盖、保基本、多层次、可持续方针，以增强公平性、适应流动性、保证可持续性为重点，全面建成覆盖城乡居民的社会保障体系"。

改革开放以来，特别是党的十四届三中全会以来，中国政府抓住国民经济持续快速健康发展的有利时机，在社会保障制度体系建设上作出了不懈努力，取得了重要进展：明确完善社会保障制度的基本原则、总体目标和主要任务，确立社会统筹与个人账户相结合的基本养老保险和基本医疗保险制度，基本建成了涵盖养老保险、医疗保险、失业保险、工伤保险和生育保险，以及城乡居民最低生活保障制度的社会保障体系；普遍实行个人缴费制度，加大中央和地方财政投入力度，建立全国社会保障基金，初步形成了国家、企业和个人的社会保障资金多渠道筹集机制;扩大社会保险制度的覆盖范围,实现了从国有企业向城镇各种所有制企业、灵活就业人员和个体工商户的延伸;实行原行业统筹下放省级管理,解决条块分割的矛盾,建立了上下贯通、覆盖全国的社会保险社会化管理服务体系。社会保障制度的改革与不断完善,对保障人民群众的基本生活需求和维持社会安定团结,对国有企业改革、经济结构调整的顺利推进,对统筹城乡社会经济发展进程,发挥了十分重要的作用。

中国是世界上最大的发展中国家,人民生活还不富裕,社会主义市场经济体制初步建立,影响发展的体制机制障碍依然存在,经济增长和社会发展面临着许多突出问题。正如党的十七大报告所言:"人民生活总体上达到小康水平,同时收入分配差距拉大趋势还未根本扭转,城乡贫困人口和低收入人口还有相当数量,统筹兼顾各方面利益难度加大"。当前,社会保障体系不完善与人民群众日益增长的社会保障需求是构建社会主义和谐社会的突出矛盾之一。

武汉大学社会保障研究中心作为国家"985"工程社会保障研究创新基地和教育部人文社会科学百所重点研究基地之一,长期以来一直致力于社会保障理论与中国社会保障制度研究,承接了包括国家自然科学基金、国家社会科学基金、教育部以及各级政府相关部门、国内外相关研究机构和社会组织在内的大量研究任务,近几年取得了一系列研究成果。《中国社会保障改革与发展报告》是由武汉大学社会保障研究中心组织国内社会保障领域诸多知名学者与专家,共同编著的一份重要的年度研究报告,也是教育部哲学社会科学研究报告资助项目"中国社会保障改革与发展报告"(批准号10JBG009)的重要研究成果,重点关注社会保障理论研究与国际比较研究中的前沿问题,当前中国经济社会发展过程中凸显的社会矛盾和民生问题,中国社会保障制度改革过程中的焦点、难点和热点问题。

社会保障是一项复杂的社会系统工程,也是一项正在不断改革和完善的社会经济制度,需要解决的问题和面临的困难很多,因此,《中国社会保障改革与发展报告》不可能穷尽当前社会保障领域内的所有问题。

但是，我们试图在有限的篇幅和人力条件下，经过编著者的共同努力，将《中国社会保障改革与发展报告》打造成为中国社会保障理论与政策研究的精品与力作。

目　录

1

中国社会保障制度40年发展历程与未来展望*

孟颖颖　邓大松

* 感谢刘一伟、汪佳龙、寸进超、张孝栋、王静等同学为本章写作付出的辛勤工作。

1.1 引 言

改革开放40年，中国经济建设取得了举世瞩目的成就，中国的社会保障制度建设也取得了巨大的成就，构建了世界上最庞大的社会保障体系，初步实现了覆盖全体人民的目标。党的十九大报告指出，“中国特色社会主义进入新时代，我国社会主要矛盾已经转化为人民日益增长的美好生活需要和不平衡不充分的发展之间的矛盾”，这为我国进一步推动社会保障建设提供了指导思想，即解决社会保障领域存在的不平衡不充分发展的问题。党的十九大报告明确要求，“按照兜底线、织密网、建机制的要求，全面建成覆盖全民、城乡统筹、权责清晰、保障适度、可持续的多层次社会保障体系制度”，这为我国社会保障建设提供了具体的行动指南。

本部分梳理了改革开放40年来国家在各个特定时期为解决社会保障制度存在的问题所采取的方针政策，并总结其中的经验与教训，以对未来中国社会保障制度的发展提供有益的参考。

1.2 养老保障制度发展历程与未来展望

1978年，我国进行了经济体制改革，经济体制改革催生了养老保障体制改革，其主要目的在于解决经济体制转变所产生的社会问题。随着我国社会主义市场经济体制基本建立，养老保障制度逐渐摆脱经济体制改革的附属角色而作为一种正式的社会制度独立存在，其主要目标在于让经济发展成果惠及全体人民。据人力资源和社会保障部发布的《2017年度人力资源和社会保障事业发展统计公报》显示①,从 2009 年到 2016 年,我国领取养老金的人数从 7142 万人增长到 25373 万人。其中,退休职工月人均养老金从 2009 年的 1276.41 元提高到 2016 年的 2627.44 元,增长了 1 倍多;农村老年人与城镇老年居民月均养老金从 2009 年的 40.7 元提高到 117.33 元,增长了近 2 倍。《2018 年国民经济和社会发展统计公报》数据显示②,2017 年年末全国参加城镇职工基本养老保险的人数为 41848 万,比上年年末增加 1555 万人;参加城乡居民基本养老保险的人数为 52392 万人,增加 1137 万人。

1.2.1 养老保障制度发展历程

一、准备阶段:退休制度的恢复(1978—1985 年)

"文化大革命"期间我国养老保障处于缺位状态,众多老弱病残干部以及全民所有制企业员工的养老保障问题亟待解决。1978 年 5 月,国务院相继颁布《关于安置老弱病残干部的暂行办法》和《关于工人退休、退职的暂行办法》(国发〔1978〕104 号),这两个办法放宽了老弱病残干部和全民所有制员工的退休条件,提高了其退休后的待遇标准,养老保障制度得以恢复正常运转。

其后,为推动干部队伍年轻化,国家进行了领导干部退休制度改革。1980 年 9 月国务院颁布《关于老干部离职休养的暂行规定》(国发〔1980〕253 号),该暂行规定指出,"将党政机关、人民团体和全民所有制企业、事业单位的干部,以及因工作需要由组织委派到集体所有制企业、事业单位工作的国家干部统一纳入进来。并对其政治上予以尊重,生活上予以照顾,进一步提高其养老保障待遇水平",这标志着干部离休制度

① 《2017 年度人力资源和社会保障事业发展统计公报》,人力资源和社会保障部,http://www.mohrss.gov.cn/ghcws/BHCSWgongzuodongtai/201805/t20180521_294290.html,2018-05-21。

② 《2018 年国民经济和社会发展统计公报》,国家统计局,http://www.stats.gov.cn/tjsj/zxfb/201902/t20190228_1651265.html,2019-02-28。

在我国的正式建立。此后,1982年2月中共中央又出台了《关于建立老干部退休制度的决定》(中发〔1982〕13号),该决定的出台正式标志着党的干部退休制度确立,领导干部终身制被废除。

这一时期,军队方面也进行了退休制度改革。1981年10月国务院、中央军委出台《关于军队干部退休的暂行规定》(〔1981〕39号),规定"军队的现役干部,男年满五十五周岁、女年满五十周岁,或因战、因公致残,积劳成疾,基本丧失工作能力的,可办理退休"。"在达到法定退休条件时根据参军时间、军龄以及相关条件根据其工资比例发放一定的生活费。"该规定明确了军队干部退休条件和待遇标准。1982年1月国务院、中央军委颁布《关于军队干部离职休养的暂行规定》(〔1982〕1号)进一步提高了军队老干部的退休待遇水平。

总的来看,这一时期的养老保障主要是配合国家工作人员离退休制度改革。通过建立全民所有制企业工人退休制度,工人的养老保障问题得以解决;通过建立干部退休制度,干部退休后的养老保障问题得以解决,并最终推动了领导干部终身制的废除。但这一时期的养老保障改革也存在对改革开放后社会变化缺乏预见性的问题。随着农村土地承包经营体制和城镇经济体制改革的相继展开,大量的富余劳动力开始流向非国有企业单位。据统计①,1978年年末我国离退休退职人数为314万人,其中非国有企业退职人数为66万人;截至1984年年末,全国退休退职总人数为1478万人,其中非国有企业退休退职人数达到了416万人。因此如何解决非国有企业职工退休养老问题成为一个新的时代问题。

二、探索阶段:为国企改革保驾护航(1986—1992年)

国营企业改革了推动了养老保险体制改革。1986年7月《国营企业实行劳动合同制暂行规定》(国发〔1986〕77号)颁布,该暂行规定明确规定国家"对劳动合同制工人退休养老实行社会保险制度。退休养老基金的来源,由企业和劳动合同制工人缴纳。退休养老金不敷使用时,国家给予适当补助",由国家、企业、个人三方共同承担国有企业职工养老保险

① 数据来源:《中国劳动统计年鉴》(1996年),中国统计出版社1996年版。

基金缴费的原则得以建立。1991 年 6 月国务院颁布《关于企业职工养老保险制度改革的决定》(国发〔1991〕33 号),该决定提出我国要“逐步建立起基本养老保险与企业补充养老保险和职工个人储蓄性养老保险相结合的制度”,首次明确了全民所有制企业要建立多层次的企业职工养老保障体制,并进一步提出“城镇集体企业可以参照执行”,这实际上为其他所有制企业的养老保障问题提供了指导性建议。

国家对机关、事业单位养老保险制度也进行了微调。1992 年 1 月人事部发布《关于机关、事业单位养老保险制度改革有关问题的通知》(人退发〔1992〕2 号),重申了要对机关、事业单位的现收现付养老保险财务机制进行改革,并改变机关、事业单位养老保障全部由国家承担的做法。

这一时期国家也开始了建立农村养老保障体制的探索。国家早在“七五”计划中就提出要“抓紧建立农村社会保险制度”的愿景,民政部从 1986 年开始对建立农村社会养老保险制度进行规划,1991 年 1 月,国务院决定由民政部负责开展建立农村社会养老保险制度的试点。民政部在深入调查研究和总结经验的基础上,于 1992 年 1 月颁布了《县级农村社会养老保险基本方案》(民办发〔1992〕2 号),对养老保险的筹集原则、资金管理、统筹层次进行了明确规定,此后农村社会养老保险工作开始在农村地区广泛推广,我国“旧农保”拉开了序幕。

这一时期养老保障体制改革主要是为了配合国有企业改革,养老保障制度改革在促进国有企业人力资源流动、减轻国有企负担、激发国有企业活力、提高社会生产力等方面发挥了重要的作用。作为国有企业改革的配套工程,养老保险制度并未覆盖其他所有制企业工人,这明显不符合当时社会已经存在的大量非国有企业工人的养老保障利益诉求,这也为未来进一步的养老保障改革指明了方向。

“旧农保”的推行,为解决农村地区的养老保障问题进行了有益的探索。但在一个农村居民收入较低、社会化养老保障观念缺乏的年代里,国家建立这种几乎完全依靠农村居民个人缴费而缺乏相应的激励机制的养老保障制度,注定了其无法得到大规模的推广,也就无法改变农村传统的家庭养老模式。

三、急剧变革阶段:社会主义市场经济体制的助推器(1993—1997年)

1993年11月中共十四届三中全会通过了《中共中央关于建立社会主义市场经济体制若干问题的决定》,明确指出社会保障制度维系着市场经济正常运行和社会和谐稳定。该《决定》指出:“按照社会保障的不同类型确定其资金来源和保障方式。城镇职工养老金由单位和个人共同负担,实行社会统筹和个人账户相结合。农民养老以家庭保障为主,与社区扶持相结合。有条件的地方,根据农民自愿,也可以实行个人储蓄积累养老保险”。在社会统筹的基础上引入个人账户表明职工个人责任的回归,强调个人对于养老应尽的责任,有利于减轻企业负担,但是这一时期对个人账户的管理缺乏明确规定,一定程度上成为后来个人账户养老金“空账运行”的根源。1995年3月,国务院制定颁布《关于深化企业职工养老保险制度改革的通知》(国发〔1995〕6号)。进一步明确了企业职工养老保险改革的目标和原则是:“多层次、社会统筹与个人账户相结合、权利与义务相对应、管理服务社会化的养老保险体系”。职工基本养老保险制度在全国范围内实行统账结合模式,但在具体实施过程中国务院允许各地根据实际进行修正。

1997年7月,针对当时还存在基本养老保险制度不统一、覆盖面过窄、统筹层次较低、管理制度不健全等问题。国务院出台《关于建立统一的企业职工基本养老保险制度的决定》(国发〔1997〕26号),该《决定》明确规定“到本世纪末,要基本建立起适应社会主义市场经济体制要求,适用城镇各类企业职工和个体劳动者,资金来源多渠道、保障方式多层次、社会统筹与个人账户相结合、权利与义务相对应、管理服务社会化的养老保险体系”。我国养老保险体系在走向统一化、规范化的同时,覆盖范围也在进一步扩大,由原来的机关事业单位、国有企业逐渐扩大到城镇所有企业及其职工,并规定城镇个体劳动者也要建立基本养老保险制度。

可以看出这一时期我国养老保险改革取得了巨大的成就:首先体现在养老保险制度的覆盖面上,城镇各类企业职工都被纳入养老保险体制中,同时规定城镇个体劳动者也应建立基本养老保险制度,覆盖率大幅提升;其次强调权利与义务相统一,个人账户模式开始引入养老保险管理体制中，开启了社会统筹和个人账户相结合的新模式；最后多层次的养老保险体系初见雏形，除了职工基本养老保险之外，国家也开始了多层次养老保险体制的探索。

但是这一时期农村养老保险仍为我国养老保险的短板。农村养老保险仍在摸着石头过河，存在很多问题。主要表现在农村养老保险为试点性质，制度设计不完善，管理不规范，资金运营效率低下，农民参保热情不高①，农村养老保险基本处于停滞不前状态，真正实现养老保险制度全覆盖任重道远。

四、深化阶段：社会保障作为一种基本社会制度存在（1998—2008 年）

这一时期的养老保障改革是从完善自身体制的角度出发，其更多的是作为一种基本社会制度而存在。1998 年 8 月，为了解决养老保障体制上存在着的行业分割、统筹层次低的问题，国务院出台《关于实行企业职工基本养老保险省级统筹和行业统筹移交地方管理有关问题的通知》（国发〔1998〕28 号，以下简称《通知》）。2000 年 12 月国务院颁布《关于完善城镇社会保障体系的试点方案》（国发〔2000〕42 号），明确规定“将社会统筹基金与个人账户基金实行分别管理，基本养老金由基础养老金和个人账户养老金组成”，完善了基金账户管理模式和待遇计发模式，《通知》同时指出“自由职业人员、城镇个体工商户应参加基本养老保险，具体办法由各省、自治区、直辖市人民政府规定”，中央给予地方自主权来提高养老保险的覆盖率。2005 年 12 月，国务院出台《关于完善企业职工基本养老保险制度的决定》（国发〔2005〕38 号），明确要求“确保基本养老金按时足额发放，保障离退休人员基本生活；逐步做实个人账户，完善社会统筹与个人账户相结合的基本制度；统一城镇个体工商户和灵活就业人员参保缴费政策，扩大覆盖范围；改革基本养老金计发办法，建立参保缴费的激励约束机制”，并再次重申“城镇各类企业职工、个体工商户和灵活就业人员都要参加企业职工基本养老保险”。

为了建立多层次的养老保险制度，更好地保障企业职工退休后的生

① 徐宏伟：《中国养老保障制度改革研究》，中共中央党校 2009 年版，第 72—77 页。

活。2003 年 12 月，劳动和社会保障部通过了《企业年金试行办法》（劳社部〔2003〕20 号），补充养老保险开始走向规范化、统一化。

在农村养老保障方面，受 1997 年亚洲金融危机等多种因素的影响，全国大部分地区“旧农保”出现了参保人数下降，同时“旧农保”存在缺乏合适的保值增值方式、基金运行机制混乱等问题，一些地区农村社会养老保险工作甚至陷入停顿状态①。1998 年国务院机构进行改革，农村社会养老保险事务由民政部交由劳动和社会保障部进行管理。1999 年 7 月，国务院指出“目前我国农村尚不具备普遍实行社会养老保险的条件，决定对已有的业务实行清理整顿，停止接受新业务，有条件的地区应逐步向商业保险过渡”。

进入新世纪，我国老龄化问题日益严重，在农村地区尤为明显，农村的老龄化水平要高于城镇，并且随着人口老龄化日益加重，城乡老龄化程度差距将进一步扩大，农村人口老龄化问题更为突出②，解决农村养老保障问题越来越急迫。此外，我国城乡二元经济社会结构根深蒂固。改革开放以来，我国经济不断发展，人民生活水平不断提高，但我国二元经济结构并未改变，农村人口仍占绝对比例，且城乡收入差距呈不断扩大之势，为防止差距进一步扩大，促进社会稳定和谐发展，在农村建立社会保障体系逐渐被政府提上日程。2002 年 12 月党的十六大报告指出：“有条件的地方，探索建立农村养老、医疗保险和最低生活保障制度”。2003 年 10 月党的十六届三中全会通过的《中共中央关于完善社会主义市场经济体制若干问题的决定》提出：“农村养老保障以家庭为主，同社区保障、国家救济相结合”。2003 年 11 月劳动和社会保障部出台《关于认真做好当前农村养老保险工作的通知》（劳社部函〔2003〕148 号）要求“要明确重点，从实际出发，妥善解决农村养老保险问题”。

这一阶段企业养老保障主要是推动自身完善。主要表现在国家在进

① 方俊、毛蝉雯：《农村社会养老保险研究述评》，《上海行政学院学报》2008 年第 1 期，第 96—103 页。

② 全国老龄工作委员会办公室：《中国人口老龄化发展趋势预测研究报告》，http://www.jxjsj.gov.cn/E_ReadNews.asp-NewsID=111。

一步扩大养老保险的覆盖面，同时推进养老保险管理体制改革，推动企业建立企业年金制度。

农村居民养老保险则历经波折，发展缓慢。这一时期政府一直在关注农村养老保险的发展并颁布了一系列政策法规，但是政府对于农村养老保险并未采取实质性财政转移措施。首先国家提倡农村养老要以家庭保障为主，社区保障、国家救济相结合，但这一阶段国家对于农村养老保障几乎未给予任何资金支持。其次大部分农村地区集体补助也没有条件付诸实施，这使得农村养老保险的财务机制实质上是单纯的以个人缴费为主的完全基金积累制。农村居民本来就收入不足，加之养老意识欠缺，农民的参保积极性普遍不高，农村养老保险亟待进一步改革。建立农村养老保险制度，实现养老保险的制度全覆盖将提上日程。

五、全面发展阶段：实现养老保障的全民共享（2009 年至今）

这一时期的突出特点是国家开始投入大量资源来推动城乡居民养老保障体制建设，从而构建了全民养老保障网，实现养老保障的全民共享。其主要改革成就如下：

第一，社会养老保险和城镇居民养老保险取得突破性进展，并最后成功走向合并。2009 年 9 月，国务院出台《关于开展新型农村社会养老保险试点指导意见》（国发〔2009〕32 号），决定开展新型农村社会养老保险试点（简称“新农保”），明确“新农保”试点的基本原则是“保基本、广覆盖、有弹性、可持续”；该《指导意见》指出“新农保基金由个人缴费、集体补助、政府补贴构成；养老金待遇由基础养老金和个人账户养老金组成，支付终身”。为进一步扩大养老保险制度的覆盖范围，2011 年 6 月国务院颁布《关于开展城镇居民社会养老保险试点的指导意见》（国发〔2011〕18 号），决定从 2011 年起开展城镇居民社会养老保险试点（简称“城居保”），实施范围与新型农村社会养老保险试点基本一致，2012 年基本实现城镇居民养老保险制度全覆盖，至此覆盖城乡的养老保险体系基本建立。“城居保”是参照“新农保”发展而来，为了便于统一管理，2014 年 2 月国务院出台《关于建立统一的城乡居民基本养老保险制度的意见》（国发〔2014〕8 号）将城镇居民社会养老保险和新型农村社会养老保险进行合并，同时强化了多缴多得的激励机制，并建立了基础养老金正常调整机制。

第二，颁布《中华人民共和国社会保险法》，我国社会保障事业有了法律保障。为了规范社会保险关系，保障公民依法享受社会保险待遇，推进我国社会保障事业法制化建设。2010 年 10 月第十一届全国人大常委会第十七次会议通过了《中华人民共和国社会保险法》，其中对我国基本养老保险的参保对象、账户管理、缴费年限，待遇计发标准等进行了明确规定，《中华人民共和国社会保险法》的颁布对我国养老保险事业发展具有里程碑意义。

第三，企业年金、职业年金等补充养老保险体制更加健全和完善。在企业年金方面，国家鼓励有条件的企业建立企业年金。2011 年 1 月人力资源和社会保障部出台《企业年金基金管理办法》（人社部〔2011〕11 号）以规范企业年金基金管理，维护企业年金各方当事人的合法权益。在职业年金方面，为了保障机关事业单位职工退休后的生活水平，促进人力资源合理流动，2015 年 4 月国务院印发《机关事业单位职业年金办法》（国办发〔2015〕18 号），对职业年金的缴费比例、负担方式、账户管理、基金管理等作出明确规定。

1.2.2　养老保障领域存在的挑战

一、城乡居民基本养老保险自身机制还有许多不完善的地方

首先是缺乏有效的机制激励居民多缴费。城乡居民基本养老保险实行的是自愿选择缴费档次的机制，缴费档次分为 100 元到 2000 元 12 个档次，大多数参保者会选择较低的缴费档次，居民的参保积极性不高使得养老保险基金收入能力受限，从而限制了居民养老保障待遇水平的提高。其次是制度定位不准确，基础养老金全靠国家财政补贴，制度的财务持续性受到挑战。

二、统筹层次低，实现养老保险全国统筹任重道远

由于养老保险统筹层次较低，很多省份还停留在市县一级，只有北京、天津等 13 个省市实现了省级统筹。统筹层次低会导致制度碎片化，造成地区分割，影响制度运行效率，增加制度运行成本，同时由于各地统筹层次不一样，加之地区经济发展不平衡，会使得地区间财务持续性出现严重失衡，收不抵支的省份逐年增加[①]。2018 年建立的企业职工基本养老保险基金中央调剂制度，虽然迈开了养老保险全国统筹的第一步，但是距离真正实现养老保险全国统筹仍然任重道远。

三、实现城镇职工基本养老保险与机关事业单位基本养老保险制度的并轨任重道远

2015 年 1 月，国务院出台了《关于机关事业单位工作人员养老保险制度改革的决定》（国发〔2015〕2 号），要求以城镇职工养老保险制度为参照标准，对机关事业单位养老保险制度进行改革，并大力推动职业年金制度的构建与完善。在制度上解决了机关事业单位养老保险制度与城镇职工养老保险制度不一致的困境，初步实现了城镇企业职工与机关事业单位养老保险制度的并轨。然而一方面这两种制度进行并轨涉及职工利益的重新调整，造成部分职工利益受损，且目前尚未建立完善的利益补偿机制，使得并轨举步维艰[②]。另一方面并轨的转制成本巨大，如何解决这两种养老保险体制的转制成本，由谁来承担这笔巨额转制成本值得进一步探讨。这两方面的原因使得我国机关事业单位养老保险与城镇职工养老保险的并轨阻力重重并未取得实质性突破和进展。

1.2.3 对我国养老保障制度的未来展望

基本养老保险制度是我国社会保障体系的重要组成部分之一，我国已形成了城镇企业职工基本养老保险、城乡居民基本养老保险及机关事业单位社会养老保险三大基本养老保险制度，实现了养老保险制度全覆盖[③]，

① 郑秉文：《中国社会保障 40 年：经验总结与改革取向》，《中国人口科学》2018 第 4 期，第 2—17、126 页。

② 沈毅：《机关事业单位养老保险改革：现状、难点及其突破》，《经济体制改革》2016 年第 3 期，第 18—24 页。

③ 凌文豪：《我国三类基本养老保险制度改革的理念和路径》，《社会主义研究》2017 第 4 期，第 38—45 页。

养老保险待遇也逐年稳步提高。然而,我国三大养老保险制度各自存在着财务机制可持续性差、转制成本高、保值增值难等诸多现实难题。进一步完善我国养老保险体制在未来很多年将是我国必须解决的问题。笔者在对我国改革开放40年来养老保险制度的发展历程进行回顾总结的基础上,对我养老保险体制改革进行了展望。

一、拓展养老基金的投资渠道,以组合化的多元投资方式确保养老基金保值增值

如何实现养老基金保值增值一直是困扰世界各国基金管理的现实难题。当前我国养老基金滚存结余数额巨大,基金的保值增值问题成为我国养老保障事业发展的巨大阻碍。虽然我国当前在逐步放宽养老基金的投资限制,但我国目前基本上实行的还是一种比较审慎的投资策略,投资渠道比较单一,基金保值增值手段有限。目前我国资本市场也在逐渐完善和成熟,因此可以借鉴国外的做法,构建一个专门的养老基金投资管理公司来承担保值增值的职能,逐步加大对股票、企业债券的投资比例。

二、改革城乡居民基本养老保险制度,注重提升制度本身的效率

城乡居民基本养老保险相对于城镇企业职工养老保险和机关事业单位职工养老保险而言,更加强调制度的公平性,但其制度的效率问题则掣肘其稳步向前发展。改革完善城乡居民养老保险制度,需要解决的突出问题主要有两个:第一要激发城乡居民的参保意识;第二要解决制度激励性问题。因此一方面要加强政策的宣传力度,充分发挥基层组织的宣传作用,提高居民的养老保障的意识;另一方面政府应在全国范围内统一制定“多缴多得,长缴多得”的政策,适度提升制度在不同缴费档次、缴费期间下的激励性。

三、注重制度顶层设计,提高养老保险基金的统筹层次

养老保险统筹层次低是制约我国养老保障事业发展的重要瓶颈。当前我国只有部分省市实现了养老保险省级统筹,大多数省份统筹层次仍停留在市县一级。养老保险发展近40年来,国家自“统账结合”模式形成以来就提出要逐步提高养老保险统筹层次,然而最终并没有达到预定目标,归根到底在于制度顶层设计不到位。2018 年政府工作报告中提出要设立企业职工养老保险金中央调剂制度,这迈开了养老保险全国统筹的第一步,是一个很好的开端。政府应从顶层制度设计出发继续探索养老保险统筹方案,逐步从制度层面解决养老保险统筹问题,进而解决养老保障财务持续性差、地区之间养老负担不均衡的问题。

四、妥善解决养老保险发展不平衡不充分问题

2011 年城镇居民养老保险制度的建立标志着我国基本养老保险实现了制度全覆盖。但正如我国社会主要矛盾已经发生转变一样,发展不平衡不充分问题同样存在于养老保险体制中。发展不平衡主要体现在地区间以及制度间的发展不平衡,地区间发展不平衡主要体现在东、中、西部地区发展不平衡,东部地区经济发达,养老保险待遇水平高,基金实力雄厚,而中西部欠发达地区基金结余不足,待遇水平较低。制度不平衡主要体现在不同类型的基本养老保险制度中,机关事业单位养老保险和城镇职工养老保险由于基金来源不同,其养老保险待遇大大高于城乡居民养老保险。随着社会经济的发展,应进一步关注养老保险的公平性目标。养老保险不充分问题主要体现在两方面:首先是横向的养老保险多层次问题,一直以来国家鼓励建立多层次的养老保险制度,但是经过这么多年的发展,由国家主办的基本养老保险制度仍占据绝对主导地位,而补充养老保险发展很不充分。其次虽然我国养老保险已经实现了制度全覆盖,但制度全覆盖并不意味着人群全覆盖,很多灵活就业人员和以农民工群体并未参保,养老保险发展并不充分。

1.3　医疗保障制度发展历程与未来展望

改革开放 40 年,是波澜壮阔的经济体制改革史,也是医疗保障制度发展前进史，医疗保障发展取得了令人瞩目的成就。目前，我国已初步形成覆盖不同人群、不同行业的多层次医疗保障制度体系，以城乡居民基本医疗保险制度与城镇职工基本医疗保险制度为主干，实现了基本医疗保障的全民覆盖；以大病医疗保险制度、企业补充医疗保险制度等为补充，满足居民额外的医疗保障需求；以城乡居民医疗救助制度兜底，为居民构建医疗保障最后一道防线。截至2017年，全国参加基本医疗保险人数为11.77亿，其中，参加职工基本医疗保险3.03亿人，参加城乡居民基本医疗保险8.74亿人；全年基本医疗保险基金总收入17932亿元，支出14422亿元，年末基本医疗保险基金累计结存13234亿元（含城乡居民基本医疗保险金累计结存3535亿元），个人账户积累结存6152亿元。①

1.3.1 医疗保障制度发展历程

一、探索阶段：以医疗机构改革、医疗费用控制为主（1978—1992年）

在城市方面，20世纪80年代初，中央政府开始对医疗机构进行改革，允许医疗机构通过"药品加成、以药补医"的方式筹集自身发展资金，以分担中央财政的医疗支出负担。公费医疗和劳保医疗费用控制方面，起初的改革主要是针对医疗需求方，实行医疗费用分担机制，个人负担比例一般在10%—20%之间。这种措施在一定程度上抑制了个人对医疗服务的过度需求，但对控制医疗费用增长过快的作用不明显。随后改革的重点转向调整医疗保险筹资方式，将医疗费用筹资模式改为由国家、单位和个人三方共担，并强化了医疗机构和单位在医疗费用控制上的责任。1989年劳动部出台《关于试行职工大病医疗费用社会统筹的意见》（劳险字〔1992〕14号），选取四平、丹东、黄石、株洲四个城市进行试点，以论证城市国营企业职工大病医疗费用社会统筹的可行性。

在农村方面，随着农村合作社经济逐步瓦解，"农村合作医疗制度"失去赖以生存的经济基础而逐步瓦解。农村合作医疗萎缩、农村落后的

① 《2017年度人力资源和社会保障事业发展统计公报》，人力资源和社会保障部网站，http://www.mohrss.gov.cn/ghcws/BHCSWgongzuodongtai/201805/t20180521_294290.html，2018-05-21。

医疗卫生状况引起了党和政府的高度重视。1991 年 1 月国务院发布《国务院批转卫生部等部门关于改革和加强农村医疗卫生工作请示的通知》（国发〔1991〕4 号），提出“加强农村医疗卫生工作作为重点，提高到各级政府的议事日程”，要求各级政府“通过整顿和深化改革，将农村卫生事业振兴起来”，确定了“2000 年人人享有卫生保健”的农村卫生工作目标。

这一阶段我国社会经济体制处于急剧的变革当中，医疗保障制度也在摸索中徘徊前进。探索阶段的医疗保障制度改革有三个方面特征：一是不稳定。这一阶段的医疗保障处于新旧制度交替之际，旧的医疗保障制度存在诸多弊端无法适应时代发展的需要，新的医疗保障制度尚处于探索与论证中。城市地区中不断有医疗保障改革的政策文件推出，而农村地区的合作医疗随合作社经济逐渐瓦解与消亡，直接导致整个农村地区医疗保障制度无法稳定发展。二是不匹配。一方面，人均医疗费用增长迅速，人们的收入增长远远落后于医疗费用的增长，加之医疗保障改革后大批患者成为部分自费或完全自费医疗群体，人们的就医负担加重，医疗保障供给与人们的医疗需求不相匹配；另一方面，传统的公费医疗与劳保医疗束缚了国营企业的发展，无法保障私营企业职工的医疗权益，医疗保障制度与经济体制改革不相适应。三是不平衡。城市的医疗保障制度改革发展迅速，农村地区原有的合作医疗制度消亡后农村医疗保障处于真空期，城乡之间医疗保障制度的发展严重失衡。

这一阶段的医疗保障体制改革主要在城市进行，农村的医疗保障体制发展处于停滞甚至倒退状态。国家在公费医疗和劳保医疗的基础上，通过引入个人缴费机制，强化医疗服务机构和享受单位的管理责任，一定程度上起到了控制过度医疗、克服医疗费用浪费、保证基本医疗需求的作用。但这一时期的医疗保障改革只是对原有制度的修修补补，并没有从根本上克服原有制度的弊端。

二、转变阶段：“统账结合”的职工医疗保障模式建立（1993—2001 年）

20 世纪 90 年代初，国营企业市场化改革不断推进，非公有制企业发展壮大，我国需要建立一套全新的医疗保障制度与之相适应，维护市场化改革后的劳动者医疗权益。1993 年 10 月 8 日劳动部发布《关于职工医疗保险制度改革试点意见的通知》(劳部发〔1993〕263号),首次提出"建立职工个人医疗保险专户,为职工个人所有",尝试建立职工个人账户制度。随后,党的十四届三中全会通过《中共中央关于建立社会主义市场经济体制若干问题的决定》,明确提出"医疗保险金由单位和个人共同负担,实行社会统筹和个人账户相结合",为医疗保障制度改革提供了思想上的指导。1994年,经国务院批准,国家体改委、财政部、劳动部、卫生部共同制定了《关于职工医疗制度改革的试点意见》(体改分〔1994〕51号),确定在镇江、九江两个城市进行改革试点,建立统筹账户与个人账户相结合的职工医疗保险财务制度。1998年12月14日,国务院出台《关于建立城镇职工基本医疗保险制度的决定》(国发〔1998〕44号),规定新制度覆盖城镇企业、机关、事业单位、社会团体、民办非企业单位职工,规定用人单位缴纳职工工资总额的6%,职工缴纳本人工资的2%,缴费的一部分(70%)划入社会统筹账户,另一部分(30%)划入个人账户;规定了医疗保险的起付标准和最高支付限额;由社会保险经办机构负责医疗保险基金的筹集、管理和支付,并建立健全基金预决算制度、财务会计制度和内部审计制度;原则上由地级以上行政单位进行统筹,实行属地管理;允许企业自行建立企业补充医疗保险。该《决定》的颁布与实施是我国医疗保障制度发展的重要里程碑,是适应市场经济与社会发展需要的体现。随后,劳动和社会保障部相继出台了一系列政策文件,保障新制度的顺利实施。2000年国务院体改办等八部委发布《关于城镇医药卫生体制改革的指导意见》(国办发〔2000〕16号),要求在"在建立城镇职工基本医疗保险制度的同时,进行城镇医药卫生体制改革"。

与城市相比,农村地区的医疗保障改革进展缓慢。1997年1月中央发布《中共中央、国务院关于卫生改革与发展的决定》,指出"要在政府的组织和领导下,坚持民办公助和自愿参加的原则,筹资以个人投入为主,集体扶持,政府适当支持",并要求"力争到2000年在农村多数地区建立起各种形式的合作医疗制度,并逐步提高社会化程度"。随后,国务院颁布《国务院批转卫生部等部门关于发展和完善农村合作医疗若干意见的通知》(国发〔1997〕18号),对农村合作医疗的性质、组织机制、队伍建设、医疗资金使用和管理监督等有关事项做出了政策性规定。1997 年 11 月，卫生部发布《关于进一步推动合作医疗工作的通知》，要求各地做好合作医疗的宣传动员、管理培训和引导等工作。

这一时期医疗保障改革呈现的特征包括：首先，“社会统筹账户与个人账户相结合”的筹资模式是借鉴国外医疗保险发展经验与兼顾我国国情的结果，具有浓厚中国特色。其次，医疗保障制度设计兼顾公平与效率，确立“低水平、广覆盖、保基本、可持续”的基本原则，既让越来越多的劳动者享有基本医疗保障，同时又保障了制度发展的效率。最后，农村地区的医疗卫生事业发展缓慢，农村居民普遍缺乏基本的医疗保障，城乡医疗资源的分配进一步失衡。

与此同时，医疗保障制度仍存在有待完善的地方，比如基本医疗的保障水平偏低，个人的医疗费用负担较重；个人账户“虚账”明显，存在制度隐患；医疗资源配置不合理，城乡医疗保障发展水平差距进一步拉大；药品价格虚高，医疗服务成本高，费用支出难以控制等等。

三、全面发展阶段：城乡基本医疗体系初具雏形（2003—2011 年）

从 20 世纪初开始，我国国民经济高速发展，国家财政相对充裕，为基本医疗保险的发展提供了有利的经济环境。已建立的城镇职工基本医疗保险制度运行良好，在不断完善筹资、账户管理、监督等执行环节的同时，覆盖城乡其他群体的医疗保险制度也逐渐推出。

在城市职工医疗保障方面，2003 年劳动和社会保障部颁布的《关于城镇灵活就业人员参加基本医疗保险的指导意见》（劳社厅发〔2003〕10 号），开始将灵活就业人员纳入基本医疗保险制度的范围，确定了医疗保险待遇与缴费年限相挂钩的机制。2005 年 2 月国务院发布《关于建立城市医疗救助制度试点工作的意见》（国办发〔2005〕10 号），进一步扩大医疗保障的人群覆盖面，健全医疗保障兜底制度。2006 年党的十六届六中全会通过《中共中央关于构建社会主义和谐社会若干重大问题的决定》，以“建立以大病统筹为主的城镇居民医疗保险”为目标。

城市居民医疗保障方面，2007 年国务院发布《关于开展城镇居民基本医疗保险试点的指导意见》（国发〔2007〕20 号），正式启动城镇居民基本医疗保险的试点工作，坚持“低水平、广覆盖、保基本、可持续”的原则，与经济发展水平相适应，探索出一整套符合中国国情的城镇居民基本医疗保险政策体系，该《意见》对参保范围、筹资水平、缴费与补助、费用支付、基金管理、服务管理等方面进行了规定。试点过程中发现新制度在运行中存在医保制度衔接困难、统筹层次低、政府与参保个人的负担偏重、风险控制与监督不足等问题，有待后续出台政策加以修补与完善。人社部2009年发布的《关于全面开展城镇居民基本医疗保险工作的通知》（人社部发〔2009〕35号）规定，城镇居民基本医疗保险制度推广至全国范围内，所有城市都应包括其中。同年，《中共中央、国务院关于深化医药卫生体制改革的意见》出台，要求“从重点保障大病，逐步向门诊小病延伸”“重视弱势老人、残疾人和儿童的医保问题”“提高补助标准”。之后《国务院关于印发医药卫生体制改革近期重点实施方案（2009—2011年）的通知》发布，将在校大学生全部纳入城镇居民医保范围内，提高医疗保险基金的统筹层次，强调公共卫生服务体系、医疗服务体系、医疗保障体系、药品供应保障体系四大体系联动改革。2010年《中华人民共和国社会保险法》颁布为医疗保险改革提供了法律保障。

这一阶段农村地区的医疗保障事业取得了历史性突破。2002年10月，中央下发《中共中央、国务院关于进一步加强农村卫生工作的决定》，明确提出逐步建立以大病统筹为主的新型农村合作医疗制度，要求各级政府逐年增加卫生投入，力争实现2010年新型农村合作医疗制度基本覆盖农村居民的目标。相关政策的出台，反映了党和政府对农村医疗卫生事业的关心以及建立新型农村合作医疗制度的决心，也为下一阶段全面实施新型农村合作医疗制度做好充分准备。2003年1月，卫生部等部委制定的《关于建立新型农村合作医疗制度的意见》（国办发〔2003〕3号），确定农村医疗保险工作的目标任务，选择试点县（市），并对筹资标准、资金征缴方式、统筹基金与家庭账户、补助标准、报账方式、基金监管、农村药品质量和购销的监管等方面提出了具体的指导意见。2004年，《关于进一步做好新型农村合作医疗试点工作指导意见》（国办发〔2004〕3号）出台，总结了在试点中出现的问题，为各地的试点探索工作提供前进的方向，要求必须坚持农民自愿参加的原则、合理确定筹资标准、进一步完善资金征缴方式、合理确定补助标准等。从 2008 年 3 月国务院印发《国务院 2008 年工作要点》开始，新农合全国推广工作全面展开，明确由人力资源和社会保障部、卫生部、民政部、财政部负责新制度的实施，除此之外还要求健全城乡医疗救助制度。2009 年 3 月，国务院印发的《医药卫生体制改革近期重点实施方案(2009—2011 年)》进一步要求扩大基本医疗保障覆盖面，三年内新型农村合作医疗覆盖农村居民，参保率提高到 90%以上，在经济发展的同时逐步提高"新农合"的筹资标准和保障水平，同时还要求加强新农合统筹基金的管理，确保账户基金的保值增值。此后，新农合的报销比例逐步提高、药品目录、诊疗目录逐步扩大，农民工等流动就业人员逐步被纳入基本医疗保险体系中来，医保关系跨地区转续、异地就医、异地结算等问题也有相应的政策予以保障。同期，农村大病医疗也依托新型农村合作医疗制度普遍发展，填补了农村基本医疗保障大病能力不足的缺陷，但这一制度尚处在探索阶段，多以地方政府试点实践的形式进行，中央层面的指导政策仍在调研和论证的过程中。

城市职工基本医疗保障制度不断扩大与完善，居民医疗保障制度从无到有，覆盖全体居民的基本医疗保障体系初具雏形，实现了城乡居民公平享有基本医疗保障的目标。这一时期的医疗保障制度发展具有鲜明的特征：首先，基本医疗覆盖范围迅速扩大，但保障水平有限。这一时期的医疗保险发展重在扩面，突出"覆盖全体城乡居民"的目标，医疗保障满足"低水平"即可。其次，政府是我国医疗保障事业发展的绝对主导力量。政府在医疗保障中不仅充当基本医疗保险制度的设计、运行、监管的角色，还需要提供财政支持，分担个人和企业的医疗费用压力，为制度提供兜底保障。最后，不同基本医疗保险制度之间存在横向与纵向不兼容。横向不兼容主要体现在基本医疗保障在城乡之间、各统筹区域不衔接，纵向不兼容主要体现在城镇职工基本医疗保险、新农合、城居保、大病医疗保险等制度之间保障范围重叠或保障人群相排斥。

四、深化改革阶段：城乡医疗保险制度的整合(2012 年至今)

由于我国独特的城乡二元社会结构，城镇居民与农村居民的医疗保障制度从新中国成立之初就实行单独设置,两个制度在实施区域、覆盖人群、运行机制、保障水平等方面有很大的不同。随着社会经济的发展与城镇化速度的加快,“城乡一体”将取代“城乡二元”成为社会主体结构,这样的大背景下,城乡社会体制必然趋向与城乡整合和融合。医疗保险制度作为重要的社会制度,城乡基本医疗制度必然要走向整合。从我国医疗保险制度的设计思路来看,城乡医疗保险制度的运行原理基本一致,不同社会保险制度之间或城乡基本医疗制度之间的整合具有天然的优势。从中央政府的政策精神来看,早在城乡基本医疗保险制度建立之初就已经开始统筹二者发展的未来规划。2012 年 8 月 24 日,国家六部委联合发布《关于开展城乡居民大病保险工作的指导意见》(发改社会〔2012〕2605 号),对城乡居民大病医保的制度属性作了规定,并首次从城乡一体的角度统筹大病医保的发展,从大病医保领域开启了我国城乡医保制度整合的序幕。2016 年 1 月 3 日国务院出台《关于整合城乡居民基本医疗保险制度的意见》,明确“整合城镇居民基本医疗保险和新型农村合作医疗两项制度,建立统一的城乡居民基本医疗保险制度”,强调遵循“先易后难,循序渐进”的原则上,确保全民医保体系的“多层次”,开始逐步推进城镇居民基本医疗保险和新型农村合作医疗两种制度的整合,最终建立起全国范围内统一的城乡居民基本医疗保险制度。城乡居民医疗保险整合进一步加固城镇居民医疗保障“安全网”,为促进医疗资源更加公平有效的利用、推动“大医保”体系健康持续发展打下坚实基础。2016 年 10 月出台的《“健康中国 2030”规划纲要》中提到,“进一步健全重特大疾病医疗保障机制,加强基本医保、城乡居民大病保险、商业健康保险与医疗救助等的有效衔接。到 2030 年,全民医保体系成熟定型”。将大病医保作为全民医保体系的重要组成部分,确定了建立全民医保体系的远景规划。2017 年 1 月 19 日,《生育保险和职工基本医疗保险合并实施试点方案》的发布,提出将生育保险并入城镇职工基本医疗保险,试点地区包括河北邯郸市、山西晋中市、江苏泰州市等 12 个城市,试点的主要目标是“探索适应我国经济发展水平、优化保险管理资源、促进两项保险合并实施的制度体系和运行机制”。两个险种的合并有利于强化服务、提升效率、缩小制度成本,进一步促进医疗资源的整合。2018 年年初,第十三届全国人民代表大会第一次会议批准组建国家医疗保障局,“将人力资源和社会保障部的城镇职工和城镇居民基本医疗保险、生育保险职责,国家卫生和计划生育委员会的新型农村合作医疗职责,国家发展和改革委员会的药品和医疗服务价格管理职责,民政部的医疗救助职责整合”,统一由国家医疗保障局负责。随着国家医疗保障局的设立,社会医疗保险从管理机构开始了新一轮的改革,未来我国将逐步实施统一的城乡居民基本医保制度,建立完善的全民参保制度、动态调整筹资机制、医保治理体系。

至此,我国已基本形成以城镇职工基本医疗保险和城乡居民基本医疗保险为主体、城乡大病医疗保险为补充、城乡医疗救助兜底的多层次、全方位医疗保障体系。在整个医疗保障不断深化改革与发展过程中,城乡医疗保障制度的整合表现出两个方面的鲜明特征:一是医疗保障改革“大医保”趋势明显,这不仅体现在城乡间医疗保险制度整合,逐渐由地方政府统筹向全国统筹发展,还体现在医疗保险管理机构的整合与重组,实现医疗保障职能的统一,更体现在保障职能交叉、覆盖人群重叠、保障项目相排斥的各险种趋向整合,最终通过制度优化设计、医疗资源的组合、自上而下的全国统筹,实现统一的“大医保”目标。二是城乡医疗保险制度整合体现社会主义制度的优越性,国家根据社会经济发展实际和民众医疗保障客观需求统筹全国范围内的医疗保障制度发展。一方面医疗保障改革推进速度快,制度实施效率高,集中体现社会主义集中力量办大事的优越性;另一方面国家财政承担起保障社会公平正义、提升民众医疗福利的重任,集中体现了社会主义服务人民的优越性。

1.3.2 医疗保障制度当前存在的挑战

经过 40 年来不懈的努力,我国由免费医疗、劳保医疗、农村合作医疗为主体的医疗保障体系转型为包括城乡基本医疗保险、补充医疗保险、城乡医疗救助等在内的医疗保障体系,基本实现“病有所医”目标。我国医疗保障制度发展的成就显著,但与此同时面临的挑战也十分突出。

一、不同群体、不同区域之间差异明显，制度公平性不够

首先，强制参保、筹资水平高的城镇职工医疗保险与自愿参保、筹资水平低的城乡居民医疗保险相比，不同群体之间享受的医疗保险待遇差距较大。其次，在城乡居民基本医疗保险制度下，城市居民享受的医疗资源多于农村居民，城乡医疗保障待遇差距明显。最后，在全国范围内，东部、中部、西部的经济发展差异决定了区域之间医疗保障水平的差距。群体、城乡、区域之间的差距极大地降低了制度的公平性，一方面不同群体和不同区域之间的医疗服务水平差距较大，本身就是一种社会不公平，尤其是在医疗费用上涨的背景下，收入水平低的社会弱势群体获得医疗服务的机会相对较少，由此带来的不公平不利于社会和谐稳定；另一方面，在城乡医疗保险整合的情况下，缴费能力强的人或地区与缴费能力弱的人或地区享有同一待遇水平，对于缴费能力强的人或地区而言也是一种不公平，这种不公平会破坏社会活力。如何破除不公平的机制因素，将医疗保险群体和区域间的差异有效控制在合理的范围内，是医疗保险改革需要面临的首要难题。

二、人口老龄化程度加剧，医疗保障需求与供给失衡

从医疗保障需求的角度来看，一方面伴随着老龄化社会的到来，老年人口对于医疗卫生服务的需求增多，另一方面医疗健康理念由“治病”向“保健”转变，人们开始注重医疗保健领域的投入和支出，导致医疗服务需求的普遍上涨，尤其是高质量的医疗保健需求增长迅速。从医疗保障供给的角度来看，虽然基本医疗保险已经实现全民覆盖，但医疗保障水平偏低，与增长较快的医疗价格相比，基本医疗保险提供的保障远远不够，而且城乡居民的大病医疗保险和城乡居民医疗救助有待进一步完善，社会医疗保障供给不足。与此同时，公立医院改革和医药体制改革进展缓慢，非公医疗机构尚处于起步阶段，市场力量对医疗保障供给的影响较小。因此，从整体来看，医疗保障领域呈现的是需求大于供给的状态，而且随着社会经济的发展，这种供需失衡会进一步加剧。医疗保障供需失衡在城乡之间尤为明显，由于城乡医疗资源的非均衡分布，农村居民的医疗费用支付占收入的比例高于城市，而农村地区医疗资源相对缺乏，农民

对于医疗保障的需求更大。

三、医疗保障制度整合进程缓慢,实际操作难度大

为城乡统筹发展的需要,城镇居民基本医疗保险与新型农村合作医疗将整合为城乡居民基本医疗保险、城镇居民和农村居民的大病医疗保险将整合成城乡居民大病医疗保险。虽然在政策文件上医疗保险整合不断推进,但政策落实和执行难度较大,制度整合进程缓慢。医疗保险整合实际操作难度大主要表现在四个方面:一是部门间利益协调难度大。城镇居民基本医疗与新型农村合作医疗、城乡居民大病医疗保险分属不同部门的职能范围,制度的重新整合必然导致管理机构的重组、人员的调动、利益的重新分配,短期内制度整合的阻力较大。二是制度衔接难度大。不同的医疗保障制度在覆盖人群、筹资标准、待遇支付、保障项目、管理运营等方面均有不同,将两种制度合二为一,需要解决制度排斥的难题。三是国家财政支持力度有限。医疗保障制度整合需要缩小不同群体和区域制度上的差异,这需要依靠国家财政支持,尤其是对收入水平低、农村贫困地区的支持,这对国家财政而言负担过重。四是城乡医疗保障"马太效应"明显。主要体现在医疗资源的非均衡流动,通常情况下,医疗资源的分布遵循城市大于农村、发达地区大于欠发达地区、高收入人群大于低收入人群的规律。

四、医疗保障改革中市场角色微妙,制度活力不足

在我国医疗保障体系中,基本医疗保险从制度建设到监管运营各个环节均由政府主导,市场因素仅表现在医疗保险基金的投资领域;大病医疗保险的筹资、监督由政府负责,制度的业务运营等实际操作层面部分由商业保险公司负责,市场发挥的作用相对较大;医疗救助领域则完全由政府负责。从医疗保险制度长期发展来看,医疗保险基金的可持续性决定着制度的可持续性,目前医保基金主要依靠传统的企业和个人缴费、政府补贴,基金运营也多强调保值功能,投资增值部分有限。从医疗保险保障水平来看,补充医疗保险可以有效地弥补基本医疗保障水平的不足。虽然补充医疗保险大多采取政府与市场合作的模式,但市场参与补充医疗保险的限制太多,监管太严,限制了市场优势的发挥。

1.3.3　医疗保障制度的未来展望

通过对改革开放40年来我国医疗保障制度改革与发展历程的梳理发现，我国以基本医疗保险为主体、大病医疗保险为补充、医疗救助兜底的全民医疗保障体系建设成就显著，不仅建立起全世界范围内覆盖人数最多的基本医疗保险保障网，基本实现全民“病有所医”的目标，为同期经济社会的发展保驾护航，而且还不断加大财政投入力度，不断提高优质全民医疗服务的可及性，保障受疾病困扰的社会弱势群体的医疗健康权益，维护社会公平正义。与此同时，医疗保险的进一步发展也面临着医疗价格上涨、医疗健康需求升级、人口老龄化、医疗资源非均衡分布等诸多问题。

新时期，医疗保障制度发展所处的时代环境发生了巨大变化，面临挑战的同时也蕴含着发展的机遇。首先，经济发展新常态下的机遇。一方面国民经济体量继续增加，社会经济结构不断转型升级，相应的医疗保障制度筹资、基金管理、服务供给等也需要进行不断的优化；另一方面基于人民对美好生活的需要与不充分不平衡发展的主要矛盾，社会民生建设将会迎来大发展。其次，城镇化快速推进的机遇。“城乡二元”社会结构将向“城乡一体”转变，城乡之间的居住、健康、教育、就业等方面的差异将逐渐缩小甚至消除，全体国民均等的享有医疗卫生服务，这对医疗保险制度改革提出了新要求。最后，互联网时代和人工智能大发展带来的机遇。作为新的管理手段和治理工具，互联网技术和人工智能在医疗卫生领域的运用具有巨大优势，尤其是运用医疗大数据的智能化医疗平台有利于改善就医体验、提高服务质量和效率、控制医疗费用、监测疾病，“互联网+健康医疗”的新型服务模式是未来“大健康”发展的趋势。

一、医疗保险制度加快整合，构建全民“大医保”体系

目前，我国国家医疗保障局已组建完成并开始运行，机构的职能权限实现统一，为了推进医疗保险制度上的统一打下坚实基础。医疗保险制度整合的要点在于区域间筹资水平、待遇水平的统一，进而最终实现保障水平的统一。当前如何分阶段、按区域推进制度整合成为未来医疗保险制度改革的工作任务。对于经济发展水平较高、城镇化程度高、城乡基本医疗保险已实现一体化的统筹区域，制度发展的重点应放在缩小城乡居民医疗待遇水平和保障水平的差距上，突出城乡居民在有医疗卫生服务的机会均等；对于经济发展水平低、城镇化程度低、尚未完成城乡基本医疗保险一体化的统筹区域，应加快提高基本医疗保险和大病医疗保险的地区统筹层次，加快突破城乡基本医疗保险整合的瓶颈。

通过推进局部统筹区域的城乡医疗保险制度整合，实现不同区域的医疗保险制度衔接与融合，最终达到全国范围内医疗保险制度的整合。未来将进一步推进城镇职工与城乡居民医疗保险制度的整合，缩小不同群体之间医疗保障水平的差距，优化医疗资源在不同地区、不同人群中的配置，最终建立全国统一的国民基本医疗保险制度和国民补充医疗保险制度，实现全民“大医保”体系构建。

二、重点发展补充医疗保险，发挥市场机制的作用

补充医疗保险关系到医疗保障水平，其发展需要完善两个方面的机制，分别是筹资机制和服务供给机制。对于筹资机制而言，筹资水平决定制度的保障水平。城乡居民享有的医疗服务水平的高低，受到医保基金保障能力的约束。因此，建立动态筹资机制，扩大补充医疗保险基金的来源渠道，成为保障补充医疗保险制度财务可持续的必然要求。对于服务供给机制而言，一方面改变传统的医疗服务供给模式，放开补充医疗保险的市场准入门槛，公平对待不同所有制的医疗机构，充分利用非公立医疗机构的竞争优势，从医疗服务机构数量和质量两个层面提升医疗服务供给效率；另一方面改变医保经办机构职能，由传统的重管理、重业务转变为重服务和监督，从医疗保险管理机构层面改变医疗服务供给形态。筹资机制和服务供给机制都需要发挥市场机制的作用，尤其是将社会医疗保险与商业健康保险相结合、公立医疗机构与非公立医疗机构相结合，提高医疗服务的质量和效率，满足不同层次的医疗服务需求。

三、积极推进“互联网+健康医疗”的运用，培育医疗保险发展新业态

随着人工智能时代的来临，互联网领域的先进科技越来越多地参与

到社会治理当中，社会管理工具人工智能化是未来的发展趋势。医疗治理领域的革新包括医疗大数据、智能化医疗服务平台、在线医院等方面，这些新的医疗治理技术以互联网为载体，改变传统的医疗管理模式，促进医疗保险体制机制创新。例如，利用互联网和人工智能技术，设计动态医疗保险体系，根据医疗大数据的资料，分年度或季度反馈医疗保险实际变化情况，动态调整医保筹资与报销的额度、单位和比例；未来依托人工智能技术实现个体医疗健康需求的分类，建立个性化医保机制，推动移动医疗、智慧医疗、新兴治疗技术的发展；运用大数据平台实现医疗领域各级医疗卫生机构的连通与数据共享，破除医疗信息孤岛，加快分级诊疗机制的建立；基于区块链应用技术，加强医疗数据管理，建立患者隐私和数据安全机制，保证医疗用户的医疗检测结果的真实性和可靠性，提高医疗用户和相关方的医疗信息整合度，实现医疗数据跨平台共享。

在2016年颁布的《"健康中国2030"规划纲要》中，提到"规范和推动'互联网+健康医疗'服务，创新互联网健康医疗服务模式""加强健康医疗大数据应用体系建设"，在医疗健康的需求和供给日益多样性与复杂性的情况下，借助科技手段和工具推进医疗保险治理，有利于减少医疗领域的信息不对称，提高医疗服务的可及性和公平性，这不仅是医疗保险深化改革的需要，也是时代发展的要求。

1.4 失业保险制度发展历程与未来展望

1.4.1 失业保险制度发展历程

失业保险制度是由国家强制建立的，对非自愿失业而丧失收入的劳动者给予物质和就业帮助的一种社会保障制度。失业保险具有为失业者提供生活保障、促进就业和稳定经济、维护社会和谐的功能。

失业保险是伴随着工业化的进程而产生的,1905年法国率先举办失业保险,随后丹麦、挪威也开始实行失业保险制度,但这些国家实行的是非强制性的失业保险制度。1911年英国实行的失业保险制度开始要求强制缴纳失业保险费用,这一制度最终被世界上多数国家效仿。

一、就业安置阶段:政府包办就业(1949—1985年)

新中国成立后,百废待兴,为解决旧中国遗留下来的大量流浪人口的就业问题,1950年,政务院发布了《关于救济失业工人的指示》,劳动部随后颁布《救济失业工人的暂行办法》,同时成立了失业人员救济委员会以专门统筹全国的失业人员救济问题,这些政策很好地解决了流浪人群的就业问题,1958年政府宣布"消灭"了失业。20世纪60年代初,受政治、自然灾害等因素的影响,城镇工业萎缩,人员冗余,政府精简了2000多万人,让其回乡。20世纪60年代后期,国家又通过知识青年"上山下乡"运动缓解了城市就业的压力。

这一时期我国实行计划经济,国家一方面通过就业救济的方式解决流浪群体的就业问题,另一方面又通过城市居民向乡村流动来解决城市的就业压力,"社会主义没有失业"被当成社会主义优越性进行宣传,当时并不存在真正意义上的失业保险。

二、国营企业待业保险阶段:"铁饭碗"被打破(1986—1998年)

随着改革开放进程的推进,城市职工的"铁饭碗"被打破,国企领域出现了大量的失业人员。不过,由于过去一直认为失业是西方世界的专利,中国对失业一词讳莫如深,将失业称为待业。为解决失业人员的生活问题,1986年7月国务院颁布了《国营企业职工待业保险暂行规定》(国发〔1986〕77号),确定了待业保险的覆盖范围为国有企业待业职工,并规定了资金的筹集和管理模式、领取待业保险金条件、待遇水平。经过多年的实践与发展,1993年4月国务院颁布了《国有企业职工待业保险规定》(国发〔1993〕258号),对原先的暂行规定进一步修改与完善。覆盖人群方面,由传统的"四类人群"扩大到了"七类人群";缴费比例方面,由1%降到了0.6%;待遇标准方面,从原来的职工工龄变成职工连续工作年限来计算待遇标准,并规定了待业保险的社会统筹制度。

这一时期的待业保险存在以下两个问题:其一是覆盖范围过窄,仅仅限定为国有企业,其他所有制企业并没有被包括在其中;其二是保障水平低,发放的待业救济金无法达到保基本生活的要求。

三、失业保险阶段:为失业者构建防护网(1999年至今)

1999年国务院颁布《失业保险条例》(国发〔1999〕284号)和《社会保险费征收暂行条例》(国发〔1999〕259号),标志着我国正式建立了失业保险制度,《失业保险条例》扩大了覆盖范围,其不仅包括国有企业职工,还将城镇集体企业、外资企业、私营企业和城镇事业单位纳入其中,明确了失业保险基金的筹集、管理、待遇给付等多方面的内容。2010年通过的《社会保险法》,在第五章以专章的形式对失业保险制度进行了规定,并规定将所有的劳动者都纳入失业保险的覆盖范围。2017年11月10日,人力资源和社会保障部公布了《失业保险条例(修订草案征求意见稿)》,规定了职工不区分户籍按照同一标准参加失业保险,失业保险实行省级统筹,由失业保险代缴失业人员基本医疗保险费,用人单位和职工的缴费比例之和不得超过2%,以及稳定岗位补贴等新的内容。

1.4.2 失业保险制度面临的挑战

其一是失业保险的促进就业功能较弱。中国的失业保险制度在发展过程中过多的重视保障基本生活的功能,而忽视了促进就业的功能,用于促进就业的失业保险基金比例过低。其二是失业保险没有坚持年度收支平衡原则,失业保险基金结余过多,失业保险基金没有得到充分利用。其三是失业保险的实际整体覆盖率较低。国有企业、事业单位的失业保险的覆盖率较高,而个体工商户、城镇灵活就业人员的失业保险覆盖率较低;同时失业保险在不同群体、不同收入组的人群存在较大差异,导致了失业保险的总体覆盖率较低。

1.4.3 失业保险制度的未来展望

其一是要构建失业预防、失业保险待遇、就业扶助三位一体的失业保险体系。发挥三者的协同作用,既要保障失业者基本生活,又要让其能够迅速地回到工作岗位上来,对于在岗者要通过培训补贴、稳岗补贴等方式,减少其失业的概率。其二是建立动态化的失业保险缴费机制,坚持一个会计年度内失业保险费收支相抵。其三是创新失业保险费征缴机制,提高覆盖率,尽快把更多的非正式就业、灵活就业、农民工就业群体纳入失业保险的覆盖范围中来。

1.5 工伤保险制度发展历程与未来展望

1.5.1 工伤保险制度发展历程

工伤保险,又被称为职业伤害保险,是指劳动者因工作或者从事与工作相关事务引发意外,或者因职业性有害物质导致的人体伤害,而由国家给予相应的帮助的一种社会保障制度。当前工伤保险制度主要有两种模式,一种是社会工伤保险,即国家统一筹集、统一管理、统一支付的工伤保险制度,另外一种是雇主责任制或者单位责任制,即由单位或者雇主直接支付工伤保险相关待遇的制度。

1884 年德国颁布了世界上第一部工伤保险法律《劳工伤害保险法》。其后国际劳工组织先后通过了 12 个工伤保险公约和建议书,1964 年的《职业伤害赔偿公约》(第 121 号公约)是其中的主要公约,这些国际立法活动推动了各国实施工伤保险的进程,当前工伤保险已经成为世界上实施范围最广、发展最健全的一项社会保障制度。

一、初步建立时期:企业提供工伤保障的时代(1950—1978 年)

我国的企业职工工伤保险与职业病防治建立于 20 世纪 50 年代。1951 年 2 月的《劳动保险条例》对企业职工工伤保险待遇做了详细的规定。1957 年 2 月卫生部颁布的《职业病范围和职业病患者处理办法的规定》确定了14种职业病,1978年6月国务院颁布了《关于工人退休退职的暂行办法》(国发〔1978〕104号),工人工伤保险待遇得到提高。

这一时期我国建立了国家保险和雇主强制责任相结合的工伤保险补偿机制,其经费完全由企业负担,职工的工伤保险待遇也由企业支付,工伤保险的社会化程度低,无法适应社会发展的需要。

二、完善时期:工伤保险社会化统筹时代(1979—2009年)

为适应社会主义市场经济改革的需要,同时为适应《劳动法》中有关社会保险的规定。劳动部于1996年颁布了《企业职工工伤保险试行办法》(劳部发〔1996〕266号),第一次以一部完整的法律文件的形式将工伤保险制度确定下来,明确了工伤保险的目标是工伤预防、工伤补偿和工伤康复的有机结合。2003年4月国务院颁布了《工伤保险条例》(国发〔2003〕375号),该条例是对《企业职工工伤保险试行办法》的进一步的细化与明确,就工伤保险基金管理、工伤认定、工伤保险待遇、监督与法律责任做出了明确的规定,标志着工伤保险制度的进一步健全与完善。

这一时期工伤保险制度仍然存在着立法层次低、约束能力弱、工伤保险费率确定不合理、工伤保险待遇规定不完善、缺乏有效的基金保值增值的渠道、工伤认定标准和流程不完善等问题。

三、新发展时期:保障工伤职工的合法权益(2010年至今)

为配套《社会保险法》改革需要,2010年通过的《工伤保险条例》(国发〔2011〕586号)进一步扩大了覆盖范围;简化了工伤认定流程;提高了工伤保险待遇标准;增加了待遇项目,并强化了雇主责任。2011年全国人大常委会第二十四次会议审议通过了《关于修改〈职业病防治法〉的决定》,该法对职业病的防治与诊断做了比较大的调整与完善,明确了相关部门在职业病诊断与鉴定中的配合作用。随后卫生部对《职业病诊断与鉴定管理办法》(卫生部令第91号)进行修订,人社部、卫计委于2014年联合发布《工伤职业劳动能力鉴定管理办法》(人社部令21号),这两部法规明确了劳动能力鉴定和职业病鉴定的流程与管理规范。为了解决工伤保险相关领域的争议与纠纷,人社部出台了《关于执行〈工伤保险条例〉若干问题的意见》(人社部发〔2013〕34号),最高人民法院制定了《最高人民法院关于审理工伤保险行政案件若干问题的建议》。这一时期工伤保险制度得到进一步完善,国家注重解决工伤保险领域的热点民生问题。

1.5.2 工伤保险制度面临的挑战

其一是工伤预防和工伤康复领域发展不足。其二是工伤保险的覆盖面过窄,劳动关系不稳定的农民工大多未能纳入工伤保险。其三是工伤保险统筹项目过少,占比最大的工伤医疗费没有被纳入统筹项目。其四是统筹层次过低,无法有效发挥基金的统筹互助功能。其五是工伤保险领域的管理和服务有待提高。

1.5.3 工伤保险制度的未来展望

按照党的十九大提出的"以职业劳动者为中心,建立工伤预防、待遇补偿和工伤康复相结合的多层次工伤保障制度体系"。工伤保险制度应覆盖所有用人单位,所有职业劳动者都有相应制度的安排;建立与经济发展水平相适应的工伤保险待遇保障机制,提供多元化保障;加强具有人性化的工伤保险服务体系建设,建立运行高效、服务便捷、监管有力的管理系统,确保工伤保险基金运行平稳,促进工伤保险事业健康、可持续发展。

为此需要在以下六个方面着力:第一,以工伤保险为基础,以商业保险为补充,建立多层次的工伤保险体系,这既需要合理界定工伤保险与商业保险之间的界限,又需要发挥商业保险的优势,实现两者的互补。第二,在保障基本待遇的基础上,加快工伤预防与工伤康复领域的发展。第三,扩大工伤保险的覆盖范围,重点面向个体工商户、小微企业、灵活就业人员、职业农民、流动性强的农民工等群体。第四,在基本工伤项目范围下,增加相应的补充项目。第五,以市级统筹为基础,加快推进省级统筹和国家统筹的步伐。第六,建立服务大众、方便群众的理念,全面完善工伤保险相关领域的服务与管理。

1.6 改革开放40年来中国社会保障制度发展的特征、挑战与未来趋势

1.6.1 基本特征

改革开放40年来，中国不但在经济发展方面取得了令世人瞩目的成绩，而且在民生保障尤其是社会保障等方面也取得了长足发展。在新时代的背景下，社会保障体系的建设与完善关乎“人民日益增长的美好生活需要和不平衡不充分的发展之间的矛盾”的解决。回顾改革开放40年中国社会保障制度发展历程，其主要特征可以归纳为以下几点：

第一，中国社会保障制度体现了社会主义制度的本质特征。习近平总书记明确提出，“要把不断满足人民对美好生活向往作为党的奋斗目标。我国人民热爱生活，期盼有更好的教育、更稳定的工作、更满意的收入、更可靠的社会保障、更高水平的医疗卫生服务、更舒适的居住条件、更优美的环境，期盼孩子们能成长得更好、工作得更好、生活得更好。人民对美好生活的向往，就是我们的奋斗目标”。这也就是社会主义制度的本质特征。因此，社会保障制度既能保障群众基本生活，不断满足人民日益增长的美好生活需要，而且能够不断促进社会公平正义，形成有效的社会治理、良好的社会秩序，使人民获得感、幸福感、安全感更加充实、更有保障、更可持续。

第二，中国社会保障制度具有探索性的特征。改革开放40年来，中国社会保障制度经历了从“国家—单位保障制度”到“国家—社会保障制度”的全面而深刻的制度变革，这一制度变迁过程中具有自己显著的特征，时代背景与影响因素的复杂性、改革与试点模式的多样性、改革方式与推进策略的渐进性、改革波及的全面性与内容的深刻性，无一不体现了探索性和创新型的特征。

第三，中国社会保障制度具有继承性的特征。历史是不能割断的，也是无法割断的。中国目前的社会保障制度体系建立在原有的社会保障制度基础上，可谓一脉相承，且能“取其精华”，从而不断完善与发展。譬如在中国共产党领导的根据地、解放区时期的劳动保险制度和社会救助制度，中华人民共和国成立后，建立的救灾救济、劳动保险、公费医疗等制度，一直到今天广为人知的社会保障制度，无一不诠释了社会保障的传承与继承性特征。

第四，中国社会保障制度具有共享性特征。共享发展理念是新时代中国经济社会发展的五大理念之一，也是新时代中国社会保障制度发展和完善的重要理念之一。事实上，改革开放以来，中国政府大力推进社会保障制度建设，社会保障制度经历了从无到有、从城市到农村、从职工到居民的扩展。立足于尚不高的经济发展水平，我国政府在较短的时间内织就了世界上规模最大的社会保障网，基本实现了社会保障制度的全民覆盖与全民共享，昭示着中国社会保障制度是共享改革红利的重要抓手。

第五，中国社会保障制度具有适度性的特征。任何制度的长远发展必然面临着适度性的挑战，中国社会保障制度亦不例外。目前，中国仍处于并将长期处于社会主义初级阶段，改善民生不能脱离这个最大的实际提出过高目标，只能根据经济发展和财力状况逐步提高人民生活水平，做那些现实条件下可以做到的事情。

因此，中国社会保障制度坚持从实际出发，福利水平应建立在经济和财力可持续增长的基础之上。

1.6.2 主要挑战与未来趋势

当然，尽管中国社会保障制度在改革开放的“春风沐浴”中不断发展与完善，且在新时代背景下获得了新的发展机遇，但是中国社会保障也面临着严峻的挑战，能否积极、稳妥地应对或者化解这些挑战，将不可避免地对中国社会保障改革与发展产生重要影响。新时代我国社会保障制度面临的挑战是多方面的，如人口老龄化、养老金收不抵支、基金增值困难等，但我们认为最重要的是以下方面的挑战：

第一，中国社会保障面临着风险意识淡薄的挑战。诚然，人民群众对美好生活的向往、社保资源需求的增加带来了新的要求与新的挑战，但是其本质在于风险意识淡薄的挑战。因此，无论是政府还是居民，如果风险意识淡薄而不提前着手准备应对社会发展和个人生理心理变化等带来的诸多问题，将直接影响社会保障制度的长远发展。

第二，中国社会保障面临着制度分割的挑战。无论是过去还是现在，体制性障碍已经严重阻碍了社会保障的发展，其不仅导致了地区利益与群体利益的失衡，进而使社会保障制度的公平性受到损害，而且也构成了制度发展不平衡不公平的根源，进而衍生出一系列的不良社会效应。

第三，中国社会保障面临着制度内卷化的挑战。内卷化效应就是长期从事一项相同的工作，并且保持在一定的层面，没有任何变化和改观。这种行为通常是一种自我懈怠，自我消耗。中国社会保障制度还存在诸多需要完善之处，尤其是缺乏自我修正的功能，一些社会保障制度一直处于低效运行状态并减损制度功效，使得社会保障制度本身面临着内卷化的挑战。

第四，中国社会保障面临着人口流动的挑战。随着城乡户籍制度的改革，中国流动人口规模达到中国人口的五分之一，但巨大的流动人口对社会保障制度提出了新的挑战，原因在于社会保障制度在不同群体之间实现利益调节与利益平衡，同时还要保障其可持续性，这是对制度本身就具有很大的挑战性。

第五，中国社会保障面临着责任主体模糊的挑战。社会保障各个主体权责分明是其可持续发展的本质所在。但是中国社会保障的责任主体有的还没有界定清晰，导致责任主体的错位，使得社会保障制度的功能大打折扣。

第六，中国社会保障制度还面临发展不平衡不充分的挑战。具体包含了城乡之间、地区之间和人群之间的发展不平衡。

党的十九大报告提出要“按照兜底线、织密网、建机制的要求，全面建成覆盖全民、城乡统筹、权责清晰、保障适度、可持续的多层次社会保障体系”。这也揭开了中国社会保障改革与完善的序幕。当前，中国特色社会主义已经进入新时代。必须适应我国社会主要矛盾已经转化为人民日益增长的美好生活需要和不平衡不充分的发展之间的矛盾这一客观要求，在社会保障体系基本建立基础上提出新的奋斗目标。因此，中国社会保障制度应从以下几个方面进行完善与发展：

第一，坚持社会主义制度的本质要求，实现多主体参与、全人群覆盖，实现社会保障制度的可持续发展。

第二，打破利益固化的藩篱，实现制度的整合，确保制度的公平性。

第三，优化各项社会保障制度，重塑与完善制度自身的运行机制。

第四，充分利用“互联网+”等新技术，适应人口流动的发展变化。

第五，坚持正式制度与非正式制度有机结合，建构起多层次化社会保障体系。

2

城镇职工基本养老保险财务可持续性研究*

薛惠元　王翠琴　岳　晓

*　本研究受到教育部人文社会科学研究青年基金项目“机关事业单位养老保险隐性债务、基金缺口与财务可持续性研究”（批准号：16YJC630152）的资助。

中国的基本养老保险制度包含了城镇职工基本养老保险、城乡居民基本养老保险和机关事业单位工作人员基本养老保险。由于城乡居民基本养老保险在制度建立的时候不存在转制成本，并且其基础养老金部分全部来自财政补贴，个人账户部分实行的基金积累制，只要财政补贴能够按时足额到位，就不存在财务不可持续的问题；另外，机关事业单位工作人员基本养老保险制度改革的时间不长，在短期之内也不存在基金收支不平衡的问题。因此，本报告仅对城镇职工基本养老保险的财务可持续性问题做出分析。

2.1 城镇职工基本养老保险基金收支状况

2.1.1 城镇职工基本养老保险基金全国总体收支状况

中国从1997年开始在全国建立起统一的城镇职工基本养老保险制度，其标志是《国务院关于建立统一的企业职工基本养老保险制度的决定》(国发〔1997〕32号)的发布。下面重点介绍1997年以来中国城镇职工基本养老保险基金的收支情况。

一、当期基金收支情况

表2-1显示，1997—2017年，中国城镇职工基本养老保险基金收入从1338亿元增加到43310亿元，20年间增加了31倍，年均增长19.0%；城镇职工基本养老保险基金支出从1251亿元增加到38052亿元，20年间增加了29倍，年均增长18.6%。

进一步分析“十二五”以来的基金收支情况。表2-1显示，2010—2017年间，中国城镇职工基本养老保险基金收入从13420亿元增加到43310亿元，7年间增加了2.23倍，年均增长18.2%；城镇职工基本养老保险基金支出从10555亿元增加到38052亿元，7年间增加了2.61倍，年均增长 20.1%；明显可以看出，“十二五”以来中国城镇职工基本养老保险基金支出的增长速度超过了基金收入的增长速度。

1997—2017 年，除 1998 年城镇职工基本养老保险当期基金收支差额为负值外，其他年份当期基金收支差额均为正值，这说明从全国来看当前城镇职工基本养老保险基金当期不存在收支缺口。

不过，剔除财政补贴后，情况就发生了变化。表 2-1 显示，剔除财政补贴后，1998 年、2002 年、2015—2017 年当期基金收支出现缺口，其中 1998 年和 2002 年的基金收支缺口还不大，分别为 77 亿元、79 亿元，2015 年的基金收支缺口为 450 亿元，2016 年基金收支缺口增加到 3307 亿元，2017 年回落到 2746 亿元。

进一步分析，考察基金征缴收入与基金支出的差额，基金当期的收支状况变得更糟。表 2-1 显示，2001—2003 年、2014—2017 年当期基金征缴收支差额为负值，即当期存在基金收支缺口，其中 2001—2003 年的基金收支缺口较小，分别为 229 亿元、292 亿元和 78 亿元，2014 年基金收支缺口为 1321 亿元，此后的 2015 年、2016 年基金收支缺口不断扩大，2016 年基金收支缺口达到 5086 亿元，2017 年基金收支口有所回落，为 4649 亿元。

表 2-1　1997—2017 年中国城镇职工基本养老保险基金收支状况

年份	基金收入（亿元）	基金收入增长率（%）	基金征缴收入（亿元）	基金征缴收入增长率（%）	基金支出（亿元）	基金支出增长率（%）	当期基金收支差额（亿元）	当期基金收支差额（剔除财政补贴）（亿元）	当期基金征缴收支差额（亿元）	基金累计结余（亿元）	基金累计结余增长率（%）
1997	1338	—	—	—	1251	—	87	—	—	683	—
1998	1459	9.1	—	—	1512	20.8	-53	-77	—	588	-13.9
1999	1965	34.7	—	—	1925	27.3	40	—	—	734	24.8
2000	2279	15.9	—	—	2116	9.9	163	—	—	947	29.1
2001	2489	9.2	2092	—	2321	9.7	168	—	-229	1054	11.3
2002	3172	27.4	2551	21.9	2843	22.5	329	-79	-292	1608	52.5
2003	3680	16.0	3044	19.3	3122	9.8	558	28	-78	2207	37.2

续表

年份	基金收入（亿元）	基金收入增长率（%）	基金征缴收入（亿元）	基金征缴收入增长率（%）	基金支出（亿元）	基金支出增长率（%）	当期基金收支差额（亿元）	当期基金收支差额（剔除财政补贴）（亿元）	当期基金征缴收支差额（亿元）	基金累计结余（亿元）	基金累计结余增长率（%）
2004	4258	15.7	3585	17.8	3502	12.2	756	142	83	2975	34.8
2005	5093	19.6	4312	20.3	4040	15.4	1053	402	272	4041	35.8
2006	6310	23.9	5215	20.9	4897	21.2	1413	442	318	5489	35.8
2007	7834	24.2	6494	24.5	5965	21.8	1869	712	529	7391	34.7
2008	9740	24.3	8016	23.4	7390	23.9	2351	913	626	9931	34.4
2009	11491	18.0	9534	18.9	8894	20.4	2596	951	640	12526	26.1
2010	13420	16.8	11110	16.5	10555	18.7	2865	911	555	15365	22.7
2011	16895	25.9	13956	25.6	12765	20.9	4130	1858	1191	19497	26.9
2012	20001	18.4	16467	18.0	15562	21.9	4439	1791	905	23941	22.8
2013	22680	13.4	18634	13.2	13470	18.7	4210	1191	164	28269	18.1
2014	25310	11.6	20434	9.7	21755	17.8	3555	7	-1321	31800	12.5
2015	32195	27.2	23016	12.6	27929	28.4	4266	-450	-4913	39937	25.6
2016	35058	8.9	26768	16.3	31854	14.1	3204	-3307	-5086	38580	-3.4
2017	43310	23.5	33403	24.8	33052	19.5	5258	-2746	-4649	43885	13.8

注：基金收入包含基金征缴收入、财政补贴、利息收入和其他收入（如滞纳金收入等）。当期基金收支差额（剔除财政补贴）=（基金收入-财政补贴）-基金支出；当期基金征缴收支差额=基金征缴收入-基金支出。

资料来源：历年《人力资源和社会保障事业发展统计公报》。

二、基金累计结余情况

截至2017年年底，城镇职工基本养老保险基金累计结余达到43885亿元，是2010年（15365亿元）的2.86倍，是1997年（683亿元）的64倍；除1998年和2016年外，其他年份的基金累计结余增长率均为两位数，基金累计结余不断增加。

进一步分析“十二五”以来城镇职工基本养老保险基金累计结余情况，发现基金累计结余增长率除2015年、2017年有所反弹外，其他年份均呈现出下降趋势（见图2-1），尤其是2016年，基金累计结余出现了负增长(-3.4%),这是进入 21 世纪后首次出现城镇职工基本养老保险基金累计结余负增长,上一次负增长要追溯到 1998 年。城镇职工基本养老保险基金累计结余减少的原因在于,自 2016 年 5 月 1 日起,国家降低了城镇职工基本养老保险单位缴费比例①,直接导致了养老基金收入增长速度的放缓(2016 年基金收入增长率仅为 8.9%)以及基金累计结余的减少。

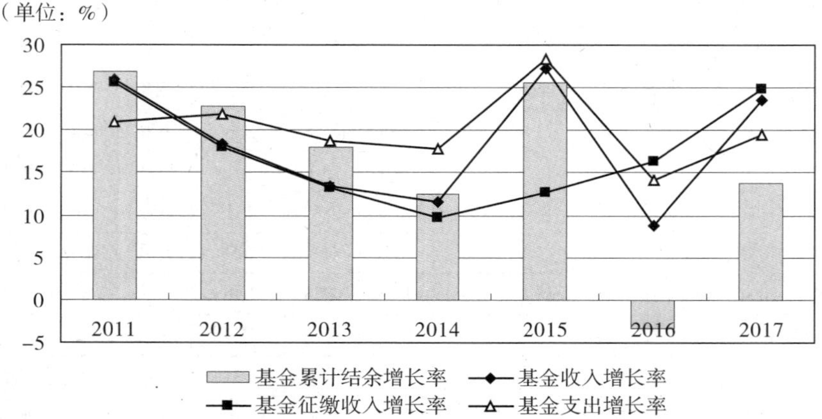

图 2-1　2011—2017 年城镇职工基本养老保险基金收入、支出和累计结余增长率

资料来源:2010—2017 年度《人力资源和社会保障事业发展统计公报》。

2.1.2　各地区城镇职工基本养老保险收支状况

分省份来看,表 2-2 显示,2014 年城镇职工基本养老保险基金当

① 《人力资源和社会保障部、财政部关于阶段性降低社会保险费率的通知》(人社部发〔2016〕36 号)规定:"从 2016 年 5 月 1 日起,企业职工基本养老保险单位缴费比例超过 20%的省(区、市),将单位缴费比例降至 20%;单位缴费比例为 20%且 2015 年底企业职工基本养老保险基金累计结余可支付月数高于 9 个月的省(区、市),可以阶段性将单位缴费比例降低至 19%,降低费率的期限暂按两年执行。具体方案由各省(区、市)确定。"《人力资源和社会保障部、财政部关于继续阶段性降低社会保险费率的通知》(人社部发〔2018〕25 号),规定:"自 2018 年 5 月 1 日起,企业职工基本养老保险单位缴费比例超过 19%的省(区、市),以及按照《人力资源和社会保障部、财政部关于阶段性降低社会保险费率的通知》(人社部发〔2016〕36 号)单位缴费比例降至 19%的省(区、市),基金累计结余可支付月数(截至 2017 年年底)高于 9 个月的,可阶段性执行 19%的单位缴费比例至 2019 年 4 月 30 日。具体方案由各省(区、市)研究确定。"

期收不抵支的省份为 2 个，分别是黑龙江（-106.1 亿元）和宁夏（-1.1 亿元）；2015 年当期基金收不抵支的省份增加到 7 个，分别是黑龙江（-192.5 亿元）、西藏（-159.8 亿元）、辽宁（-113.0 亿元）、河北（-63.1 亿元）、吉林（-40.7 亿元）、陕西（-8.1 亿元）、青海（-7.9 亿元）；2016 年当期基金收不抵支省份仍然为 7 个，基金收不抵支的省份发生了变化，分别为黑龙江（-327.0 亿元）、辽宁（-254.2 亿元）、河北（-48.1 亿元）、吉林（-40.3 亿元）、湖北（-28.2 亿元）、内蒙古（-15.3 亿元）、青海（-13.3 亿元），并且出现了首个累计结余为负数的省份黑龙江（-196.1 亿元）；2017 年当期基金收不抵支的省份降为 6 个，分别是辽宁（-343.8 亿元）、黑龙江（-293.7 亿元）、湖北（-70.6 亿元）、山东（-69.4 亿元）、青海（-7.9 亿元）、吉林（-2.9 亿元），基金累计结余为负数的省份仍然只有黑龙江一个省份（-486.2 亿元），但其基金缺口比 2016 年增加了 1.5 倍。总体来看，尽管近年来出现了一些城镇职工基本养老保险基金当期收不抵支的省份，但除黑龙江省外，其他省份的养老基金累计结余仍为正数，即在动用累计结余之后，除黑龙江省以外的所有省份的城镇职工基本养老保险基金还可以保证当期的发放。

进一步分析，2017 年广东、北京、江苏、浙江、四川、山东、上海 7 省市的城镇职工基本养老保险基金累计结余较多，均在 2000 亿元以上，基金可支付月数[①]也基本都在 10 个月以上（见表 2-3）；辽宁、黑龙江、湖北、青海、吉林这 5 个城镇职工基本养老保险基金当期收不抵支的省份，其基金可支付月数均在 6 个月以下。其中，2017 年广东省养老保险基金当期收支差额为 1559.0 亿元，累计结余为 9245.1 亿元，可支付月数高达 58.5 个月，为全国基金结余和可支付月数最高的省份；黑龙江省养老保险基金严重收不抵支，其当期收支差额和累计结余分别为-293.7 亿元和-486.2 亿元，成为全国唯一基金累计结余为负数的省份。

① 可支付月数=基金累计结余/年度养老金总支出×12。

表 2-2　2014—2017 年各省份城镇职工基本养老保险基金收支情况

（单位:亿元）

地区	2014 年				2015 年				2016 年				2017 年			
	基金收入	基金支出	当期基金收支差额	基金累计结余	基金收入	基金支出	当期基金收支差额	基金累计结余	基金收入	基金支出	当期基金收支差额	基金累计结余	基金收入	基金支出	当期基金收支差额	基金累计结余
北京	1331.3	841.7	489.6	2160.8	1601.2	965.5	635.7	2796.6	2249.0	1479.4	769.6	3566.2	2223	1394.3	828.7	4394.9
天津	534.4	491.7	42.7	361.7	594.3	559.5	34.8	396.4	751.4	750.1	1.3	397.7	894.3	836.1	58.2	463.2
河北	958.8	953.1	5.7	818.8	1073.9	1137.0	-63.1	755.8	1221.3	1269.4	-48.1	707.6	1439.2	1411.6	27.6	735.2
山西	663.9	555.9	108.0	1232.8	688.6	657.0	31.6	1264.4	788.0	746.9	41.1	1305.6	1234.6	1082.3	152.3	1457.7
内蒙古	501.7	486.1	15.6	471.6	567.6	565.0	2.6	474.2	612.5	627.8	-15.3	458.9	853.5	707.2	146.3	605.2
辽宁	1534.2	1477.9	56.3	1283.8	1630.2	1743.2	-113.0	1170.8	1676.1	1930.3	-254.2	916.6	1863.2	2207	-343.8	572.8
吉林	519.2	516.9	2.3	423.9	569.2	609.9	-40.7	383.1	636.0	676.3	-40.3	342.8	764.1	767	-2.9	340
黑龙江	922.2	1028.3	-106.1	323.3	1030.7	1223.2	-192.5	130.9	1005.7	1332.7	-327.0	-196.1	1240.5	1534.2	-293.7	-486.2
上海	1688.5	1505.5	183.0	1260	2226.1	2035.2	190.9	1451.0	2579.7	2158.2	421.5	1872.5	2767.4	2571.1	196.3	2068.8
江苏	1922.6	1584.2	338.4	2854.5	2153.9	1844.7	309.2	3163.7	2324.5	2085.6	238.9	3402.7	2885.6	2555.3	330.3	3730.8
浙江	1618.6	1220.0	398.6	2695.5	1958.5	1583.7	374.8	3070.4	2358.4	2157.4	201.0	3293.5	3052.6	2636.7	415.9	3709.8
安徽	656.5	519.9	136.6	882	765.9	605.5	160.4	1042.4	815.9	673.1	142.8	1185.2	993.3	784.6	208.7	1393.9
福建	453.3	378.9	74.4	490.3	519.9	434.0	85.9	576.2	689.7	586.0	103.7	701.1	785.3	666.5	118.8	820
江西	490.1	444.6	45.5	430.5	605.6	537.1	68.5	498.9	695.9	668.2	27.7	526.7	974.1	862.6	111.5	638.1
山东	1672.7	1557.7	115.0	1973	2105.6	1845.2	260.4	2233.4	2242.5	2090.3	152.2	2385.7	2289.3	2358.7	-69.4	2315.7
河南	922.8	830.7	92.1	931.3	1027.1	961.0	66.1	997.5	1145.2	1092.2	53.0	1050.5	1521.5	1471.8	49.7	1104

续表

地区	2014年				2015年				2016年				2017年			
	基金收入	基金支出	当期基金收支差额	基金累计结余	基金收入	基金支出	当期基金收支差额	基金累计结余	基金收入	基金支出	当期基金收支差额	基金累计结余	基金收入	基金支出	当期基金收支差额	基金累计结余
湖北	977.8	950.6	27.2	821.6	1132.4	1103.6	28.8	850.4	1196.9	1225.1	-28.2	822.3	1793.6	1864.2	-70.6	751.6
湖南	811.5	730.4	81.1	878.6	910.1	849.4	60.7	939.3	1086.7	1019.0	67.7	1007.0	1448.1	1349.1	99	1104.1
广东	2059.4	1289.1	770.3	5444.2	2563.6	1475.5	1088.1	6532.8	2818.7	1678.7	1140.0	7652.6	3457	1898	1559	9245.1
广西	413.8	412.4	1.4	448	479.1	470.9	8.2	456.5	852.8	849.0	3.8	460.4	977	881.9	95.1	556.7
海南	140.8	138.5	2.3	103.7	168.0	157.5	10.5	114.2	198.0	177.8	20.2	134.3	271.1	232	39.1	173.5
重庆	678.4	573.8	104.6	662	758.1	664.6	93.5	755.4	819.9	740.5	79.4	834.8	1434.7	1372.4	62.3	897.1
四川	1576.8	1313.2	263.6	2013.3	1680.6	1527.6	153.0	2166.4	2739.9	2679.9	60.0	2226.3	3295.9	2276.4	1019.5	3245.8
贵州	259.8	207.8	52.0	407.2	315.4	242.2	73.2	480.4	331.3	283.9	47.4	527.8	667.1	575.7	91.4	619.2
云南	358.2	288.2	70.0	573	406.5	329.0	77.5	650.5	664.3	501.1	163.2	813.7	1096	958.9	137.1	950.8
西藏	23.3	14.9	8.4	40.4	28.2	188.0	-159.8	49.8	79.5	51.8	27.7	77.5	130.8	84.7	46.1	123.6
陕西	576.2	542.9	33.3	445.6	604.9	613.0	-8.1	453.3	691.1	678.3	12.8	474.5	1049.2	961.8	87.4	566.1
甘肃	298.2	258.6	39.6	361.2	312.2	307.6	4.6	365.8	341.8	331.7	10.1	376.0	391.3	363.5	27.8	403.7
青海	93.1	90.8	2.3	84.3	103.3	111.2	-7.9	76.4	174.5	187.8	-13.3	63.0	197.6	205.5	-7.9	55.8
宁夏	117.2	118.3	-1.1	165.3	143.9	137.1	6.8	172.2	205.8	181.9	23.9	196.1	243	221.4	21.6	217.7
新疆	526.1	426.1	100.0	744.7	607.0	490.4	116.6	861.4	1052.4	934.4	118.0	979.5	1006.1	906	100.1	1074

资料来源：根据2015—2018年《中国统计年鉴》整理测算。

各地区养老保险基金收支苦乐不均是由多种因素造成的，其中抚养比①是最重要的因素。表 2-3 显示，2017 年全国城镇职工基本养老保险抚养比为 2.65：1，即 2.65 个在职职工养 1 个退休老人；广东省为 8.29：1，养老负担最轻；黑龙江省为 1.30：1，养老负担最重。

表 2-3　2017 年各地区城镇职工基本养老保险抚养比和可支付月数

地区	参保职工（万人）	参保离退休人员（万人）	抚养比	可支付月数（月）	地区	参保职工（万人）	参保离退休人员（万人）	抚养比	可支付月数（月）
全国	29267.6	11025.7	2.65	13.8	内蒙古	437.2	257.1	1.70	10.3
广东	4718.0	569.0	8.29	58.5	湖南	856.6	422.7	2.03	9.8
北京	1321.4	283.1	4.67	37.8	上海	1059.0	489.2	2.16	9.7
安徽	754.1	322.9	2.34	21.3	河南	1437.6	460.0	3.13	9.0
江苏	2238.5	796.1	2.81	17.5	海南	172.0	68.9	2.50	9.0
西藏	33.7	9.2	3.66	17.5	江西	697.6	307.7	2.27	8.9
四川	1519.0	816.0	1.86	17.1	重庆	628.3	360.8	1.74	7.8
浙江	1964.9	747.5	2.63	16.9	广西	525.9	251.9	2.09	7.6
山西	555.7	243.0	2.29	16.2	陕西	706.9	246.4	2.87	7.1
福建	840.1	182.0	4.62	14.8	天津	441.2	213.8	2.06	6.6
新疆	442.1	204.3	2.16	14.2	河北	1102.0	433.8	2.54	6.2
甘肃	288.2	141.6	2.04	13.3	吉林	482.3	332.2	1.45	5.3
贵州	446.9	141.3	3.16	12.9	湖北	1020.5	526.1	1.94	4.8
云南	420.1	171.3	2.45	11.9	青海	95.6	42.8	2.23	3.3
宁夏	145.0	60.2	2.41	11.8	辽宁	1195.5	754.4	1.58	3.1
山东	2022.2	638.8	3.17	11.8	黑龙江	682.2	523.9	1.30	-3.8

资料来源：根据《中国统计年鉴 2018》整理测算。

① 抚养比=参保职工人数/参保离退休人数。

2.2 城镇职工基本养老保险面临的财务风险①

2.2.1 经济增速放缓将不利于养老保险基金的收支平衡

养老保险的运行与发展需要持续的财政投入，当前中国经济增长正面临着巨大的下行压力，正由过去的中高速增长向中低速增长转变，并且这一趋势日后将成为经济新常态。2014 年中国 GDP 增长速度降为 7.3%，2015—2018 年中国 GDP 增长速度跌破 7%，分别降为 6.9%、6.7%、6.9%和 6.6%，成为 1991 年以来中国经济增速的新低（见图 2-2）。《国民经济和社会发展第十三个五年规划纲要》已将"十三五"期间中国的年均经济增长率调为 6.5%。

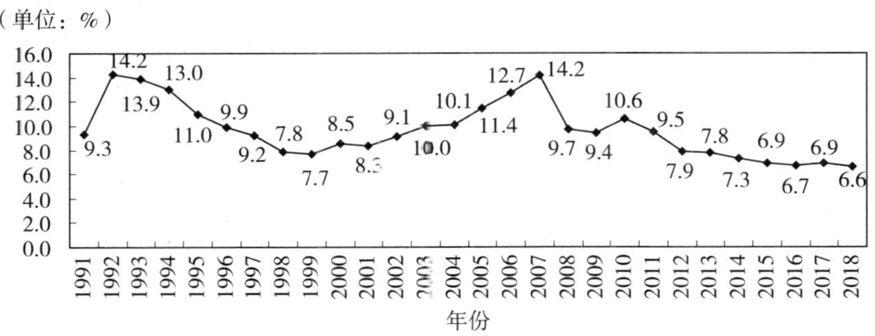

图 2-2　1991—2018 年中国 GDP 增长速度

资料来源：《中国统计年鉴 2018》《2018 年国民经济和社会发展统计公报》。

① 薛惠元等：《城镇职工基本养老保险基金收支状况、面临风险及应对策略》，《经济纵横》2017 年第 12 期，第 74—84 页。

经济增长速度的放缓,至少会从两个方面对城镇职工基本养老保险基金的收支状况产生影响:第一,企业整体盈利水平和职工平均工资增长速度会下降,不仅会对缴费基数构成压力,也会加大征缴难度,从而使得征缴收入的增长速度下降;第二,政府财政收入的增长速度会下降,特别是在目前地方政府存在赤字的情况下,可能会迫使政府降低对城镇职工基本养老保险的补贴力度。①

2.2.2 人口老龄化高峰期即将到来,抚养比将快速下降

人口老龄化是一个世界性危机。就中国而言,人口基数大、老龄化来势猛、经济发展水平不高等因素,决定了我们化解这个危机难度更大。实行计划生育政策以来,中国人口老龄化的步伐在不断加快。1982 年第三次全国人口普查时中国 65 岁以上老年人口占总人口的比重为 4.91%,1990 年第四次全国人口普查时上升为 5.57%,2000 年第五次全国人口普查时已达 6.96%(60 岁以上的人口比重为 10.33%),2010 年第六次全国人口普查时高达 8.87%(60 岁以上的人口比重为 13.26%)②;2017 年年底,中国 65 岁以上人口占全国人口的比重已达 11.4%(60 岁以上的人口比重为 17.3%)③。按照国际上的通行标准,中国早在 2000 年就已步入人口老龄化社会④。

另一方面,未来中国人口老龄化更加严峻。《"十三五"国家老龄事业发展和养老体系建设规划》(国发〔2017〕13 号)提出,预计到 2020 年,中国 60 岁以上老年人口将增加到 2.55 亿人左右,占总人口比重提升到 17.8%左右;另据国家人口发展战略研究报告预测,中国在本世纪 40 年代后期进入人口老龄化高峰期,60 岁以上老年人口将达 4.3 亿人,比重达 30%;65 岁以上老年人口达 3.2 亿多人,比重达 22%,届时每 3—4 人

① 孙永勇、石蕾:《我国城镇职工基本养老保险制度财务风险的主要来源及对策》,《中国行政管理》2012 年第 11 期,第 32—37 页。

② 数据来源于《中国统计年鉴 2012》以及《2010 年第六次全国人口普查主要数据公报》。

③ 数据来源于《2017 年国民经济和社会发展统计公报》。

④ 国际上通常把 60 岁以上的人口占总人口比例达到 10%,或 65 岁以上人口占总人口的比重达到 7%作为国家或地区进入老龄化社会的标准。

中就有1名老年人①。这种人口年龄结构变化将促使中国城镇职工基本养老保险的抚养比(即在职人口与退休人口之比)快速下降,一方面使中国劳动年龄人口的比例逐步缩小,缴费人群逐步减少;另一方面领取养老保险的人数逐步增加,对城镇职工基本养老保险基金的收支平衡和财务可持续性产生冲击。

2.2.3 隐性债务规模巨大,缺乏有效补偿渠道

20世纪90年代,中国城镇职工基本养老保险制度逐步从"现收现付制"转变为现行的"统账结合"模式,目的是希望通过个人账户基金的积累以预防人口老龄化高峰期到来时养老基金的支付危机。现收现付模式存在隐性债务,即对于制度中已经参加工作人员的养老金承诺;实施统账结合模式后,本来在现收现付模式下承担兑现这一代人养老金承诺的下一代要积累自己的个人账户,因此不应该再对这笔旧体制下形成的债务负责。所以,隐性债务显性化,需要国家通过合理的方式补齐。

由于改制所涉及的人员可分为两类,一类是新制度实施前已离退休人员,另一类是新制度实施前参加工作、实施后退休的人员。因此,隐性债务也包括两个部分:一部分是应继续付给新制度实施前已离退休人员(即通常所说的"老人")的离退休金总额;另一部分是新制度实施前参加工作、实施后退休的人员(即通常所说的"中人")在新制度实施前积累的养老金权利。这两项相加就形成了一笔巨额的隐性债务。

关于隐性债务的规模有多少,不同学者基于不同的测算时点、测算模型和参数设定,计算出不同的结果。据世界银行以国发〔1997〕26号文件为标准进行的测算,2001—2075年中国基本养老保险隐性债务和转制成本分别为13.56万亿元和9.15万亿元②;据武汉大学社会保障研究中心刘昌平教授以国发〔2005〕38号文件为标准进行的测算,2006—2050年

① 国家人口发展战略研究课题组:《国家人口发展战略研究报告》,《人口研究》2007年第1期,第4—9页。

② Yvonne Sin,"China Pension Liabilities and Reform Options for Old Age Insurance",The World Bank Working Paper Series,2005(1),p.34.

中国基本养老保险的隐性债务和转制成本分别为 20 万亿元和 8 万亿元①；另据中国社科院魏吉漳博士的测算，以 2012 年为基准，社会统筹账户的隐性债务为 83.6 万亿元，个人账户的隐性债务为 2.6 万亿元，合计城镇职工基本养老保险统账结合制度下的隐性债务为 86.2 万亿元②。

在这种情况下中国政府已经认识到需要采取措施增加城镇职工基本养老保险基金收入，不仅设立了全国社会保障基金，还不断加大对城镇职工基本养老保险基金的补贴力度，补贴数额在 1998 年还只有 24 亿元，到 2017 年已经高达 8004 亿元，19 年间增长了 333 倍（见图 2-3）；按财政补贴占基金收入的比重计算，2017 年（18.48%）是 1998 年（1.64%）的 11.3 倍；按财政补贴占财政支出的比重计算，2017 年（3.94%）是 1998 年（0.22%）的 17.9 倍；按财政补贴占 GDP 的比重计算，2017 年（0.97%）是 1998 年（0.03%）的 32.0 倍（见表 2-4）。然而，政府以这种方式所提供的支持将来还能不能保证城镇职工基本养老保险基金的平稳运行，特别是这种补贴的未来可持续性，仍令人担忧。

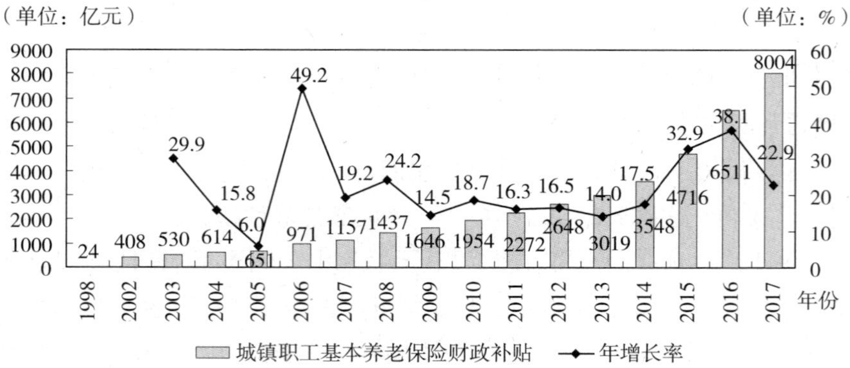

图 2-3　1998—2017 年城镇职工基本养老保险财政补贴情况

资料来源：根据 1998—2017 年度《人力资源和社会保障事业发展统计公报》上的数据绘制而成。

① 刘昌平：《可持续发展的中国城镇基本养老保险制度研究》，中国社会科学出版社 2008 年版，第 38 页。

② 郑秉文：《中国养老金发展报告 2014——向名义账户制转型》，经济管理出版社 2014 年版，第 185—198 页。

表 2-4　1998—2017 年城镇职工基本养老保险财政补贴占基金收入、财政支出和 GDP 的比重

年份	城镇职工基本养老保险财政补贴（亿元）	城镇职工基本养老保险基金收入（亿元）	财政补贴占基金收入的比重（%）	财政支出（亿元）	财政补贴占财政支出的比重（%）	GDP（亿元）	财政补贴占 GDP 的比重（%）
1998	24	1459	1.64	10798.18	0.22	85195.5	0.03
2002	408	3172	12.86	22053.15	1.85	121717.4	0.34
2003	530	3680	14.40	24649.95	2.15	137422.0	0.39
2004	614	4258	14.42	28486.89	2.16	161840.2	0.38
2005	651	5093	12.78	33930.28	1.92	187318.9	0.35
2006	971	6310	15.39	40422.73	2.40	219438.5	0.44
2007	1157	7834	14.77	49781.35	2.32	270232.3	0.43
2008	1437	9740	14.75	62592.66	2.30	319515.5	0.45
2009	1646	11491	14.32	76299.93	2.16	349081.4	0.47
2010	1954	13420	14.56	89874.16	2.17	413030.3	0.47
2011	2272	16895	13.45	109247.79	2.08	489300.6	0.46
2012	2648	20001	13.24	125952.97	2.10	540367.4	0.49
2013	3019	22680	13.31	140212.10	2.15	595244.4	0.51
2014	3548	25310	14.02	151785.56	2.34	643974.0	0.55
2015	4716	32195	14.65	175877.77	2.68	689052.1	0.68
2016	6511	35058	18.57	187755.21	3.47	744127.2	0.87
2017	8004	43310	18.48	203330.00	3.94	827122.0	0.97

资料来源：根据 1998—2017 年度《人力资源和社会保障事业发展统计公报》、历年《中国统计年鉴》以及《2017 年国民经济和社会发展统计公报》、财政部网站数据整理。

2.2.4　扩面工作虽然还有一定的潜力，但是难度会越来越大

城镇职工基本养老保险制度扩面工作将在较长一段时间内增加征缴收入从而缓解制度的支付压力，尽管同时也会增加未来的养老金开支。从目前的情况来看，扩面工作还有一定的潜力可挖。2017 年年末全国城

镇职工基本养老保险参保职工为 29268 万人,比上年年末增加 1441 万人,占到城镇就业人数(42462 万人)的 68.9%;2017 年年末参加城镇职工基本养老保险的农民工人数为 6202 万人,比上年年末增加 262 万人①。然而,扩面工作已经进入攻坚阶段,难度会越来越大。首先,中国大中型企业的正式职工基本上都已纳入城镇职工基本养老保险的覆盖范围,中小企业职工、城镇个体工商户和灵活就业人员也日渐纳入,剩余的扩面工作主要集中于农民工、新业态从业者(如快递员、外卖送餐员、快车司机、电商从业人员等),由于其流动性大、工作灵活性强、自身和雇主双方参保意识薄弱、政策支持不足等原因,使其成为"难啃的硬骨头"。其次,中国经济发展已进入新常态,经济增长放缓已成为必然趋势,这会使部分企业(尤其是中小微企业)面临生存困境,进而严重削弱部分企业或劳动者参加城镇职工基本养老保险的能力和意愿,阻碍城镇职工基本养老保险基金征缴工作的顺利开展。

2.2.5 退休职工基本养老金连年上调,统筹基金支付压力增大

自 2005 年开始,国家连续 14 年上调企业退休人员基本养老金,其中 2005—2015 年的上调幅度为 10%左右,与经济新常态相对应,2016—2018 年企业退休人员基本养老金上调幅度有所放缓,分别降至 6.5%、5.5%和 5%左右。"14 连涨"后,2018 年城镇职工离退休人员月平均基本养老金将达到 3152 元,与 2004 年调整前月人均 733 元的水平相比,14 年间月人均养老金增加了 3.3 倍,年均增幅达到 11.0%(见表 2-5)②。图 2-4 所示,城镇职工离退休人员月平均基本养老金增幅大大高于同期的通货膨胀率(CPI 增幅),与城镇单位就业人员平均工资增长幅度基本保持同步,个别年份城镇职工退休人员月平均基本养老金的增幅超过了城镇单位就业人员平均工资增幅。

① 数据来源于《2017 年度人力资源和社会保障事业发展统计公报》。

② 表 2-5 中的城镇离退休职工月平均基本养老金增幅为实际值,与政府规定的名义上调幅度不完全一致。

表 2-5 2004—2018 年全国城镇职工月平均基本养老金

年份	城镇职工基本养老保险基金支出（亿元）	年末离退休职工人数（万人）	平均离退休职工人数（万人）	城镇离退休职工月平均基本养老金（元）	城镇离退休职工月平均基本养老金增幅(%)
2004	3502. 1	4103. 0	3981. 50	733	—
2005	4040. 3	4367. 0	4235. 00	795	8. 5
2006	4896. 7	4635. 4	4501. 20	907	14. 0
2007	5964. 9	4953. 7	4794. 55	1037	14. 4
2008	7389. 6	5303. 6	5128. 65	1201	15. 8
2009	8894. 4	5806. 9	5555. 25	1334	11. 1
2010	10554. 9	6305. 0	6055. 95	1452	8. 9
2011	12764. 9	6826. 2	6565. 60	1620	11. 6
2012	15561. 8	7445. 7	7135. 95	1817	12. 2
2013	18470. 4	8041. 0	7743. 35	1988	9. 4
2014	21754. 7	8593. 4	8317. 20	2180	9. 7
2015	25812. 7	9141. 9	8867. 65	2426	11. 3
2016	31854. 0	10103. 0	9622. 45	2759	13. 7
2017	38052. 00	11026. 0	10564. 5	3002	8. 8
2018	—	—	—	3152	5. 0

注：某年全国平均离退休职工人数=（年初全国离退休职工人数+年末全国离退休职工人数）/2；全国城镇职工月平均养老金=当年全国城镇职工基本养老保险基金支出/当年全国平均离退休职工人数/12；2018 年的全国城镇职工月平均养老金为推算值。

资料来源：根据 2006—2017 年《中国统计年鉴》和《2017 年度人力资源和社会保障事业发展统计公报》计算得到。

根据相关政策规定，基本养老保险调整所需资金从社会统筹基金中列支。这笔巨大的养老金调整资金给社会统筹基金带来了不小的压力。当社会统筹基金不足支付时，部分地区选取挪用个人账户基金或者由地方政府承担的办法，这又扩大了个人账户“空账”规模或增加了地方财政的负担。

图 2-4　2005—2018 年企业退休人员月均养老金、城镇居民消费价格指数、城镇单位就业人员平均工资变动趋势

注：表中的城镇单位就业人员平均工资增长率为平均货币工资增长率。

资料来源：根据表 2-5 以及《中国统计年鉴 2017》《2017 年国民经济和社会发展统计公报》《2017 年度人力资源和社会保障事业发展统计公报》的数据绘制而成。

2.2.6　养老金地区失衡日趋严重

随着中国城镇职工基本养老保险制度覆盖面不断扩大、财政补贴逐年增加，其基金累计结余逐年提高。1997 年以来，除 1998 年、2016 年城镇职工基本养老保险基金累计结余有所下降外（基金累计结余增长率分别为-13.9%和-3.4%），其他年份均呈两位数增长；1997 年城镇职工基本养老保险基金累计结余仅为 683 亿元，2017 年增加到 43855 亿元，年均增长 23.1%（见表 2-1）。令人遗憾的是，由于各地历史债务、制度赡养率、经济发展水平、劳动力跨地区流动等存在差异，导致中国城镇职工基本养老保险基金存在严重的地区失衡问题。从表 2-2、表 2-3 中的数据可以看到，从 2013 年起开始出现城镇职工基本养老保险基金当期收不抵支的省份（黑龙江），2014 年养老基金当期收不抵支的省份增加到 2 个（黑龙江和宁夏），2015 年增加到 7 个（黑龙江、西藏、辽宁、河北、吉林、陕西、青海），2016 年当期基金收不抵支的省份虽然为 7 个（黑龙江、辽宁、河北、吉林、湖北、内蒙古、青海），但出现了基金累计结余为负数的省份

（黑龙江），2017 年当期基金收不抵支的省份为 6 个（辽宁、黑龙江、湖北、山东、青海、吉林），基金累计结余为负数的省份为 1 个（黑龙江）；另一方面，一些省份（如广东、北京、江苏、浙江、四川、山东、上海等）已经积累了规模庞大的养老基金。这导致各地区基本养老保险基金的收支平衡情况苦乐不均，给地区间带来严重的财务失衡风险。当然，国家也意识到了这一点，2018 年出台了《国务院关于建立企业职工基本养老保险基金中央调剂制度的通知》（国发〔2018〕18 号），并于 2018 年 7 月 1 日施行，但由于中央调剂的力度较小，上解比例仅为 3%①，其对于缓解地区收支失衡的力度有限，亟待继续提高中央调剂的力度，建立统收统支的全国统筹制度。

2.2.7　降低养老保险费率与基金的收支平衡存在矛盾

根据《国务院关于建立统一的企业职工基本养老保险制度的决定》（国发〔1997〕32 号）和《国务院关于完善企业职工基本养老保险制度的决定》（国发〔2005〕38 号），城镇职工基本养老保险的缴费率为 28%（企业 20%，个人 8%），个体工商户和灵活就业人员的缴费率为 20%。当前，受经济下行的影响，许多企业尤其是中小微企业、民营企业以及个体工商户、灵活就业人员、农民工普遍反映养老保险负担过重，难以承受。于是，为了降低企业成本、增强企业活力，2016 年 4 月，人力资源和社会保障部、财政部发布了《关于阶段性降低社会保险费率的通知》（人社部发〔2016〕36 号），规定："从 2016 年 5 月 1 日起，企业职工基本养老保险单位缴费比例超过 20%的省（区、市），将单位缴费比例降至 20%；单位缴费比例为 20%且 2015 年底企业职工基本养老保险基金累计结余可支付月数高于 9 个月的省（区、市），可以阶段性将单位缴费比例降低至 19%，降低费率的期限暂按两年执行。具体方案由各省（区、市）确定。"该政策文件发布后，符合条件的省份纷纷下调了城镇职工基本养老保险企业缴费

① 计算公式为：某省份上解额=（某省份职工平均工资×90%）×某省份在职应参保人数×上解比例。

率。如表 2-6 所示,2017 年各省份城镇职工基本养老保险个人缴费率均为 8%;企业缴费率广东和浙江为 14%,山东和福建为 18%,河北、内蒙古、辽宁、吉林、黑龙江、上海、西藏、陕西、青海 9 省为 20%,其他 18 省为 19%。另外,部分地市的缴费率还有更低的,如经济特区厦门市,从 2016 年起就已经把城镇职工基本养老保险缴费率降至 20%,其中单位缴费率为 12%,个人缴费率为 8%。

表 2-6　2017 年各地区城镇职工基本养老保险缴费率

	广东、浙江	山东、福建	北京、天津、山西、安徽、江苏、江西、河南、湖北、湖南、广西、海南、重庆、四川、贵州、云南、甘肃、宁夏、新疆	河北、内蒙古、辽宁、吉林、黑龙江、上海、西藏、陕西、青海
单位	14%	18%	19%	20%
个人	8%	8%	8%	8%
合计	22%	26%	27%	28%

资料来源:各地人力资源和社会保障厅的政策文件。

2018 年 4 月,人力资源和社会保障部、财政部又发布《关于继续阶段性降低社会保险费率的通知》(人社部发〔2018〕25 号),规定:“自 2018 年 5 月 1 日起,企业职工基本养老保险单位缴费比例超过 19%的省(区、市),以及按照《人力资源社会保障部 财政部关于阶段性降低社会保险费率的通知》(人社部发〔2016〕36 号)单位缴费比例降至 19%的省(区、市),基金累计结余可支付月数(截至 2017 年底)高于 9 个月的,可阶段性执行 19%的单位缴费比例至 2019 年 4 月 30 日。具体方案由各省(区、市)研究确定。”

一方面,部分地区城镇职工基本养老保险基金收不抵支;另一方面,却在经济下行的压力下降低基本养老保险费率,其必然会减少养老保险基金收入和基金累计结余(2016 年基金累计结余的负增长就主要是由降费率造成的),加剧养老保险基金的收不抵支,这本身就是一个矛盾。

2.3 城镇职工基本养老保险基金收支预测

该部分将构建城镇职工基本养老保险基金收支平衡精算模型，对2018—2035年中国城镇职工基本养老保险基金收支平衡情况做出预测。

2.3.1 城镇职工基本养老保险基金收支平衡精算模型构建

一、模型前提假设

第一，本报告测算的是中长期的城镇职工基本养老保险基金收支平衡可持续性问题，测算区间设定为2018—2035年。

第二，本报告构建的精算模型是城镇职工基本养老保险基金总体的收支平衡精算模型，而不是针对职工个体而言的基金收支平衡精算模型。

第三，假定城镇职工只要参加养老保险就不会中途退出，一直缴费到退休。

第四，假定城镇职工25岁参加工作；假定从2022年开始实施延迟退休年龄政策，男性每5年延迟一岁，女性每2年延迟一岁。

二、精算模型

1. 基金收入模型

i 年城镇职工基本养老保险基金征缴收入=缴费率×$i-1$ 年在岗职工平均工资×i 年城镇职工基本养老保险缴费人数。以 C_i 表示 i 年城镇职工基本养老保险缴费率，Q_i 表示 i 年城镇职工基本养老保险缴费人数，W_{i-1} 表示 $i-1$ 年在岗职工平均工资，g_i 表示 i 年在岗职工平均工资增长率，则 $W_i = W_{i-1} \cdot g_i$，于是 i 年城镇职工基本养老保险基金征缴收入

A_i 为：

$$A_i = C \cdot Q_i \cdot W_{i-1} \tag{2.1}$$

i 年城镇职工基本养老保险基金收入 = i 年城镇职工基本养老保险基金征缴收入 + i 年城镇职工基本养老保险财政补贴。以 D_i 表示 i 年城镇职工基本养老保险基金收入，F_i 表示 i 年城镇职工基本养老保险财政补贴，则：

$$D_i = A_i + F_i \tag{2.2}$$

2. 基金支出模型

i 年城镇职工基本养老保险基金支出额 = 平均养老金 × 领取人数。下一年的平均养老金 = 上一年的平均养老金 ×（1+养老金调整系数）。以 P_i 表示 i 年的平均养老金，f 表示基本养老金调整系数，则：

$$P_i = P_{i-1} \cdot (1 + f) \tag{2.3}$$

以 R_i 表示 i 年城镇职工基本养老保险待遇领取人数，则 i 年城镇职工基本养老保险基金支出 B_i 为：

$$B_i = P_i \cdot R_i \tag{2.4}$$

3. 当期基金收支差额模型

i 年城镇职工基本养老保险当期基金收支差额 = i 年城镇职工基本养老保险基金收入 − i 年城镇职工基本养老保险基金支出。以 N_i 表示 i 年城镇职工基本养老保险当期基金收支差额，则：

$$N_i = D_i - B_i \tag{2.5}$$

若不考虑财政补贴，i 年城镇职工基本养老保险当期基金征缴收支差额 = i 年城镇职工基本养老保险基金征缴收入 − i 年城镇职工基本养老保险基金支出。以 N_i' 表示 i 年的城镇职工基本养老保险当期基金征缴收支差额，则：

$$N_i' = A_i - B_i \tag{2.6}$$

N_i 、N_i' 等于 0、大于 0 和小于 0，分别表示城镇职工基本养老保险基金当期收支平衡、当期收支结余和当期收不抵支。

4. 基金累计滚存模型

考虑基金投资和增值因素，以 M_{2017} 表示 2017 年年底的城镇职工基本养老保险基金累计滚存，目标期间（ i 取值为 2018—2035 年）各年度城镇职工基本养老保险基金收支差额 N_i 在 i 年年末（ $i+1$ 年年初）的基金累计滚存数额 M_i 为：

$$M_i = M_{2017}(1+r)^{i-2017} - N_{2018}(1+r)^{i-2018} + N_{2019}(1+r)^{i-2019} + \cdots + N_{i-1}(1+r) + N_i \tag{2.7}$$

$$M_{i+1} = M_i(1+r) + N_{i+1} \tag{2.8}$$

不考虑财政补贴时，城镇职工基本养老保险基金累计滚存的计算方法与考虑财政补贴时一样，只需将（2.7）式中各项 N_i 换成 $N_i^{'}$ ，将（2.8）式中的 N_{i+1} 换成 $N_{i+1}^{'}$ 即可。

$M_i = 0$，表明 i 年年末在动用往年的基金累计滚存后，城镇职工基本养老保险基金刚好收支平衡；$M_i < 0$，表明 i 年年末在动用往年的基金累计滚存后，城镇职工基本养老保险基金依然存在缺口；$M_i > 0$，表明 i 年年末在动用往年的基金累计滚存后，城镇职工基本养老保险基金存在盈余。

2.3.2　基本参数设定

一、缴费率

基本养老金由基础养老金和个人账户养老金两部分组成。城镇职工基本养老保险的政策缴费率为：企业 20%，职工 8%，个体工商户和灵活就业人员 20%。本报告需要考虑的是养老保险的实际缴费率。表 2-7 给出了 2001—2017 年城镇职工基本养老保险的实际缴费率。总体来看，除个别年份（2002 年、2007 年、2015 年、2017 年）外，2001—2017 年间城镇职工基本养老保险实际缴费率呈现出逐年下降趋势，2007 年以前，城镇职工基本养老保险实际缴费率还在 20% 以上，从 2008 年开始跌破 20%，其中 2010—2017 年城镇职工基本养老保险实际缴费率的几何平均值仅为 16.26%，2001—2017 年的几何平均值为 18.26%。2018 年 7 月 20 日，中共中央办公厅、国务院办公厅印发了《国税地税征管体制改革方案》，明确规定从 2019 年 1 月 1 日起，由税务部门统一征收各项社会保险费。不过，从实践来看，自 2019 年 1 月 1 日起，机关事业单位养老保险和城乡居民基本养老保险征收职能，先行移交至税务部门管理，而企业职工基本养老保险的征收职能目前暂缓移交，留待有关配套政策和制度完善后，再行移交。预计 2020 年左右，企业职工基本养老保险费将由税务部门统一征收。在税务部门的强制征收下，缴费基数将会被做实，实际缴费率将会迅速上升，不过国务院明确提出，"降低社会保险费率、不增加企业负担"，同时考虑到个体灵活就业人员、浙江省、广东省、厦门市职工养老保险缴费率的现状①，本报告将城镇职工基本养老保险的实际缴费率 C_i 取值为：2018—2019 年 16. 5%，2020—2025 年 18. 5%，2026—2035 年 20%。

表 2-7　2001—2017 年城镇职工基本养老保险实际缴费率

年份	城镇职工基本养老保险征缴收入（亿元）	城镇职工基本养老保险缴费人数（万人）	城镇职工基本养老保险人均缴费数额（含企业缴费）（元）	上年度在岗职工平均工资（元）	城镇职工基本养老保险实际缴费率（%）
2001	2092	10802	1936. 7	9371	20. 67
2002	2551	11129	2292. 2	10870	21. 09
2003	3044	11647	2613. 5	12422	21. 04
2004	3585	12250	2926. 5	14040	20. 84
2005	4312	13120	3286. 6	16024	20. 51
2006	5215	14131	3690. 5	18364	20. 10
2007	6494	15183	4277. 2	21001	20. 37
2008	8016	16587	4832. 7	24932	19. 38
2009	9534	17743	5373. 4	29229	18. 38
2010	11110	19402	5726. 2	32736	17. 49
2011	13956	21565	6471. 6	37147	17. 42
2012	16467	22981	7165. 5	42452	16. 88
2013	18634	24177	7707. 3	47593	16. 19
2014	20434	25531	8003. 6	52388	15. 28

① 当前，广东省、浙江省企业职工基本养老保险缴费率为 22%（企业 14%，个人 8%），厦门市企业职工基本养老保险缴费率为 20%（企业 12%，个人 8%）。

续表

年份	城镇职工基本养老保险征缴收入（亿元）	城镇职工基本养老保险缴费人数（万人）	城镇职工基本养老保险人均缴费数额（含企业缴费）（元）	上年度在岗职工平均工资（元）	城镇职工基本养老保险实际缴费率（%）
2015	23016	26219	8778.4	57361	15.30
2016	26768	27826	9619.8	63241	15.21
2017	33403	29268	11412.8	68993	16.54

注：城镇职工基本养老保险人均缴费数额（含企业缴费）= 城镇职工基本养老保险征缴收入/城镇职工基本养老保险缴费人数；城镇职工基本养老保险实际缴费率 = 城镇职工基本养老保险人均缴费数额（含企业缴费）/上年度在岗职工平均工资。

资料来源：根据历年《人力资源和社会保障事业发展统计公报》和《中国统计年鉴 2018》的数据测算得到。

二、参保年龄和退休年龄

本报告假定城镇职工 25 岁参加工作，延迟退休前男职工 60 岁退休，女职工 50 岁退休（女性人口就业结构中，女干部的比例较低，约占职工总数的 10%）。假定从 2022 年开始实施延迟退休年龄政策，男性每 5 年延迟一岁，女性每 2 年延迟一岁，2035 年男职工退休年龄达到 62 岁，女职工退休年龄达到 56 岁，具体见表 2-8。

表 2-8　分性别的城镇职工退休年龄设定

年份	男职工（岁）	女职工（岁）	年份	男职工（岁）	女职工（岁）
2018	60	50	2027	61	52
2019	60	50	2028	61	53
2020	60	50	2029	61	53
2021	60	50	2030	61	54
2022	60	50	2031	61	54
2023	60	50	2032	62	55
2024	60	51	2033	62	55
2025	60	51	2034	62	56
2026	60	52	2035	62	56

三、城镇职工基本养老保险参保人数和参保率

参照王翠琴等(2017)基于生育政策调整和延迟退休预测出的人口数据①,结合本报告设定的参加工作年龄和延迟退休年龄方案,整理得到2018—2035年的城镇劳动年龄人口数和城镇退休人数(见表2-9)。

表 2-9　2018—2035 年城镇就业年龄人口数和退休人数

年份	城镇劳动年龄人口数(万人)	城镇退休人数(万人)	年份	城镇劳动年龄人口数(万人)	城镇退休人数(万人)
2018	44095.22	18244.09	2027	52798.58	25638.67
2019	45344.25	19219.73	2028	55004.67	25907.85
2020	46571.26	20241.98	2029	53411.48	26921.05
2021	47708.75	21332.80	2030	53877.45	27166.99
2022	48588.05	22431.98	2031	54953.78	28136.40
2023	49275.15	23557.21	2032	54568.75	27546.82
2024	50543.74	23896.09	2033	54098.38	28480.52
2025	50929.00	23557.21	2034	54349.92	28654.44
2026	51963.74	23896.09	2035	53794.94	29586.02

城镇职工参保率并没有达到100%,从1997年以来测算的城镇职工参保率来看(见表2-10),总体呈上升趋势,城镇职工参保率平均每年上涨1个百分点左右,因此本报告的城镇职工基本养老保险参保率参照往年的参保率来设定。具体为:以2017年的实际参保率为起点,这里取整为69%,在目标期间(2018—2035年)每年上升1个百分点,2018年参保率为70%,2035年提高至87%。

① 王翠琴、田勇、薛惠元:《城镇职工基本养老保险基金收支平衡测算:2016—2060——基于生育政策调整和延迟退休的双重考察》,《经济体制改革》2017年第4期,第27—34页。

表 2-10 1997—2017 年城镇职工基本养老保险职工参保率

年份	参保职工（万人）	城镇就业人员（万人）	职工参保率（%）	年份	参保职工（万人）	城镇就业人员（万人）	职工参保率（%）
1997	8671	17337.4	50.01	2008	16587	30210	54.91
1998	8475.8	20678	40.99	2009	17743	31120	57.01
1999	9502	21014	45.22	2010	19402	34693	55.92
2000	10448	21274	49.11	2011	21565	35914	60.05
2001	10802	23940	45.12	2012	22981	37102	61.94
2002	11128	24780	44.91	2013	24177	38240	63.22
2003	11646	25639	45.42	2014	25531	39310	64.95
2004	12250	26476	46.27	2015	26219	40410	64.88
2005	13120	27331	48.00	2016	27826	41428	67.17
2006	14131	28310	49.92	2017	29268	42462	68.93
2007	15183	29350	51.73				

注：表中的参保职工不含参保离退休人员。
资料来源：历年《人力资源和社会保障事业发展统计公报》。

根据整理得到的 2018—2035 年的城镇就业年龄人口数和城镇退休人数，按照设定的参保率可以计算得到城镇职工基本养老保险缴费人数和养老金领取人数，具体如表 2-11 所示。

表 2-11 2018—2035 年城镇职工基本养老保险缴费人数和待遇领取人数

年份	缴费人数（万人）	待遇领取人数（万人）	年份	缴费人数（万人）	待遇领取人数（万人）
2018	30866.65	12770.87	2027	41710.88	20254.55
2019	32194.41	13646.01	2028	44003.74	20726.28
2020	33531.31	14574.23	2029	43263.30	21806.05
2021	34827.39	15572.94	2030	44179.51	22276.93
2022	35955.16	16599.67	2031	45611.64	23353.21
2023	36956.36	17667.91	2032	45837.75	23139.33
2024	38413.24	18161.03	2033	45983.63	24208.44
2025	39215.33	19238.17	2034	46740.93	24642.82
2026	40531.72	19731.82	2035	46801.60	25739.84

四、在岗职工平均工资及增长率

2017 年城镇在岗职工平均工资为 76121 元。工资增长率会随着经济增长率的变动而变动,本报告假定在岗职工平均工资增长率与 GDP 增长率保持同步。高盛首席经济学家吉姆·奥尼尔预测:2011—2020 年中国年平均 GDP 增长率在 7.7%左右,2021—2030 年为 5.5%,2031—2040 年为 4.3%。根据国家统计局发布的数据,2018 年中国 GDP 增长率为 6.6%。《国民经济和社会发展第十三个五年规划纲要》将"十三五"期间中国 GDP 增速调整为了 6.5%。综合考虑吉姆·奥尼尔、《国民经济和社会发展第十三个五年规划纲要》以及 2018 年 GDP 实际增长率数据,本报告将在岗职工平均工资增长率 g_i 取值为:2018 年为 6.6%,2019—2020 年为 6.5%,2021—2030 年为 5.5%,2031—2035 年为 4.3%。

五、平均养老金与养老金调整比例

某年平均养老金=当年养老保险基金支出总额/当年养老金平均领取人数;某年养老金平均领取人数=(年初养老金领取人数+年末养老金领取人数)/2。

根据 2016 年、2017 年《人力资源和社会保障事业发展统计公报》上的数据,可以得到 2016 年年末、2017 年年末城镇职工基本养老金领取人数分别为 10104 万人和 11026 万人,2017 年城镇职工基本养老金支出总额 38052 亿元。代入上面的公式可以计算出 2017 年城镇职工平均养老金 P_{2017} 为 36017 元。

2005—2018 年,国家连续 14 年上调企业退休人员基本养老金。基本养老保险待遇水平与在岗职工平均工资的增长情况、物价上涨情况紧密相关。王翠琴等(2016)将 2016—2040 年基本养老金调整比例 f 设置为:2016—2020 年 4.7%,2021—2030 年 3.75%,2031—2040 年 2.92%[①]。《人力资源和社会保障部、财政部关于 2018 年调整退休人员基本养老金的通知》提出,2018 年企业和机关事业单位退休人员基本养老金的总体

① 王翠琴、田勇、薛惠元:《基于基金收支平衡的城镇职工基本养老金调整方案设计》,《统计与信息论坛》2016 年第 6 期,第 77—85 页。

调整水平按照2017年退休人员月人均基本养老金的5%左右确定。因此,参考王翠琴等(2016)的研究成果和2018年养老金调整的实际情况,本报告将基本养老金调整比例 f 设置为:2018—2020年为5%,2021—2030年为4%,2031—2035年为3%。

六、财政补贴

目前,我国城镇职工基本养老保险缺乏应有的精算平衡体系,基金的预决算程序还不完善,因此容易出现养老保险基金缺口。为了保证养老保险制度的可持续,政府每年拨付财政资金弥补养老保险基金缺口。图2-3和表2-4给出了1998年、2002—2017年城镇职工基本养老保险财政补贴及其占基金收入的比重。从绝对数值来看,财政补贴的数额不断增加;从相对数值来看,城镇职工基本养老保险财政补贴占基金收入的比重在12.78%—18.57%之间波动(1998的财政补贴数额过小,予以剔除),2002—2017年的几何平均值为14.5%,据此本报告假定2018—2035年城镇职工基本养老保险财政补贴占基金收入的比重为14.5%。在短期内,若不考虑利息收入和其他收入(滞纳金收入、罚款收入等),城镇职工基本养老保险基金收入=基金征缴收入+财政补贴,于是可以估算出2018—2035年城镇职工基本养老保险财政补贴占基金征缴收入的比重为17.0%。

七、基金收益率

依据中国人民银行公布的2000—2018年金融机构人民币一年期存款基准利率(见表2-12),根据实际天数对年内利率进行加权平均,然后对各年的利率求几何平均值,求得2000—2018年中国一年期存款平均利率为2.33%;全国社会保障基金理事会网站上的数据显示,2000—2017年全国社会保障基金年均投资收益率为8.44%(见表2-13),若剔除2006年、2007年中国股市大牛市的特殊情况,全国社会保障基金年均投资收益率仅为5.22%。当前,《基本养老保险基金投资管理办法》(国发〔2015〕48号)已经出台,各省份已经开始归集部分结余养老保险基金,委托全国社会保障基金理事会投资运营。基于安全性和收益性的综合考虑,本报告参考一年期银行存款利率和全国社会保障基金投资收益率,将

基金收益率 r 设定为4%。

表 2-12　1997—2017 年金融机构人民币一年期存款基准利率

调整时间	一年期存款利率（%）	调整时间	一年期存款利率（%）	调整时间	一年期存款利率（%）
2000. 01. 01	2. 25	2008. 10. 09	3. 87	2012. 07. 06	3. 00
2002. 02. 21	1. 98	2008. 10. 30	3. 60	2014. 11. 22	2. 75
2004. 10. 29	2. 25	2008. 11. 27	2. 52	2015. 03. 01	2. 50
2006. 08. 09	2. 52	2008. 12. 23	2. 25	2015. 05. 11	2. 25
2007. 03. 18	2. 79	2010. 10. 20	2. 50	2015. 06. 28	2. 00
2007. 05. 19	3. 06	2010. 12. 25	2. 75	2015. 08. 26	1. 75
2007. 07. 21	3. 33	2011. 02. 09	3. 00	2015. 10. 24	1. 50
2007. 08. 22	3. 60	2011. 04. 06	3. 25	2018. 12. 31	1. 50
2007. 09. 15	3. 87	2011. 07. 07	3. 50	年均	2. 33
2007. 12. 21	4. 14	2012. 06. 08	3. 25		

资料来源：中国人民银行网站。

表 2-13　全国社会保障基金历年投资收益率

年份	投资收益率 L（%）	年份	投资收益率（%）	年份	投资收益率（%）
2001	1. 73	2007	43. 19	2013	6. 2
2002	2. 59	2008	-6. 79	2014	11. 69
2003	3. 56	2009	16. 12	2015	15. 19
2004	2. 61	2010	4. 23	2016	1. 73
2005	4. 16	2011	0. 86	2017	9. 68
2006	29. 01	2012	7. 1	年均	8. 44

资料来源：全国社会保障基金理事会网站。

2. 3. 3　模型测算结果与分析

一、当期基金收支情况分析

将相关参数代入（2. 1）式—（2. 6）式，可以计算出 2018—2035 年的城镇职工基本养老保险基金收入与基金支出数据，进而计算出城镇职工基本养老保险当期基金收支差额和当期基金征缴收支差额数据，具体如表 2-14 所示。

表 2-14　2018—2035 年城镇职工基本养老保险当期基金收支预测

（单位：亿元）

年份	基金收入	基金征缴收入总额	基金支出	当期基金收支差额	当期基金征缴收支差额
2018	45359. 06	38768. 43	48289. 96	-2930. 90	-9521. 54
2019	50432. 70	43104. 88	54179. 06	-3746. 36	-11074. 19
2020	62721. 96	53608. 52	60757. 60	1964. 36	-7149. 09
2021	69380. 85	59299. 87	67517. 93	1862. 92	-8218. 06
2022	75567. 04	64587. 21	74848. 17	718. 87	-10260. 96
2023	81943. 19	70036. 91	82851. 48	-908. 30	-12814. 57
2024	89858. 06	76801. 76	88570. 48	1287. 58	-11768. 72
2025	96779. 74	82717. 72	97576. 58	-796. 84	-14858. 85
2026	114086. 51	97509. 84	104083. 59	10002. 92	-6573. 75
2027	123862. 85	105865. 68	111114. 59	12748. 26	-5248. 90
2028	137858. 57	117827. 84	118250. 58	19607. 99	-422. 74
2029	142993. 50	122216. 67	129387. 47	13606. 03	-7170. 81
2030	154052. 95	131669. 19	137468. 74	16584. 21	-5799. 55
2031	167794. 33	143413. 96	148433. 65	19360. 68	-5019. 69
2032	175877. 07	150322. 28	151486. 41	24390. 65	-1164. 13
2033	184023. 55	157285. 09	163240. 19	20783. 36	-5955. 10
2034	195097. 56	166750. 05	171154. 29	23943. 26	-4404. 24
2035	203750. 87	174146. 05	184136. 73	19614. 14	-9990. 68

城镇职工基本养老保险基金收入有两个统计口径，“大口径”是指基金征缴收入和财政补贴之和，“小口径”只有基金征缴收入一项。下面分别对这两种情况做出分析。

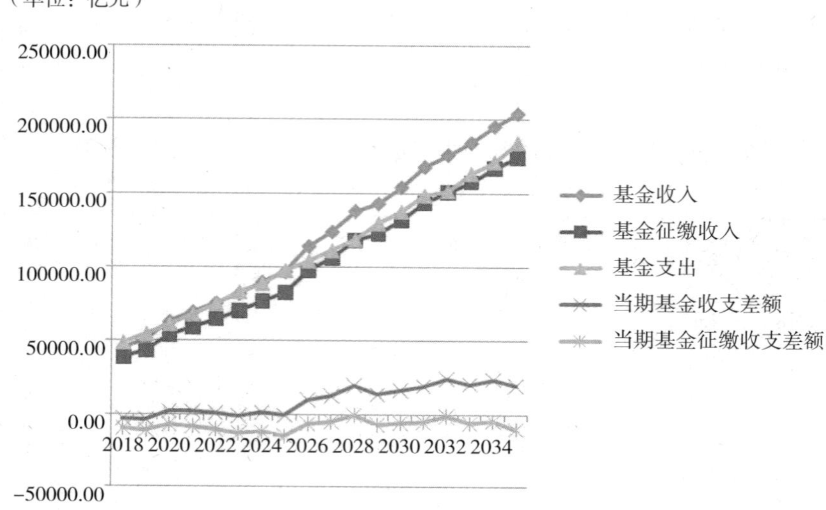

图 2-5　2018—2035 年城镇职工基本养老保险当期基金收支预测

1. 当期基金收支差额（含财政补贴）

“大口径”统计数据显示，2018—2035 年城镇职工基本养老保险制度保持平稳运行，基金的收入与支出总额呈稳定上升趋势，除四个年份（2018 年、2019 年、2023 年、2025 年）出现当期基金收不抵支外，其他年份当期基金收支差额均为正值，城镇职工基本养老保险基金的财务可持续性比较乐观。

具体来看，2020 年是当期基金收支差额由负值变为正值的转折点（如表 2-14 所示），原因在于随着 2020 年企业职工基本养老保险费由税务部门统一征收，缴费基数将会做实，城镇职工基本养老保险实际缴费率由原来的 16.5%提升至 18.5%，进而基金征缴收入迅速提高，在养老保险基金支出参数无显著变化的情况下，当期基金收支开始出现结余。

2. 当期基金征缴收支差额（不含财政补贴）

根据“小口径”统计数据显示，2018—2035 年城镇职工基本养老保险基金支出额高于基金征缴收入额，当期基金征缴收支差额始终为负值（见表 2-14），城镇职工基本养老保险基金的财务可持续性形势严峻。

2018 年中国社会科学院世界社会保障研究中心发布的《中国养老金精算报告 2018—2022》也指出，如果剔除财政补贴，城镇职工基本养老保险制度早已收不抵支。本报告与中国社会科学院世界社会保障研究中心的研究结论基本一致。

二、基金累计滚存情况分析

相关参数带入(2.7)式、(2.8)式，按照“大口径”(含财政补贴)和“小口径”(不含财政补贴)两种不同的统计方式计算，得出 2018—2035 年的城镇职工基本养老保险基金累计滚存数额，具体如表 2-15 和图 2-6 所示。

表 2-15　2018—2035 年城镇职工基本养老保险基金累计滚存预测

(单位:亿元)

年份	基金累计滚存(含财政补贴)	基金累计滚存(不含财政补贴)	年份	基金累计滚存(含财政补贴)	基金累计滚存(不含财政补贴)
2018	42709.50	36118.86	2027	84153.75	-52423.97
2019	40671.52	26489.43	2028	107127.90	-54943.67
2020	44262.74	20399.92	2029	125019.04	-64312.22
2021	47896.17	12997.86	2030	146604.01	-72684.27
2022	50530.88	3256.81	2031	171828.85	-80611.33
2023	51643.82	-9427.48	2032	203092.66	-84999.92
2024	54997.15	-21573.30	2033	231999.73	-94355.02
2025	56400.20	-37295.09	2034	265222.98	-102533.50
2026	68659.13	-45360.65	2035	295446.05	-116625.50

1. 基金累计滚存(含财政补贴)

如表 2-15 所示，2018—2035 年城镇职工基本养老保险基金累计滚存数额(大口径)均为正值，并且基金累计滚存结余逐年增长(2019 年除外)，到 2035 年基金累计滚存结余达到 29.54 万亿元，城镇职工基本养老保险制度运行平稳，能够保证财务的可持续性。

2. 基金累计滚存(不含财政补贴)

如表 2-15 所示，2018—2022 年城镇职工基本养老保险基金累计滚

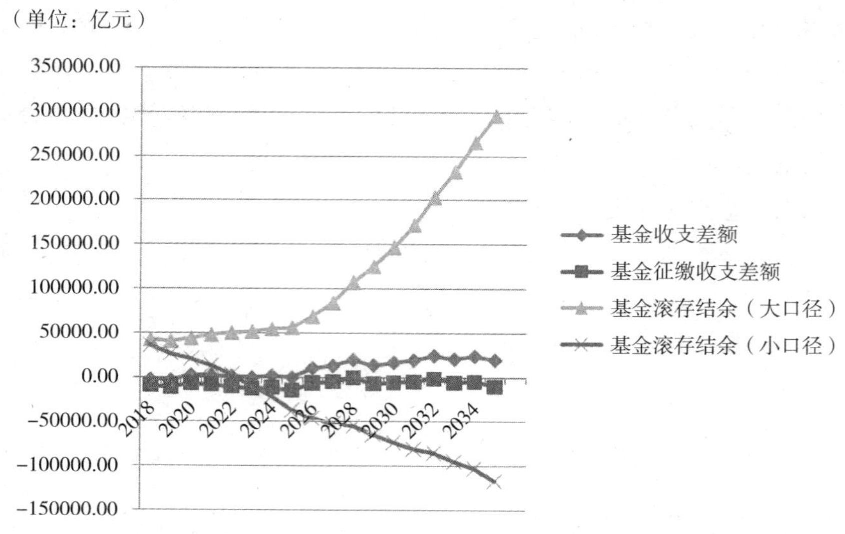

图 2-6　2018—2035 年城镇职工基本养老保险基金累计滚存预测

存数额（小口径）呈明显的下降趋势，财务状况逐渐恶化，基金累计滚存结余面临穿底的风险。2018 年基金累计滚存为 3.61 万亿元；2023 年基金累计滚存首次出现负值（−9427.48 亿元），这意味着在动用了所有的基金累计滚存结余后，城镇职工基本养老保险基金收支仍然存在缺口；2023 年以后基金累计滚存缺口呈现出逐年扩大的趋势，2035 年达到 −11.66 万亿元。可见，在剔除财政补贴后，城镇职工基本养老保险基金累计滚存缺口如同滚雪球一样越滚越大。

2.4　实现城镇职工基本养老保险财务可持续的策略

面对基金收支缺口和转制成本，一些国家往往通过制度内参数调整和政策优化来增收节支，这些措施包括提高缴费率（税率）、提高领取全额养老金的年龄或延迟退休年龄、提高领取养老金的最低缴费年限或居住年限、提高或取消缴费工资的上限、降低养老金调整比例（如由过去的根据工资增长和其他经济因素的变化进行调整改为只随消费价格指数进行调整）、改革养老金计发办法以降低支付水平（如法国将计发基数从过去按收入最高的10年改为按退休前25年的平均收入计算，葡萄牙将计发基数从按退休前10年中最高5年改为按退休前15年中最高10年的收入平均值计算）等；还有一些国家通过制度外筹资的方式向养老保险制度注资，例如，日本提高了消费税税率，智利通过发行"认可债券"来化解转制成本，部分发达国家开征了社会保障收入新税——遗产税，爱尔兰建立了养老储备金，挪威、南非等几十个国家建立了主权养老基金（类似于中国的全国社会保障基金）等。下面借鉴国际经验，提出应对中国城镇职工基本养老金缺口、实现财务可持续的策略。

2.4.1 继续扩大城镇职工基本养老保险的覆盖面

扩大覆盖面可以增加养老保险的征缴收入，由于通过扩大覆盖面新纳入的人员在短期内不会退休，因此，它可以在较长的一段时间内缓解养老保险基金的收支压力。对于如何扩大城镇职工基本养老保险的覆盖面，笔者有以下两点建议：

一、落实全民参保计划，实现法定人员全覆盖

2015年，中共十八届五中全会通过的《中共中央关于制定国民经济和社会发展第十三个五年规划建议》中明确指出："实施全民参保计划，基本实现法定人员全覆盖。"具体对城镇职工基本养老保险中而言，就是要实现企业职工、城镇个体工商户、城镇灵活就业人员、农民工和新业态从业者（如快递员、外卖送餐员、快车司机、电商从业人员等）的全覆盖。鉴于目前企业职工、城镇个体工商户、城镇灵活就业人员的参保率已经较高，未来扩面的重点应该是农民工和新业态从业者。建议以"全民参保计划"为契机，对城镇职工基本养老保险所有法定参保人员进行摸底调查和参保登记；同时，将签订劳动合同，尤其是签订固定劳动关系的农民工全部纳入城镇职工基本养老保险中来，必要的情况下，可以采取强制参保。

二、打破制度壁垒、户籍限制和劳动关系限制，引导城乡居民参加城镇职工基本养老保险

笔者前期的研究发现，从参保人投入产出的角度来考虑，参加城镇职工基本养老保险要比参加城乡居民基本养老保险更划算[①]。因此，引导城乡居民（包含农民和城镇非就业人员）参加城镇职工基本养老保险，不仅可以增加参保人未来的养老金收入，而且还可以扩大城镇职工基本养老保险的覆盖面，增加城镇职工基本养老保险的基金收入，有利于基金收支平衡。鉴于此，笔者建议借鉴湖北省的做法[②]，打破城乡居民基本养老保险和城镇职工基本养老保险的制度壁垒，放开参保的户籍限制和劳动关系限制，凡是有缴费能力和参保意愿的城乡居民（包含农民和城镇非从业人员）均可以以个体灵活就业人员的身份参加城镇职工基本养老保险。为了减轻城乡居民的参保负担，笔者建议城乡居民在参加城镇职工基本养老保险时，可以将其城乡居民基本养老保险的财政补贴冲抵部分缴费。

2.4.2 坚持精算平衡原则

中共十八届三中、五中全会公报均提出“坚持精算平衡（原则）”，这是对中国养老保险理论的新突破。养老保险精算将人口结构、人口预期寿命、经济增长、工资增长、劳动力结构、市场利率、金融工具的投资收益率等因素统统考虑进来，经过对较长时期数据的模拟测算，评估当期的缴费率和基金管理方式，为决策提供科学依据。精算不仅是一种工具，更应成为养老保险制度顶层设计的指导思想。

对于“坚持精算平衡”，学界还有一些误解，对此笔者澄清如下：（1）“坚持精算平衡”不是不要财政补贴，财政也是养老保险的重要供给主体之一，“精算平衡”不仅仅是个人和企业缴费下的收支平衡，而是在考虑

① 薛惠元、仙蜜花：《灵活就业人员参加养老保险的制度选择——基于职保与城乡居保制度比较的视角》，《保险研究》2015年第2期，第94—104页。

② 2015年9月，湖北省人力资源和社会保障厅发布《关于创新社会保险政策和服务 支持新型城镇化建设的指导意见》（鄂人社发〔2015〕38号），规定：“在本省行政区域内，未与用人单位建立劳动关系的劳动年龄段城乡居民，可以个人身份参加企业职工基本养老保险。”

了财政补贴之下的精算平衡。(2)社会养老保险的精算平衡不同于商业养老保险的精算平衡。首先,商业保险的精算是为了确定费率、计算盈亏、获取利润,而社会养老保险的精算,不是以获利为目的。其次,商业保险的年金给付一般都是等额的,不会根据物价上涨、经济发展因素对养老金进行调整,而社会养老保险在给付过程中,将充分考虑物价上涨、经济发展因素,定期对养老金水平进行上调,以保证退休人员的生活水平不因物价上涨而降低,并适当分享经济发展成果。(3)精算只是一种技术和手段,精算结果可以为政府相关部门的决策提供依据,但不能指望只采用精算一种方式,通过参数调整或以收定支的方式来实现城镇职工基本养老保险基金的收支平衡,进而忽略了社会养老保险发展的基本规律(如养老金刚性增长规律等)。

2.4.3 实现职工基础养老金全国统筹[①]

2010 年"基本养老保险基金逐步实行全国统筹"写入《社会保险法》。此后,中共十七届五中全会、十八届三中全会、十八届五中全会公报中均提出"实现(职工)基础养老金全国统筹"。2017 年 10 月,中共十九大报告提出,"尽快实现养老保险全国统筹"。2018 年 5 月,国务院出台《关于建立企业职工基本养老保险基金中央调剂制度的通知》(国发〔2018〕18 号),迈出了全国统筹的第一步。因此,目前要讨论的不是要不要实行全国统筹的问题了,而是如何实行养老保险的全国统筹。对此,笔者提出以下建议:

一、中央应下决心打破当前利益格局

养老保险统筹层次提高到哪一级,矛盾就集中到哪一级。基础养老金全国统筹能否尽快实现,主要还是看中央政府的决心。唯有中央政府以强大的勇气和魄力,尽快下定决心推进基础养老金全国统筹的改革,全面设计,周密部署,果断施行,才能破除地方及相关利益方的反制措施,打

① 邓大松、薛惠元:《城镇职工基础养老金全国统筹的阻碍因素与对策建议》,《河北大学学报(哲学社会科学版)》2018 年第 4 期,第 103—112 页。

破地方固化的利益格局,将改革的负面影响降至最低。

二、逐步提高中央调剂金比例,最终实现全国统筹

根据《国务院关于建立企业职工基本养老保险基金中央调剂制度的通知》(国发〔2018〕18 号),我国于 2018 年 7 月 1 日起实施基本养老保险中央调剂金制度(中央调剂金的上解比例为 3%),作为实现全国统筹的过渡方案。但这一政策可能存在以下问题:各省份都需按照公式"某省份上解额=(某省份职工平均工资×90%)×某省份在职应参保人数×上解比例"来上解基金,上解的基金按照公式"某省份拨付额=核定的某省份离退休人数×全国人均拨付额"全部拨付到各个省份,这意味着现行的基金调剂制度主要受当地的制度抚养比和职工平均工资的影响,而与当前该地区是否存在缺口无关,基金调剂力度较小,这会导致基金有缺口的省份并未完全被下拨到该省份的基金所弥补,只能起到一定的缓解作用,未实现应补尽补①。建议逐步提高中央调剂金的上解比例,同时国家尽快出台养老保险基金全国统筹的时间表和路线图,在 2020 年全面实现省级统筹(省级统收统支)的基础上,尽快实现养老保险基金在全国范围内的统收统支和统筹互济。

三、要实现职工基础养老金全国统筹需要做到"六个统一"

统筹,顾名思义就是通盘规划。借鉴原劳动和社会保障部、财政部下发的《关于推进企业职工基本养老保险省级统筹有关问题的通知》(劳社部发〔2007〕3 号)中确定的省级统筹标准,笔者认为要实现真正意义上的全国统筹,需要做到"六个统一",即全国统一的制度和政策,统一缴费基数和缴费比例,统一养老金计发办法和待遇调整,统收统支,统一编制实施预算,统一经办规程、管理制度、数据标准和应用系统。

四、改革计发办法,实行"中央基础养老金+地方基础养老金"的方式

在实现真正意义上的基础养老金全国统筹以后,应借鉴国外和城乡

---

① 薛惠元、张寅凯:《基于基金收支平衡的城镇职工基本养老金调剂比例测算》,《保险研究》2018 年第 10 期,第 114—127 页。

居民基本养老保险的经验，设立中央基础养老金和地方基础养老金。其中，中央基础养老金为最低标准基础养老金，它相当于国外的国民基础养老金和城乡居民基本养老保险的中央最低标准基础养老金，其计发公式为：中央基础养老金月标准=全国上年度在岗职工月平均工资×15%；地方基础养老金相当于城乡居民基本养老保险中地方政府提高和加发的基础养老金，其计发公式为：地方基础养老金月标准=（全省上年度在岗职工月平均工资+本人指数化月平均工资）÷2×（缴费年限-15）×1%。中央基础养老金和地方基础养老金均来自全国统收统支的社会统筹基金，其中中央基础养老金体现社会公平，地方基础养老金体现效率（长缴多得）和地区差异。

五、合理划分中央政府和地方政府的财权与事权

合理划分中央政府和地方政府对基本养老保险基金的筹集和支付责任，建议基本养老保险基金的筹集责任在地方政府，支付责任在中央政府；明确全国统收统支和中央政府与地方政府分担固定比例的养老金支出补贴的财务模式。

六、全国统筹需要完善相关配套措施

首先，实现养老保险费由税务部门统一征收后，建议开征社会保险税；其次，要建立全国统一的养老保险管理信息系统，为养老保险全国统筹提供必要的技术支持；最后，政府要同步推行养老保险法制建设，让城镇职工基本养老保险制度运行在法治的轨道上。

2.4.4 建立城镇职工基本养老金合理调整机制

当前，城镇职工基本养老金已经连续14年（2005—2018年）上调，2005—2015年的调整比例在10%左右，2016年6.5%，2017年5.5%，2018年5%，这种行政命令式的上调存在严重的“路径依赖”，上一届政府调整了，本届政府为了维护自身的形象和稳定民心，不得不在“惯性”的作用下继续调整，使得本来就不充裕的社会统筹基金更加捉襟见肘。归纳起来，当前城镇职工基本养老金调整主要存在两大问题：一是采取行政命令式的调整，非正常调整；二是调整的幅度过高。对于建立城镇职工基

本养老保金合理调整机制,笔者提出以下政策建议:

一、建立城镇职工基本养老金合理调整机制应遵循的原则

对于城镇职工基本养老保险来说,其待遇调整机制要遵循以下几个原则:第一,为了保证退休人员基本生活相对水平不降低,要考虑物价上涨因素。第二,为了能使退休人员和在职人员在一定程度上共享到经济发展成果,待遇调整要考虑到经济增长因素,但养老金的调整幅度不能超过经济增长率,进而给经济发展带来负担。第三,要进行科学的、正常的调整,而不是人为的、主观的、行政命令式的调整。第四,坚持定额调整、挂钩调整与适当倾斜相结合的原则。定额调整体现公平原则;挂钩调整体现"多工作、多缴费、多得养老金"的激励机制,可与退休人员本人缴费年限(或工作年限)、基本养老金水平等因素挂钩,避免出现"养老金待遇调整悖论"①;对高龄退休人员、艰苦边远地区企业退休人员,可适当提高调整水平。

二、建立城镇职工基本养老金合理调整机制的思路

建立城镇职工基本养老金合理调整机制的总体思路是建立起科学的指标体系和合理的启动机制。首先是科学的指标体系。目前,世界上各国养老金调整采用的指标主要有三种:一是物价指数,主要是消费价格指数;二是实际工资增长率;三是综合物价指数和实际工资增长率两个指标。第三种方式既保证养老金免受通货膨胀的侵蚀,又使退休人员适当分享经济发展成果,因此比较适合中国。其次,合理的启动机制。即某个指标达到一定的临界条件时,自行启动养老金调整机制,如果没有达到临界条件,则不需要调整。比如,当实际工资增长率达到4%或物价上涨率达到3%的时候,养老金就应该自动调整;如果没有达到一定的标准,几年都不应调整。即养老金调整的时间和频率不应该固定,要改变当前调整时间和频率上的非制度性,以及在调整政策上的随意性和

① 所谓"养老金待遇调整悖论",指的是受养老金待遇连年调整的影响,近年来中国部分地区出现的缴费年限长、缴费多、退休晚的参保人,其退休后领取的养老金反而低于缴费年限短、缴费少、退休早的参保人的现象。

不稳定性。①

三、关于部分特殊人群养老金调整的问题

在养老金调整过程中,有一些特殊的调整政策,如国家针对具有高级职称的企业退休科技人员等特殊人群加发养老金。这种倾斜引起了其他群体的不满。笔者认为,应该取消针对具有高级职称的企业退休科技人员的倾斜调整政策。因为这些企业退休科技人员的贡献,在职时已经以工资、住房以及其他福利分配的形式得到了体现,退休后不再作贡献了,就应该视为普通公民养老,"不劳不得"符合人类社会的公平原则;退一步说,如果说当初具有高级职称的企业退休科技人员在职时的工资偏低,要给予他们补偿的话,那也是应该由政府财政设立专项资金予以资助,而不应该从公众的社会养老保险基金中出资,毕竟基本养老保险是社会保险,不是社会福利。

2.4.5 在降低养老保险费率的同时应当夯实缴费基数

当前,国家已经阶段性降低养老保险费率。费率的降低势必会减少养老保险基金收入,并直接造成了2016年城镇职工基本养老保险基金累计结余的负增长(-3.4%),从长期来看将加剧养老保险基金的收不抵支。对此,笔者建议:在降低养老保险费率的同时应当夯实缴费基数。

根据人力资源和社会保障部社会保险事业管理中心发布的《中国社会保险发展年度报告》和《中国统计年鉴》上的数据,可以计算出城镇职工基本养老保险实际缴费基数占上年度在岗职工平均工资的比重,具体如表2-16所示。可以看到,2009—2016年间,城镇职工基本养老保险实际缴费基数占上年度在岗职工平均工资的比重在76.4%—68.4%之间,呈现出逐年下降的趋势。造成此现象的原因在于养老保险缴费基数不实,它直接导致中国城镇职工基本养老保险名义缴费率虚高,但实际缴费率却没有那么高,2016年实际缴费率只有名义缴费率的68.4%。

① 林晓洁:《社保待遇的调整要和缴费水平挂钩——访中山大学社会保障研究中心主任申曙光教授》,《中国劳动保障报》2013年12月3日第3版。

表 2-16　2009—2016 年城镇职工基本养老保险实际缴费基数占上年度在岗职工平均工资的比重

年份	城镇职工基本养老保险月人均缴费基数(元)	上年度在岗职工平均工资(元)	城镇职工基本养老保险实际缴费基数占上年度在岗职工平均工资的比重(%)
2009	1860	29229	76. 4
2010	2016	32736	73. 9
2011	2281	37147	73. 7
2012	2550	42452	72. 1
2013	2814	47593	71. 0
2014	3037	52388	69. 6
2015	3319	57361	69. 4
2016	3605	63241	68. 4

资料来源:2014—2016 年《中国社会保险发展年度报告》和《中国统计年鉴 2017》。

笔者建议:(1)规范缴费基数统计口径。做实缴费基数的关键在于如何真实地核定用人单位和职工个人的工资总额。根据 2006 年《关于规范社会保险缴费基数有关问题的通知》,各地都应以“当地职工平均工资”的“60%—300%”为缴费基数的核定范围,但在实践中,各地在缴费基数实际核算过程中进行灵活处理,核算“在岗职工平均工资”时依据的方法并不完全一致,导致实际的缴费基数偏低。应该规范工资性收入的统计范围和统计口径,将原先界定模糊的项目加以明确,根据政策制度变化及工资项目适应性调整社会保险缴费基数规定项目,采用定性法和剔除法统计审核缴费基数。

(2)严格征缴并尽快实现社保费由税务部门统一征收。在企业社会保险费税务征收新政暂未执行的过渡时期,增强税务部门与社保部门的征缴执行力,尤其是处罚方面的执行力,严格审核企业和职工的应缴工资总额;完善配套政策和制度安排,尽快实现社保费由税务部门统一征收,发挥税务部门在缴费基数上的信息优势,建立“税务征收、财政统筹、社保支出、公共监督”的协同治理模式,确切做实缴费基数。

(3)严禁各地自行降低缴费基数。目前我国实行的社会保险双基数缴费与单基数缴费并行的政策,企业可按照职工工资总额或者本单位职工个人缴费工资基数之和来缴费,部分省市对缴费基数区间进行改动,甚至将社会保险缴费基数下限直接调整为最低工资标准。建议全国范围内执行统一的缴费基数规定办法,即企业按照职工工资总额来缴费,个人按照本人工资来缴费,严禁各地以招商引资为由自行降低缴费基数。

(4)以职工当月实际工资作为缴费基数。根据政策规定,职工个人的社会保险缴费基数以上年度本人月平均工资为基础,在当地上年度在岗职工平均工资的60%—300%的范围内进行核定;实践中,企业的社会保险缴费基数多采用的上年度本单位职工月平均工资总额。理论上来讲,社会保险缴费应当像个人所得税一样,以当月实际工资为依据来确定缴费基数。在税务部门统一征收社保费的前提下,可依托税务部门的信息和数据优势,完善业务信息系统,使以职工当月实际工资作为缴费基数成为现实。

(5)增强职工的社会保险权益保护意识。社会保险归根结底在于维护参保人的长远利益,而现实生活中部分劳动者为了眼前利益默许企业"不缴或不足额缴社保费"的行为,通过有效宣传的方式提高人们对自身社保权益的认知度,激发劳动者合规缴费的积极性,对企业不缴或少缴社保费形成有效监督。①

2.4.6 完善城镇职工基本养老保险个人账户制度,不再做实个人账户

当前,对于养老保险个人账户做实还是做空的问题,学术界一直存在不同的声音。做实个人账户,是指将每一个参保人按照规定比例缴纳的养老保险费全部计入参保人的个人账户,形成个人缴费的完全积累;做空个人账户,即实行养老保险基金名义账户,指的是非积累的个人账户制

① 薛惠元、曾飘:《降低社保费率须同步夯实缴费基数》,《中国社会保障》2019年第2期,第36—38页。

度,个人未来的退休收入取决于个人账户的名义积累额,当期缴费不用于积累,而是用于上一代的养老金支付,属于代际转移支付制度。一种观点认为,个人账户虽然在短期内还难以发挥作用,但从长远的发展来看,它能够分流政府的压力,减轻国家和企业的负担;另一种观点则认为,个人账户的社会保障功能薄弱,无助于解决人口老龄化危机,甚至扩大了老年人收入差距,也无助于降低企业和个人的缴费率,而且个人账户投资的失败将会导致社会不稳定,个人账户制不太符合中国国情,应当冻结。

笔者倾向于当前不再做实城镇职工基本养老保险个人账户。因为在做实养老保险个人账户过程中还存在许多问题,如转制成本过高;政府责任不明、监督不严;部分省份当期养老保险基金收支存在缺口;有些地区(如辽宁省)在做实个人账户后迫于收支压力又挪用了个人账户基金;经济下行,做实个人账户的财政压力巨大等。笔者建议,未来城镇职工基本养老保险的改革方向为:小统筹、大账户、名义账户制。具体看,应将现行的"统账结合"模式改革为"小统筹+大账户"模式,即社会统筹规模由现在的20%降为12%,个人账户规模由现在缴费工资的8%提高至16%。改革后的"大账户"实行名义账户制,即个人账户与现收现付制相结合,但实行比较高的记账利率,且记账利率与缴费年限相挂钩。该模式的优点在于:第一,具有较强的缴费激励效应,有利于鼓励各类人群积极参保、长期参保。第二,可将社会统筹基金和个人账户基金打通使用,避免社会统筹基金收不抵支、财政负担过重问题。第三,化解个人账户难以做实的难题。①

2.4.7 通过制度内参数调整和政策优化来增收节支

一、出台渐进式延迟退休年龄政策

目前中国退休年龄的一般性规定是男性60岁,女干部55岁(县处级女干部和具有高级职称的女性专业技术人员60岁退休,但可以在年满

① 薛惠元、邓大松:《我国养老保险制度改革的突出问题及对策》,《经济纵横》2015年第5期,第82—88页。

55岁时自愿退休①），女工人50岁。受劳动力供给减少、养老基金收不抵支、与发达国家相比退休年龄偏低等多种因素的影响，中共十八届三中全会公报提出"研究制定渐进式延迟退休年龄政策"，中共十八届五中全会公报进一步提出"出台渐进式延迟退休年龄政策"，从"研究制定"到"出台"显示出了政府延迟退休年龄的决心。《人力资源和社会保障事业发展"十三五"规划纲要》更是给出了延迟退休年龄的时间表，要求"十三五"期间"制定出台渐进式延迟退休年龄方案"。

对于延迟退休年龄方案，笔者提出以下建议：(1)考虑到未来中国人口的实际预期寿命以及劳动力结构、产业结构等因素，将男女法定退休年龄均延长到65岁是理想的退休年龄安排。(2)在延长退休年龄时采取渐进式退休方式，坚持"女先男后""女快男慢"的渐进式方式，用30年左右的时间（2050年左右）完成男女65岁退休的目标。(3)实行弹性退休制。弹性退休给予人们退休年龄更多的选择权，人们能够结合自身及社会经济发展状况做出退休决定。考虑到不同群体进入劳动力市场时间及工作领域的差异，将弹性退休年龄范围定于60—70岁。即男女法定退休年龄为65岁，这也是职工能够拿到全额养老金的年龄；不过职工可以在最低退休年龄60岁时退休，由于退休年龄较早，不能拿到全额养老金，而是相应地减发养老金；同时，职工在达到法定退休年龄65岁后还可以继续工作，其养老金按照计发公式相应地增加，但退休年龄最高不超过70岁。(4)加大对老年劳动者的劳动权益保护，提高人们的健康水平。年龄偏大、身体状况欠佳、技能老化以及工作能力下降等因素使得老年人就业相对困难，老年劳动者面临更高的失业风险。为充分保障老年人的就业权，建议修订《劳动合同法》，规定雇主不得辞退在本单位工作一定年限且有继续工作能力和意愿的未到法定退休年龄的老年劳动者，这对于保护老年人权益，增加老年收入，减轻延迟退休阻力均有重要意义。同时，考虑到中国人口的健康预期寿命较低，在延迟退休年龄的背景下，中

① 详见《中共中央组织部　人力资源和社会保障部关于机关事业单位县处级女干部和具有高级职称的女性专业技术人员退休年龄问题的通知》（组通字〔2015〕14号）。

国应更加重视医疗保健事业的发展,为人们健康地工作和生活创造条件。

二、延长最低缴费年限

中国领取基本养老金的最低缴费年限为 15 年,这一标准与发达国家相比明显偏低。如比利时要求投保期男性需达到 45 年,女性需达到 40 年;法国要求投保期达到 150 个季度(即 37.5 年);日本国民年金保险中的老年金要求 25 年缴费期;德国要求 35 年投保期(63 岁退休)。另外,笔者的前期研究发现,参保者存在选择缴费年限的“逆向选择”问题,并且随着退休年龄的延迟,最低缴费年限也理应提高。因此,笔者建议把当前领取养老金的最低缴费年限从 15 年提高至 21 年,然后再逐步提高到 26 年①。

三、取消缴费基数的上限,提高缴费基数的下限

现行政策规定:“个人工资超过当地上年度在岗职工平均工资 300%以上的部分,不计入个人缴费工资基数”。建议取消个人缴费工资基数最高为当地上年度在岗职工平均工资 300%的规定,将职工所有的工资全部纳入个人缴费工资基数中。

现行政策规定:“个人工资低于当地上年度在岗职工平均工资 60%的,按当地在岗职工平均工资的 60%计算个人缴费工资基数”。笔者认为,以当地在岗职工平均工资的 60%作为个人缴费工资基数的下限过低,建议提高至当地在岗职工平均工资的 80%,条件允许的地区甚至可以提高至 100%。

四、完善城镇职工基本养老保险缴费激励机制②

完善城镇职工基本养老保险缴费激励机制,实现“多缴多得、长缴多得”,可以鼓励城镇职工尤其是个体工商户、灵活就业人员、农民工、新业态从业者长缴费、多缴费,进而达到养老保险基金增收的目的。城镇职工基本养老保险缴费激励机制主要包括基础养老金的缴费激励机制和个人账户的缴费激励机制两部分。(1)建议基础养老金缴费激励机制的设计

① 王翠琴、薛惠元:《城镇职工基本养老保险缴费激励机制的设计、评估与选择》,《江西财经大学学报》2017 年第 1 期,第 69—80 页。

② 王翠琴、薛惠元:《城镇职工基本养老保险缴费激励机制的设计、评估与选择》,《江西财经大学学报》2017 年第 1 期,第 69—80 页。

采取“累进制”的方式来增发基础养老金。即以5年为一个等级，各等级之间体现一定的梯度，缴费年限越长，增发基础养老金的比例就越高，但缴费每增加一年，其基础养老金的增发比例最高不超过1个百分点。(2)建议个人账户缴费激励机制的设计采取记账利率分段取值的方式。即按照缴费每满5年个人账户的记账利率逐步提高的方式来设计。缴费时间越长，个人账户的记账利率越高，个人账户记账利率的下限不得低于一年期银行存款利率，上限不得超过全国社会保障基金投资收益率。

2.4.8 制度外多渠道筹集资金，逐步解决养老金隐性债务

自20世纪90年代以来，中国城镇职工基本养老保险制度改革的实践证明，养老金隐性债务无法通过制度内参数调整和政策优化来化解，需要从制度外来加以解决。另外，偿还养老金隐性债务不能仅依靠一种手段，而应该是多种方法和途径的组合。目前，已经付诸实践的制度外筹资偿债途径包括：减持国有股①，划转部分国有资本充实社保基金②，彩票公益金划拨偿债③等。此外，本报告再给出以下几种方法：

一、调整财政支出结构，财政每年按照职工工资总额的一定比例进行补贴

首先，削减“三公支出”④，改变奥运备战的举国体制、压缩奥运金牌

① 2011年6月《国务院关于印发减持国有股筹集社会保障资金管理暂行办法的通知》(国发〔2001〕22号)出台，规定“凡国家拥有股份的股份有限公司(包括在境外上市的公司)向公共投资者首次发行和增发股票时，均应按融资额的10%出售国有股”，“减持国有股所筹集的资金交由全国社会保障基金理事会管理”；2009年6月，《财政部 国资委 证监会 社保基金会关于印发〈境内证券市场转持部分国有股充实全国社会保障基金实施办法〉的通知》出台，规定“股份有限公司首次公开发行股票并上市时，按实际发行股份数量的10%，将上市公司部分国有股转由全国社会保障基金理事会持有”。目前，这两个国有股转(减)持政策已经停止执行。

② 中共十八届三中全会、五中全会公报均提出，“划转部分国有资本充实社保基金”；2017年7月，《国务院关于印发划转部分国有资本充实社保基金实施方案的通知》(国发〔2017〕49号)出台，开始划转部分国有资本充实全国社会保障基金，并将划转比例统一为企业国有股权的10%。

③ 财政部发布的《2018年中央本级政府性基金支出预算表》显示，2018年中央彩票公益金中用于补充全国社会保障基金的预算支出为258.45亿元。

④ “三公支出”指的是行政支出中涉及公款吃喝、公车消费和公费出国的内容。

的财政投入①等，调整财政支出结构，节约的财政支出主要用于改善民生，其中一大部分可以用于偿还养老金隐性债务。其次，财政是城镇职工基本养老保险的重要筹资主体之一，理应承担一定比例的缴费责任，目前城镇职工基本养老保险的法定缴费比例为企业20%、个人8%、个体工商户和灵活就业人员20%，唯独没有明确财政的缴费比例和投入规模，建议明确各级财政补贴养老保险的最低比例，让财政按照职工工资总额的一定比例来“缴费”，使财政补贴由“暗补”转为“明补”，财政作为一个筹资主体从“幕后”走向“前台”。

二、从国有土地出让金中分成

目前，中国各级政府收取的土地出让金主要用于基础建设。建议国有资产管理部门将一定比例的土地出让金划入全国社会保障基金，以用于偿还养老金隐性债务。

三、发行特种债券

智利通过发行“认可债券”逐步解决了从现收现付制向基金积累制转变过程中产生的转制成本。中国政府也可以效仿，可以通过发行特种债券的方式来筹措资金，先行填补养老金隐性债务，然后再由多届政府来逐步消化和偿还特种债券。

四、开征新的消费税

中国可以借鉴日本的经验，通过开征新的消费税（增加新的消费税税目）来筹资偿还养老金隐性债务。笔者认为，这是一种比较好的偿债方法。首先，它不会增加企业的负担；其次，它还可以起到缩小居民收入差距、引导居民合理消费的作用。

五、将没收的贪腐资金按一定比例划入全国社会保障基金

近年来，随着国家加大反腐的力度，一大批“老虎”和“苍蝇”纷纷落马，被查的贪腐资金数目惊人，建议将上交国库的贪腐资金按照一定比例

① 中国备战2004年雅典奥运会的4年间，国家体育总局事业费投入200亿元，此届奥运会一共获得32枚金牌，每枚金牌成本超过了6亿元。此后的北京、伦敦、里约奥运会中国为此的投入只会比雅典奥运会更多。

划拨至全国社会保障基金。

六、动用外汇储备

近两年,虽然中国的外汇储备有所减少,但 2017 年年末中国国家外汇储备仍然达到 31399 亿美元①,高居世界第一。笔者建议可动用部分外汇储备冲抵部分养老金隐性债务。用外汇储备来填补养老金隐性债务的方法有三种:一是财政部直接拿新发行的长期国债来购买外汇储备,再划转给全国社会保障基金理事会,由其负责具体运作;二是通过金融中介机构间接划转全国社会保障基金,即仿照汇金公司以外汇储备注资国有银行的方式,通过汇金公司或者成立类似于汇金公司的其他金融机构,使外汇储备被间接划转到全国社会保障基金;三是中国人民银行直接划转给全国社会保障基金,之后以处置坏账的形式把这个隐性债务窟窿冲销掉,重新达到资产负债平衡②。

七、每年从全国社会保障基金中划拨一定数额的资金来偿还隐性债务

目前,全国社会保障基金是"只储不用",建议国家制定出具体的隐性债务偿还方案,有计划地每年从全国社会保障基金中划拨一定数额的资金注入城镇职工基本养老保险基金中来,逐步偿还隐性债务。

2.4.9 开征社会保险税,提高养老保险的实际征缴率③

当前,中国城镇职工基本养老保险存在名义缴费率虚高,但实际缴费率较低的现象。目前,除广东(22%)、浙江(22%)、山东(26%)、福建(26%)的缴费率较低之外,其他地区城镇职工基本养老保险缴费率均为27%或28%。但从表 2-17 可以看到,城镇职工基本养老保险实际缴费率一直都低于 28%,2001—2017 年实际缴费率的几何平均值仅为 18.26%。

---

① 数据来源于《2017 年国民经济和社会发展统计公报》。

② 王军:《几种以外储弥补养老金缺口的模式选择》,《上海证券报》2010 年 10 月 26 日,第 F07 版。

③ 邓大松、薛惠元:《城镇职工基础养老金全国统筹的阻碍因素与对策建议》,《河北大学学报(哲学社会科学版)》2018 年第 4 期,第 103—112 页。

出现此现象的原因在于，养老保险的缴费基数不实。可见，城镇职工基本养老保险的征缴力度尚有提升的空间。若将社会保险费改为社会保险税，利用税收的固定性、统一性、强制性，将会大大地增进养老保险的征缴力度，增强制度的可持续性。

表 2-17　2001—2017 年城镇职工基本养老保险实际缴费率与名义缴费率比较

（单位：亿元）

年份	城镇职工基本养老保险实际缴费率（%）	实际缴费率占名义缴费率的比重（%）	年份	城镇职工基本养老保险实际缴费率（%）	实际缴费率占名义缴费率的比重（%）
2001	20.67	73.81	2010	17.49	62.47
2002	21.09	75.31	2011	17.42	62.22
2003	21.04	75.14	2012	16.88	60.28
2004	20.84	74.44	2013	16.19	57.84
2005	20.51	73.25	2014	15.28	54.56
2006	20.1	71.77	2015	15.3	54.66
2007	20.37	72.74	2016	15.21	54.33
2008	19.38	69.23	2017	16.54	59.08
2009	18.38	65.66			

注：城镇职工基本养老保险名义缴费率取 28%。

资料来源：根据历年《人力资源和社会保障事业发展统计公报》和《中国统计年鉴》上的数据计算得到。

目前，中国《社会保险法》已经颁布实施多年，社会保险的大政方针和制度框架已经基本确立，并已基本实现了制度的全覆盖；社会保险各项目均已纳入社会保险基金预算；从 2019 年 1 月 1 日起，机关事业单位养老保险、城乡居民基本养老险和城乡居民基本医疗保险的征收职能，已经先行移交至税务部门统一征收，企业职工基本养老保险费、城镇职工基本医疗保险费、失业保险费、工伤保险费、生育保险费等社会保险费也即将交由税务部门统一征收①。可以说，当前中国已经基本具备了开征社会保险税的条件，建议在适当时机开征社会保险税，这将有利于保障社会保险基金来源的稳定性。社会保险税包括基本养老保险税、基本医疗保险税②、失业保险税、工伤保险税等税目，开征社会保险税具体要注意以下几点：

一、全面征缴

从对象来看，无论是企业、机关事业单位、个体工商户、灵活就业人员、新业态从业人员，还是职工个人、农民工、农村居民、城镇非从业居民，都应当征收社会保险税，只有全面征缴，才能避免群体间的相互攀比和促进社会公平，进而扩大并稳定基本养老保险基金的收入。

二、合理征缴

这要求合理确定社会保险税的税基和税率。从发达国家的情况来看，社会保险税的征缴与经济发展程度密切相关。中国目前的实际情况是经济增长速度放缓，失业人员也较多，而且人口老龄化现象严重，养老保险基金的支付压力比较大，因此，社会保险税税基、税率的确定在考虑养老保险基金未来偿付能力的同时，也要照顾到企业和个人现阶段的承受能力。

三、强制征缴

强制性是社会保险的应有之义。它要求凡是法律规定应参加的人员，必须一律参加，并按规定缴纳社会保险税，享受规定待遇。这种强制性，也适用于用人单位，其必须依法为职工缴纳社会保险税，维护职工的基本权益。需要指出的是，社会保险税是一种特殊的税种，由于通过征收

① 2018年7月，中共中央办公厅、国务院办公厅印发《国税地税征管体制改革方案》，明确从2019年1月1日起，将基本养老保险费、基本医疗保险费、失业保险费、工伤保险费、生育保险费等各项社会保险费交由税务部门统一征收。但由于经济下行、企业负担较重等种种原因，企业职工基本养老保险、城镇职工基本医疗保险、失业保险、工伤保险、生育保险的征收职能暂缓移交税务部门。

② 由于城镇职工基本医疗保险和生育保险正在合并实施试点，未来二者将合并实施，建议不再设置单独的生育保险税目。

社会保险税形成的养老保险基金是人们的“养命钱”，因此，税务部门应做到足额缴存，不能从中扣除管理成本，以保证养老保险基金的完整性和偿付能力①。

四、税率可以适当降低

表 2-17 的数据显示，2001—2017 年城镇职工基本养老保险实际缴费率在 15.21%—21.09%之间，2006—2017 年在 15.21%—20.37%之间，也就是说，当前的城镇职工基本养老保险是名义缴费率虚高，而实际缴费率却没有这么高，仅为名义缴费率的 54.33%—75.31%之间。其主要原因还是前面提到的缴费基数不实。在开征社会保险税后，税基势必会做实，此时城镇职工基本养老保险存在着降税率的空间。建议城镇职工基本养老保险税率降至 16%—20%（目前费率为 27%—28%），其中个人缴费率不降低，维持在 8%，企业缴费率降至 8%—12%。

① 邓大松、薛惠元:《基本养老保险制度财务可持续性探讨》,《社保财务理论与实践》2013 年第 3 期,第 22—33 页。

3

城乡居民基本养老保险公共财政支出规模预测*

刘昌平　刘　威

*　本部分系北京化工大学引进人才项目“社会养老保险关系转续机制研究——基于既得受益权理论”（buctrc201805）的研究成果。

3.1 研究背景

为实现建立覆盖城乡居民的社会保障制度的目标，国务院办公厅于2009年9月发布了《国务院关于开展新型农村社会养老保险试点的指导意见》(国发〔2009〕32号)，并于2011年6月发布了《国务院关于开展城镇居民社会养老保险试点的指导意见》(国发〔2011〕18号)，在全国范围内以市县为单位进行新型农村社会养老保险(以下简称“新农保”)和城镇居民社会养老保险(以下简称“城居保”)的试点，使农村居民和城镇非就业居民的老年生活得到了基本保障，并让广大人民群众充分分享经济社会发展的成果，对推动城乡居民基本养老保险制度的建立和基本养老保险制度的全国统一具有重要意义。

2012年8月，新农保和城居保全覆盖工作全面启动；2014年2月，依据《中华人民共和国社会保险法》的相关规定，在总结新农保和城居保试点的基础上，国务院办公厅发布了《国务院关于建立统一的城乡居民基本养老保险制度的意见》(国发〔2014〕8号)，将新农保和城居保两项制度合并实施，在全国范围内建立起统一的城乡居民基本养老保险制度(以下简称“城乡居保”)。近年来，城乡居保发展非常快，参保人口规模迅速超过城镇职工基本养老保险(以下简称“城保”)。截至2018年11月，城乡居保的参保人数达到5.2149亿人，同年城保的参保人数为4.1566亿人①。

针对城乡居民普遍存在收入水平低和缴费能力弱的特点，新农保和城居保在创建时就采取了不同于城保的“非缴费型”筹资模式，将各级政

① 数据来源：《2018年1—11月人力资源和社会保障统计数据》。参见 http://www.mohrss.gov.cn/SYrlzyhshbzb/zwgk/szrs/dtyjsu/201812/t20181229_307925.html。

府财政补贴作为基础养老金的唯一资金来源，并对未满 60 岁的城乡参保居民实施缴费补贴。“非缴费型”城乡居保制度的建立可以直接为制度创建时已年满 60 周岁且未履行缴费义务的城乡老年居民提供基础养老金待遇，极大地调动了广大城乡居民的参保积极性。但是，必须注意到的是，政府公共财政对养老保险乃至社会保障的补贴力度和支出水平将直接关系到国民的生活质量和国家的稳定与发展，合理的城乡居保公共财政支出规模至关重要。

第一，从预期城乡居民人口老龄化对公共财政的影响来看，评估城乡居保公共财政支出规模及其对制度可持续的影响意义重大。城乡居保是一个连续的动态运行系统，从长远来看，维持较好的基金偿付能力是制度可持续性的基本要求。而依据制度的“非缴费型”特征，公共财政支出作为城乡居保的重要筹资来源，是城乡居保顺利实施和稳步推进的重要保证，其通过影响城乡居保基金规模直接影响到制度的可持续性。然而，预期人口老龄化现象的日益加剧将直接影响城乡居保覆盖下的待遇领取人数，带来城乡居保公共财政支出规模的不断扩大和支出比例的不断增加，对城乡居保的财政支持提出必然要求。联合国人口预测数据显示[①]，2015 年我国 60 岁及以上老年人口数为 1.71 亿，到 2030 年，这个数字将会达到 3.62 亿，占总人口的比例由 12.6%上升到 25.1%。因此，考虑城乡居民人口老龄化趋势，评估城乡居保公共财政支出规模及其对制度可持续的影响，对于城乡居保发展和公共财政制度的完善都十分必要。

第二，从城乡居保所产生的公共财政支出对于公共财政平衡的影响来看，评估城乡居保公共财政支出规模是维持公共财政平衡、实现公共财政可持续性的现实需要。中国经济步入新常态的发展阶段，公共财政面临前所未有的压力。自 2014 年开始，全国一般公共预算收入呈两位数增长的局面难以为继[②]。对城乡居保的公共财政支出作为公共财政支出的

① 联合国经济与社会事务部，*World Population Prospects* 2017，United Nations，https://esa.un.org/unpd/wpp/Download/Standard/Population/。

② 根据《中国统计年鉴》，2010—2017 年全国一般公共预算收入增长速度分别为 21.3%、25%、12.9%、10.2%、8.6%、5.8%、4.5%和 7.4%。

重要组成部分，会对公共财政支出结构和公共财政平衡产生直接影响。与此同时，城乡居保公共财政支出占总财政支出的比例不断上涨，2010年新农保财政补贴约228亿元，占当年财政总支出的比例为0.25%；2011年新农保与城居保加总的财政补贴689亿元，占当年财政总支出的比例为0.63%；2016年城乡居保财政补贴约2201亿元，占当年财政总支出的比例为1.17%①。增速放缓的财政收入增长格局与日益扩大的城乡居保公共财政支出占比决定了城乡居保适度财政补贴水平的重要性，公共财政必须以合理的标准给予城乡居保以适度的补贴，补贴规模应当既能满足相对稳定的社会制度和社会福利水平的基本需要，又能发挥公共财政最优的资源配置作用。评估城乡居保公共财政支出规模对于维持公共财政平衡具有重要意义。

3.2　城乡居民基本养老保险精算模型

3.2.1　模型假定

城乡居保在实际运行过程中，必然受到来自个人及社会层面的各种随机因素的影响，如个体因素决定了差异化的参保起始年龄、缴费档次和参保年限，地理因素决定了差异化的中央政府基础养老金补贴标准，以及地方政府差异化的个人账户缴费补贴标准等等。各方随机因素的叠加，往往造成相同制度下的不同个体在养老金待遇水平方面存在差距，但在数理模型和实证分析方面，我们无法充分考虑个体异质性，因为这将导致

① 因新农保、城居保和城乡居保制度中包括集体补助在内的基金收入占比相比个人缴费和财政补贴部分可以忽略不计，故财政补贴的近似计算方法采用当年制度的基金总收入减去个人缴费。根据历年《人力资源和社会保障统计公报》，2010年新农保个人缴费225亿元，基金收入453亿元；2011年新农保与城居保个人缴费合计421亿元，基金收入合计1110亿元；2016年城乡居保个人缴费732亿元，基金收入2933亿元。

养老金模型过于复杂而无法作出有效分析。因此,本研究在构建城乡居保精算模型之前,必须作出如下标准化假定:

(1)在全体参保居民中,选择具有代表性的个人作为"标准人",该"标准人"自制度规定的起始参保年龄(16 岁)起,持续缴费,直至达到养老金领取年龄(60 岁),不考虑"标准人"断保、退保或提前死亡等不确定因素。

(2)假定该"标准人"在城乡居保合并实施的当年(2014 年)恰好处于参保起始年龄,本研究以此作为预测期的起始年份,直至"标准人"连续参保并达到养老金领取年龄对应的 2058 年。

(3)假定"标准人"的缴费发生在每年年初,个人缴费全部进入个人账户,且一旦选定缴费档次,后期将维持该缴费档次不变;地方政府的个人账户缴费补贴在参保居民缴费的同时记入个人账户,补贴标准同样维持不变。

(4)就现阶段而言,中国绝大部分地区集体经济实力薄弱,国发〔2014〕8 号文件提出的政府、集体和个人"三主体"负担模式在落实过程中存在诸多困难和阻碍,因此本研究暂不考虑集体补助的数额。

(5)假定处于缴费期的各年龄段居民(16—59 岁)的养老保险参保率均相同,该假定主要是囿于数据的可获得性。

(6)参保居民达到养老金领取年龄后,养老金的发放同样发生在每年年初。

(7)为简化模型构建和计算过程,假定养老金按年领取,年度内不再考虑养老金价值折现问题。

(8)参保居民存活的极限年龄取 100 岁。

3.2.2 模型构建

一、基础养老金

根据城乡居保实施办法,基本养老金总额 P 由基础养老金(即统筹账户养老金)$P_{pooling}$ 和个人账户养老金 $P_{individual}$ 两部分构成,即:

$$P = P_{pooling} + P_{individual} \tag{3.1}$$

按照国发〔2014〕8号文件的规定，基础养老金待遇水平由中央政府按一定的标准定额发放，并随着居民可支配收入和物价水平等因素的变化而阶段性地进行调整。因此，$P_{pooling}$ 可视为绝对指标，即：

$$P_{pooling} = G \tag{3.2}$$

对城乡居保参保个体而言，G 是固定的；但对东、中、西不同地区而言，G 的筹资来源并不相同。国发〔2014〕8号文件规定，“政府对符合领取城乡居民养老保险待遇条件的参保人全额支付基础养老金，其中中央财政对中西部地区按中央确定的基础养老金标准给予全额补助，对东部地区给予50%的补助”。因此有：

$$G = \begin{cases} 100\% \ G_{central}, \text{中西部地区} \\ 50\% \ G_{central} + 50\% \ G_{local,p}, \text{东部地区} \end{cases} \tag{3.3}$$

基础养老金由中央财政和地方财政统筹拨付，其实质是财政支持能力及可持续性问题。根据(3.1)式—(3.3)式可知，个人账户养老金的收支结余情况才是城乡居保可持续性分析模型的关键所在。

二、个人账户养老金——个体视角

记“标准人”选择的缴费档次为 W_i（其中 $i = 1,2,\cdots,12$，分别表示100元，200元，……，1000元，1500元和2000元，共计12个缴费档次），地方政府相应的个人账户缴费补贴为 $G_{local,i}$。因此，该“标准人”从参保起始年龄 a，连续缴费直至达到养老金领取年龄 b 时，其个人账户养老金的基金积累总额 U 可表示为：

$$U = (W_i + G_{local,i}) \sum_{j=1}^{b-a} (1 + r)^j \tag{3.4}$$

其中，r 为个人账户养老基金的年计息利率。

设 C 为个人账户养老金计发系数，则参保居民每年领取的个人账户养老金部分为：

$$P_{individual} = 12 \times \frac{U}{C} = 12 \times \frac{(W_i + G_{local,i}) \sum_{j=1}^{b-a} (1 + r)^j}{C} \tag{3.5}$$

假定参保居民达到养老金领取年龄 b 时，预期余命为 e_b^s（其中 $s = 0$

表示女性、$s=1$ 表示男性)，则其每年领取的个人账户养老金在 b 岁时的总额现值 V 为：

$$V = P_{individual} \sum_{k=0}^{e_b^s - 1} \frac{1}{(1+r)^k} \tag{3.6}$$

理论上，若要实现个人账户养老基金收支平衡，需要满足 $U = V$。根据(3.4)式—(3.6)式，当 $U = V$ 时，有：

$$C = 12 \sum_{k=0}^{e_b^s - 1} \frac{1}{(1+r)^k} \tag{3.7}$$

显然，当养老金计发系数 C 满足(3.7)式时，个人账户正好实现收支平衡。记 $12 \sum_{k=0}^{e_b^s - 1} \frac{1}{(1+r)^k} = D$，当 $C < D$ 时，有 $U < V$，此时“标准人”的个人账户养老基金收入小于支出，存在基金收支缺口；当 $C > D$ 时，有 $U > V$，此时“标准人”的个人账户养老基金收入大于支出，存在基金收支结余。可见，决定个人账户养老基金是否平衡的参数，实质上只包括参保居民在 b 岁时的预期余命 e_b^s 和个人账户养老基金的年计息利率 r。

如果需要测算个人账户养老基金盈余或缺口的规模，则需要通过：

$$\begin{aligned} U - V &= U\left(1 - \frac{D}{C}\right) \\ &= (W_i + G_{local,i}) \sum_{j=1}^{b-a} (1+r)^j \left[1 - \frac{12}{C} \sum_{k=0}^{e_b^s - 1} \frac{1}{(1+r)^k}\right] \end{aligned} \tag{3.8}$$

可见，参保居民个人账户养老基金的盈余或缺口规模，不仅与 e_b^s 和 r 有关，还与参保居民的缴费年限 $(b-a)$ 、个人缴费档次 W_i 和地方政府相应的个人账户缴费补贴 $G_{local,i}$ 有关。

三、个人账户养老金——整体视角

本部分构建的城乡居保个人账户养老基金收支平衡预测的周期为 2014—2058 年，t 表示年份，$L_{t,x}$ 表示 t 年 x 岁人口的数量，λ_t 表示 t 年的城乡居保参保率，则 $\sum_{x=a}^{b-1} L_{t,x} \lambda_{t,x}$ 表示 t 年缴费人口数量。由此，t 年年初个人账户养老金的基金收入 I_t 为：

$$I_t = \left(\sum_{x=a}^{b-1} L_{t,x} \lambda_{t,x} \right) (W_i + G_{local,i}) \tag{3.9}$$

国发〔2014〕8号文件规定："城乡居民养老保险待遇由基础养老金和个人账户养老金构成，支付终身"。显然，这里无法再根据个体视角下参保居民在 b 岁时的预期余命 e_b^s 计发养老金，而是根据整体视角下 t 年实际的养老金领取人数 $\sum_{x=b}^{\omega} L_{t,x} \lambda_{t,x}$ 发放。

以 O_t 表示 t 年个人账户养老金的基金支出，有：

$$O_t = P_{individual} \left(\sum_{x=b}^{\omega} L_{t,x} \lambda_{t,x} \right) \tag{3.10}$$

根据(3.5)式，将 $P_{individual}$ 代入可以得到：

$$O_t = \frac{12}{C} (W_i + G_{local,i}) \sum_{j=1}^{b-a} (1+r)^j \left(\sum_{x=b}^{\omega} L_{t,x} \lambda_{t,x} \right) \tag{3.11}$$

设个人账户养老基金收支差额为 N_t，则城乡居保个人账户养老基金的当期收支模型为：

$$N_t = I_t - O_t \tag{3.12}$$

显然，当 $N_t = 0$ 时，表示 t 年个人账户养老基金当期收入等于当期支出，基金达到短期平衡；当 $N_t < 0$ 时，表示 t 年个人账户养老基金当期收入小于当期支出，基金短期收入不抵支出，存在基金缺口；当 $N_t > 0$ 时，表示 t 年个人账户养老基金当期收入大于当期支出，基金短期收入大于支出，存在基金盈余。

3.3　城乡居民基本养老保险人口参数测算

3.3.1　"乡—城"人口迁移

就发展中国家的发展经验来看，其工业化和城镇化进程往往与劳动力从传统农业部门向现代工业部门、从农村地区向城镇地区的转移相伴相随。改革开放至今,市场经济模式在不断解放国民传统思维的同时,也在客观上撬动了户籍管理制度等限制人口自由流动的政策障碍。特别是进入21世纪以来,随着社会主义市场经济体制改革不断深入,各种限制人口流动的政策和制度障碍得以不断消除,人口迁移的自主性和流动性不断加强,流动就业人员、农民工等群体在这一时期应运而生,形成巨大的“乡—城”人口迁移浪潮①。

根据《2017年国民经济和社会发展统计公报》公布的数据,中国大陆地区总人口为13.90亿,全年流动人口达2.44亿②,年均迁移率为17.55%;同期,中国农民工规模达到2.87亿,其中外出农民工1.72亿,占城镇就业人员总量的40.47%③。在中国人口老龄化程度正在日益加深的背景下,大规模的农村劳动力向城镇迁移必将对中国城乡社会人口年龄结构产生重大影响。那么,“乡—城”人口迁移对农村社会人口年龄结构分别产生怎样的影响以及影响程度有多大?需要从人口预测和迁移预测的角度进行量化和测度。

3.3.2 “乡—城”人口迁移模型构建

一、模型假定

出于模型构建、计算和分析方便,在构建“乡—城”人口迁移模型之前需作出如下假定:

(1)本部分从整体视角研究“乡—城”人口迁移及其对城乡人口规模和年龄构成的影响,因此所有表征人口变化的因素都是在社会人口平均意义下确定的,如育龄妇女生育率、出生婴儿性别比、人口迁移率及死亡率等。

---

① 刘昌平、花亚州:《“乡—城”人口迁移对城镇劳动工资的影响研究》,《中国人口科学》2016年第2期,第35—46页。

② 流动人口,指人户分离人口中扣除市辖区内人户分离的人口。市辖区内人户分离的人口是指一个直辖市或地级市所辖区内和区与区之间,居住地和户口登记地不在同一乡镇街道的人口。人户分离的人口是指居住地与户口登记地所在的乡镇街道不一致且离开户口登记地半年以上的人口。

③ 2017年中国城镇就业人员总量为4.25亿。

(2)某时刻整个社会人口的现存规模及年龄分布称为社会人口状态,本研究假定时间的流逝、婴儿的出生、居民的迁移和人口的死亡构成社会人口状态发生变化的全部因素。

(3)假定封闭条件下探讨中国的“乡—城”人口迁移现象,即不考虑人口的跨国跨境迁移对人口规模及人口构成带来的影响①。

(4)假定预测期内社会经济稳定发展,不考虑重大自然灾害、战争等对人口数量及其分布产生显著影响的事件。

(5)假定“乡—城”人口迁移中只存在从乡村到城镇的迁移,暂不考虑人口从城镇到乡村的逆向迁移。

(6)假定发生“乡—城”人口迁移后,迁移人口的人口特征变量,如育龄妇女生育率、出生婴儿性别比、人口死亡率等,均由迁出地的特征转变为迁入地的特征。

(7)假定“乡—城”人口迁移与我国城镇化水平的发展进程一致,即城镇化率是影响“乡—城”人口迁移规模的重要变量。

二、符号约定

t, 表示年份;

i, 表示年龄, $i = 0,1,2,\cdots,100$。其中, $i = 0$ 表示婴儿,极限年龄取100,因此 $i = 100$ 表示年龄大于等于100岁;

d, 表示地区, $d = 1,2$。其中, $d = 1$ 表示农村, $d = 2$ 表示城镇;

s, 表示性别, $s = 0,1$。其中, $s = 0$ 表示女性, $s = 1$ 表示男性;

$l_i^s(t)^d$, 表示地区 d 中性别为 s、年龄为 i 的人口在 t 年的总人数;

$L^s(t)^d$, 表示地区 d 中性别为 s 的人口在 t 年的总人数;

$L(t)^d$, 表示地区 d 中的人口在 t 年的总人数, 即 $L(t)^d = L^0(t)^d + L^1(t)^d$;

$L(t)$, 表示 t 年的全国总人数, 即 $L(t) = L(t)^1 + L(t)^2$;

① 所有人口数据均假定在封闭条件下进行测算,即不考虑中国人口的国际流动。实际上,联合国统计数据显示中国自1950—2015年一直是人口净流出国,年均流出率约0.01%,而且预测数据显示中国2016—2100年的年人口流出率将维持在0.01%—0.02%。考虑到流出规模最大的年份也不足20万人次,可以接受封闭条件假设。

$d_i^s(t)^d$，表示地区 d 中性别为 s、年龄为 i 的人口在 t 年的 1 岁间隔死亡率；

${}_1p_i^s(t)^d$，表示地区 d 中性别为 s、年龄为 i 的人口在 t 年存活到 $i+1$ 岁的生存概率；

$b_i(t)^d$，表示地区 d 中年龄为 i 的育龄妇女在 t 年的生育率；

$\varphi(t)^d$，表示地区 d 中育龄妇女在 t 年的总和生育率，即 $\varphi(t)^d = \sum_{i=15}^{49} b_i(t)^d$；

$u_i(t)^d$，表示地区 d 中年龄为 i 的育龄妇女在 t 年的年龄别生育率占总和生育率的比例，即 $b_i(t)^d = \varphi(t)^d u_i(t)^d$，实际上这代表了该地区的生育模式；

$\lambda(t)^d$，表示地区 d 中 t 年出生人口的性别比；

$M_i^s(t)^{(d_1 \to d_2)}$，表示性别为 s、年龄为 i 的人口在 t 年由地区 d_1 迁移到地区 d_2 的总人数；

$k_i^s(t)^{(d_1 \to d_2)}$，表示性别为 s、年龄为 i 的人口在 t 年由地区 d_1 迁移到地区 d_2 的总人口占当年该性别总迁移人口的比例；

$m(t)^{(d_1 \to d_2)}$，表示在 t 年从地区 d_1 迁移到地区 d_2 的总迁移率；

$\lambda_m(t)^{(d_1 \to d_2)}$，表示在 t 年从地区 d_1 迁移到地区 d_2 的迁移人口性别比（女性以 100 为基数）。

三、人口预测模型

1. Leslie 人口矩阵

本部分借助生存模型和 Leslie 人口矩阵构建人口预测模型。在构造 Leslie 人口矩阵之前，首先定义地区 j 中性别为 s 的人口在 t 年的存活矩阵为：

$$P^s(t)^d = \begin{bmatrix} 0 & 0 & \cdots & 0 & 0 \\ {}_1p_0^s(t)^d & 0 & \cdots & 0 & 0 \\ 0 & {}_1p_1^s(t)^d & \cdots & \vdots & \vdots \\ \vdots & \vdots & \ddots & \vdots & \vdots \\ 0 & 0 & 0 & {}_1p_{i-1}^s(t)^d & {}_1p_i^s(t)^d \end{bmatrix} \quad (3.13)$$

在(3.13)式中，${}_1p_i^s(t)^d$ 的存在是因为本研究将100岁及以上作为一个年龄组，因此该年龄组中存活下来的人仍然属于该年龄组。

在生命表理论中，往往假定人口在一年中的死亡分布是均匀的，[①]据此得到的0岁组以上的人口年龄别生存概率需要满足：

$$ {}_1p_i^s(t)^d = 1 - \frac{d_i^s(t)^d}{2} \tag{3.14} $$

假定在 t 年，地区 j 的育龄妇女生育率矩阵为：

$$ B(t)^d = \begin{bmatrix} 0 & \cdots & 0 & b_{15}(t)^d & \cdots & b_{49}(t)^d & 0 & \cdots & 0 \\ 0 & \cdots & 0 & 0 & \cdots & 0 & 0 & \cdots & 0 \\ \vdots & \cdots & \vdots & \vdots & \cdots & \vdots & \vdots & \cdots & \vdots \\ \vdots & \cdots & \vdots & \vdots & \ddots & \vdots & \vdots & \cdots & \vdots \\ 0 & \cdots & 0 & 0 & \cdots & 0 & 0 & \cdots & 0 \end{bmatrix} \tag{3.15} $$

根据(3.13)式—(3.15)式，可以构建 t 年地区 d 中性别为 s 的 Leslie 人口矩阵：

$$ L^s(t)^d = \begin{bmatrix} 0 & \cdots & 0 & b_{15}(t)^d & \cdots & b_{49}(t)^d & 0 & \cdots & 0 \\ {}_1p_0^s(t)^d & \cdots & 0 & 0 & \cdots & 0 & 0 & \cdots & 0 \\ 0 & \cdots & \ddots & \vdots & \cdots & \vdots & \vdots & \cdots & \vdots \\ \vdots & \cdots & 0 & {}_1p_{15}^s(t)^d & \cdots & \vdots & \vdots & \cdots & \vdots \\ \vdots & \cdots & \vdots & 0 & \ddots & 0 & \vdots & \cdots & \vdots \\ \vdots & \cdots & \vdots & \vdots & 0 & {}_1p_{49}^s(t)^d & 0 & \cdots & \vdots \\ \vdots & \cdots & \vdots & \vdots & \vdots & \vdots & \ddots & \cdots & \vdots \\ 0 & \cdots & \cdots & 0 & \cdots & 0 & \cdots & {}_1p_{i-1}^s(t)^d & {}_1p_i^s(t)^d \end{bmatrix} \tag{3.16} $$

① 需要指出，有研究认为由于季节、温度等因素的影响，导致人口死亡分布在一年中并非均匀分布。这并非本研究关注的重点，因此本研究不做过多探讨。

在 t 年，地区 d 中性别为 s 的人口按年龄分布的人口总数向量为：

$$\vec{l}^s(t)^d = (\vec{l}_0^s(t)^d, \vec{l}_1^s(t)^d, \cdots, \vec{l}_{99}^s(t)^d, \vec{l}_{100}^s(t)^d)^T \tag{3.17}$$

根据(3.17)式，可以得到地区 d 中的人口总数为：

$$L(t)^d = \sum_{s=0}^{1}\sum_{i=0}^{100}\vec{l}_i^s(t)^d \tag{3.18}$$

至此，可以得到在封闭条件下全国人口总量为：

$$L(t) = \sum_{i=0}^{100}\sum_{d=1}^{2}\sum_{s=0}^{1}\vec{l}_i^s(t)^d \tag{3.19}$$

2. 育龄妇女年龄别生育率矩阵改进

根据人口学理论，育龄妇女的生育模式是比较稳定的，即 $u(t)$ 是相对固定的。根据模型假定，可知：

$$u_i(t) = \frac{b_i(t)}{\varphi(t)} \tag{3.20}$$

由于 $u_i(t)$ 表示年龄为 i 的育龄妇女在 t 年的年龄别生育率占总和生育率的比例，因此有：

$$\sum_{i=15}^{49} u_i(t) = 1 \tag{3.21}$$

根据(3.20)式和(3.21)式，有：

$$\sum_{i=15}^{49} b_i(t) = \varphi(t) \tag{3.22}$$

从数据来源的难易程度来看，育龄妇女总和生育率 $\varphi(t)$ 比育龄妇女分年龄生育率 $b_i(t)$ 容易获取、预测和控制，是最常用的生育水平统计指标，而且 $\varphi(t)$ 比 $b_i(t)$ 更适合做长期预测。因此，我们采用 $\varphi(t)\,u_i(t)$ 表示 $b_i(t)$，则育龄妇女生育率矩阵可改写为生育模式矩阵形式：

$$B(t)^d = \begin{bmatrix} 0 & \cdots & 0 & \varphi(t)^d u_{15}(t)^d & \cdots & \varphi(t)^d u_{49}(t)^d & 0 & \cdots & 0 \\ 0 & \cdots & 0 & 0 & \cdots & 0 & 0 & \cdots & 0 \\ \vdots & \cdots & \vdots & \vdots & \cdots & \vdots & \vdots & \cdots & \vdots \\ \vdots & \cdots & \vdots & \vdots & \ddots & \vdots & \vdots & \cdots & \vdots \\ 0 & \cdots & 0 & 0 & \cdots & 0 & 0 & \cdots & 0 \end{bmatrix} \tag{3.23}$$

3. 人口状态发展方程

显然，所有人口的自然增长都是由女性的生育行为所产生的，无论男性或是女性的人口数量增量，都应由与其处于相同地区的育龄女性上年总量、女性的生育率矩阵、出生婴儿性别比等指标来确定；在不考虑人口迁移流动的情况下，男、女性别人口的自然减少均由人口的死亡导致。由此，建立封闭条件下的人口状态发展方程：

$$l_{i+1}^{s}(t+1) = l_{i}^{s}(t)_{1}\,p_{i}^{s}(t) \tag{3.24}$$

(3.24)式是人口状态发展过程的变量描述，也是人口差分方程的核心。在此基础上，我们有：

$$L^{s}(t+1)^{d} = \sum_{i=0}^{100} l_{i+1}^{s}(t+1)^{d} = \sum_{i=15}^{49} l_{i}^{0}(t)^{d} u_{i}(t)^{d} \varphi(t)^{d} p^{s}(t)^{d} \tag{3.25}$$

人口状态发展过程的存量描述为：

$$\begin{aligned}
&\frac{\lambda(t)^{d}}{\lambda(t)^{d}+100} + \sum_{i=0}^{100} l_{i}^{s}(t)_{1}^{d} p_{i}^{s}(t)^{d} \\
&= p^{s}(t)^{d} \frac{\lambda(t)^{d}}{\lambda(t)^{d}+100} B(t)^{d} \vec{l}^{0}(t)^{d} + p^{s}(t)^{d} \vec{l}^{0}(t)^{d} \\
&= p^{s}(t)^{d} \frac{\lambda(t)^{d}}{\lambda(t)^{d}+100} \varphi(t)^{d} U(t)^{d} \vec{l}^{0}(t)^{d} + p^{s}(t)^{d} \vec{l}^{0}(t)^{d}
\end{aligned} \tag{3.26}$$

(3.26)式表示人口从 t 时点变化到 $t+1$ 时点的完全形式。至此，(3.16)式和(3.24)式之间的关系可以用 L 矩阵表示为：

$$\vec{l}^{s}(t+1)^{d} = \vec{L}^{s}(t)^{d} \vec{l}^{s}(t)^{d} \tag{3.27}$$

进而可得：

$$\vec{l}^{s}(t)^{d} = \prod_{t=0}^{100} L^{s}(t)^{d} \vec{l}^{s}(t+1)^{d} \tag{3.28}$$

因此，当矩阵 $\vec{L}^{s}(t)^{d}$、人口年龄别初始分布向量 $\vec{l}^{s}(0)^{d}$ 以及出生婴儿存活概率 $p^{s}(t)$ 已知时，可以预测地区 d 中性别为 s 的人口按年龄组的人口结构。

综合以上分析，本研究可以得到封闭条件下（不存在人口的国际流动）不存在“乡—城”迁移时的全国、城镇和农村地区的人口总量，以及分年龄、性别的人口构成情况。

4. 人口迁移模型

上述人口预测模型是在不考虑“乡—城”人口迁移的情况下构建起Leslie矩阵人口增长模型，接下来我们将“乡—城”人口迁移因素考虑在内。实际上，由于城乡育龄妇女的生育意愿、人口健康状况、死亡率等指标存在客观差异，每年规模庞大的“乡—城”人口迁移无疑会对城乡生育率和死亡率等指标产生显著影响，进而导致城镇和农村的人口结构发生变化；与此同时，人口迁移带来的影响也会随着迁移强度的增加，即城镇化水平的提高而进一步加深。

为了较为准确地预测和判断以上几个方面的影响，我们引入迁移人口分年龄分布比例向量。假定在t年，由地区d_1迁移到地区d_2的性别为s的迁移人口按年龄分布的比例向量为：

$$\vec{k}^{s}(t)^{(d_1\to d_2)}=(k_0^{s}(t)^{(d_1\to d_2)},k_1^{s}(t)^{(d_1\to d_2)},\cdots,k_{99}^{s}(t)^{(d_1\to d_2)},k_{100}^{s}(t)^{(d_1\to d_2)}) \tag{3.29}$$

从而，性别为s年龄为i的人口，从地区d_1迁移到地区d_2的人数为：

$$M_i^{s}(t)^{(d_1\to d_2)}=L(t)^{d_1}m(t)^{(d_1\to d_2)}\frac{\lambda_m(t)^{(d_1\to d_2)}}{\lambda_m(t)^{(d_1\to d_2)}+100}k_i^{s}(t)^{(d_1\to d_2)} \tag{3.30}$$

由此得到，性别为s的迁移人口按年龄分布的人数向量为：

$$\vec{M}^{s}(t)^{(d_1\to d_2)}=L(t)^{d_1}m(t)^{(d_1\to d_2)}\frac{\lambda_m(t)^{(d_1\to d_2)}}{\lambda_m(t)^{(d_1\to d_2)}+100}\vec{k}^{s}(t)^{(d_1\to d_2)} \tag{3.31}$$

结合$\vec{l}^{s}(t)^{d}=(\vec{l}_0^{s}(t)^{d},\vec{l}_1^{s}(t)^{d},\cdots,\vec{l}_{99}^{s}(t)^{d},\vec{l}_{100}^{s}(t)^{d})^{T}$，可以得到地区$d_1$和地区$d_2$在发生人口迁移后，按年龄分布的人口总数向量及迁移方程为：

$$\begin{cases}m\,\vec{l}^{s}(t)^{d_1}=\vec{l}^{s}(t)^{d_1}-\vec{M}^{s}(t)^{(d_1\to d_2)}\\ m\,\vec{l}^{s}(t)^{d_2}=\vec{l}^{s}(t)^{d_2}+\vec{M}^{s}(t)^{(d_1\to d_2)}\end{cases} \tag{3.32}$$

(3.32)式中的 d_1 代表农村，d_2 代表城镇，因此上式表示"乡—城"人口迁移只存在从农村到城镇的单向迁移，而不存在从城镇到农村的逆向迁移。

基于以上人口预测模型的推导和分析过程，可以得到在封闭条件下，发生"乡—城"迁移时未来全国人口分城镇和农村、男性和女性的人口总量和年龄构成数据。

3.3.3 "乡—城"人口迁移模型参数

本研究以 2015 年全国 1%人口抽样调查数据为基准数据，选取 2020 年、2030 年、2040 年和 2050 年为节点年份，并根据国家公布的历史数据、现行政策及可预期的政策走向，对"乡—城"人口迁移模型相关的主要控制变量进行设定和预测。

一、出生婴儿性别比

出生婴儿性别比是决定人口性别分布的决定性因素，且主要由人类生理特性决定，整体上保持在较为稳定的水平。理论上，国际公认的出生婴儿性别比的正常值介于 102—107 之间①。然而，从已开展的几次大规模人口调查数据来看，我国的出生婴儿性别比长期偏离正常范围(见表 3-1)。这一方面与我国的医疗保健水平、控制手段乏力等现实条件有关，另一方面也与传统文化中根深蒂固的重男轻女思想有关，尽管近年来出生婴儿性别比正在逐步向正常范围回归，但在相当一段时期内仍难以根本扭转。根据历次人口调查数据的结果，本研究设定在 2020 年节点年份，2020—2029 年城镇和农村的出生婴儿性别比分别为 112 和 115，2030—2039 年统一降为 110，2040 年后统一降至 105 的正常值。

① United Nations, 1955, "Method of Appraisal of Quality of Basic Data for Population Estimates", Manual II, ST/SOA/Series A/23.

表3-1　国内主要人口调查出生婴儿性别比

	2000年第五次全国人口普查	2005年全国1%人口抽样调查	2010年第六次全国人口普查	2015全国1%人口抽样调查
综合	119.92	120.49	121.21	113.54
城市	114.15	115.16	118.33	110.42
镇	119.90	119.86	122.76	115.23
乡村	121.67	122.85	122.09	114.80

二、育龄妇女总和生育率

育龄妇女总和生育率是进行生育率调整的最直接、有效的参数，是反映生育水平的重要统计指标，直接决定着人口的更替水平。近几年，由于我国人口结构老龄化趋势加深，老年人口规模增速过快，导致生育政策调整频繁：2013年12月十二届全国人大常委会第六次会议表决通过《关于调整完善生育政策的决议》，“单独二孩”政策正式实施；随后在2015年10月，党的十八届五中全会表决通过了《人口与计划生育法修正案》，决定从2016年1月1日起正式实施“全面二孩”政策。

有学者认为，“全面二孩”政策的放开将新增一批目标人群，这群新增人群选择生育二孩时产生的生育堆积效应，会导致短暂的总和生育率发生变动；当生育堆积效应释放完毕时，总和生育率又将趋于平稳[①]。这种观点被“二孩政策”放开后，各地出现的生育高峰所证实[②]。基于此，本研究将2016—2058年的总和生育率分为两个阶段进行预测。

1.含生育堆积效应的总和生育率测算

借鉴周长洪[③]和乔晓春[④]等学者的预测方法，本研究拟首先计算未来

① 顾和军、李青：《全面二孩政策对中国劳动年龄人口数量和结构的影响：2017—2050》，《人口与经济》2017年第4期，第1—9页。

② 《二孩时代迎来生育高峰》，《新民晚报》，http://www.chinanews.com/sh/2017/10-12/8351039.shtml。

③ 周长洪、陈友华：《带补偿生育的政策总和生育率测算模型及其应用》，《中国人口科学》2013年第3期，第10—18页、第126页。

④ 乔晓春：《实施“普遍二孩”政策后生育水平会达到多高？——兼与翟振武教授商榷》，《人口与发展》2014年第6期，第2—15页。

出生人口边际增量对年龄别生育率的贡献，继而对育龄妇女总和生育率进行预测，具体过程如下：

令 $f_t(i)$ 表示第 t 年 i 年龄段育龄妇女的生育率，即年龄别生育率，其中 $i = 1, 2, \cdots, 7$，分别代表15—19岁，20—24岁，……，45—49岁共计7个年龄组。假定第 t 年 i 年龄段育龄妇女总数为 $W_t(i)$，其生育的婴儿数为 $B_t(i)$，则有：

$$f_t(i) = \frac{B_t(i)}{W_t(i)} \tag{3.33}$$

由于育龄妇女按照年龄进行了分组统计，因此在计算 t 年的总和生育率 TFR_t 时需要将各组别的生育率乘以组距再相加，即：

$$TFR_t = \sum_{i=1}^{7} 5 f_t(i) \tag{3.34}$$

设新增目标人群规模为 W'，假定其中选择生育二胎的妇女比例为 ρ，则选择生育二胎的妇女人数为：

$$w = \rho W' \tag{3.35}$$

相应地，新增人口总数为：

$$\Delta B = \sum_{i=1}^{7} \Delta B(i) \tag{3.36}$$

由此，可以计算新增年龄别生育率：

$$\Delta f(i) = \frac{\Delta B(i)}{W(i)} \tag{3.37}$$

至此，得到生育堆积效应带来的新增总和生育率为：

$$\Delta TFR = \Delta \sum_{i=1}^{7} 5f(i) = \Delta \sum_{i=1}^{7} 5 \frac{\Delta B(i)}{W(i)} \tag{3.38}$$

假设 t 年开始实施的“全面二孩”政策带来的生育堆积效应经过 n 年释放完毕，那么在第 t 至 $t+n$ 年，育龄妇女总和生育率将包括原育龄妇女总和生育率加上新增总和生育率，即：

$$TFR' = TFR + \Delta TFR \tag{3.39}$$

根据(3.37)式—(3.39)式，有：

$$TFR_t^{'} = TFR_t + \Delta \sum_{i=1}^{7} 5 f_t(i) = TFR_t + \Delta \sum_{i=1}^{7} 5 \frac{\Delta B_t(i)}{W_t(i)} \tag{3.40}$$

$$TFR_{t+n}^{'} = TFR_{t+n} + \Delta \sum_{i=1}^{7} 5 f_{t+n}(i) = TFR_{t+n} + \Delta \sum_{i=1}^{7} 5 \frac{\Delta B_{t+n}(i)}{W_{t+n}(i)} \tag{3.41}$$

为计算 $TFR_t^{'}$ 和 $TFR_{t+n}^{'}$，需要对模型中的 ρ、n、$\Delta B(i)$ 等参数进行假设。

2016 年“全面二孩”政策放开后，全国 6 省 12 市生育调查数据显示[①]，我国城镇现有一孩妇女中，计划生育二孩的比重约为 29.5%，其中 24.4%有明确的生育二孩时间计划，这部分将极有可能转化为生育行为。而在 2014 年的生育意愿调查结果显示，全国 16—49 岁现有一孩的育龄妇女中，有继续生育意愿的妇女占比不到 31%，其中城镇的二孩生育意愿比例只有 25%，农村的二孩生育意愿比例也只有 40%[②]。翟振武等通过把调查得到的“单独”家庭已育一孩育龄妇女二孩生育比例应用在“全面二孩”政策目标人群上得出，“全面二孩”政策放开后的总体平均二孩生育比例约为 28%[③]。由此可见，目标人群中选择再生育的比例最有可能为 30%。

至于“全面二孩”政策带来的生育堆积效应的持续时间，顾和军和李青等学者认为将在 2016—2020 年这 5 年间逐步释放，因此(3.41)式中的 n 可取值 1，…，5；另外，根据 2014 年生育意愿调查，育龄妇女的二孩生育意愿存在明显的年龄差异，生育意愿最高的年龄组为 20—30 岁，其生育意愿能达到 70%；31—49 岁的育龄妇女的二孩生育意愿比例不到 20%；在 40 岁以上年龄组的育龄妇女中，有二孩生育意愿的人数占比进一步下降至不足 10%；由于 15—19 岁的目标育龄妇女基数过小，此处忽

① 靳永爱：《低生育率陷阱：理论、事实与启示》，《人口研究》2014 年第 1 期，第 3—17 页。

② 王金营：《全面二孩下 21 世纪中国人口仍难回转年轻》，《探索与争鸣》2015 年第 12 期，第 21—23 页。

③ 翟振武、李龙、陈佳鞠：《全面两孩政策对未来中国人口的影响》，《东岳论丛》2016 年第 2 期，第 77—88 页。

略不计；而 45—49 岁的育龄妇女大多已失去生育意愿或丧失生育能力①。因此，本研究假定新增出生人口全部分布于 20—44 岁的育龄妇女中，并将育龄妇女细分为 20—24 岁、25—29 岁、30—34 岁、35—39 岁和 40—44 岁共计五个年龄组，每年出生人数在各年龄组的分布分别为 15%、45%、20%、15%和 5%。

综上，利用 2015 年全国 1%人口抽样调查数据中的女性人数，并通过年龄移算法即可估计出 2016—2020 年的分年龄育龄妇女人数。在此基础上，根据（3.33）式—（3.41）式便可以测算"全面二孩"政策下的育龄妇女总和生育率。

2. 不含生育堆积效应的总和生育率测算

由于"全面二孩"政策带来的生育堆积效应经过 2016—2020 年已逐步释放，自 2021 年起，可以预期育龄妇女的生育意愿及总和生育率将逐渐下降并趋于平稳。但中长期而言，至本世纪中叶我国的育龄妇女总和生育率究竟会稳定在何种水平，不同学者给出了各自的预测结果。

由表 3-2 可以发现，学者普遍认为"全面二孩"政策实施后，即便将生育堆积效应释放完毕，未来稳定水平的育龄妇女总和生育率也将高于"二孩政策"实施前的总和生育率水平，集中于 1.7—1.9。联合国人口司在 *World Population Prospects* 2017 中对我国人口数据进行预测时，设定育龄妇女总和生育率每 5 年提高 0.02②。根据以上学者和机构的预测结果，顾和军等提出了"全面二孩"政策下我国生育率水平的三种方案，分别为低方案 1.64—1.74、中方案 1.75—1.85 和高方案 1.85—1.95③。

---

① 顾和军、李青：《全面二孩政策对中国劳动年龄人口数量和结构的影响：2017—2050》，《人口与经济》2017 年第 4 期，第 1—9 页。

② https://esa.un.org/unpd/wpp/.

③ 顾和军、李青：《全面二孩政策对中国劳动年龄人口数量和结构的影响：2017—2050》，《人口与经济》2017 年第 4 期，第 1—9 页。

表 3-2　生育堆积效应释放后的育龄妇女总和生育率预测

学者（年份）	*TFR* 的假设值
乔晓春（2014）①	2.0—2.1
翟振武、李龙、陈佳鞠（2016）②	1.7—1.75
罗雅楠、程云飞、郑晓瑛（2016）③	1.64—1.8
王开泳、丁俊、王甫园（2016）④	1.93
杨舸（2016）⑤	1.9
王金营、戈艳霞（2016）⑥	1.76—1.8

综合 2016—2020 年含生育堆积效应的育龄妇女总和生育率预测结果，本研究将三种方案总结如下（见表 3-3），本研究在计算过程中选择中方案。

表 3-3　2016—2058 年育龄妇女总和生育率预测

年份	"全面二孩"政策实施后总和生育率		
	低方案	中方案	高方案
2016	1.72	1.77	1.82
2017	1.97	2.24	2.50
2018	2.16	2.54	2.91
2019	1.91	2.13	2.36
2020	1.74	1.86	1.97

① 乔晓春：《实施"普遍二孩"政策后生育水平会达到多高？——兼与翟振武教授商榷》，《人口与发展》2014 年第 6 期，第 2—15 页。

② 翟振武、李龙、陈佳鞠：《全面两孩政策对未来中国人口的影响》，《东岳论丛》2016 年第 2 期，第 77—88 页。

③ 罗雅楠、程云飞、郑晓瑛：《全面二孩政策后我国人口态势趋势变动》，《人口与发展》2016 年第 5 期，第 2—14 页。

④ 王开泳、丁俊、王甫园：《全面二孩政策对中国人口结构及区域人口空间格局的影响》，《地理科学进展》2016 年第 11 期，第 1305—1316 页。

⑤ 杨舸：《全面二孩后的人口预期与政策展望》，《北京工业大学学报（社会科学版）》2016 年第 4 期，第 25—33 页。

⑥ 王金营、戈艳霞：《全面二孩政策实施下的中国人口发展态势》，《人口研究》2016 年第 6 期，第 3—21 页。

续表

年份	"全面二孩"政策实施后总和生育率		
	低方案	中方案	高方案
2021—2025	1.64	1.75	1.85
2026—2030	1.66	1.77	1.87
2031—2035	1.68	1.79	1.89
2036—2040	1.70	1.81	1.91
2041—2045	1.72	1.83	1.93
2046—2050	1.74	1.85	1.95
2051—2058	1.76	1.87	1.97

三、年龄别死亡率

不失一般性，本研究假定死亡率在年度内均匀分布。另外，采用保险精算学中心死亡率的概念，本研究对 2015 年全国 1% 人口抽样调查数据计算出来的城镇、农村分年龄和性别的人口死亡率数据进行修正，进行平滑处理后作为预测期内城镇、农村的分年龄和性别人口死亡率参数，并假定其在预测期内保持不变。

四、城镇化率

以刘昌平等为代表的学者曾运用 logistic 增长模型对我国未来的城镇化发展水平进行了估计，在对新中国成立以来历年（1949—2007 年）的城镇化率统计数据进行定量分析时发现，除去 1959—1961 年的数据严重偏离正常范围外，其他年份的城镇化率基本满足数据拟合的要求，其得到的 logistic 增长模型表达式为①：

$$U_t = \frac{1}{1 + 8.271711\, e^{-0.031577t}} \tag{3.42}$$

本研究对比发现，由 logistic 增长模型预测得到的城镇化率与联合国人口司在报告 *World Urbanization Prospects* 2018 中给出的预测结果表现出

① 刘昌平：《中国新型农村社会养老保险制度研究》，中国社会科学出版社 2008 年版，第 74—75 页。

较为一致的发展趋势①,而后者与中国 1950—2016 年的城镇化率实际水平更加契合。因此,本研究采用联合国人口司的城镇化水平预测数据(见图 3-1)。

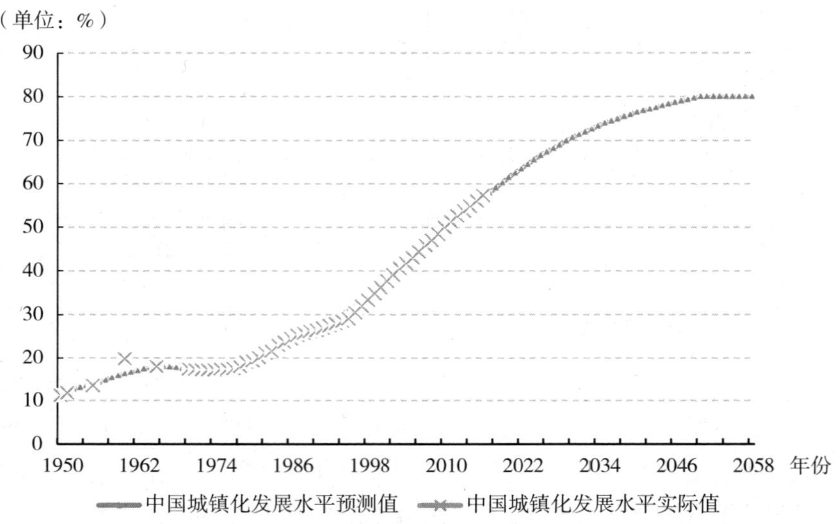

图 3-1　中国城镇化发展水平预测

资料来源:2017 年《中国统计年鉴》、*World Urbanization Prospects* 2018。

五、迁移人口分年龄性别分布比例

根据《2017 年农民工监测调查报告》,在全部农民工中,男性占 65.6%,女性占 34.4%;其中外出农民工中男性占 68.7%,女性占 31.3%(比上年下降 0.4 个百分点);本地农民工中男性占 62.6%,女性占 37.4%(比上年提高 0.2 个百分点)。

表 3-4　各年龄段农民工占农民工总量的比重

(单位:%)

年龄段	2013 年	2014 年	2015 年	2016 年	2017 年
16—20 岁	4.7	3.5	3.7	3.3	2.6
21—30 岁	30.8	30.2	29.2	28.6	27.3

① United Nations, *World Urbanization Prospects* 2018, https://esa.un.org/unpd/wup/Download/.

续表

年龄段	2013 年	2014 年	2015 年	2016 年	2017 年
31—40 岁	22.9	22.8	22.3	22.0	22.5
41—50 岁	26.4	26.4	26.9	27.0	26.3
50 岁以上	15.2	17.1	17.9	19.1	21.3

资料来源:《2017 年农民工监测调查报告》。

就近几年农民工的年龄构成来看(见表 3-4),受农村人口结构变化、各年龄段特别是 50 岁以上农村劳动力非农劳动参与程度提高、农民工就地就近转移增加的影响,农民工平均年龄不断提高,50 岁以上农民工所占比重提高较快。2017 年农民工平均年龄为 39.7 岁,比上年提高 0.7 岁。从年龄结构看,40 岁及以下农民工所占比重为 52.4%,比上年下降 1.5 个百分点;50 岁以上农民工所占比重为 21.3%,比上年提高 2.2 个百分点,自 2014 年以来比重提高呈加快态势。

由于上述报告未能给出具体的农民工年龄别数据,本研究参考郑秉文、张峰在《中国基本养老保险个人账户基金研究报告》中给出的研究结果[①],见图 3-2。

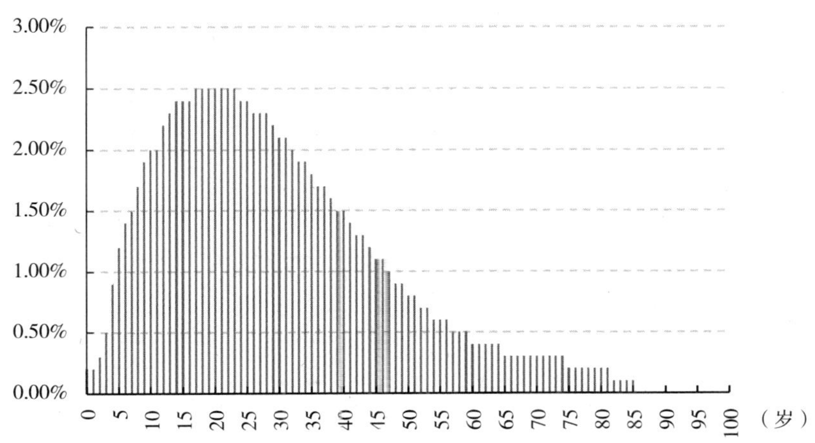

图 3-2 各年龄农民工占农民工总量的比重

① 郑秉文、张峰:《中国基本养老保险个人账户基金研究报告》,中国劳动社会保障出版社 2012 年版。

3.3.4 城乡居民基本养老保险人口参数

根据以上城乡居保人口参数模型假定和推导分析过程，本研究首先可以测算 2014—2058 年全国人口规模及年龄构成(见图 3-3)。可以发现，我国人口总量在短期内将继续保持增长态势，直至达到 2028 年的顶峰 14.16 亿人，随后人口总规模迎来拐点，人口总量呈现出平稳下降趋势；分年龄结构来看，0—15 岁人口和 16—59 岁人口规模在整个预测期内呈现出下降状态，其中 16—59 岁人口在总人口中所占比重的下降幅度较 0—15 岁年龄组更为明显；形成对比的是，60 岁以上人口规模在整个预测期内持续上升，并于 2022 年达到 2.62 亿，首次超过 0—15 岁人口规模，2034 年 60 岁以上人口将突破 4 亿，从此将迈进老龄化高峰时期。

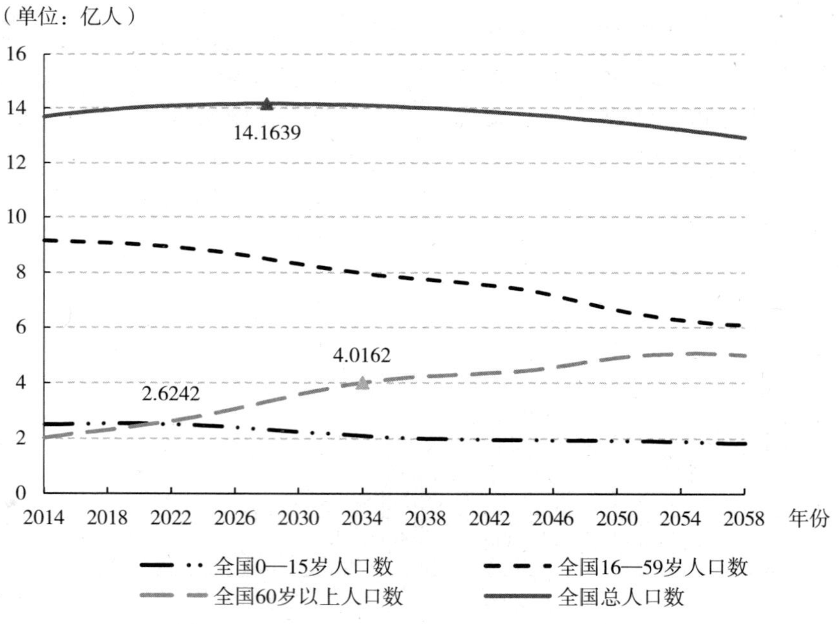

图 3-3 2014—2058 年全国人口规模及年龄构成

由于城乡居保的人口劳动参与率、养老保险参保率等相关统计数据相对于城保而言较为匮乏，本研究拟通过间接方法计算得到，基本思想是通过测算城保的参保数据来倒推城乡居保的参保规模及年龄构成。

下面首先对城保的参保情况进行预测。分年龄劳动参与率数据参考《中国基本养老保险个人账户基金研究报告》①,该报告根据就业人口年龄结构的变化趋势进行估计,分别给出了2005年、2010年、2015年、2020年和2030年的分年龄劳动参与率估计值,并在此基础上采用内插法确定2030年以前各年份的分年龄劳动参与率,2030年以后维持不变。

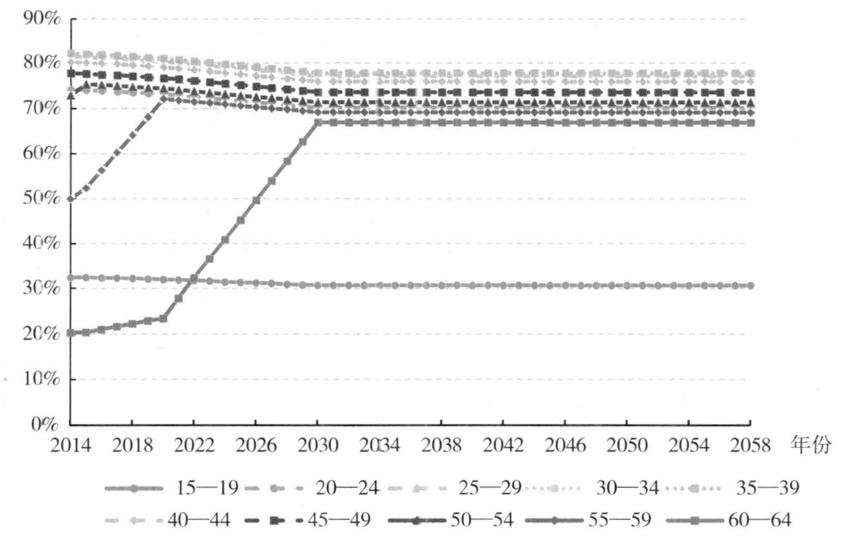

图 3-4 2014—2058 年各年龄组劳动参与率预测

参考相关统计年鉴和其他学者的研究假定,本研究设居民整体失业率水平为4%,并在整个预测期内保持不变,分年龄失业率数据则根据2017年《中国劳动统计年鉴》给出的失业人口年龄构成情况推算得到(见表3-5)②。

① 郑秉文、张峰:《中国基本养老保险个人账户基金研究报告》,中国劳动社会保障出版社2012版,第196页。

② 刘威、刘昌平:《老龄化、人口流动与养老保险基金可持续性》,《江西财经大学学报》2018年第3期,第66—76页。

表 3-5　分年龄组失业率

（单位：%）

年龄组	15—19岁	20—24岁	25—29岁	30—34岁	35—39岁	40—44岁	45—49岁	50—54岁	55—59岁	60—64岁	65+岁
失业率	1.37	5.80	5.29	5.31	4.08	5.32	4.72	4.51	2.63	2.28	0.42

资料来源：2017 年《中国劳动统计年鉴》。

根据郑秉文等学者的研究结论，2005 年的城保参保率为 49%，并预计每年按 8%的速度扩面至 2015 年①；人社部在 2015 年公开宣称我国社会养老保险整体覆盖率已接近 85%②；而本研究根据城保在职参保人数和城镇就业人员相关数据测算的城保参保率约为 72.3%，与退休职工参保率和城乡居保参保率加权平均后，整体参保水平约为 82.4%，与人社部公布的数据比较接近。“十三五”规划提出，2020 年我国社会养老保险整体覆盖率要达到 90%，如果将全体参保人员考虑在内，职工在职参保率届时将达到 80%左右，本研究假定城保能够继续以同样的速度扩面，逐步提高到 100%后维持不变③。基于以上数据，得到城保在职参保人数。

根据城保现行办法，参保起始年龄与城乡居保缴费起始年龄一致，均为 16 岁。退休年龄的不确定性主要是由于延迟退休政策的实施节点和推进路径目前尚未最终确定，人社部原部长尹蔚民在接受采访时表示，力争在 2017 年出台延迟退休政策，并表示最终方案将设置至少 5 年的等待期④；另外结合中国经济网等媒体的报道，以及全国政协总工会界别小组

① 郑秉文、张峰：《中国基本养老保险个人账户基金研究报告》，中国劳动社会保障出版社 2012 版，第 191—192 页。

② 《人社部：养老保险覆盖率达到 85%，10 年待遇提高 3 倍》，网易财经，http://money.163.com/16/0229/11/BH05A1C100252G50.html。

③ 刘威、刘昌平：《人口流动与养老保险基金可持续性》，《江西财经大学学报》2018 年第 3 期，第 66—76 页。

④ 尹蔚民：《延迟退休年龄方案有望 2017 年推出》，国际在线，http://news.cri.cn/gb/42071/2015/03/10/6891s4896660.htm，2015-03-10。

会议上人社部副部长的表态①,本研究假定 2018 年年底前延迟退休政策能够正式出台,并设置 5 年的等待期,具体方案为“男性每 6 年延迟 1 岁、女性每 3 年延迟 1 岁”(见图 3-5)。根据该方案,男女退休年龄将于 2050 年同时达到 65 岁,随后的 2051—2058 年保持不变。

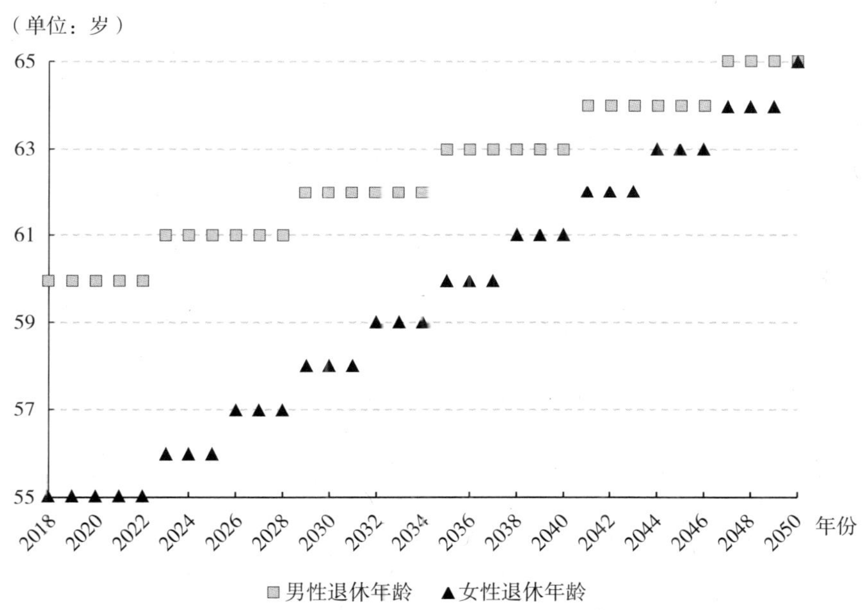

图 3-5 城保男女延迟退休年龄方案假定

至此,可以得到城保的参保情况(见图 3-6)。

在此基础上,可以通过城保参保人口数据倒推城乡居保的参保人数及年龄构成。党的十八大报告提出,到 2020 年要建立起覆盖全体城乡居民的社会养老保障体系,做到应保尽保。实际上,从各地的公开报告来看,覆盖率已普遍超过 90%,不少地区已接近全覆盖,因此本研究直接按城乡居民 100%参加基本养老保险来计算参保规模及年龄构成(见图 3-7)。

① 《延迟退休要延到多久? 人社部副部长这样回应》,中国经济网,http://news.sina.com.cn/c/nd/2018-03-13/doc-ifyscsmv0614178.shtml,2018-03-13。

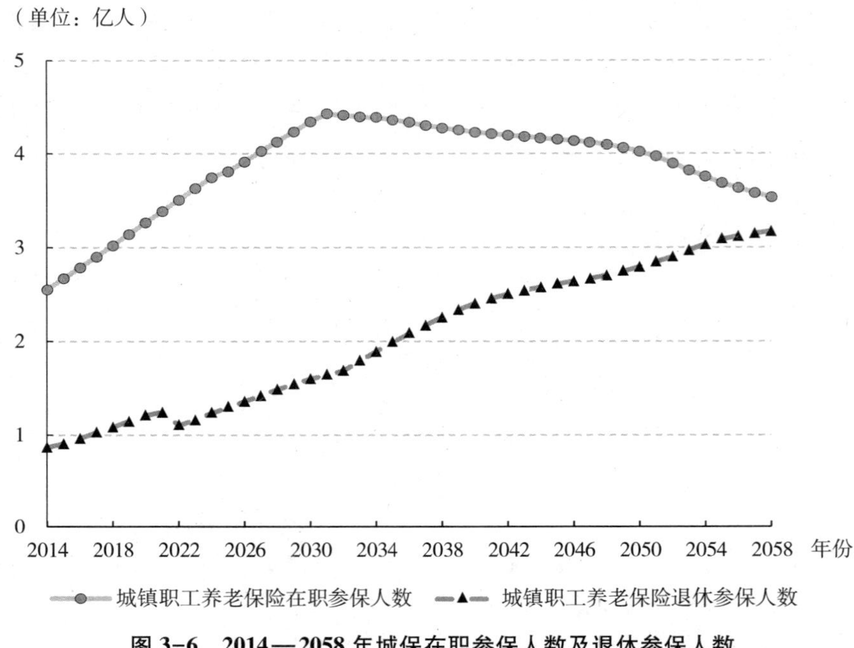

图 3-6　2014—2058 年城保在职参保人数及退休参保人数

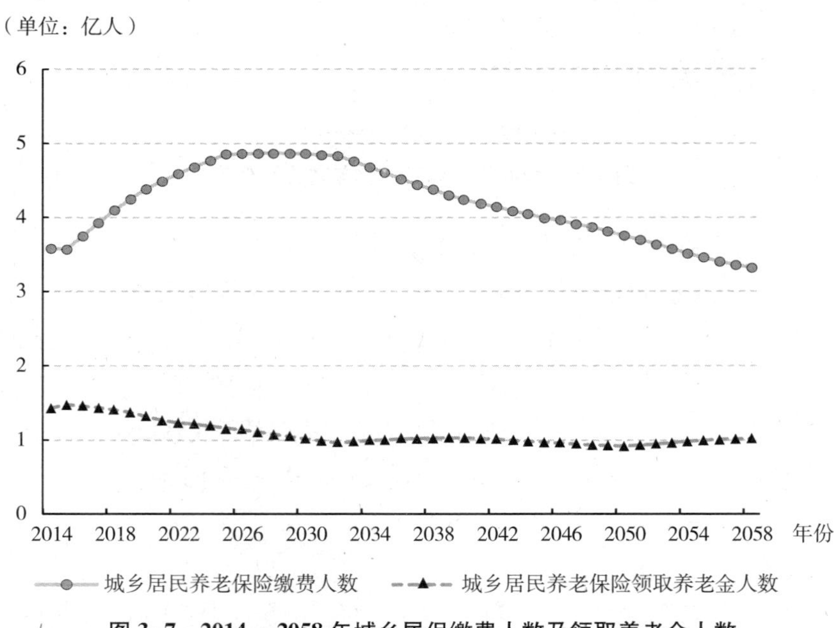

图 3-7　2014—2058 年城乡居保缴费人数及领取养老金人数

3.4　城乡居民基本养老保险制度参数设定

3.4.1　计发年限与预期余命

根据国发〔2014〕8号文件，城乡居保个人账户养老金的期望计发年限实质上等同于城乡居民60岁时的预期余命 e_{60}。本研究拟根据2015年全国1%人口抽样调查数据计算城乡居民达到养老金领取年龄（60岁）时的预期余命，同时采用2000年第五次全国人口普查（下文简称“五普”）数据、2005年全国1%人口抽样调查数据以及2010年第六次全国人口普查（下文简称“六普”）数据作为对比，以观测人口生命表的变化特征。

一、生命表简介

生命表又称死亡表或寿命表，是对一定时期、一定区域（国家或地区）和一定人群（如男性和女性）的实际而完整的人口特征信息进行统计分析，进而计算出该群体的年龄别生存概率、死亡概率及预期余命等重要指标并以表格的形式列出，用以描述该地区在某时期的人口分布特征及发展情况，是预测人口发展趋势的一种重要的人口分析技术。

常用的生命表包括国民生命表和经验生命表两大类。国民生命表以全国或特定区域的人口整体为对象，统计信息通常来源于人口普查资料和抽样调查数据，在对这些人口生存状况统计信息进行分析的基础上反映国民的生存和死亡情况，常用于社会养老保险的精算。经验生命表常用于人寿保险业，是保险监管部门或行业协会根据人寿保险业务的实际经验数据而编制的生命表，反映的是人寿保险业务的被保险人的生存和死亡特征。比较而言，由于逆向选择和道德风险等信息不对称问题的存在，经验生命表统计得到的人口死亡概率较国民生命表偏高。此外，由于男性和女性表现出不同的生存、死亡特征，一般生命表还分为男性生命表和女性生命表。本研究将根据“五普”“六普”以及 2005 年和 2015 年全国 1%人口抽样调查数据分别编制男性、女性以及综合的城乡居民国民生命表。

二、符号约定

在编制城乡居民生命表之前，有必要对生命表中的各项统计指标作出释义：

x ，表示年龄，指从 x 岁到 $x+1$ 岁的一个年龄区间；

l_x ，表示尚存人数，指进入 x 岁年龄组的初始人数；

d_x ，表示表上死亡人数，指生命表上 x 岁年龄组的死亡人数；

q_x ，表示死亡概率，指存活到 x 岁年龄组的人在 $x+1$ 岁死亡的可能性；

L_x ，表示平均生存人年数，指 x 岁年龄组的人平均存活的时间长度；

T_x ，表示平均生存人年数累积，表示进入 x 岁年龄组的全部初始人数在未来可能存活的时间总长；

e_x ，表示平均预期余命，指进入 x 岁年龄组的初始人数在未来可能存活的平均时间长度。

三、生命表编制

下面分别以 2000 年“五普”数据、2005 年全国 1%人口抽样调查数据、2010 年“六普”数据和 2015 年全国 1%人口抽样调查数据中分年龄死亡率为依据，在对异常年份的死亡率进行修正以及对死亡率曲线进行平滑处理的基础上编制城乡居民生命表。

第一步，计算 1 岁间隔的分年龄死亡率 m_x ，计算公式为：

$$m_x=\frac{D_x}{P_x} \tag{3.43}$$

其中，D_x 表示 x 岁人口在 x 岁至 $x+1$ 年龄区间内的死亡人数；P_x 为 x 岁人口数。

第二步，计算中心死亡概率 q_x 。根据法尔（Farlle）死亡概率公式，有：

$$q_x = \frac{2m_x}{2 + m_x} \tag{3.44}$$

上式是基于死亡的发生在任何年龄段中均为平均分布的假设得到的。在最高年龄组(极限年龄),定义 $q_x = 1$。

第三步,确定初始人口基数 l_0 ,本研究取 $l_0 = 100000$。

第四步,计算 x 岁人口的当期死亡人数 d_x ,计算公式为:

$$d_x = l_x q_x \tag{3.45}$$

第五步,计算 x 岁人口活到 $x + 1$ 岁的生存人数 l_{x+1} ,计算公式为:

$$l_{x+1} = l_x - d_x \tag{3.46}$$

第六步,计算平均生存人年数 L_x ,计算公式为:

$$L_x = \frac{l_x + l_{x+1}}{2} \tag{3.47}$$

第七步,计算平均生存人年数累积 T_x ,计算公式为:

$$T_x = \sum_{x}^{\omega} L_x \tag{3.48}$$

其中, ω 为极限年龄,本研究取 $\omega = 100$。

第八步,计算平均预期余命 e_x ,计算公式为:

$$e_x = \frac{T_x}{l_x} \tag{3.49}$$

四、城乡居民国民生命表

根据上述生命表编制方法,本研究利用 2000 年“五普”数据、2005 年全国 1%人口抽样调查数据、2010 年“六普”数据和 2015 年全国 1%人口抽样调查数据,分别生成城乡居民国民生命表,包括男性、女性以及男女综合国民生命表,据此可以得到男性和女性城乡居民的预期余命(见表 3-6)。为计算方便,本研究取 60 岁男性的预期余命为 22 岁,60 岁女性的预期余命为 26 岁。由于生命表数据信息较大,本研究仅给出基于 2015 年全国 1%人口抽样调查数据生成的城乡居民国民生命表,见本章附录。

表 3-6　城乡居民预期寿命及 60 岁人口预期余命

年龄	综合				男性				女性			
	2000 年	2005 年	2010 年	2015 年	2000 年	2005 年	2010 年	2015 年	2000 年	2005 年	2010 年	2015 年
0 岁	70. 60	73. 78	75. 68	80. 94	68. 98	71. 45	73. 19	78. 48	72. 33	76. 26	78. 48	83. 56
60 岁	18. 33	19. 99	20. 34	23. 92	16. 92	18. 61	18. 85	22. 20	19. 81	21. 42	21. 93	25. 66

3. 4. 2　其他参数

一、参保起始与养老金领取年龄

根据国发〔2014〕8 号文件，城乡居保的起始缴费年龄（即起始参保年龄）为 16 岁，开始领取养老金的年龄为 60 岁。需要强调的是，前文谈到的男女延迟退休方案仅针对城保参保人，城乡居保暂不考虑养老金领取年龄的调整。

二、缴费标准与地方政府缴费补贴标准

根据国发〔2014〕8 号文件，城乡居保的年缴费标准设有 100 元、200 元、300 元、400 元、500 元、600 元、700 元、800 元、900 元、1000 元、1500 元和 2000 元，共计 12 个缴费档次。其中，“对选择最低档次标准缴费的，补贴标准不低于每人每年 30 元；对选择较高档次标准缴费的，适当增加补贴金额；对选择 500 元及以上档次标准缴费的，补贴标准不低于每人每年 60 元，具体标准和办法由省（区、市）人民政府确定”。

本研究采用最低标准假定：选择 100 元缴费档次的，地方政府补贴 30 元；选择 200 元、300 元和 400 元缴费档次的，地方政府分别补贴 37. 5 元、45 元和 52. 5 元；选择 500 元及以上缴费档次的，地方政府补贴 60 元。

三、个人账户养老金计发系数

根据国发〔2014〕8 号文件，目前城乡居保个人账户养老金的月计发标准，为个人账户全部储存额除以 139，即 $C = 139$ ①。

① 即城乡居保预期计发月数为 139 个月，实际上，60 岁退休人口的预期余命（即养老金预期计发月数）已超过该水平，后文将对养老金预期计发月数展开深入探讨。

四、个人账户计息利率

根据国发〔2014〕8号文件，城乡居保个人账户基金的记账利率按国家规定执行，计息标准参考中国人民银行公布的金融机构一年期定期存款利率。自2015年年底央行下调金融机构人民币贷款和存款基准利率以来，一年期存款基准利率一直保持在1.50%的低位，国内各主要银行的一年期定期存款利率在基准利率基础上存在不同程度的调整。2018年8月，各银行一年期定期存款利率基本在2%以下（见图3-8），为计算方便，本研究取个人账户计息利率为2%。

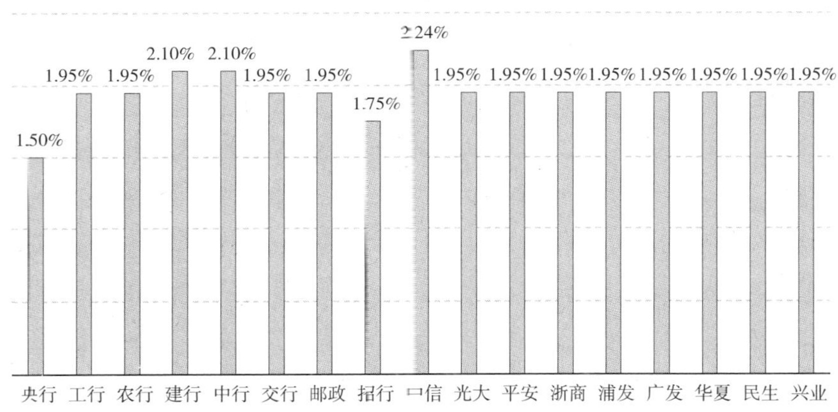

图3-8　2018年主要银行一年期定期存款基准利率

3.5 城乡居民基本养老保险公共财政支出规模预测

对于任何一项社会保障制度，当出现基金缺口或难以为继时，政府都必须承担起最终的财政兜底责任，可能的不同只是在于中央财政和地方财政的责任划分比例问题。对于城乡居保而言，当基金入不敷出时，财政必然会承担参保居民的养老金给付责任，保证城乡居民基本的老年生活，维持社会稳定。

因此，对参加城乡居保的“标准人”而言，财政补贴不仅包括个人账户缴费补贴和统筹账户基础养老金补贴，当个人实际领取养老金年限超过预期余命时，财政还要承担个人账户出现的基金缺口，即财政补贴总额为基础养老金补贴 $P_{pooling}$ （(3.2)式—(3.3)式）、个人账户缴费补贴 $G_{local,i}$ （(3.4)式，对应个人缴费档次 W_i ）与个人账户可能存在的基金缺口 $U-V$ （(3.8)式）的绝对值之和。

首先，计算在不同的缴费档次下，“标准人”的个人账户养老金水平（见图 3-9）。

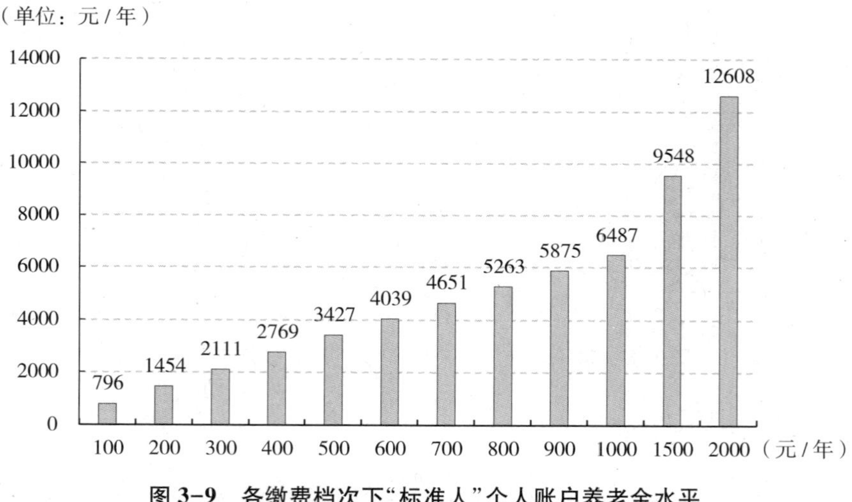

图 3-9　各缴费档次下“标准人”个人账户养老金水平

根据(3.8)式，可以计算参保居民个人账户养老金的收支平衡情况（见图 3-10，已折现到 2018 年）。可以看出，无论对于男性还是女性，按照国发〔2014〕8 号文件的计发办法，个人账户均会出现养老基金缺口；由于 60 岁女性的预期余命要高于男性，因此在缴费档次相同的情况下，女性的个人账户养老基金缺口较男性更大；另外，随着个人缴费档次的提高，个人账户养老基金缺口的规模也不断扩大，需要更多的财政资金予以弥补。

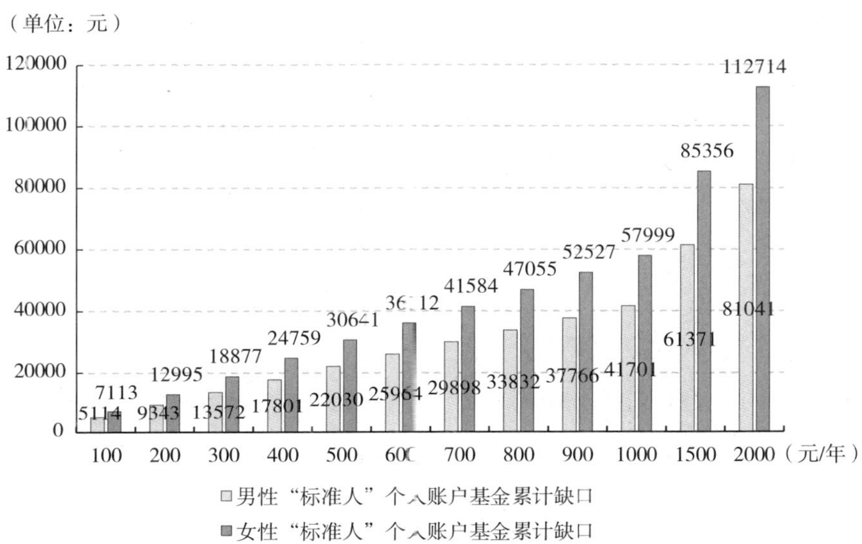

图 3-10 性别、缴费档次与个人账户养老金累计缺口

在此基础上，加上统筹账户基础养老金补贴 $P_{pooling}$ 和个人账户缴费补贴 $G_{local,i}$，得到“标准人”的财政负担总额（见图 3-11）。

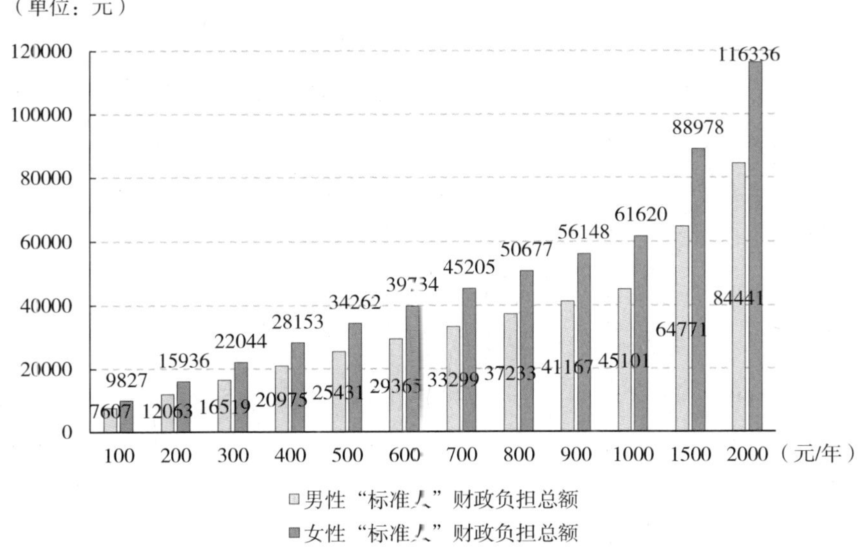

图 3-11 性别、缴费档次与个人财政负担总额

至此,本研究分别测算了男性、女性参保居民在不同的缴费档次下,中央财政和地方财政对单个“标准人”的财政负担总额。除了基于参保居民个体视角,本研究还从参保居民整体视角,即假定所有参保居民选择不同缴费档次的情况下,测算2014—2058年个人账户基金的累计缺口总额,即财政兜底补贴总额(见表3-7)。

表3-7 2014—2058年各缴费档次下个人账户基金累计缺口预测

缴费档次(元/年)	缴费档次增量		个人账户累计基金缺口(万亿元)	个人账户基金累计缺口增量		基金累计缺口增量的缴费档次增长弹性
	绝对增量(元/年)	相对增量(%)		绝对增量(万亿元)	相对增量(%)	
100	—	—	1.10	—	—	—
200	100	100.00	2.12	1.02	92.73	0.93
300	100	50.00	3.14	1.02	48.11	0.96
400	100	33.33	4.16	1.02	32.48	0.97
500	100	25.00	5.18	1.02	24.52	0.98
600	100	20.00	6.13	0.95	18.32	0.92
700	100	16.67	7.08	0.95	15.48	0.93
800	100	14.29	8.02	0.95	13.41	0.94
900	100	12.50	8.97	0.95	11.82	0.95
1000	100	11.11	9.92	0.95	10.57	0.95
1500	500(100*5)	8.45	14.67	4.75(0.95*5)	8.13	0.96
2000	500(100*5)	5.92	19.41	4.75(0.95*5)	5.76	0.97

从表3-7可以看出,随着城乡参保居民缴费档次的提高,预测期内(2014—2058年,缴费期2014—2057年)个人账户亏空需要的财政兜底补贴规模不断增加。由于本研究设定缴费档次100元、200元、300元和400元的地方财政缴费补贴分别为30元、37.5元、45元和52.5元,缴费档次500元及以上地方财政缴费补贴均为60元。从绝对量来看,在100—400元区间,缴费档次每提高100元,个人账户基金累计缺口绝对

增量均为 1.02 万亿元；在 500 元及以上区间，缴费档次每提高 100 元，个人账户基金累计缺口绝对增量均为 0.95 万亿元；从相对量来看，随着缴费档次的提高，个人账户基金累计缺口的相对增长比例逐步减小，且均小于缴费档次的增长比例，这也支撑了现行政策鼓励居民选择更高档次的缴费。如果从弹性的角度来看，选择 600 元缴费档次时个人账户基金缺口的增长弹性最小（0.92），可理解为缴费档次每提高 1 元带来的基金缺口增量最小，“性价比”最高。

在此基础上，将地方财政和中央财政的个人账户缴费补贴和统筹账户基础养老金补贴（2014 年为 55 元/月，2015—2017 年为 70 元/月、2018 年起为 88 元/月）考虑在内，得到预测期内不同缴费档次对应的财政负担总额（见表 3-8）。

表 3-8　2014—2058 年各缴费档次下财政负担总额预测

缴费档次（元/年）	个人账户缴费补贴		个人账户累计缺口（万亿元）	基础养老金补贴总额（万亿元）	财政负担总额（万亿元）	财政负担总额的缴费档次增长弹性
	补贴标准（元/年）	补贴总额（万亿元）				
100	30.0	0.2962	1.0998	4.1421	5.5381	—
200	37.5	0.3703	2.1195	4.1421	6.6319	0.20
300	45.0	0.4444	3.1393	4.1421	7.7257	0.33
400	52.5	0.5184	4.1591	4.1421	8.8195	0.42
500	60.0	0.5925	5.1788	4.1421	9.9134	0.50
600	60.0	0.5925	6.1274	4.1421	10.8620	0.48
700	60.0	0.5925	7.0761	4.1421	11.8106	0.52
800	60.0	0.5925	8.0247	4.1421	12.7592	0.56
900	60.0	0.5925	8.9733	4.1421	13.7079	0.59
1000	60.0	0.5925	9.9219	4.1421	14.6565	0.62
1500	60.0	0.5925	14.6650	4.1421	19.3996	0.68
2000	60.0	0.5925	19.4081	4.1421	24.1427	0.76

需要说明的是，这里尚未将基础养老金的正常调整、个人账户缴费档次及相应的缴费补贴、财政补贴办法等调整机制考虑在内。从表 3-8 可以

看出,随着参保居民缴费档次的提高,预测期内(2014—2058 年)财政负担总规模不断增加。从弹性的角度而言,200 元缴费档次弹性最小,但在 500 元以上的缴费档次中,选择 600 元缴费档次时财政负担总规模的增长弹性最小(0.48),可理解为缴费档次每提高 1 元带来的财政负担增量最小。

3.6 结论与政策建议

3.6.1 结论

本部分通过定性研究、定量研究和比较研究,分别从城乡居民个体视角和整体视角,探讨了城乡居保在现行财政补贴机制、缴费激励机制、待遇调整机制及养老金计发办法等既定条件下的个人账户财政缺口规模、财政负担总规模,以及中央、地方财政支出与性别及缴费档次的关系,得出了以下主要研究结论:

第一,城乡居保并不是一个财务可持续的制度安排。

在统筹账户方面,本研究首先基于静态视角假定基础养老金 88 元/月的发放标准不变,得到 2014—2058 年整个预测期内将累计拨付 2.84 万亿元的基础养老金财政补贴;未来随着缴费密度的增大,补贴规模也将相应的处于 2.84 万亿元—4.14 万亿元之间。如果基于动态视角,随着统筹账户基础养老金待遇正常调整机制的建立,可以预见基础养老金财政补贴规模必然会跳跃式增长。

在个人账户方面,无论对于男性还是女性,按照国发〔2014〕8 号文件的计发办法,个人账户均会出现基金缺口;并且随着城乡参保居民缴费档次的提高,预测期内(2014—2058 年,缴费期 2014—2057 年)个人账户养老基金缺口持续扩大。研究显示,由于本研究设定缴费档次 100 元、200 元、300 元和 400 元的地方财政缴费补贴分别为 30 元、37.5 元、45 元和 52.5 元,缴费档次 500 元及以上地方财政缴费补贴均为 60 元。从绝对量来看,在 100—400 元区间,缴费档次每提高 100 元,个人账户累计缺口绝对增量均为 1.02 万亿元;在 500 元及以上区间,缴费档次每提高 100 元,个人账户累计缺口绝对增量均为 0.95 万亿元。

第二,城乡居保财政支出对于公共财政可持续性产生严重影响。

静态视角下的研究结果显示,2014—2020 年中央财政补贴规模不断增加,财政负担水平在 2.5%—2.8% 的区间范围内震荡,平均水平为 2.65%;按照指导文件 30—60 元区间的地方财政个人缴费补贴标准,同期地方财政负担水平介于 0.4%—0.6% 的区间范围内,当然结合各地实际补贴标准,地方财政负担水平显然要更高;中央和地方整体财政负担水平介于 1.35%—1.60% 的区间范围内,平均值为 1.47%。动态视角下,随着养老金正常调整机制的建立,城乡居保制度给公共财政带来的压力将更加明显。另外,在基础养老金待遇调整机制设计方面,由于城乡居民可支配收入增长水平过高(10%以上),消费价格指数和职工养老保险待遇调整比例(均为 5%左右)更具实践意义。

第三,600 元是"性价比"最高的缴费档次,300 元是"性价比"最高的个人账户缴费补贴模式。

本研究结合指导文件规定的基本缴费档次(100 元、200 元、300 元、400 元、500 元、600 元、700 元、800 元、900 元、1000 元、1500 元和 2000 元,共计 12 个缴费档),分别构建了财政负担水平模型和养老金平均替代率模型,并在此基础上控制其他变量,考察缴费档次对上述指标的影响。结果显示,600 元缴费档次下个人账户基金缺口的增长弹性最小(0.92 左右),即缴费档次每提高 1 元带来的基金缺口最小,"性价比"最高。当然,政府是否应鼓励公民选择最优缴费档次,还要结合中央和地方财政能够承受财政支出水平的边界。

在财政补贴模式的选择上,本研究对养老金年度财政补贴总额进入统筹账户基础养老金和个人账户缴费补贴的比例进行了调整,观察不同水平的个人账户缴费补贴对财政负担水平和平均替代率的影响。以 2018 年为例,假定参保人员 100 元缴费档次配套 30 元缴费补贴,退休人员领取 88 元/月的基础养老金,由此总的财政支出规模是既定的;本研究在本年财政支出规模不变的条件下，调整进入个人账户和统筹账户的比例，结果证明当个人账户缴费补贴达到 300 元左右时，随个人账户补贴额增加而逐渐降低的财政负担水平的养老金替代率弹性将不断趋于平缓（降至 10 左右），成为"性价比"最高的财政补贴模式。

3.6.2 进一步完善城乡居民基本养老保险制度的建议

第一，建立旨在增进平等的参保机制。

参保机制方面，起始参保年龄可维持现行办法规定的 16 岁不变，即完成 9 年义务教育之后即可参加劳动和参与社会保险。领取养老金年龄建议与城保的延迟退休政策保持一致，经过 5 年左右的过渡期之后分性别逐步推进，最终男女参保人员达到一致的退休年龄。未来城乡居保制度推进的重心，仍需以做实参保基数为首要目标，真正做到全民参保；考虑到居民平均缴费年限已超过 15 年的最低标准，老年生活将得到基本保障，因此在缴费激励方面不宜继续坚持"多缴多得"的制度导向，而应回归社会保障制度建立的初衷，增进公民收入平等。

第二，设置优化的缴费机制（缴费激励与账户补贴比例）。

本研究从"投入—产出"（即"财政负担水平—养老金平均替代率"）的角度，为城乡居保未来发展改革的目标水平提出建议，分别测算得到"性价比"最高的缴费档次和账户补贴比例。当然，最优水平对应的财政负担水平相对于现行负担水平而言略高，可能仍处在政府能够承受的"可行域"之外。所以，实践当中还要充分结合实际，未来随着财政实力的增强逐步向"最优解"趋近。

第三，建立科学、合理的养老金待遇正常调整机制。

养老金待遇调整机制包括基础养老金和个人账户养老金两部分。基础养老金待遇的正常调整，本研究建议参考消费价格指数的变动和城保的调整比例。个人账户养老金应明确其个人属性，即参保居民在退休时积累的个人账户养老基金（包括地方政府缴费补贴）应与退休后领取的养老金现金流在退休时的现值相等。基于此，随后各年份的养老金现金流只需与退休当年根据养老金精算现值得到的计发标准保持一致即可。

第四,建立养老金公共财政支出风险控制机制。

城乡居保管理部门应对养老金制度带来的财政支出风险给予充分的重视,从制度源头对可能出现的财政风险进行识别和管理。正如本研究重点论述的城乡居保长寿风险,笔者认为在参保人的实际存活年限超过退休时预期余命的情况下,城乡居保支付终身的做法,实质上背离了个人账户私有产权的属性界定,因而建议取消城乡居保关于个人账户支付终生的不合理规定;另外在参保人提前死亡需要返还个人账户基金时,只应包括个人缴费部分,地方政府的缴费补贴应予以扣除,用于充实统筹基金。这不仅是私有产权更加明晰的一种体现,更是从制度层面主动进行财政风险管理的必要举措。

本章附录

中国城乡居民生命表(综合)

年龄 x	生存人数 l_x	死亡率 q_x	死亡人数 d_x	生存人年数		平均余命 e_x
				L_x	T_x	
0	100000	0.00455	455	99773	8094358	80.94
1	99545	0.00054	54	99518	7994586	80.31
2	99491	0.00038	38	99472	7895067	79.35
3	99453	0.00032	32	99438	7795595	78.38
4	99422	0.00021	21	99411	7696158	77.41
5	99401	0.00026	26	99388	7596746	76.43
6	99375	0.00016	16	99367	7497359	75.45
7	99359	0.00024	24	99347	7397992	74.46
8	99335	0.00018	18	99326	7298645	73.47
9	99317	0.00017	17	99309	7199318	72.49
10	99300	0.00022	22	99289	7100010	71.50
11	99279	0.00019	19	99269	7000720	70.52
12	99260	0.00020	20	99250	6901451	69.53
13	99240	0.00022	22	99229	6802201	68.54

续表

年龄 x	生存人数 l_x	死亡率 q_x	死亡人数 d_x	生存人年数		平均余命 e_x
				L_x	T_x	
14	99218	0.00019	19	99209	6702972	67.56
15	99199	0.00029	29	99185	6603764	66.57
16	99170	0.00035	35	99153	6504579	65.59
17	99136	0.00031	31	99120	6405426	64.61
18	99105	0.00025	25	99093	6306306	63.63
19	99080	0.00041	41	99060	6207213	62.65
20	99040	0.00023	23	99028	6108153	61.67
21	99017	0.00030	30	99002	6009125	60.69
22	98987	0.00030	30	98972	5910123	59.71
23	98957	0.00033	33	98941	5811151	58.72
24	98925	0.00041	41	98904	5712210	57.74
25	98884	0.00041	41	98864	5613306	56.77
26	98844	0.00036	36	98826	5514442	55.79
27	98808	0.00043	42	98787	5415616	54.81
28	98766	0.00041	40	98745	5316829	53.83
29	98725	0.00039	39	98706	5218084	52.85
30	98687	0.00043	42	98665	5119378	51.88
31	98644	0.00048	47	98620	5020713	50.90
32	98597	0.00067	66	98564	4922092	49.92
33	98531	0.00057	56	98503	4823529	48.95
34	98475	0.00062	61	98444	4725026	47.98
35	98413	0.00061	60	98383	4626582	47.01
36	98353	0.00076	75	98316	4528199	46.04
37	98279	0.00082	81	98238	4429883	45.07
38	98198	0.00099	97	98149	4331644	44.11
39	98101	0.00105	103	98049	4233495	43.15
40	97998	0.00113	111	97943	4135445	42.20
41	97887	0.00121	118	97828	4037503	41.25
42	97769	0.00136	133	97702	3939675	40.30

续表

年龄 x	生存人数 l_x	死亡率 q_x	死亡人数 d_x	生存人年数		平均余命 e_x
				L_x	T_x	
43	97636	0.00121	118	97577	3841973	39.35
44	97518	0.00157	153	97441	3744396	38.40
45	97364	0.00165	161	97284	3646955	37.46
46	97204	0.00193	188	97110	3549671	36.52
47	97016	0.00174	169	96932	3452561	35.59
48	96847	0.00228	221	96737	3355629	34.65
49	96627	0.00239	231	96511	3258892	33.73
50	96396	0.00260	251	96270	3162381	32.81
51	96145	0.00298	287	96002	3066111	31.89
52	95859	0.00282	270	95723	2970109	30.98
53	95588	0.00251	240	95468	2874385	30.07
54	95348	0.00420	400	95148	2778917	29.14
55	94948	0.00423	402	94747	2683769	28.27
56	94546	0.00514	486	94303	2589022	27.38
57	94060	0.00504	474	93823	2494719	26.52
58	93586	0.00494	462	93355	2400896	25.65
59	93124	0.00590	549	92849	2307541	24.78
60	92574	0.00640	592	92278	2214692	23.92
61	91982	0.00681	626	91669	2122413	23.07
62	91356	0.00790	722	90995	2030745	22.23
63	90634	0.00779	706	90281	1939750	21.40
64	89928	0.00916	824	89516	1849469	20.57
65	89104	0.01039	926	88641	1759953	19.75
66	88178	0.01099	969	87694	1671312	18.95
67	87209	0.01256	1095	86662	1583618	18.16
68	86114	0.01324	1140	85544	1496957	17.38
69	84974	0.01590	1351	84298	1411413	16.61
70	83623	0.01672	1398	82924	1327115	15.87
71	82224	0.01907	1568	81440	1244192	15.13

续表

年龄 x	生存人数 l_x	死亡率 q_x	死亡人数 d_x	生存人年数		平均余命 e_x
				L_x	T_x	
72	80656	0.02260	1823	79745	1162751	14.42
73	78834	0.02344	1848	77910	1083006	13.74
74	76986	0.02557	1969	76001	1005096	13.06
75	75017	0.02792	2094	73970	929095	12.39
76	72923	0.03416	2491	71677	855125	11.73
77	70432	0.03493	2460	69202	783448	11.12
78	67971	0.04010	2726	66609	714246	10.51
79	65246	0.04700	3067	63713	647638	9.93
80	62179	0.05193	3229	60565	583925	9.39
81	58950	0.05934	3498	57201	523360	8.88
82	55452	0.06248	3465	53720	466159	8.41
83	51988	0.06629	3446	50264	412439	7.93
84	48541	0.07777	3775	46654	362175	7.46
85	44766	0.07561	3385	43074	315521	7.05
86	41381	0.09187	3802	39481	272447	6.58
87	37580	0.09764	3669	35745	232966	6.20
88	33910	0.10013	3395	32213	197221	5.82
89	30515	0.12716	3880	28575	165009	5.41
90	26635	0.12586	3352	24959	136434	5.12
91	23282	0.13443	3130	21718	111475	4.79
92	20153	0.14112	2844	18731	89758	4.45
93	17309	0.16328	2826	15896	71027	4.10
94	14483	0.16000	2317	13324	55131	3.81
95	12165	0.16568	2016	11158	41807	3.44
96	10150	0.18246	1852	9224	30650	3.02
97	8298	0.19830	1645	7475	21426	2.58
98	6652	0.21276	1415	5945	13951	2.10
99	5237	0.24086	1261	4606	8006	1.53
100	3976	0.28960	1151	3400	3400	0.86

中国城乡居民生命表(男性)

年龄 x	生存人数 l_x	死亡率 q_x	死亡数 d_x	生存人年数		平均余命 e_x
				L_x	T_x	
0	100000	0.00495	495	99753	7848163	78.48
1	99505	0.00056	56	99477	7748410	77.87
2	99449	0.00043	43	99428	7648933	76.91
3	99407	0.00033	33	99390	7549505	75.95
4	99374	0.00023	23	99362	7450115	74.97
5	99351	0.00028	28	99337	7350753	73.99
6	99323	0.00016	16	99315	7251416	73.01
7	99307	0.00032	32	99291	7152101	72.02
8	99275	0.00019	19	99266	7052809	71.04
9	99257	0.00023	23	99245	6953544	70.06
10	99234	0.00029	29	99219	6854298	69.07
11	99205	0.00021	21	99194	6755079	68.09
12	99184	0.00026	26	99171	6655885	67.11
13	99158	0.00029	29	99144	6556714	66.12
14	99130	0.00023	23	99118	6457570	65.14
15	99107	0.00041	41	99086	6358452	64.16
16	99066	0.00052	52	99040	6259365	63.18
17	99015	0.00046	46	98992	6160325	62.22
18	98969	0.00030	30	98954	6061333	61.24
19	98939	0.00055	54	98912	5962379	60.26
20	98885	0.00031	31	98870	5863467	59.30
21	98854	0.00041	41	98834	5764597	58.31
22	98814	0.00042	42	98793	5665763	57.34
23	98772	0.00052	51	98747	5566970	56.36
24	98721	0.00058	57	98692	5468224	55.39

续表

年龄 x	生存人数 l_x	死亡率 q_x	死亡数 d_x	生存人年数		平均余命 e_x
				L_x	T_x	
25	98664	0.00067	66	98631	5369531	54.42
26	98598	0.00052	51	98572	5270901	53.46
27	98546	0.00065	64	98514	5172329	52.49
28	98482	0.00055	54	98455	5073815	51.52
29	98428	0.00051	50	98403	4975360	50.55
30	98378	0.00060	59	98348	4876957	49.57
31	98319	0.00067	66	98286	4778608	48.60
32	98253	0.00102	100	98203	4680323	47.64
33	98153	0.00079	78	98114	4582120	46.68
34	98075	0.00087	85	98032	4484006	45.72
35	97990	0.00088	86	97947	4385973	44.76
36	97904	0.00105	103	97852	4288027	43.80
37	97801	0.00106	104	97749	4190174	42.84
38	97697	0.00138	135	97630	4092425	41.89
39	97562	0.00140	137	97494	3994796	40.95
40	97426	0.00145	141	97355	3897302	40.00
41	97284	0.00167	162	97203	3799947	39.06
42	97122	0.00187	182	97031	3702743	38.12
43	96940	0.00179	174	96854	3605712	37.20
44	96767	0.00208	201	96666	3508859	36.26
45	96566	0.00223	215	96458	3412192	35.34
46	96350	0.00264	254	96223	3315734	34.41
47	96096	0.00229	220	95986	3219511	33.50
48	95876	0.00321	308	95722	3123526	32.58
49	95568	0.00319	305	95416	3027804	31.68

续表

年龄 x	生存人数 l_x	死亡率 q_x	死亡数 d_x	生存人年数		平均余命 e_x
				L_x	T_x	
50	95263	0.00358	341	95093	2932388	30.78
51	94922	0.00407	386	94729	2837295	29.89
52	94536	0.00391	370	94351	2742566	29.01
53	94166	0.00339	319	94007	2648215	28.12
54	93847	0.00588	552	93571	2554209	27.22
55	93295	0.00580	541	93025	2460638	26.37
56	92754	0.00686	636	92436	2367613	25.53
57	92118	0.00669	616	91810	2275177	24.70
58	91501	0.00652	597	91203	2183368	23.86
59	90905	0.00794	722	90544	2092164	23.01
60	90183	0.00851	767	89799	2001621	22.20
61	89416	0.00896	801	89015	1911821	21.38
62	88614	0.01065	944	88143	1822806	20.57
63	87671	0.01019	893	87224	1734664	19.79
64	86777	0.01225	1063	86246	1647439	18.98
65	85714	0.01366	1171	85129	1561194	18.21
66	84543	0.01368	1157	83965	1476065	17.46
67	83387	0.01667	1390	82692	1392100	16.69
68	81997	0.01697	1391	81301	1309408	15.97
69	80605	0.02032	1638	79786	1228106	15.24
70	78967	0.02148	1696	78119	1148320	14.54
71	77271	0.02406	1859	76342	1070201	13.85
72	75412	0.02888	2178	74323	993859	13.18
73	73234	0.02871	2103	72183	919536	12.56
74	71132	0.03244	2308	69978	847353	11.91

续表

年龄 x	生存人数 l_x	死亡率 q_x	死亡数 d_x	生存人年数 L_x	生存人年数 T_x	平均余命 e_x
75	68824	0.03453	2376	67636	777375	11.30
76	66448	0.04103	2726	65084	709739	10.68
77	63721	0.04148	2643	62400	644655	10.12
78	61078	0.04867	2973	59592	582255	9.53
79	58105	0.05600	3254	56479	522663	9.00
80	54852	0.06372	3495	53104	466185	8.50
81	51356	0.07210	3703	49505	413081	8.04
82	47654	0.07618	3630	45838	363576	7.63
83	44023	0.07737	3406	42320	317737	7.22
84	40617	0.09077	3687	38774	275417	6.78
85	36930	0.08879	3279	35291	236643	6.41
86	33651	0.11229	3779	31762	201352	5.98
87	29873	0.11769	3516	28115	169590	5.68
88	26357	0.11340	2989	24863	141475	5.37
89	23368	0.14585	3408	21664	116613	4.99
90	19960	0.14340	2862	18529	94949	4.76
91	17098	0.15754	2694	15751	76420	4.47
92	14404	0.15913	2292	13258	60669	4.21
93	12112	0.15751	1908	11158	47411	3.91
94	10204	0.18259	1863	9273	36253	3.55
95	8341	0.16540	1380	7651	26981	3.23
96	6961	0.21002	1462	6230	19329	2.78
97	5499	0.23695	1303	4848	13099	2.38
98	4196	0.19276	809	3792	8251	1.97
99	3387	0.18358	622	3076	4459	1.32
100	2766	0.26998	747	1383	1383	0.50

中国城乡居民生命表（女性）

年龄 x	生存人数 l_x	死亡率 q_x	死亡数 d_x	生存人年数		平均余命 e_x
				L_x	T_x	
0	100000	0.00411	411	99795	8356308	83.56
1	99589	0.00051	51	99564	8256514	82.91
2	99538	0.00032	32	99522	8156950	81.95
3	99506	0.00030	30	99491	8057428	80.97
4	99477	0.00019	19	99467	7957936	80.00
5	99458	0.00023	23	99446	7858469	79.01
6	99435	0.00016	16	99427	7759023	78.03
7	99419	0.00013	13	99412	7659596	77.04
8	99406	0.00016	16	99398	7560184	76.05
9	99390	0.00010	10	99385	7460786	75.07
10	99380	0.00014	14	99373	7361401	74.07
11	99366	0.00018	18	99357	7262028	73.08
12	99348	0.00014	14	99341	7162671	72.10
13	99334	0.00013	13	99328	7063330	71.11
14	99321	0.00014	14	99314	6964002	70.12
15	99308	0.00014	14	99301	6864687	69.13
16	99294	0.00015	15	99286	6765387	68.14
17	99279	0.00014	14	99272	6666100	67.15
18	99265	0.00019	19	99255	6566829	66.15
19	99246	0.00026	26	99233	6467573	65.17
20	99220	0.00015	15	99213	6368340	64.18
21	99205	0.00018	18	99196	6269127	63.19
22	99187	0.00018	18	99178	6169931	62.20
23	99170	0.00012	12	99164	6070753	61.22
24	99158	0.00021	21	99147	5971589	60.22
25	99137	0.00014	14	99130	5872442	59.24
26	99123	0.00019	19	99114	5773312	58.24
27	99104	0.00021	21	99094	5674198	57.25

续表

年龄 x	生存人数 l_x	死亡率 q_x	死亡数 d_x	生存人年数		平均余命 e_x
				L_x	T_x	
28	99083	0.00027	27	99070	5575105	56.27
29	99057	0.00028	28	99043	5476035	55.28
30	99029	0.00025	25	99016	5376992	54.30
31	99004	0.00028	28	98990	5277975	53.31
32	98976	0.00031	31	98961	5178985	52.33
33	98946	0.00034	34	98929	5080024	51.34
34	98912	0.00037	37	98894	4981095	50.36
35	98875	0.00032	32	98860	4882202	49.38
36	98844	0.00045	44	98822	4783342	48.39
37	98799	0.00056	55	98772	4684520	47.41
38	98744	0.00058	57	98715	4585749	46.44
39	98687	0.00069	68	98653	4487033	45.47
40	98619	0.00079	78	98580	4388381	44.50
41	98541	0.00072	71	98505	4289801	43.53
42	98470	0.00083	82	98429	4191296	42.56
43	98388	0.00060	59	98359	4092867	41.60
44	98329	0.00104	102	98278	3994508	40.62
45	98227	0.00104	102	98176	3896231	39.67
46	98125	0.00119	117	98066	3798055	38.71
47	98008	0.00117	115	97950	3699989	37.75
48	97893	0.00133	130	97828	3602038	36.80
49	97763	0.00158	154	97686	3504210	35.84
50	97608	0.00158	154	97531	3406524	34.90
51	97454	0.00188	183	97363	3308993	33.95
52	97271	0.00168	163	97189	3211630	33.02
53	97108	0.00161	156	97029	3114441	32.07
54	96951	0.00253	245	96829	3017412	31.12
55	96706	0.00262	253	96579	2920583	30.20

续表

年龄 x	生存人数 l_x	死亡率 q_x	死亡数 d_x	生存人年数		平均余命 e_x
				L_x	T_x	
56	96453	0. 00334	322	96292	2824004	29. 28
57	96130	0. 00331	318	95971	2727712	28. 38
58	95812	0. 00330	316	95654	2631741	27. 47
59	95496	0. 00384	367	95313	2536087	26. 56
60	95129	0. 00426	405	94927	2440774	25. 66
61	94724	0. 00464	440	94504	2345847	24. 77
62	94285	0. 00518	488	94040	2251343	23. 88
63	93796	0. 00540	506	93543	2157302	23. 00
64	93290	0. 00611	570	93005	2063759	22. 12
65	92720	0. 00713	661	92389	1970754	21. 25
66	92059	0. 00822	757	91680	1878365	20. 40
67	91302	0. 00844	771	90917	1786685	19. 57
68	90531	0. 00949	859	90102	1695768	18. 73
69	89672	0. 01158	1038	89153	1605667	17. 91
70	88634	0. 01212	1074	88097	1516514	17. 11
71	87560	0. 01412	1236	86941	1428417	16. 31
72	86323	0. 01659	1432	85607	1341476	15. 54
73	84891	0. 01833	1556	84113	1255868	14. 79
74	83335	0. 01900	1583	82543	1171755	14. 06
75	81752	0. 02174	1777	80863	1089212	13. 32
76	79974	0. 02784	2226	78861	1008349	12. 61
77	77748	0. 02885	2243	76626	929488	11. 96
78	75505	0. 03228	2437	74286	852861	11. 30
79	73068	0. 03922	2866	71635	778575	10. 66
80	70202	0. 04224	2965	68719	706940	10. 07
81	67237	0. 04911	3302	65586	638221	9. 49
82	63935	0. 05135	3283	62293	572636	8. 96
83	60652	0. 05772	3501	58901	510343	8. 41

续表

年龄 x	生存人数 l_x	死亡率 q_x	死亡数 d_x	生存人年数		平均余命 e_x
				L_x	T_x	
84	57151	0. 06788	3879	55211	451441	7. 90
85	53271	0. 06571	3500	51521	396230	7. 44
86	49771	0. 07802	3883	47829	344709	6. 93
87	45888	0. 08456	3880	43948	296880	6. 47
88	42007	0. 09162	3849	40083	252932	6. 02
89	38159	0. 11579	4418	35950	212849	5. 58
90	33740	0. 11573	3905	31788	176900	5. 24
91	29836	0. 12163	3629	28021	145112	4. 86
92	26207	0. 13172	3452	24481	117091	4. 47
93	22755	0. 16648	3788	20861	92610	4. 07
94	18967	0. 14879	2822	17556	71749	3. 78
95	16144	0. 16582	2677	14806	54194	3. 36
96	13467	0. 17077	2300	12318	39388	2. 92
97	11168	0. 18387	2053	10141	27070	2. 42
98	9114	0. 21984	2004	8112	16929	1. 86
99	7111	0. 26000	1849	6186	8817	1. 24
100	5262	0. 29473	1551	2631	2631	0. 50

4

中国医疗保障制度的发展及其保障效果评估

刘世爱　吴艳丽　凌　爽　张奇林

4.1 我国基本医疗保障制度的发展进程

4.1.1 城镇职工基本医疗保险制度的建立

为适应社会主义市场经济体制的客观要求，在 1992 年“两江试点”和 1996 年扩大试点的基础上，国务院于 1998 年颁发了《关于建立城镇职工基本医疗保险制度的决定》，要求在全国范围内开展城镇职工医疗保险制度改革，标志着我国正式建立了社会医疗保险制度。《关于建立城镇职工基本医疗保险制度的决定》一是明确了制度覆盖范围，城镇所有用人单位及其职工都应强制参保；二是确定了缴费机制，基本医疗保险费由用人单位和职工双方共同负担；三是实行统筹基金和个人账户相结合的基金积累模式，职工个人缴费全部计入个人账户，用人单位缴费部分划入个人账户，部分用于建立统筹基金，并为统筹基金支付部分划定了明确的起付标准和最高支付限额，建立了统筹基金和个人账户之间的费用分担机制。

城镇职工基本医疗保险制度的确立搭建了我国现代医疗保险制度基本框架，是我国社会医疗保险制度发展史上里程碑式的事件。这一制度在全国范围内的推行，不仅为城镇职工基本医疗提供了保障，还为国有企业改革和现代企业制度的建立提供了支撑，推动了社会主义市场经济体制改革的步伐。城镇职工基本医疗保险制度自建立以来，覆盖范围不断扩大，从全民所有制企业向混合所有制和非公有制企业推进，灵活就业人员和农民工群体也被纳入其中。根据《2003 年度劳动和社会保障事业发展统计公报》显示，2003 年年末全国绝大部分地级以上统筹地区组织实施了基本医疗保险，参保人数达 10902 万人，到 2017 年年末参加职工基本医疗保险人数已达 30323 万人。

4. 1. 2 新型农村合作医疗制度的产生

农村卫生工作事关保护农民生产力、振兴农村经济、维护农村社会发展和稳定的大局,是“三农”问题的一个重要方面。然而在城乡二元结构和传统农村合作医疗制度式微的背景下,农村卫生工作相对薄弱,农民因病致贫、因病返贫现象严重。在此背景下,2002 年《中共中央、国务院关于进一步加强农村卫生工作的决定》明确提出逐步建立新型农村合作医疗制度的要求。2003 年,卫生部、财政部、农业部根据这一决定出台了《关于建立新型农村合作医疗制度的意见》,新型农村合作医疗制度应运而生,广大农民群体从此被正式纳入现代医疗保障制度。

新型农村合作医疗制度原则上由农民自愿选择是否参保。在筹资机制上,采取个人缴费、集体扶持和政府资助相结合的方式,中央财政和地方财政对制度表现出较强的支持引导作用。在保障机制上,以大病统筹为主,基金主要用于补助大额医疗费用或住院医疗费用,旨在减轻农民因疾病造成的经济负担,体现出农民内部的互助共济性。自 2003 年试点启动以来,新型农村合作医疗制度稳步推进。2010 年年底参加新型农村合作医疗的人数达到顶峰 8. 36 亿,之后随着城乡居民医疗保险的发展参加新农合人数逐步下降,到 2017 年年底仍有 1. 33 亿农民参与新农合。制度初建时,人均筹集 30 元,其中农民个人缴费 10 元,中央财政和地方财政各补助 10 元,2017 年年底新农合制度的个人筹资达到 613. 46 元,各级财政的人均补助标准达到 450 元,筹资水平显著提高,政策范围内门诊和住院费用报销比例也分别稳定在 50%和 75%左右。

4. 1. 3 城镇居民基本医疗保险制度的建立

1998 年我国开始建立城镇职工基本医疗保险制度,2003 年新型农村合作医疗制度试点也相继启动,大量城镇非从业居民成为医疗保障制度安排的真空地带。为了改变基本医疗制度覆盖不公平的现状,建立以城镇非从业居民为目标群体的基本医疗保障制度势在必行。对此,国务院出台了《关于开展城镇居民基本医疗保险试点的指导意见》(国发〔2007〕

20号)，决定从2007年起开始城镇居民基本医疗保险试点工作，2008年试点城市由88个增加到317个，2009年在所有城市开展了城镇居民基本医疗保险工作。2007年参保人数达到4291万人，之后迅速增长，到2017年年末已经达到87359万人。

城镇居民基本医疗保险制度采取自愿原则，主要针对不属于城镇职工基本医疗保险制度覆盖范围的中小学阶段的学生(包括职业高中、中专、技校学生)、少年儿童和其他非从业城镇居民。制度采取多元社会化筹资，以家庭缴费为主，政府给予适当补助。费用支付方面，城镇居民基本医疗保险基金主要用于住院和门诊大病医疗支出，原则上重点保障城镇非从业居民的大病医疗需求。

城镇居民基本医疗保险制度的出台，解决了城镇非就业居民医疗保障问题，是继城镇职工基本医疗保险制度和新型农村合作医疗制度实施之后，完善我国基本医疗保障体系的又一重大举措，使我国基本医疗保障实现了制度层面的全覆盖，实现了基本建立起覆盖城乡全体居民的医疗保障体系的目标，我国的全民医保体系初步形成。

4.1.4 医疗救助的建立

在各种类型的医疗保险构建的过程当中，我国也一直在积极推进医疗救助的工作。新农合的医疗救助文件最早追溯到2002年的《中共中央、国务院关于进一步加强农村卫生工作的决定》(中发〔2002〕13号)，之后，民政部、卫生部、财政部于2003年11月联合出台了《关于实施农村医疗救助的意见》(民发〔2003〕158号)，标志着我国医疗救助制度建设的开端。农村医疗救助从贫困农民中最困难的人员和最急需的医疗支出开始实施，明确地将救助对象限定为农村五保户、贫困户家庭成员和各地规定的其他符合条件的农村贫困农民，救助基金主要来源于各级财政拨款和社会各界自愿捐助，同时规定了救助方法和申请程序。到2005年年底，我国所有含农业人口的县(市、区)基本都建立了农村医疗救助制度，基本实现了制度创立时的覆盖目标。

在覆盖全体农村贫困居民的医疗救助网初步形成的同时，城市医疗救助制度建设也拉开了序幕。2005 年 3 月国务院发布了《关于建立城市医疗救助制度试点工作的意见》,明确规定城市医疗救助的对象主要是城市居民最低生活保障对象中未参加城镇职工医疗保险的人员以及已参加城镇职工医疗保险但医疗负担仍然较重的人员和其他困难群众。救助资金通过财政预算拨款、专项彩票公益金、社会捐助等渠道筹集。2009 年 6 月,为了贯彻新医改方案,民政等多部门联合下发《关于进一步完善城乡医疗救助制度的意见》(民发〔2009〕81 号),在切实将城乡低保家庭成员和五保户纳入医疗救助范围的基础上,将救助范围拓展至其他经济困难家庭人员,对补助方案、救助内容也进行了完善。为了增强城乡医疗救助基金的管理,提高救助效益,2013 年《城乡医疗救助基金管理办法》(财社〔2013〕217 号)对基金的筹集、管理和使用方面做出了详细的规定。2014 年颁布的《社会救助暂行办法》(中华人民共和国国务院令第 649 号)则将医疗救助作为我国社会救助的一项重要内容,从法律层面对医疗救助的对象、方式、标准做出了正式规定,为医疗救助提供了法律层面的支撑。

医疗救助制度与三大基本医疗保险制度的衔接,一定程度上缓解了困难群众医疗费用支出压力,使其能够"病有所医",它不仅是切实维护城乡困难群众基本医疗保障权利一项重要制度,也有利于全民医保实现机会公平、起点公平,而且对于健全和完善我国医疗保障体系意义重大,构筑了保障困难群众基本医疗权益的兜底线。

4.2 从制度碎片化到多元整合

我国医疗保障制度经过十多年的发展,到 2007 年基本实现了医保的制度全覆盖,并在 2011 年初步实现了人群的全覆盖。然而,我国医疗保障制度多元分割,待遇悬殊;制度衔接不畅,各个制度按照不同标准建立,如按户籍标准(城乡)、按就业标准(职工和居民)、行业性质(公务员和普通职工),制度之间各自封闭运行;基金统筹层次不高,缺乏互助共济;城乡之间、不同省份之间,医保就医关系转移接续和异地就医问题突出。制度不统一带来的是同一区域内居民重复参保,财政重复补贴和信息系统重复建设等问题,这极大地浪费了医疗保障公共资源,也使得在破碎的制度之间参保待遇的不公平问题突出。不同制度亟待整合,期待一个统一的制度产生,因此新农合与城镇居民基本医疗保险,农村医疗救助与城镇医疗救助以及生育保险和医疗保险开始整合。

4.2.1 城乡居民医疗保险整合

早在2007年开展城镇居民基本医疗保险试点时,一些地方就已经自行探索统筹城乡居民医保。到2012年,天津、重庆、青海、宁夏、广东以及新疆建设兵团等6个省级地区(或单位)、41个地市、162个县(市、区),先后以多种不同形式实行城乡居民医保的统一或整合。[①] 2009年国务院发布的《关于深化医药卫生体制改革的意见》、"十一五"和"十二五"社会保障规划均提出"探索建立城乡一体化的基本医疗保障管理制度",当然政策只做了方向性、倡导性的规定。由于相关部门存在意见分歧,使得城乡居民基本医疗保险整合的方案一直悬而未决。

2016年1月12日国务院印发《关于整合城乡居民基本医疗保险制度的意见》,就整合城镇居民基本医疗保险和新型农村合作医疗两项制度,建立统一的城乡居民基本医疗保险制度提出了"六统一"的要求:(1)统一覆盖范围。制度覆盖除职工基本医疗保险应参保人员以外的其他所有城乡居民。农民工和灵活就业人员依法参加职工基本医疗保险,有困难的可按照当地规定参加城乡居民医保。各地要完善参保方式,促进应保尽保,避免重复参保。(2)统一筹资政策。现有城镇居民医保和新农合个人缴费标准差距较大的地区,可采取差别缴费的办法,利用2—3年

① 金维刚:《城乡居民医保整合及其发展趋势》,《中国医疗保险》2016年第3期,第35—38页。

时间逐步过渡。(3)统一保障待遇。逐步统一保障范围和支付标准,稳定住院保障水平,政策范围内住院费用支付比例保持在 75%左右。(4)统一医保目录。统一城乡居民医保药品目录和医疗服务项目目录,明确药品和医疗服务支付范围,在现有城镇居民医保和新农合目录的基础上,适当考虑参保人员需求变化进行调整。(5)统一定点管理。统一定点机构管理办法,强化定点服务协议管理,建立健全考核评价机制和动态的准入退出机制。(6)统一基金管理。城乡居民医疗保险执行国家统一的基金财务制度、会计制度和基金预决算管理制度。《关于整合城乡居民基本医疗保险制度的意见》还鼓励有条件的地区理顺医保管理体制,统一基本医保行政管理职能,整合城乡居民医保经办机构、人员和信息系统,规范经办流程,提供一体化的经办服务。并明确城乡居民医保制度原则上实行市(地)级统筹,鼓励有条件的地区实行省级统筹。

城乡居民医保制度整合后,城乡居民不再受城乡身份的限制,参加统一的城乡居民医疗保险,按照政策规定缴费和享受待遇,这极大地增强了制度的公平性。统筹层次的提高使居民参保就医范围逐步扩大,减少了异地就医结算的不便和医疗资源享受的不公平。统一基金管理,能提高医保基金的运营效率,增强基金的抗风险能力。医保管理体制的统一减少了重复参保、重复发放补贴和重复信息建设,有效地降低了医保的管理成本,提高了医保的运行效率。

4.2.2 城乡医疗救助整合

为了贯彻落实《社会救助暂行办法》的相关规定,编密织牢基本民生保障安全网,2015 年 4 月,民政部、财政部、人力资源和社会保障部联合下发《关于进一步完善医疗救助制度全面开展重特大疾病医疗救助工作的意见》,提出了城市医疗救助制度和农村医疗救助制度于 2015 年年底前整合为城乡医疗救助制度的目标,合并原来独立开设的“城市医疗救助基金专账”和“农村医疗救助基金专账”,并对重点救助对象参保参合、门诊和住院救助比例、救助限额做出了规定。此外,文件还针对重点救助对象的重特大疾病救助标准、用药范围等给出了指导意见,有利于我国医疗救助制度的完善,进一步缓解了困难群众医疗支出压力。医疗救助制度的整合改变了原有的制度分裂局面,加速了政策目标、资金筹集、对象范围、救助标准、救助程序等方面城乡统筹的步伐,对实现城乡困难群众获取医疗救助的权利公平、机会公平、规则公平、待遇公平意义重大。2017 年,城乡医疗救助政策资助参加基本医疗保险 5621 万人,实施住院和门诊医疗救助 3517.1 万人次,支出合计 340.1 亿元,有效发挥出了救急救难效应。

4.2.3　生育保险和职工基本医疗保险整合

生育保险和医疗保险在许多方面存在共性。特别是在保险待遇支付、管理对象、方式和手段等方面具有共同的特点。随着实践发展,近年来,一些地方早已开始将这两种保险实行统一参保登记、统一费用征缴等,并收到了较好的效果。①

2017 年 1 月 19 日,国务院办公厅发布《关于印发生育保险和职工基本医疗保险合并实施试点方案的通知》(国办发〔2017〕6 号),指出在河北省邯郸市、山西省晋中市、辽宁省沈阳市、江苏省泰州市、安徽省合肥市、山东省威海市、河南省郑州市、湖南省岳阳市、广东省珠海市、重庆市、四川省内江市、云南省昆明市开展两项保险合并实施试点。两险合并要实现"四统一"和"一不变","四统一"即统一参保登记,参加职工基本医疗保险的在职职工同步参加生育保险,要完善参保范围,结合全民参保登记计划摸清底数,促进实现应保尽保;统一基金征缴和管理,生育保险基金并入职工基本医疗保险基金,统一征缴;统一医疗服务管理,两项保险合并实施后实行统一定点医疗服务管理;统一经办和信息服务。两项保险合并实施后,要统一经办管理,规范经办流程。"一不变"即职工生育期间的生育保险待遇不变。

① 王东进:《读懂生育保险与基本医疗保险合并实施》,《中国医疗保险》2017 年第 4 期,第 1—3 页。

4.3 医疗保障制度的进一步完善与发展

4.3.1 扩大医疗保险支付范围,规范医保药品名称与调整药品目录

一、扩大医保支付范围

2016年3月9日,人力资源和社会保障部、国家卫生计生委、民政部、财政部、中国残联印发《关于新增部分医疗康复项目纳入基本医疗保障支付范围的通知》(人社部发〔2016〕23号),提出为进一步提高包括残疾人在内的广大参保人员医疗康复保障水平,将康复综合评定等20项医疗康复项目纳入基本医疗保险支付范围,并指出各统筹地区要加强基金预算管理,结合付费方式改革,探索适应医疗康复的医保支付方式,鼓励医疗机构控制服务成本,提高服务质量。

2017年7月13日,人力资源和社会保障部印发《关于将36种药品纳入国家基本医疗保险、工伤保险和生育保险药品目录乙类范围的通知》(人社部发〔2017〕54号),将利拉鲁肽注射剂等36种药品(以下统称"有关药品")纳入《国家基本医疗保险、工伤保险和生育保险药品目录(2017年版)》(以下简称"药品目录")乙类范围,并规定各省(区、市)社会保险主管部门不得将有关药品调出目录,也不得调整限定支付范围。

二、规范药品名称,调整药品目录

2016—2017年关于药品名称和目录进行了三次调整。2016年1月21日,人力资源和社会保障部办公厅印发《关于调整规范国家基本医疗保险、工伤保险和生育保险药品目录中部分药品名称的通知》(人社厅函〔2016〕23号)对2009年印发的《国家基本医疗保险、工伤保险和生育保险药品目录(2009年版)》中部分药品名称进行调整规范。2017年2月21日,人力资源和社会保障部《关于印发〈国家基本医疗保险、工伤保险

和生育保险药品目录(2017年版)〉的通知》(人社部发〔2017〕15号)提出要严格药品目录支付规定,规范各省份药品目录调整,完善药品目录使用管理并探索建立医保药品谈判准入机制。在这一文件出台的同时,《关于印发〈国家基本医疗保险、工伤保险和生育保险药品目录(2009年版)〉的通知》(人社部发〔2009〕159号)文件同时废止。2017年9月20日,人力资源和社会保障部办公厅印发《关于对国家基本医疗保险、工伤保险和生育保险药品目录中部分药品名称进行调整规范的通知》(人社厅函〔2017〕249号)对《国家基本医疗保险、工伤保险和生育保险药品目录(2017年版)》中部分药品名称进行调整规范。

4.3.2　大病保险制度建立并与医疗救助相衔接

随着全民医保体系的初步建立,人民群众看病就医获得了基本保障,但由于我国的基本医疗保障制度,尤其是城镇居民基本医疗保险制度和新型农村合作医疗制度的保障水平偏低,人民群众的大病医疗费用负担较重。为进一步完善城乡居民医疗保障制度,有效提高重特大疾病保障水平,2012年国家发展改革委联合卫生、民政等六部门下发《关于开展城乡居民大病保险工作的指导意见》。文件指出城乡居民大病保险是在基本医疗保障的基础上,对大病患者发生的高额医疗费用给予进一步保障的一项制度性安排,是基本医疗保障制度的拓展和延伸。大病保险保障对象为城镇居民基本医疗保险和新型农村合作医疗的参保人,大病保险资金从城镇居民医保基金、新农合基金中划拨一定比例或额度,在参保人患大病发生高额医疗费用的情况下,对城镇居民基本医疗保险、新农合补偿后需个人负担的合规医疗费用给予保障,且实际支付比例不低于50%。与基本医疗保险制度不同,城乡居民大病保险坚持政府主导、专业运作,即政府负责基本的政策制定、组织协调、筹资管理,并加强监管指导,支持商业保险机构承办,以发挥市场机制作用,提高大病保险的运行效率、服务水平和质量。为了严格贯彻落实《关于开展城乡居民大病保险工作的指导意见》的要求,国务院医改办出台了《关于加快推进城乡居民大病保险工作的通知》(国医改办发〔2014〕1号),提出要在2014年全面推开城乡居民大病保险试点，加快推进城乡居民大病保险建设，筑牢群众看病就医的网底。试点工作开展以来，有力缓解了因病致贫、因病返贫问题，促进了政府力量和市场机制的结合。在总结试点经验的基础上，国务院办公厅于2015年7月出台《关于全面实施城乡居民大病保险的意见》，提出全面覆盖参保人群和逐步提高支付比例的目标，并对商业保险公司承办大病保险服务进一步规范。为了进一步加强大病保险制度和城乡医疗救助制度在对象范围、支付政策、经办服务、监督管理等方面的衔接，充分发挥制度效能，民政部于2017年1月下发《关于进一步加强医疗救助与城乡居民大病保险有效衔接的通知》，提出大病保险应向低保对象、特困人员、建档立卡贫困人口、低收入重度残疾人等困难群众（含低收入老年人、未成年人、重病患者）倾斜，提高重特大疾病医疗救助水平。到2017年年末，大病保险制度已基本建立，已有1700多万人次受益。

大病保险的实施有利于推动医保、医疗、医药互联互动，并促进政府主导与市场机制作用相结合，有效提高了基本医疗保障水平和质量，是进一步体现互助共济、促进社会公平正义的重要举措。但是国家在出台政策时对于制度没有明确的定位，对于将大病保险划分为基本医疗保障制度或补充保险制度也存在一定的争议。① 大病保险没有独立的筹资渠道，在进入纵深发展的新阶段后，资金可持续性、待遇机制、管理机制等核心问题的解决仍然需要路径优化。② 但是毋庸置疑，城乡居民大病保险制度是我国多层次医疗保障体系的重要组成部分，对于推进全民医保制度建设作出了重要贡献，发挥着保障困难群众基本医疗权益的基础性作用。

① 贾洪波：《大病保险与基本医保关系之辨：分立还是归并？》，《山东社会科学》2017年第4期，第70—75页；何文炯：《大病保险制度定位与政策完善》，《山东社会科学》2017年第4期，第65—69页。

② 仇雨临、翟绍果、黄国武：《大病保险发展构想：基于文献研究的视角》，《山东社会科学》2017年第4期，第58—64页。

4.3.3　开展长期护理保险制度试点

探索建立长期护理保险制度，是应对人口老龄化、促进社会经济发展的战略举措，是实现共享发展改革成果的重大民生工程，是健全社会保障体系的重要制度安排。

2016 年 6 月 27 日，人力资源和社会保障部办公厅印发《关于开展长期护理保险制度试点的指导意见》（人社厅发〔2016〕80 号），提出探索建立以社会互助共济方式筹集资金，为长期失能人员的基本生活照料和与基本生活密切相关的医疗护理提供资金或服务保障的社会保险制度。文件提出要利用 1—2 年试点时间，积累经验，力争在“十三五”期间，基本形成适应我国社会主义市场经济体制的长期护理保险制度政策框架。

长期护理保险制度以长期处于失能状态的参保人群为保障对象，重点解决重度失能人员基本生活照料和与基本生活密切相关的医疗护理等所需费用。原则上主要覆盖职工基本医疗保险（以下简称“职工医保”）参保人群。试点地区可根据自身实际，随着制度探索完善，综合平衡资金筹集和保障需要等因素，合理确定参保范围并逐步扩大。可通过优化职工医保统账结构、划转职工医保统筹基金结余、调剂职工医保费率等途径筹集资金，并逐步探索建立互助共济、责任共担的长期护理保险多渠道筹资机制。根据护理等级、服务提供方式等制定差别化的待遇保障政策，对符合规定的长期护理费用，基金支付水平总体上控制在 70%左右。

4.3.4　推动医疗、医保、医药联动改革

保障全民基本医疗保障权益不仅涉及基本医疗保障制度，更是深深嵌入我国的医药卫生体制当中，对于基本医疗保障体系的考量还应关注整体的卫生体制，从宏观角度来切入。针对我国医改进入攻坚阶段的新情况，党中央、国务院对卫生体制改革提出了新要求。为了推动医改向纵深发展，人力资源和社会保障部于 2016 年 3 月出台了《关于积极推动医疗、医保、医药联动改革的指导意见》。“三医”联动，要以医疗服务体系改革为重点，全面深化医药卫生体制改革，着力解决群众看病就医问题。

医保作为连接医疗卫生服务供给方与需求方的重要纽带，在医改中具有基础性作用。①

4.3.5 推进全国联网跨省异地就医结算工作

加快基本医保异地就医联网结报工作是推进健康中国建设的重要内容，对深化医药卫生体制改革、落实分级诊疗、完善基本医保制度建设、提升城乡居民的获得感具有重要意义。

2016 年 4 月 21 日，国务院办公厅出台《关于印发深化医药卫生体制改革 2016 年重点工作任务的通知》（国办发〔2016〕26 号），提出要加快推进基本医保全国联网和异地就医结算工作，建立完善国家级异地就医结算平台，逐步与各省份异地就医结算系统实现对接，基本实现跨省异地安置退休人员住院费用直接结算，到 2017 年，基本实现符合转诊规定的异地就医住院费用直接结算。2016 年 5 月 26 日，国家卫生计生委、财政部《关于印发全国新型农村合作医疗异地就医联网结报实施方案的通知》，提出 2016 年要完善国家和省级新农合信息平台，基本建成新农合异地就医信息系统，实现省内异地就医直接结报，开展新农合转诊住院患者跨省份定点就医结报试点，到 2017 年基本实现新农合转诊住院患者跨省份定点就医结报。2017 年 4 月 13 日，国务院批转国家发展改革委《关于 2017 年深化经济体制改革重点工作意见的通知》中提出要深化医保支付方式改革，推进基本医保全国联网和异地就医结算，基本实现异地安置退休人员和符合规定的转诊人员就医住院医疗费用直接结算。

4.3.6 国家医疗保障局的建立

2018 年 3 月，第十三届全国人民代表大会第一次会议批准的国务院机构改革方案，将人力资源和社会保障部的城镇职工和城镇居民基本医疗保险、生育保险职责，国家卫生和计划生育委员会的新型农村合作医疗

① 仇雨临：《医保与“三医”联动：纽带、杠杆和调控阀》，《探索》2017 年第 5 期，第 2 页、第 65—71 页。

职责，国家发展和改革委员会的药品和医疗服务价格管理职责，民政部的医疗救助职责整合，组建国家医疗保障局，作为国务院直属机构。2018年5月31日，中华人民共和国国家医疗保障局正式挂牌。国家医保局的成立标志着我国新医改进入了新时代，不仅意味着政府职能的调整和转型，也标志着国家治理体系现代化在医疗领域迈出新的步伐。①

国家医保局整合了原来分散在多个政府部门的职能，集医保政策制定、医保筹资、价格制定、医保经办（主要是医保支付业务）、医疗费用与质量管控、医疗救助、医疗服务投入品（主要是药品）的集中招标采购等职能于一身，为深化医疗保险制度改革提供了组织保障，进而为加快完善全民医保制度创造了条件。我国医疗保障改革与制度建设将自此由部门分割、政策分割、经办分割、资源分割、信息分割的旧格局，进入统筹规划、集权管理、资源整合、信息一体、统一实施的新时代。②

4.4 医疗保障效果评估——基于CHARLS追踪数据的实证

从1998年到2017年，为了彻底解决“看病难、看病贵”问题，中国政府付出了极大的努力，特别是在覆盖面的扩大方面，得到了国际社会的广泛肯定。国际社会保障协会（ISSA）在第32届全球大会期间，将“社会保障杰出成就奖（2014—2016）”授予中华人民共和国政府，以表彰中国近年来在扩大社会保障覆盖面工作中取得的卓越成就。总体而言，我国医疗保障事业主要取得了以下四点成就：首先，覆盖范围广。我国已编织成

① 顾昕：《中国新医改的新时代与国家医疗保障局面临的新挑战》，《学海》2019年第1期，第106—115页。

② 郑功成：《组建国家医保局绝对是利民之举》，《中国医疗保险》2018年第4期，第5—6页。

了当今世界最大范围的医疗保障网，城乡居民基本医疗保险和城镇职工基本医疗保险已经覆盖了所有人群；其次，从保障体系来看，初步形成基本医疗保险、大病补充医疗保险、商业医疗保险和医疗救助的保障体系，从多方位、多角度提高居民的医疗保障水平；再次，从筹资规模来看，近年来筹资比例持续提高，对促进居民及时就医，改善居民的健康水平发挥了重要的作用；最后，从机构建设来看，实现了新型农村合作医疗与城镇居民医疗保险的制度和机构合并，又进一步理顺了各方关系，成立了国家医疗保障局。以上成就的取得与党和政府近年来的高度重视有着密切的关系，也为医疗保障体系的进一步深化改革打下坚实的基础。然而在取得成就的同时，依然要深刻认识到我国医疗保障领域存在的问题，特别是居民的医疗负担近年来并没有明显改善，资料显示，近年来我国建档立卡贫困户中医疗返贫比例不降反升，从 2013 年的 42. 2%增长至 2015 年的 44. 1%。图 4-1 也反映了我国自 2000 年以来居民的医疗负担状况，可以看出，我国农村居民的医疗负担持续加重，并没有因为筹资水平的提高而得到极大的缓减，城市居民的医疗负担在 2009—2010 年有所下降，然而近年来又有进一步上升的趋势。

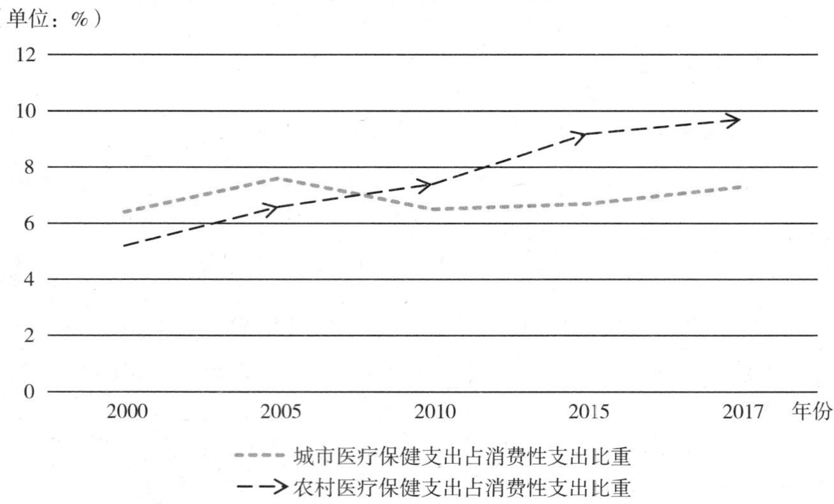

图 4-1　2000—2017 年居民医疗负担的变化

在所有人群当中,中老年家庭医疗保障问题显得最为重要。换言之,如果中老年群体的医疗保障没有后顾之忧,则整个医疗保障问题就迎刃而解了。研究显示,中年(45 岁)以后,人的健康状况与年龄增长呈现负相关关系,具体表现为发病率、伤残率不断上升。慢性病高发人群以 45 岁以上人群为主,其中 45—55 岁人群慢性病占比最高,60 岁开始,人均医疗费用呈几何指数增长,65 岁以上人口比 65 岁以下人口的人均医疗费用高 3—5 倍。[①] 据预测,我国在未来的二三十年内仍将处于快速老龄化的时期,可以推测随着时间的推移,中老年医疗负担如果处理不当必然会带来严重的社会问题。因此,中老年人是否得到基本的医疗保障,就成为维护社会安定、进而促进经济平衡发展的重要环节。正是基于上述背景,本部分从宏观和微观两个角度对我国医疗保障效果进行分析,宏观数据主要来自《中国卫生统计年鉴》,微观数据则使用了 2011 年、2013 年、2015 年三年 CHARLS 追踪调查数据,考察医疗保障对中老年家庭大病保障效果。

4.4.1 保障效果的评价指标和标准

一般来说,测量居民的医疗保障效果可以通过宏观指标和微观指标来进行,宏观指标主要根据国家卫生统计年鉴测算出相应的指标,它反映的是该国总体的保障情况。如果想了解具体人群的医疗保障效果则只能通过微观数据调查,从调查获得的数据来推断总体的医疗负担状况,一般来说,微观数据更能准确反映医疗负担的实际情况。

一、宏观指标

卫生总费用:卫生总费用(Total Health Expenditure)是以货币形式作为计量手段,全面反映一个国家或地区在一定时期内(通常为 1 年)全社会用于疾病预防、治疗、康复和健康教育等卫生服务所消耗的资金总额,它反映的是全社会对卫生事业的总体投入。

---

① 刘国恩、蔡春光、李林:《中国老人医疗保障与医疗服务需求的实证分析》,《经济研究》2011 年第 3 期,第 95—10 页、第 118 页。

卫生总费用占 GDP 的比例:一般来说,这一比例在发达国家比较高,在发展中国家则较低。以 2012 年为例,中国卫生总费用占 GDP 的比例为 5. 1%,而同一时期美国为 17%,日本为 10. 3%。从筹资来源角度将卫生总费用分为政府卫生支出(Government Health Expenditure)、社会卫生支出(Social Health Expenditure)、居民个人卫生支出(Out-of-Pocket Health Expenditure,OOP)三类。

政府卫生支出占财政支出的比例:政府卫生支出是指各级政府用于医疗卫生事业的预算支出,即政府对医疗卫生投入的钱,直接反映了各级政府对卫生事业和医疗保障的重视程度,对医疗卫生改革起着风向标的作用,比例越高,说明政府对医疗卫生事业越重视。以 2015 年为例,美国的该指标为 22. 6%,德国为 21. 4%,而中国为 10. 1%。

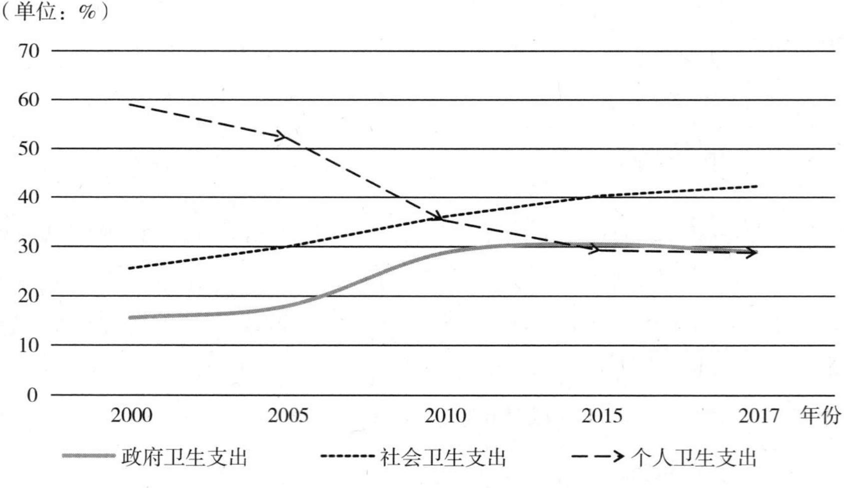

图 4-2　2000—2017 年卫生筹资结构的变化

自付费用占卫生总费用的比例:是指个人或家庭承担的医疗费用在整个医疗费用中的比例。这个指标主要反映卫生筹资结构,描绘了卫生政策投入的特征。该指标在宏观指标当中最能反映医疗保障效果,而官方的统计则把这一指标作为反映医疗负担的指标。图 4-2 显示了 2000 年以来我国卫生筹资结构的变化。一般而言,在既定医疗总费用不变的情况下,自付费用占卫生总费用的比例越低说明个人的医疗保障效果越好。从图 4-2 可以看出,我国卫生筹资结构在 2000 年以来发生了很大的变化,主要是个人出资的比例大幅下降,社会和政府卫生支出都明显增加。需要特别指出的是,筹资结构的变化与医疗负担并不一致。从图 4-1 可知,我国居民的医疗负担实际上在这一时期是持续增长的。

宏观指标对于认识医疗保障效果和进行国际比较具有非常重要的参考价值,但是它们只能反映全社会的总体情况,并不能反映具体人群、地区的居民医疗保障效果,因此,往往需要通过入户调查等方式,从微观上测量居民的医疗保障效果。

二、微观指标

2003 年世界卫生组织(WHO)提出灾难性医疗支出(Catastrophic Health Expenditure,CHE)标准及一组测量工具。灾难性医疗支出的发生一般以家庭为基本研究单位,因为消费支出在家庭成员之间具有一定的共享性和互补性,家庭成员生病,医药费不是由个人,而是由家庭成员共同承担。灾难性医疗支出的衡量,一般是家庭医疗支出等于或超过家庭收入或非食品支出等的一定比例。它的计算涉及两个指标:灾难性医疗支出的分子为家庭自付医疗费用,不仅包括扣除保险、救助等补偿后的医疗支出,还应该包括与健康相关的交通费、食宿费和营养费等间接医疗支出。而灾难性医疗支出的分母,衡量指标则存在一定的差异,可以用家庭总收入、总支出或家庭可支付能力[①]三类指标来衡量。[②] 家庭总收入数据因为获取困难,不能准确反应家庭生活水平,在实际研究过程中,学者一般采用家庭总支出来反映生活水平,因为从长期来看收入与支出维持在一个均衡水平,生活支出是依据收入进行的。有些学者提出更为可行的方法是将家庭总支出中的食品费用扣除,用剩下的可支付能力作为分母

① 家庭可支付能力是指家庭总消费支出扣除生存支出后的有效收入。其中家庭生存支出是指一个家庭满足基本生活保障的最低消费支出水平,用以食品支出为基础的贫困线来反映。(WHO,*The World Health Report*:*Research for Universal Health Coverage*,2013)

② 朱铭来、于新亮、王美娇、熊先军:《中国家庭灾难性医疗支出与大病保险补偿模式评价研究》,《经济研究》2017 年第 9 期,第 133—149 页。

来替换,因为食品费用支出具有一定的刚性,扣除食品支出后的可支付能力能较为准确地反映家庭的实际生活状况,本研究采用的分母为扣除食品费用的家庭可支付能力。

灾难性医疗支出的研究中,研究指标主要有灾难性医疗支出发生率和灾难性医疗支出平均差距、相对差距以及集中指数。[①] 建立变量 E_i ,表示是否发生 CHE,如果某一个家庭医疗花费超过家庭可支付能力的 40%,则令 $E_i = 1$,否则, $E_i = 0$。其计算公式如下:

$$E_i = \begin{cases} 0\, if \dfrac{T_i}{x_i - f_i} < z \\ 1\, if \dfrac{T_i}{x_i - f_i} \geqslant z \end{cases} \tag{4.1}$$

其中, T_i 为家庭年医疗费用支出, x_i 为家庭年消费性支出, f_i 为家庭食品支出, z 为设定的阈值,根据 WHO 的推荐标准,本研究中阈值确定为 40%。CHE 的发生率 H 表示发生 CHE 的家庭占全部家庭(N)的百分比,这个指标虽然能反映灾难性医疗支出的影响面,但是并不能反映发生灾难性医疗支出的影响程度,因此一般采用另外一个指标平均差距 O 来反映,它反映全社会所有家庭 CHE 的严重程度,而相对差距 MPO 则反映已经发生灾难性医疗支出家庭的严重程度,数值越大,冲击强度越强,陷入贫困的概率越大。相应的计算公式如(4.2)式、(4.3)式、(4.4)式所示。

$$H = \frac{1}{N}\sum_{i=1}^{N} E_i \tag{4.2}$$

$$O = \frac{1}{N}\sum_{i=1}^{N} E_i\left(\frac{T_i}{x_i - f_i} - z\right) \tag{4.3}$$

$$MPO = \frac{O}{H} \tag{4.4}$$

为了考察家庭灾难性医疗支出对不同经济水平家庭的不同影响,学界通常以家庭灾难性医疗支出的发生率和发生强度的集中指数(CI)来

① 方豪、赵郁馨、王建生、万泉、杜乐勋:《卫生筹资公平性研究——家庭灾难性卫生支出分析》,《中国卫生经济》2003 年第 6 期,第 5—7 页。

反映。当 $CI < 0$ 时,表示灾难性医疗支出发生在经济水平较低的受访家庭较多发生或强度更大;当 $CI = 0$ 表示灾难性医疗支出在贫富人群之间没有差异; $CI > 0$ 时,表示灾难性医疗支出在经济水平较高的受访家庭中较多发生或强度更大。H_h 与 O_h 分别代表,将受访家庭按照家庭总支出从小到大排列,达到整体受访家庭总支出之和一半时,该部分家庭灾难性医疗支出发生率与发生强度; T_H 与 T_O 分别代表整体受访家庭灾难性医疗支出发生率与发生强度。H^W 与 O^W 分别表示经过集中指数调整后的家庭灾难性医疗支出发生率与发生强度,经过调整后的灾难性医疗支出更能反映灾难性医疗支出的真实状况。家庭灾难性医疗支出发生率集中指数(CI_H)和发生强度集中指数(CI_O)由(4.5)式、(4.6)式计算得出。

$$CI_H = 1 - H_h / T_H \quad H^W = H(1 - CI_H) \tag{4.5}$$

$$CI_O = 1 - O_h / T_O \quad O^W = O(1 - CI_O) \tag{4.6}$$

因病致贫率:由于自付医疗费用支出而导致的贫困率的增加,数值越大,说明医疗负担越重。贫困线设定于日收入水平低于当地设定的阈值的水平,对于那些生活在贫困线附近的人来说,很小的自付费用就可以使他们掉到贫困线之下。

因病致贫深度:由于自付医疗费用的支出而导致的贫困人口消费或支出低于贫困线的程度,数值越大,反映遭受医疗负担打击越重。

由于经济困难应住院而未住院率:因经济原因选择放弃治疗的人数占应住院人数的比重。

由于经济困难而提前出院率:部分患者由于经济能力差不得不提前结束治疗占总出院率的比重。

4.4.2　中国居民医疗负担的现状

一、宏观指标

2009 年新医改以来,我国医疗卫生事业取得了重大进展。在卫生服务体系方面硬件资源快速增长,医疗服务设施有了根本的改善。在医疗保障体系方面,取得的成就更为巨大,我国已经建立起了覆盖城乡的全民医疗保障体系，编织起全世界最大的医疗保障网。卫生总费用占 GDP 的比重持续增长，政府卫生支出从 2009 到 2017 年增加了 3.2 倍，政府卫生支出占财政支出的比例由 2009 年的 6.31%增加到 2016 年的 7.41%，个人卫生支出占卫生总费用支出的比例由 2009 年的 37.5%下降到 2017 年的 28.8%，这些成就的取得都与政府的重视和加入 WTO 后我国经济的迅速增长密切相关。然而在取得成就的同时也要注意到居民医疗负担的减轻近年来成效并不是很明显，特别是农村居民的医疗负担反而越来越重，从 2009 年占消费比重的 7.2%增加到 2016 年的 9.2%（见表 4-1），城镇居民的医疗负担虽然有所回落，但是近年来有进一步上升的趋势，总体来说，保障效果并没有因为卫生费用投入的增加而显著增强。

表 4-1　中国卫生总费用及支出结构占比

年份	卫生总费用（亿元）	卫生总费用占 GDP 的比例（%）	政府卫生支出（亿元）	政府卫生支出占财政支出的比例（%）	个人卫生支出占卫生总费用的比例（%）	城镇居民卫生支出（亿元）	城镇居民卫生支出占消费比重（%）	农村居民卫生支出（亿元）	农村居民卫生支出占消费比重（%）
2009	17541.9	5.08	4816.26	6.31	37.50	856.4	7.0	287.5	7.2
2010	19980.4	4.89	5732.49	6.38	35.30	871.8	6.5	326.0	7.4
2011	24345.9	5.03	7464.18	6.83	34.80	969.0	6.4	436.8	8.4
2012	28119.0	5.26	8431.98	6.69	34.30	1063.7	6.4	513.8	8.7
2013	31668.9	5.39	9545.81	6.83	33.90	1136.1	6.1	668.2	8.9
2014	35312.4	5.55	10579.23	6.98	31.99	1305.6	6.5	753.9	9.0
2015	40974.6	6.05	12475.28	7.10	29.27	1443.4	6.7	846.0	9.2
2016	46344.9	6.22	13910.31	7.41	28.78	1630.8	7.1	929.2	9.2
2017	51598.8	6.20	15517.30	7.48	28.80	1784.5	7.3	1062.5	9.7

资料来源：国家卫生和计划生育委员会、国家中医药管理局，由 EPS DATA 整理。

二、微观指标

本研究的数据来自中国健康与养老追踪调查（China Health and Retirement Longitudinal Study，CHARLS），它是对中老年人进行的一项调查，调查对象是随机抽取的家庭中 45 岁及以上的人。选用该数据的原因是该套调查数据里有比较详细的医疗费用信息、家庭医疗费用信息和家庭可支付能力等信息，符合本研究的数据分析要求。该调查由北京大学国家发展研究院主导实施，2011—2012年开展基线调查，以后每两年追踪一次，主要调查受访者个人及家庭成员的健康、家庭收入、支出等方面的情况，目前在全国范围内已进行了三次。调查采用多层随机抽样，首先在全国所有的县级单位中随机抽取150个县/区，每个样本县/区中随机抽取3个村/社区，每个村/社区目标样本为24户家庭，并根据适龄率确定初次抽样数。CHARLS项目于2011—2012年成功访问了10257户家庭的17708人，2013年访问10624户家庭的18605人，2015年访问了13299户家庭的21098人。由于CHARLS数据在调查医疗费用使用情况时，分别对过去一个月门诊、过去一年的住院费用以及过去一个月自我治疗的情况分别进行调查，采用简单相加显然不能作为一年医疗费用的替代，因为调查的单位并不相同。如果采用家庭支出中的医疗费用支出虽然能知道一年内的家庭总医疗费用，但是又不能确定具体报销的费用，因为前后的数据有很大的不一致性。但是考虑到医疗保障主要是针对大病进行保障，本研究只对住院治疗（大病）的保障效果进行研究。出于研究目的的需要，去除没有住院费用信息、报销信息及家庭消费信息的样本量，最终确定了2011年的312户家庭、2013年的520户家庭及2015年的636户家庭作为本研究分析的数据。

在借鉴前人研究的基础上，本研究选取的个体特征变量有性别、年龄、婚姻状态、文化程度、有无慢性病、有无残疾、有无住过院等，选取的社会特征变量有区域、居住地、保险类型、家庭人口数、家庭医疗花费（如果一个家庭两个人都生病则直接相加各自的医疗费用）、家庭可支付能力等变量。在数据处理过程中，婚姻状态有7个值，本研究将其分为有配偶与没有配偶两类；教育水平共有11个值，本研究将其简化处理为4类，分别是小学以下、初中、高中及大专以上。社会特征变量中，依据ID编码，提取出东部、中部和西部等区域变量；依据居住地划分为城市和农村两类；在保险类型当中，把公费医疗保险与城镇职工基本医疗保险进行合并，统一称为城镇职工基本医疗保险，把城镇居民基本医疗保险、新型农村合作医疗和城乡居民基本医疗保险统一合并为城乡居民基本医疗保险，另外把商业医疗保险及其他类型的医疗保险统一并到其他保险里，最后把没有任何医疗保险的归为单独一类；收入分类则依据家庭可支付能力从低到高排列，然后按照人数五等分。具体各变量的描述性统计参见表4-2。

表4-2　变量的界定及描述性统计

变量	变量的赋值	2011年	2013年	2015年
样本量		312	520	636
个体特征变量				
性别	0=女，1=男	0.53	0.49	0.47
年龄	连续性变量	63.87	62.92	63.70
婚姻状态	0=无配偶，1=有配偶	0.85	0.86	0.87
文化程度	1=小学及以下，2=初中 3=高中，4=大专及以上	1.44	1.36	1.43
有无慢性病	0=无，1=有	0.94	0.85	0.80
有无残疾	0=无，1=有	0.27	0.41	0.49
社会特征变量				
区域	0=东部，1=中部，2=西部	1.16	1.23	1.15
居住地区	0=城市，1=农村	0.74	0.57	0.65
保险类型	0=没有保险，1=职工医保 2=城乡医保，3=其他保险	1.76	1.80	1.69
家庭支付能力	连续性变量	24013	23624	29040
家庭总医疗费用	连续性变量	14139	18912	21105
家庭自费医疗费用	连续性变量	7891	9311	11289
实际补偿比	连续性变量	0.37	0.45	0.45

注：(1)具体数值都为均值；(2)数据从CHARLS数据整理得来。

从表4-2可以看出，除家庭支付能力、家庭总医疗费用及家庭自费医疗费用外，其他指标大体相同。家庭支付能力五年间增长21%，而医疗总费用和家庭自费医疗费用却在五年间分别增长49%和43%，远高于家庭实际支付能力的增长，这就从微观上得出中老年家庭的医疗负担并没有随着筹资水平的大幅增加而降低，反而医疗负担越来越重，老百姓的安全感和幸福感并没有增强。从住院率来看，2011 年中老年人的住院率为 9.06%，2013 年和 2015 年分别为 13.09%和 13.33%，对于住院率上升的现象，有两种可能的解释，一方面可能是医疗保险促进了卫生资源的使用，另一方面可能是人口老龄化的自然结果。从住院次数来看，几乎没有发生太大变化（分别为 2.76 次、2.81 次和 2.62 次），也就是说医疗保险的出现并没有大幅提升住院的次数。从医生建议住院而未住院的比例来看，2011 年为 4.40%，2013 年为 6.49%，2015 年为 5.68%；而在所有未住院的原因当中，由于经济困难而未住院的比例在 2011—2013 年分别为 60.76%、56.28%和 52.55%；另外，从因经济原因而提前出院的比例来看，2011 年为 62.75%，2013 年为 56.15%，2015 年为 51.70%。虽然相应的比例都在逐年降低，说明医疗保险确实有一定的功效，但是依然有超过半数的人未住院或提前出院是由于经济本身的问题，这与 WHO2013 年所提出的不因经济困难而得不到基本的治疗的全民覆盖依然有一定的差距。

为了进一步考察中老年人群大病保障效果，我们仅对住院人群进行灾难性医疗支出分析。从表 4-3 可以看出灾难性医疗支出的情况。从灾难性医疗支出的发生率来看，住院群体的总发生率在 2011—2015 年间持续增加，2015 年虽然有所回落，但是也仅回落 0.03 个百分点；从平均差距来看，也是逐年递增，且速度增长较快；从 MPO 来看，数值越来越大，说明受到灾难性医疗支出冲击的强度越来越强。因此，基本上可以看出，在微观调查当中，灾难性医疗支出各项指标都有所增加，说明对于住院的中老年人来说，医疗负担越来越重，医疗保障效果至少在 2011—2015 年并没有持续改善。

表 4-3　住院人群 CHE 情况

年份	调查数（户）	医疗总费用（元）	自费（元）	家庭可支付能力（元）	CHE	O	MPO
2011	313	14139	7891	24013	0.380	0.42	1.10
2013	520	18912	9311	23625	0.412	0.52	1.27
2015	636	21105.4	11290	29040	0.409	0.57	1.39

注：数据从 CHARLS 数据整理得来。

如果按照保险类型来考察灾难性医疗支出的发生率,从表 4-4 可以看出,除城镇居民医疗保险外,其他三类都是呈现先上升,后略微下降的趋势,总体来看农村的灾难性医疗支出要高于城市,保障待遇越好,则灾难性医疗支出发生的比例就越小,但是 2015 年无任何医疗保险的灾难性医疗支出发生率最低,从中也证实了逆向选择问题的存在,即自认为身体素质好的个体往往不选择参加医疗保险。具体来看,无保险群体面临的风险总体波动非常大,城镇职工医疗保险的灾难性医疗支出发生率基本上比较平稳,城镇居民医疗保险的发生率有略微上升的趋势,新农合的灾难性医疗支出先上升后略微下降。

表 4-4　按照保险类型的灾难性医疗支出发生率

(单位:%)

年份	无保险	城镇职工基本医疗保险	城镇居民基本医疗保险	新型农村合作医疗
2011	0. 5455	0. 2951	0. 3333	0. 3954
2013	0. 8000	0. 3373	0. 3333	0. 4962
2015	0. 3148	0. 3186	0. 3928	0. 4372

注:数据从 CHARLS 数据整理得来。

如果从因病致贫情况来看,从表 4-5 可以看出,2011—2013 年因病致贫率飞速增长,说明这段时间内医疗费用增长迅猛,2015 年略微下降,但是从因病致贫深度来看,有先迅速下降后又略微上升的趋势。总的说来,近年来因病致贫的广度有所增加,深度迅速下降,但是有进一步上升的趋势。

表 4-5　因病致贫情况

	2011 年	2013 年	2015 年
因病致贫率(%)	15. 0%	46. 5%	45. 1%
因病致贫深度(元)	3159	2258	2565

注:数据从 CHARLS 数据整理得来。

为了测算灾难性医疗支出在不同收入水平的家庭之间的分布，本研究依据前文的定义测算了灾难性医疗支出的集中指数。从表 4-6 可以看出，CI_H 三年数据都为负，表明灾难性医疗支出主要发生在经济水平比较低的家庭，但是从 CI_O 来看都为正，表明差距主要发生在经济水平较好的家庭；从调整后的灾难性医疗支出的发生率和发生强度的趋势来看，灾难性医疗支出略微上升，而发生的强度持续攀高。换言之，集中指数调整后，灾难性医疗支出发生率在贫困的人群当中更高，但是冲击的强度则是富人大于穷人。总之，三年的微观数据显示灾难性医疗支出无论是发生率和发生强度都没有改善，甚至有恶化的趋势。

表 4-6　灾难性医疗支出的集中指数

年份	CI_H	CI_O	H^W	O^W
2011	-0. 050	0. 14	0. 40	0. 36
2013	-0. 014	0. 10	0. 42	0. 47
2015	-0. 027	0. 07	0. 42	0. 53

注：数据从 CHARLS 数据整理得来。

早在 2005 年 WHO 的一项研究表明，当 OOP 低于家庭可支配收入的 15%时，该家庭受灾难性医疗支出的影响较小。结合 WHO 对灾难性医疗支出的定义，可以确认 OOP 与家庭可支配收入的 15%—40%为个人负担的合理标准。[①] 因此，我们以上述研究成果为起点，测算出如果要达到 WHO 推荐的理论标准，需要达到的报销比例。在本研究中，我们把 OOP 占家庭可支配收入的 15%定义为上线补偿比例，把 40%定义为下线补偿比例，换言之，上线补偿比例就是把家庭的医疗支出严格限定在家庭实际可支付能力的 15%所对应的补偿比例，而下线补偿比例就是把家庭的医疗支出严格限定在 40%所对应的补偿比例。从表 4-7 可以看出，无论是上线补偿比例还是下线补偿比例，中老年群体的实际补偿比例都远远不

---

① 孙翠、周绿林、刘石柱：《医疗保障水平测定方法研究》，《中国卫生经济》2011 年第 11 期，第 52—54 页。

能达到，因此，为了进一步达到 WHO 所提出的保障效果，可以采取两种思路进行治理：一种是在控制总医疗费用的前提下提高待遇的补偿水平；另一种思路是在既定的报销比例前提下，努力控制总医疗费用的增长，或者两者同时进行改革，才能进一步减轻中老年人群的医疗负担。

表 4-7 达到 WHO 保障标准的理论补偿水平

年份	实际补偿比例	上线补偿比例	下线补偿比例
2011	37%	84.3%	58.2%
2013	45%	86.9%	65.1%
2015	45%	87.1%	65.7%

注：数据从 CHARLS 数据整理得来。

4.4.3 结论

本章在对我国医疗保障制度梳理的基础上，通过宏观和微观两个方面来对我国医疗保障制度的效果进行评价，得出如下基本结论：各项医疗保障政策对于缓减居民医疗负担方面的作用并不明显。宏观数据显示，尽管国家的卫生投入连年加大，个人筹资比例也连年增加，但是我国居民的医疗负担却持续加重。微观方面的数据也同样证实了，我国灾难性医疗支出的发生率和发生强度在 2011—2015 年间并没有得到根本缓减，集中指数表明灾难性医疗支出发生率在贫困人群当中更高，但是冲击的强度则是富人大于穷人。因此，如何切实减轻居民的医疗负担问题，还需要进一步深入研究。

5

社会保障权益与分配的公平性

王增文

5.1 医保整合对城乡中老年人群医疗权益公平性的影响

阿马蒂亚·森指出"健康是人类实现其他可行能力的必要基础"①。医疗服务作为疾病的事后干预措施,是保障健康的最后一道"安全网",医疗服务利用的均等化也是保障健康平等的重要途径。中国自改革开放以来,医疗行业发展迅猛,在追求效率和发展速度的同时,医疗资源的分布与配置以及医保的保障力度出现城乡"剪刀差",由此引发医疗服务利用不均等的城乡差异。据统计显示②,"2012 年我国城镇居民人均医保支出约是农村居民的 3 倍,近年来呈现逐步扩大的趋势"。医疗服务利用的城乡不均等直接影响农村居民对改革发展成果的获得感,特别是当前中国正处于社会经济转型期,各种社会矛盾涌现,城乡差距的拉大将对社会的稳定与发展产生严重威胁。为此,学界开始关注如何消除医疗服务利用的城乡差异,中国政府试图通过医保的城乡整合实现医疗服务利用的均等化。在这一情形下,检验城乡医保整合能否缓解和消除医疗服务利用的不均等,成为一个时代性的课题。

现有研究显示,医疗领域的不均等在世界范围内广泛存在。除了国家间的不均等以外,医疗服务利用在某一国家内部还存在着区域以及城乡间的不均等③④。由于国家、区域之间经济、社会文化以及具体医保制

---

① [印]阿马蒂亚·森(Amartya Sen):《以自由看待发展》,任赜、于真译,中国人民大学出版社 2002 版,第 88—100 页。

② 数据来源于《中国统计年鉴》。

③ Wang Y.,Wang J.and Elizabeth,M.et al.,"Growing Old before Growing Rich:Inequality in Health Service Utilization among the Mid-Aged and Elderly in Gansu and Zhejiang Provinces,China", *BMC Health Services Research*,2012,12(2),pp.2-11.

④ Yan,K,Jiang Y.and Qiu J.etal.,"The Equity of China's Emergency Medical Services from 2010-2014",*International Journal for Equity in Health*,2017,16(1).

度的差异,导致医疗领域不均等的影响因素也不尽相同。既有研究中,学者们最初仅从收入这一单一维度考察了其对不均等的影响,结果显示,无论发达国家还是发展中国家的医疗资源配置均存在“亲富性”(pro-wealth),出现了医疗服务行业中的利益转移问题[①②③]。在此基础上,也有学者将收入以外的其他社会经济因素考虑在内,发现受教育水平、医疗资源的供给均会影响医疗服务利用的不均等[④⑤]。此外,医保作为当前医疗服务的主要支付体系,目前有关医保对医疗服务利用不均等的影响尚未达成一致,并存在三种截然不同的结论:一是医保政策的实施有效缩小了医疗服务利用的差距[⑥⑦];二是医保未能缓解医疗服务利用的不均等[⑧⑨];还有学者发现医保政策的实施不仅没有缩小差距,反而扩大了医疗服务利用的不均等[⑩⑪]。

---

① Doorslaer, E.V., Wagstaff, A.and Han, B.et al., “Income-Related Inequalities in Health: some International Comparisons.”, *Journal of Health Economics*, 1997, 16(1), pp.93-112.

② Nunez, A., & Chi, C., “Equity in Health Care Utilization in Chile”, *International Journal for Equity in Health*, 2013, 12(1), pp.2-16.

③ Kim, C., Saeed, K.M.A.and Salehi, A.S.et al., “An Equity Analysis of Utilization of Health Services in Afghanistan Using A National Household Survey”, *Bmc Public Health*, 2016, 16(1226), pp.2-11.

④ Bobo F.T.and Elias A.Y.et al., “Inequities in utilization of reproductive and maternal health services in Ethiopia”, *International Journal for Equity in Health*, 2017, 16(5), pp.1-8.

⑤ 熊跃根、黄静:《我国城乡医疗服务利用的不平等研究——一项于 CHARLS 数据的实证分析》,《人口学刊》2016 年第 6 期,第 62—67 页。

⑥ Li J., Shi L.and Liang H.et al., “Urban-Rural Disparities in Health Care Utilization among Chinese adults from 1993 to 2011”, *BMC Health Services Research*, 2018, 18(102), pp.2-9.

⑦ 马超、顾海等:《补偿原则下的城乡医疗服务利用机会不平等》,《经济学季刊》2017 年第 4 期,第 29—56 页。

⑧ Yiengprugsawan, V., Carmichael, G.A.and Lim, L.et al., “Explanation of Inequality in Utilization of Ambulatory Care before and after Universal Health Insurance in Thailand”, *Health Policy & Planning*, 2011, 26(2), pp.105-114.

⑨ Zhou Z., Zhu L.and Zhou, Z.et al., “The Effects of China's Uurban Basic Medical Insurance Schemes on the Equity of Health Service Utilization: Evidence from Shaanxi Province”, *International Journal for Equity in Health*, 2014, 13(1), pp.1-11.

⑩ 解垩:《与收入相关的健康及医疗服务利用不平等研究》,《经济研究》2009 年第 2 期,第 92—105 页。

⑪ Cai J., Coyte, P.C.and Zhao H., “Decomposing the Causes of Socioeconomic-Related Health Inequality among Urban and Rural Populations in China: A New Decomposition Approach”, *International Journal for Equity in Health*, 2017, 16(1), pp.2-14.

在资本的原始积累阶段,中国医疗保障制度的顶层设计嵌入了"泛经济化"倾向,加之医保发展过程中存在碎片化管理的路径依赖,引发了医疗服务资源的城乡"剪刀差"。既有研究认为,城乡收入差距、医保的碎片化管理[①]以及城乡医疗保障待遇差异成为城乡医疗服务利用不均等的主要因素[②][③][④]。当前中国政府正积极推进城乡医保整合[⑤],试图通过打破城乡医保界限推动城乡医疗服务利用的均等化。针对这一举措,现有理论和实证分析发现,产生的正向影响效应体现为城乡医保统筹有效促进了城乡医疗保障的公平性[⑥];负向影响效应体现为城乡居民医保未显著提升医疗服务利用水平[⑦],医疗保障待遇仍存在显著的区域差异[⑧]。

综上所述,现有研究较为全面地分析了社会经济因素对医疗服务利用不均等的影响,并通过集中指数、泰尔指数等方法对医疗服务利用的不均等程度进行了量化。有关研究通过剖析中国的城乡发展差异以及医保的模块化管理,深刻揭露了中国城乡医疗服务利用不均等背后的深刻原因,为本部分研究提供了重要的借鉴意义。但有关中国医保与医疗服务利用均等化的研究大多还停留于原有的医保项目,对于当前的城乡医保整合,多数研究只集中于对整合路径、制度目标和保障能力等的理论分

---

① 中国的城镇地区实行城镇职工医保和城镇居民医保,二者均由人社部管理。二者差别在于:城镇职工医保的参保群体为企事业单位职工;城镇居民医保参保群体为城镇非从业人员、学生和儿童。中国农村地区则实行新农合制度,参保群体为农村居民。新农合在药品目录和报销疾病种类以及医疗服务设施等方面均不及城镇职工医保和城镇居民医保。

② 刘晓婷、黄洪:《医疗保障制度改革与老年群体的健康公平——基于浙江的研究》,《社会学研究》2015 年第 4 期,第 94—117 页。

③ Meng Q., Fang H. and Liu X. et al., "Consolidating the Social Health Insurance Schemes in China: towards An Equitable and Efficient Health System", *Lancet*, 2015, 386(2), pp.1484-1492.

④ 马超、赵广川等:《城乡医保一体化制度对农村居民就医行为的影响》,《统计研究》2016 年第 4 期,第 78—85 页。

⑤ 目前的城乡医保整合只涉及新农合与城镇居民医保,而未涉及城镇职工医保。

⑥ 顾海、孙军等:《统筹城乡医保制度绩效研究》,《东岳论丛》2016 年第 10 期,第 37—43 页。

⑦ 刘小鲁:《中国城乡居民医疗保险与医疗服务利用水平的经验研究》,《世界经济》2017 年第 3 期,第 171—194 页。

⑧ Wu Y., Zhang L. and Liu X. et al., "Geographic Variation in Health Insurance Benefits in Qian Jiang District, China: A Cross-Sectional Study", *International Journal for Equity in Health*, 2018, 17(1), p.20.

析,鲜有有关其对医疗服务利用均等化的实证分析。虽然 Wu Yue 等研究了新型农村合作医疗(以下简称"新农合")与城镇居民基本医疗保险(以下简称"城居保")整合后医保待遇的地区均等化,但也仅限于中国钱江地区,研究区域的过小也影响了研究结果在全国范围内的代表性。

为此,本章在现有研究基础上进一步分析城乡医保整合是否有效促进了城乡医疗服务利用的均等化,并基于以下步骤进行:

第一,利用卡方检验比较三大医疗保障制度覆盖人群的医疗服务利用及其影响因素的差异。鉴于城乡居民医保是由新农合与城居保整合而来,且医疗服务利用主要受健康状况以及社会经济因素的影响。而影响因素的群体差异,特别是社会经济因素的差异会导致医疗服务利用的不均等。通过比较不同项目参保人群间的差异,可观测是否存在医疗服务利用的不均等。

第二,通过集中指数对医疗服务利用不均等进行量化。卡方检验初步检验了不同参保群体的特征差异,然后通过集中指数进一步测出实际的不均等程度。并将新农合、城居保的集中指数与城乡居民基本医疗保险(以下简称"城乡居民医保")相比较,来考量城乡居民医保整合是否改善了医疗服务利用不均等的状况。

第三,采用二元 logistic 回归模型分析城乡居民医保对医疗服务利用率的影响。医保通过促进不同群体(特别是弱势群体)的医疗服务利用来改善不均等状况。在量化不均等的基础上,观察城乡居民医保是否减轻了门诊和住院服务利用不足的状况,以对城乡医保整合的效果进行检验。

5.1.1 理论分析、方法与实证模型

一、理论分析

依据需求价格弹性理论,正常情况下,当弹性商品或服务的价格下降时,其需求量上升。在医疗领域,除重症疾病或急性病的医疗服务需求价格弹性较小外,其余病症的医疗服务需求价格弹性较大。医疗保险通过报销一定比例的医疗费用降低患者面临的医疗服务价格,增加医疗服务利用率。一般情形下,农村人群的医疗支出占其可支配收入的比重较大,相比城市人群,农村人群对医疗服务的价格变动更为敏感,受医保政策的

影响更大。整合后的城乡居民医保遵循“待遇就高不就低、目录就宽不就窄”的原则,意味着其对医疗费用的补偿力度进一步加大,参保人群面临更低的医疗服务价格,进而促进农村人群(特别是低收入群体)的医疗服务利用率,改善城乡医疗服务利用不均等的现状。

二、方法与实证模型

首先,本研究通过卡方检验比较三大医疗保障制度[①]覆盖人群在医疗服务利用以及其他变量特征方面是否存在显著差异。

其次,为分析医疗服务利用差异的合理性,本研究采用集中指数[②](Concentration Index)测量医疗服务利用是否存在着不均等。集中指数可量化与社会经济特征相关的医疗服务利用不均等,反映医疗服务利用在不同社会经济群体中的分布变化。集中指数可通过下列方程得出:

$$C = 2/\mu cov(y_i, r_i) \tag{5.1}$$

其中,C 为集中指数,y_i 表示个体 i 的健康状况,r_i 为个体 i 收入的分数排名,μ 为健康状况的均值。集中指数的取值可通过集中曲线[③]来解释,集中曲线如图 5-1 所示。

其中,X 轴表示按社会经济地位由低到高排序的人口累计百分比,Y 轴表示以各社会经济阶层医疗服务利用指标人数的累积百分比,L 为集中曲线,45 度对角线为平等线。集中指数的取值范围为-1 到 1,若集中曲线与 45 度线重合,则集中指数为 0,此时不存在与社会经济特征相关的不平等;若集中曲线落在 A 区域,集中指数为正值,此时存在“亲富性”的医疗服务不均等;落在 B 区域则与之相反。

最后,依据测量的医疗服务利用不均等程度,为进一步分析城乡医保整合在其中发挥的作用,本章在控制个体人口学特征、医疗需要、居住地区和家庭人均收入的基础上,运用二元 logistic 回归模型分析参加城乡居

① 三大医疗保障制度分别指城镇居民基本医疗保险、新型农村合作医疗以及二者合并后的城乡居民基本医疗保险。

② 除集中指数外,衡量健康和医疗服务利用不平等的方法还包括基尼系数、泰尔指数、极差法和差别指数法等。

③ 集中曲线最早由 wagstaff 提出,用以度量不同社会经济特征导致的健康分布差异。

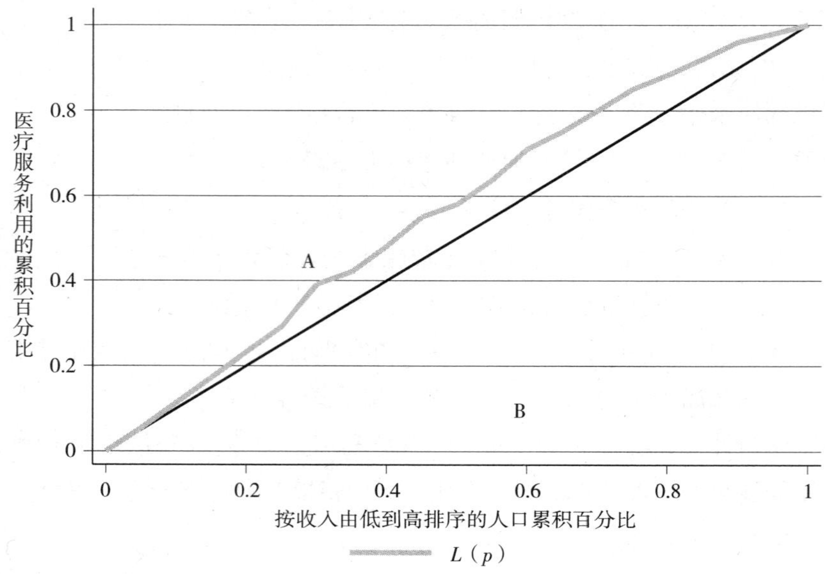

图 5-1　集中曲线图

民医保对医疗服务利用的影响,建立的回归方程模型如下:

$$\ln\left(\frac{p}{1-p}\right)=\alpha+\sum_{i=1}^{m}\beta_i x_i+\varepsilon_i \qquad (5.2)$$

其中,p 代表医疗服务利用率,x_i 表示自变量,包括是否参加城乡居民医保以及性别、年龄、婚姻等一系列控制变量,β_i 为自变量的系数,ε_i 为随机误差项。最后,进一步比较三大医疗保障制度下医疗服务利用的不平等程度,以分析新农合与城居保整合是否缓解和消除了医疗服务利用的城乡不平等。

5.1.2　数据来源与变量选取

一、数据来源

本研究所用数据为 2015① 年中国健康与养老追踪调查数据,该数据

① 虽然中国政府于 2016 年正式在全国范围内推进城乡居民基本医疗保险的整合,但在此之前,部分省份已先行试点,截止到 2014 年,天津、青海、广东、宁夏等七省市已完成城镇居民基本医疗保险和新型农村合作医疗的统一。

采用了成比例概率抽样方法(pps),针对全国28个省的150个县和450个社区展开调查,覆盖了中国东、中、西部地区大约1.2万户家庭和2.3万受访者,拥有较好的样本代表性。鉴于当前城乡医保整合仅限于新农合与城居保的合并,为分析其对城乡医疗服务利用均等化的影响,本章将研究人群限定为拥有新农合或城镇居民医保以及参加城乡居民医保的人群,剔除了拥有其他医疗保险或未参加任何医疗保险的人群,最终共有14325个样本进入本章研究范围。

二、变量的选取

一般情形下,医疗服务利用包含门诊服务和住院服务。本章基于所选数据特点,选取"过去一个月的门诊就诊率"和"过去一年的住院率"作为衡量医疗服务利用的指标;同时,本章的因变量又加入了"应就诊而未就诊率"和"应住院而未住院率",以分析城乡医保整合是否有效缓解了医疗服务利用不足的状况。本章的自变量为"是否参加城乡居民医保"①,控制变量包含了人口学特征、医疗服务需要、居住地区和收入变量,具体变量定义可见表5-1。

表5-1 变量描述

变 量	定 义	均值	样本量
医疗服务利用率			
月门诊服务利用率	过去一个月是否看过门诊:是=1;否=0	0.199	14314
年住院服务利用率	过去一年是否住过院:是=1;否=0	0.133	14316
医疗服务利用不足			
门诊服务利用不足	过去一个月是否有应就诊而未就诊的状况:是=1;否=0	0.776	1736
住院服务利用不足	过去一年是否有应住院而未住院的状况:是=1;否=0	0.059	14317
自变量			
城居保	参加了城镇居民基本医疗保险:是=1;否=0	0.041	14298

① CHRLS数据库针对被访者个人设置了'您是否参加了城乡居民医保"的问题,这也是其他诸如CHNS数据库所不具备的。

续表

变　量	定　义	均值	样本量
新农合	参加了新型农村合作医疗:是=1;否=0	0.553	14321
城乡居民医保	参加了城乡居民基本医疗保险:是=1;否=0	0.412	14212
性别	男性=1;女性=0	0.466	14325
年龄	若45=<年龄<60,则年龄=1;若年龄>=60,则年龄=0	0.497	14325
婚姻状况	已婚/同居=1;单身/离异/丧偶=0	0.869	14325
受教育水平	文盲=0;小学=1;初中/高中=2;大专及以上=3	1.406	14325
自评健康状况	非常好=1;很好=2;好=3;一般=4;差=5	3.852	13567
是否患有慢性病	至少患有一种慢性病;是=1;否=0	0.766	14325
城乡	居住在城镇地区;是=1;否=0	0.306	14325
地区	东部地区=0;中部地区=1;西部地区=2	1.005	14325
家庭人均年收入	家庭年总收入与家庭人口数的比值	7082.091	14325

5.1.3　统计性分析与实证结果

一、描述性统计与卡方检验

首先,本章列举了所选样本的描述性统计结果。如表5-1所示,样本人群中,有41.2%的人参加了城乡居民基本医疗保险①,门诊服务和住院服务利用率分别为19.9%和13.3%。应就诊而未就诊的比率达到了77.6%,应住院而未住院的比率为5.9%。医疗服务利用主要受健康状况和社会经济因素的影响,影响因素的差异会导致医疗服务利用水平的不同。其次,本章通过卡方检验比较了城居保、新农合以及城乡居民医保参保人群的医疗服务利用率及其影响因素的差异。如表5-2所示,“三大

① 由于中国的城乡医保一体化以县、区为单位进行试点,在本研究样本人群中,如果一个社区内有居民参加了城乡居民医保,则认定该社区的其他居民同样参加了城乡居民医保。城乡居民医保政策的实施不同于新农合以及城镇居民医保,后两者在政策实施后,居民可自愿选择是否参保,这一情形下出现许多未参保人群。但城乡居民医保的参保者在此之前已经参加了新农合或城镇居民医保,所以城乡医保一体化一旦在某一地区实施,该地区凡是拥有新农合或城镇居民医保的将自动转为城乡居民医保。

保险”参保人群的门诊就诊率相差甚微。其中，新农合的门诊服务利用率最高，达到了20.2%，最低的城镇居民医保为18.35%。但住院服务利用率则存在显著差异。其中，城镇居民医保的住院服务利用率为17.06%，新农合与城乡居民医保分别为12.92%和13.37%。在城乡医保整合之后的参保人群中，仍有约80%的人群存在门诊服务利用不足，5%的人群存在住院服务利用不足的状况。除此之外，三大保险参保人群的健康状况、性别、受教育水平和收入也存在显著差异。

表5-2　“三大保险”参保人群特征的卡方检验

Variables	NCMI	URMI	URRMI	c^2	p
因变量					
门诊服务利用率	1576(20.20%)	100(18.35%)	1133(19.65%)	1.504	0.472
住院服务利用率	1007(12.92%)	93(17.06%)	772(13.37%)	7.715	0.021
门诊服务利用不足比率	700(75.19%)	63(91.3%)	561(79.91%)	12.777	0.002
住院服务利用不足比率	497(6.37%)	4[illegible](7.52%)	301(5.21%)	10.507	0.005
因变量					
性别				21.7	<0.001
女性	4127(52.9%)	344(63.12%)	3067(53.09%)		
男性	3675(47.10%)	20[illegible](36.88%)	2710(46.91%)		
年龄				0.054	0.973
45—60岁	3874(49.65%)	268(49.17%)	2871(49.7%)		
60岁以上	3928(50.35%)	277(50.83%)	2906(50.3%)		
婚姻状况				4.46	0.108
已婚/同居	6782(86.93%)	458(84.04%)	5039(87.23%)		
单身/离异/丧偶	1020(13.07%)	87(15.96%)	738(12.77%)		
受教育水平				131.686	<0.001
文盲	1973(25.29%)	57(10.46%)	1256(21.74%)		
小学	2702(34.63%)	148(27.16%)	2014(34.86%)		
中学	1497(19.19%)	175(32.11%)	1219(21.1%)		
大专以及以上	1630(20.89%)	165(30.28%)	1288(22.3%)		
自评健康状况				22.421	0.004

续表

Variables	NCMI	URMI	URRMI	c^2	p
非常好	91(1.23%)	8(1.59%)	78(1.43%)		
很好	775(10.48%)	49(9.74%)	642(11.74%)		
好	811(10.96%)	74(14.71%)	619(11.32%)		
一般	3989(53.92%)	280(55.67%)	2960(54.13%)		
差	1732(23.41%)	92(18.29%)	1169(21.38%)		
是否患有慢性病				10.239	0.006
至少患有一种慢性病	6031(77.30%)	434(79.63%)	4351(75.32%)		
未患有慢性病	1771(22.70%)	111(20.37%)	1426(24.68%)		
城乡				1100	<0.001
城镇	1918(24.58%)	493(90.46%)	1944(33.65%)		
农村	5884(75.42%)	52(9.54%)	3833(66.35%)		
地区				213.2	<0.001
东部地区	2426(31.09%)	70(12.84%)	2197(38.03%)		
中部地区	2545(32.62%)	272(49.91%)	1870(32.37%)		
西部地区	2831(36.29%)	203(37.25%)	1710(29.6%)		
家庭人均年收入				247.677	<0.001
一档	1535(19.67%)	161(29.54%)	1107(19.16%)		
二档	1790(22.94%)	49(8.99%)	1007(17.43%)		
三档	1664(21.33%)	54(9.91%)	1096(18.97%)		
四档	1476(18.92%)	116(21.28%)	1238(21.43%)		
五档	1337(17.14%)	165(30.28%)	1329(23.01%)		

二、医疗服务利用不均等的测度

医疗服务利用的差异一定程度上蕴含了医疗服务利用的不均等，为测度其中的不均等程度，本章引入了集中指数这一指标。表 5-3 中的集中指数显示了三大医疗保障门诊和住院服务利用的不均等程度，从中可看出，城乡医保整合之后仍存在医疗服务利用的不均等。从门诊服务的角度看，城乡医保整合使门诊服务由“亲穷性”（pro-poor）转为“亲富性”

(pro-wealth)，加剧了门诊服务利用的不均等程度；从住院服务的角度看，整合后的城乡居民医保存在“亲穷性”(pro-poor)，但与新农合相比，住院服务的集中指数变化较小；与城镇居民医保相比，其“亲穷性”的程度有所降低。由此看出城乡医保整合后仍呈现出医疗服务利用不均等的趋势。

表 5-3　医疗服务利用的集中指数

	新农合		城居保		城乡居民医保	
	门诊服务	住院服务	门诊服务	住院服务	门诊服务	住院服务
CI	-0.011	-0.071	-0.004	-0.129	0.013	-0.076

三、二元 logistic 回归分析

集中指数结果显示，城乡医保整合未能有效改善医疗服务利用的不均等状况，接下来我们将采用二元 logistic 回归模型就其中原因进行探讨。实证结果如表 5-4 所示，针对门诊服务，整合后的城乡居民医保虽然对门诊服务利用率拥有正向影响，但未通过显著性检验；且城乡居民医保也未能改善门诊服务利用不足的状况。针对住院服务，城乡居民医保未对住院服务利用率产生显著正向影响；但城乡居民医保在 10%的水平上显著降低了住院服务利用不足的状况。整体来看，城乡医保整合未能提高医疗服务利用率，但在一定程度上缓解了住院服务利用不足的状况。

城乡医保整合未能通过促进医疗服务利用率的方式改善城乡医疗服务利用的不均等。究其原因，大多数地区在整合后采用了“一制二档或一制多档”的筹资方式，居民缴费时可自由选择不同的档次，且不同的缴费标准对应不同的待遇水平。虽然整合后的保障待遇就高不就低，但农村居民的收入水平往往低于城镇居民，在缴费时更多地选择低档次，所对应的保障待遇也较低。城镇居民的收入水平较高，多数仍选择与之前缴费水平相当的高缴费档次，反而享受了更高的保障待遇，进一步加剧了医疗服务利用的不均等。此外，多数地区参照新农合的缴费标准设置新制度的低缴费档次，甚至某些城镇人口较少的地区干脆将城居保并到新农合，并未实现真正意义上的城乡医保整合。因此，目前城乡居民医保只实

现了名义上的整合,保障待遇有待实现实质上的均等化。

根据控制变量的估计系数和符号显示,较差的健康状况对医疗服务利用率具有显著正向影响。女性相比男性利用门诊服务的可能性更高;60 岁以上人群的住院率显著高于中年人群;与常理不符的是,农村居民的住院服务利用率显著高于城镇人群,可能的原因是,过去农村居民的住院服务需求由于新农合的低补偿率而未得到有效释放,近年来随着保障待遇的上升提高了农村居民对医疗服务的支付能力。与此相似的是,随着国家对西部地区投入的加大和医保保障待遇的提高,相比东部地区,西部地区居民的医疗服务利用率显著增加。除此之外,最高收入群体的住院服务利用率反而显著低于最低收入群体。原因可能为,最高收入群体拥有极强的支付能力,其可通过配备高级营养师、购买高级保健品等方式来维持和改善自身健康状况,从而减少对住院服务的消费。

表 5-4 医疗服务利用的二元 logistic 回归结果

变 量	医疗服务利用率		医疗服务利用不足比率	
	门诊服务 (Odds Ratio)	住院服务 (Odds Ratio)	门诊服务 (Odds Ratio)	住院服务 (Odds Ratio)
城乡居民医保	1.010	1.078	1.216	0.869*
性别	0.733***	1.014	1.096	0.797***
年龄	1.010	0.737***	1.187	1.051
已婚	1.000	0.844**	0.846	1.074
受教育水平				
小学	1.071	1.024	1.400**	1.094
中学	1.073	1.034	1.180	1.146
大专及以上	0.985	0.992	1.226	1.019
城乡	0.993	1.142**	1.348**	0.962
自评健康状况				
非常好	0.260***	0.160***	0.368	0.134***

续表

变量	医疗服务利用率		医疗服务利用不足比率	
	门诊服务（Odds Ratio）	住院服务（Odds Ratio）	门诊服务（Odds Ratio）	住院服务（Odds Ratio）
很好	0.253***	0.219***	0.836	0.160***
好	0.361***	0.352***	0.697	0.177***
一般	0.544***	0.395***	0.904	0.397***
是否患有慢性病	1.867***	2.373***	0.865	3.041***
家庭人均年收入				
二档	1.134*	0.954	0.937	1.005
三档	1.099	1.058	1.047	1.201
四档	1.094	1.028	1.080	1.159
五档	1.304***	0.843*	0.927	1.015
区域				
中部地区	1.027	1.086	1.065	1.442***
西部地区	1.202***	1.332***	1.900***	1.796***

5.1.4 结论与讨论

城乡医保整合后产生的效果与其制度目标仍存在较大差距，城乡医疗服务利用不均等的状况未得到显著改善。从门诊服务的角度看，门诊服务利用的不均等程度在城乡医保整合后进一步拉大，门诊服务资源由“亲穷性”（pro-poor）转为“亲富性”（pro-wealth），产生了门诊资源利用的利益转移。从住院服务的角度看，城乡医保整合未进一步促进穷人对医疗服务的利用。因此，城乡医疗服务利用不均等的样态在城乡医保整合之后依然存在。为进一步观察城乡医保整合所发挥的作用并窥探不均等样态背后的原因，本章分析了整合后的城乡居民医保对医疗服务利用率的影响。

从二元 logistic 回归结果来看，城乡居民医保并未显著促进门诊服务利用率，也未显著改善门诊服务利用不足的状况；而对于住院服务，城乡居民医保同样未显著提升住院服务利用率，但其显著降低了住院服务利用不足的状况。因此，尽管城乡医疗服务利用不均等的样态依然存在，但城乡居民医保也逐渐开始发挥其作用，使这一样态在一定程度上有所减轻。

本研究结论显示，城乡医保整合的实际效果还未达到其预期目标，这与中国城乡发展状况以及社会医疗保险发展中的路径依赖密切相关。在中国现代化转型的资本原始积累阶段，通过户籍限制①，以城乡“剪刀差”的方式实现农村哺育城市，完成资本的原始积累，由此形成了城乡资源配置的差距以及医保政策的“碎片化”管理②。在城乡已实现经济一体化的条件下，医疗服务一体化仍因户籍因素而存在“肠梗阻”。现实与历史因素相互交织，加大了彻底整合城乡医保的难度，“一制两档和一制多档”等措施的出现也就在所难免了。

此外，仅将城乡居民纳入统一的医保规则下是远远不够的。2016 年中国政府发布的《关于整合城乡居民基本医疗保险制度的意见》规定“实现城乡居民公平享有基本医疗保险权益”以及城乡医保政策的“六统一”③，意在将城乡居民纳入统一的基本医疗保险制度框架内。然而，城乡居民虽面临相同的医保规则，但多数地区实施了“一制两档”或“一制多档”的筹资政策，居民的自愿选择仍会导致自动分离。而且，即使通过

① 中国于 1958 年实施《中华人民共和国户口登记条例》，确立了严格的城乡户籍制度；此后逐步放开小城镇户籍，直到 2014 年《国务院关于进一步推进户籍制度改革的意见》发布，明确提出建立统一的城乡户籍制度。

② 新中国成立后，中国城镇地区建立了针对政府工作人员的公费医疗制度，针对国企职工建立了劳保医疗制度。而在广大的农村地区则实行保障水平极低的合作医疗制度。随着改革开放与社会的发展，原有制度已难以满足居民需求。为配套国有企业改革，中国于 1998 年建立了针对企业职工的城镇职工基本医疗保险，2003 年建立了针对农村居民的新型农村合作医疗制度，2007 年针对城镇无业居民、儿童和学生等建立了城镇居民基本医疗保险。因此，中国的医疗保险制度自建立之初就存在明显的城乡差异。

③ “六统一”分别为统一覆盖范围、统一筹资政策、统一保障待遇、统一医保目录、统一定点管理、统一基金管理。

制度的硬性规定以及政府转移支付的方式实现城乡医保待遇水平的无差异,也难以缓解和消除城乡医疗服务利用的不均等。原因有以下几方面:首先,保障待遇水平的统一并未考虑城乡间的收入分配效应。由于城乡间可支配收入差距的存在,即使城乡居民面临相同的报销比例或自付费用,医疗支出占农村居民可支配收入的比例仍要高于城镇居民。特别是当前农村空心化严重,大量青年人群流向城市,留守农村的中老年群体收入水平较低,进一步放大了收入分配效应。其次,除医保的财务分担外,医疗资源的供给也是城乡医疗服务利用均等化的重要影响因素。长期以来,城乡医疗资源配置严重不均衡,农村地区无论是医护人员还是医疗服务设施的配备远不及城市地区,降低了农村居民医疗服务的可及性。

鉴于此,本研究提出如下政策含义:第一,城乡医保整合后尽可能实施"一制一档"的筹资方式,并在此基础上探索个人缴费与居民可支配收入相挂钩的新筹资模式。第二,考虑到城乡收入差距,政府财政应适度向农村参保人群倾斜,在保持基金可持续性的同时适度提高农村参保人群的保障待遇,如药品、病种保障目录的拓宽以及报销比例的提升等,切实促进城乡医疗服务利用的均等化[①]。第三,基于城乡医保整合后门诊服务利用不均等扩大的趋势,在以住院统筹为主的基础上,应进一步扩大门诊统筹对于慢性病、门诊大病的保障范围,将部分住院治疗的疾病转为门诊治疗,降低居民就医负担。第四,落实分级诊疗制度,并发挥医保在分级诊疗中的辅助作用,积极引导优质医生资源"下沉"到基层,是实现分级诊疗的关键所在,医保则在其中发挥辅助作用,以拉大医保在不同层级医院报销比例差距的方式实现分级诊疗是不可取的。通过分级诊疗可保障居民就近就医,可有效提高农村居民的医疗服务可及性,促进城乡医疗服务利用的均等化。

---

① 考虑到保障待遇过高带来的患者道德风险问题,进而影响到医保基金的可持续性,待遇的提升应控制在合理的范围内。目前国际研究表明,医保的报销比例处于75%—80%的区间内最佳。

5.2 养老金个人账户权益公平性测度与评价

国务院于1997年和2005年先后推进了企业职工基本养老制度改革,以缓解原制度下的资金缺口为制度改革目的,明确了中国统账结合模式的基本养老保险制度。理论上,统账结合制度的兼具隔代赡养的现收现付模式和自我赡养的完全积累模式的优点,部分积累制既满足了当下养老保险的支出需求,又能进行适当的积累储蓄,并形成了劳资双方分担缴费压力的格局,提高了个人参加养老保险制度的激励性①②。然而,2010年以来,随着社会经济的不断快速发展,职工工资快速增长,养老保险基金收益率无法和宽松的货币政策环境下的通货膨胀率相均衡,而且由于制度转轨带来了巨大的隐性成本,目前中国基本养老保险个人账户大规模地处于空账运行状态,使得养老保险基金很有可能在未来给付期处于窘境。社会统筹部分入不敷出,个人账户养老金在补充社会统筹部分的同时,由于自身的天然缺陷和制度上的不完善,个人账户制度在未来给付期面临基金超额支出的隐患。长期以来,在养老保险制度的探索发展改革过程中,对养老金给付环节的政策设计没有重视,如计发时间严重低于人口预期寿命、个人账户余额继承制等一系列的制度问题导致养老金超额支出,养老保险个人账户存在先天性的收不抵支缺点。现今关于

---

① 郑功成:《中国社会保障改革与发展战略理念、目标与行动方案》,人民出版社2008年版,第111—186页。

② Olivia S. Mitchell, Stephen P. Zeldes., "Social Security Privatization: A Structure for Analysis", *The American Economic Review*, 1996, 86(2), p.12.

提高养老保险统筹层次①、养老保险个人账户“充公”②、延迟退休年龄③④⑤、取消继承制等问题的讨论十分热烈⑥⑦。我们不禁会问，中国城镇基本养老保险个人账户基金在弥补制度转轨带来的隐性债务的同时，自身是否存在基金收支不平衡的问题呢？基于此，本章在新型城镇职工基本养老保险既有制度框架下，建立了个人账户养老金支出模型，对代表性群体个人账户的支出进行实证研究，而通过敏感性分析进一步深化对城镇职工基本养老保险超额支出应对策略的效果考量，以期为新型城镇职工基本养老保险制度下的个人账户超额支出提出防范性对策，为中国养老保险个人账户制度体系的完善提供有益的借鉴。本章接下来的研究分为如下几部分：第二部分是文献综述；第三部分介绍了养老保险个人账户制度收支平衡的理论支点——生命周期理论，通过界定“遗产差”和“长寿差”的概念从理论上定性分析了养老保险个人账户产生超额支出的原因，并简单提出影响个人账户支出的因素；第四部分对城镇职工基本养老保险个人账户超额支出进行了实证研究，以完全生命表和个人账户养老金支出模型为基础，测算了1997—2015年“标准人”假设下的城镇职工基本养老保险个人账户预计在支付期发生的超额支出，并分别测算出“遗产差”和“长寿差”；第五部分对城镇职工基本养老保险个人账户继

① 何文炯、杨一心：《职工基本养老保险：要全国统筹更要制度改革》，《学海》2016年第2期，第58—63页。

② 简永军、周继忠：《人口老龄化、推迟退休年龄对资本流动的影响》，《国际金融研究》2011年第2期，第4—13页。

③ 王增文：《动态消费支出、弹性退休激励与养老保险制度分配优化——延长职业生涯应该靠什么》，《当代经济科学》2014年第6期，第39—48页。

④ Barbara Hanel, “Financial Incentives to Postpone Retirement and Further Effects on Employment—Evidence from A Natural Experiment”, *Labour Economics*, 2010, Vol.17, No.3, pp.474-486.

⑤ Marcin Bielecki, Karolina Goraus, Jan Hagemejer, Joanna Tyrowicz, “Decreasing Fertility vs Increasing Longevity: Raising the Retirement Age in the Context of Ageing Processes”, *Economic Modelling*, 2016, Vol.52, No.1, pp.125-143.

⑥ 李珍、王海东：《基本养老保险个人账户收益率与替代率关系定量分析》，《公共管理学报》2009年第4期，第45—51页、第12页。

⑦ 曾益、任超然、汤学良：《延长退休年龄能降低个人账户养老金的财政补助吗？》，《数量经济技术经济研究》2013年第12期，第81—96页、第157页。

承比例、退休年龄、计发时间、缴费率、记账利率等参量做了敏感性实证研究及分析;最后一部分为结论和政策含义。

关于个人账户制度的研究起始于对现收现付制和资金积累制的辨析讨论。关于个人账户制度的研究主要体现在三个方面:

一是对现收现付制和资金积累制的争论。20 世纪 60 年代,国外理论界就针对现收现付制和资金积累制展开了激烈的讨论,争论焦点主要集中在两种模式对储蓄、经济增长和社会福利的影响方面。费尔德斯坦(Martin Feldstein,1974)①研究"扩展的生命周期模型"得出了现收现付制会通过"资产替代效应"和"退休效应"对个人储蓄产生挤出效应的结论。戴维斯(Davis,1995)利用生命周期理论讨论了资金积累制对个人储蓄的影响,他认为资金积累制对个人生命期储蓄的影响因国而异②。很多研究成果表明,现收现付制或资金积累制都不具备经济实现黄金率增长的条件(Diamond,1965),而萨缪尔森(Samuelson,1975)③等认为若现收现付制的养老金计划能运作得当,经济也有可能实现"黄金率增长"。采用回报率更高的制度模式有利于提升社会福利(Henry Aaron,1966)④,如果市场实际利率低于养老储蓄率,那么"生物收益率"(Samuelson,1968)⑤在现收现付制模式下有可能被获得,而且 Aaron(1966)在其研究中指出⑥,现收现付的筹资模式下市场利息率低于"生物收益率",比起基金式的养老保险制度该模式更胜一筹。不同的国家在资金积累制和现收现付制度的回报率之间的对比关系是不同的,也有学者主张各国要依据自己

① Martin Feldstein., " Social Security, Induced Retirement, and Aggregate Capital Accumulation",*Journal of Political Economy*,1974,82(5),pp.905-926.

② E. Philip Davis, *Pension Funds Retirement-Income Security and Capital Markets: An International Perspective*,Clarendon Press,1998,pp.256-263.

③ Samuelson,Paul A,"Optimum Social Security in A Life-Cycle Growth Model",*International Economic Review*,1975,16(3),pp.539-544.

④ Henry Aaron.,"The Social Insurance Paradox",*The Canadian Journal of Economics and Political Science*,1966,32(3),pp.371-374.

⑤ Paul Samuelson,"An Exact Consumption-Loan Model of Interest with or without the Social Contrivance of Money",*Journal of Political Economy*,1968,67(6),pp.467-482.

⑥ Aaron,Henry,J.,*Economic Effects of Social Security*,Brookings Institution Press,1982,pp. 30-34.

的国情选择合适的养老保险模式。亨利·艾伦(Aaron, Henry J, 1966, 1982)认为基金制并不是唯一的选择,霍尔兹曼(Holzman, 2000)[①]也支持"多支柱的养老保险制度",他认为多支柱方法应对养老保险改革可以分散改革风险。

二是对养老保险个人账户投资运营及管理的研究。西方发达国家对养老金投资的研究起步较早,养老保险基金投资市场化程度也较高,但各个国家的政治制度及经济发展状况不同,所以各个国家的政策规定的重视角度也不一样。养老金获得较高的投资收益率能在一定程度上增加参保人的安全感和参保的积极性,但高收益必然伴随高风险,Deborah Lucas (2003)[②]并不赞同养老金进入资本市场投资。Olivia S. Mitchell 和 Stephen P.Zeldes(1996)[③]预测美国养老金将在 2012 年出现收不抵支的情况,应尽快推进养老金向私有化方向改革,从集中投资体制向分散投资过度。Gar Burtless(2003)[④]认为个人账户养老金背负着巨大的养老保险转制带来的财务压力,若进入资本市场将会承受更大的投资风险。Robert F.Schwartz(2007)[⑤]提出通过优化投资组合可以有效地分散投资风险。Erick Elder 和 Larry Holland(2002)[⑥]通过研究部分美国养老金在股票市场上的表现情况,得出了投资回报率和养老金进入市场投资的规模有关以及有效的投资组合能够提高投资回报率。个人账户的监管规定也因各国政治背景不同而异,较高资本收益率需要专业的资本管理机构

① Robert Holzman, "The World Bank Approach to Pension Reform", *International Social Security Review*, 2000, 53(1), pp.11-34.

② Deborah Lucas, "Investment Public Pensions in Stock Market Implications for Risk Sharing", *International Review of Finance*, 2003, 24(3), pp.121-127.

③ Mitchell, Olivia, S., and S.P.Zeldes, "Social Security Privatization: A Structure for Analysis", *American Economic Review*, 1996, 86, pp.1-12.

④ Burtless, Gar, "What do We Know about the Risk of Individual Account Pensions? Evidence from Industrial Countries", *American Economic Review*, 2003, 93(2), pp.354-359.

⑤ Schwartz, Robert, F., "Risk Distribution in the Capital Markets: Credit Default Swaps, Insurance and A Theory of Demarcation", *Fordham Journal of Corporate & Financial Law*, 2007, 12(1), pp.167-201.

⑥ Elder, Erick, and L.Holland, "Implications of Social Security Reform on Interest Rates: Theory and Evidence", *Journal of Risk & Insurance*, 2002, 69(2), pp.225-244.

对保障资金实施资本运作(Orszag,Peter R.和 Joseph,E.,1999)[①]。Coase(1960)[②]认为只有政府适合进行委托代理投资,这种委托代理关系应该是强制性的,并且其稳定性会严重影响社会保障基金的安全市场运营。E.Philip Davis(2001)[③]通过分析多个发达国家养老金投资组合规则,提出"数量限制"监管模式对风险控制性较强,适合在不发达的资本市场及养老金低风险投资阶段使用。

三是对现实中有关养老保险个人账户制度的优化改革研究。在目前计发办法下,预期剩余寿命高于养老金预计发放年数 8 年,待遇增长率大大超过养老金投资回报率,继承制导致个人账户养老金失去长寿者与短寿者的平衡功能,杨俊(2015)将这三种导致个人账户难以实现精算平衡的因素分别称为"寿命差""增长差"和"遗产差"[④]。对养老金计划来说,长寿风险指的是预期概率低于实际生存概率的风险,并提出应当首先调整个人账户养老金的计发年数表,消除"寿命差";其次将个人账户的养老金增长率调整为记账利率的水平,消除"增长差"。刘安泽、张东(2007)提出可以对长寿风险进行再保险、成立长寿基金,以及利用债券等金融举措等对冲长寿风险[⑤],而在社会保障基金方面,财政本身承担着巨大的压力,但这种对冲长寿风险的效应在中国并不适用,这主要是基于转移长寿风险财务负担需要一个发达的保险市场,而中国的保险市场尚不成熟,监管机制也不够完善,针对中国情况,可以通过弹性退休政策缓

① Orszag,P.R.& Stiglitz,J.E.,"Rethinking Pension Reform:Ten Myths about Social Securitysystems",in P.R.Orszag & J.E.Stiglitz(Eds.),*New Ideas about Old Age Security*(Washington,DC:World Bank),2001,pp.1-10.

② Ronal Coase,"The Problem of Social Cost",*Journal of Law and Economic*,1960,35(3),pp.1-23.

③ Davis,E.P.,"Portfolio Regulation of Life Insurance Companies and Pension Funds",*Discussion Paper*,2001,pp.1-50.

④ 杨俊:《对我国个人账户养老保险制度超额支出的研究与改革建议》,《社会保障研究(北京)》2015 年第 1 期,第 126—136 页。

⑤ 刘安泽、张东:《浅议长寿风险对养老金计划的影响及管理方法》,《上海保险》2007 年第 2 期,第 15—17 页。

解长寿风险[①][②]。目前部分观点也认为个人账户应强制年金化，个人账户养老金领取年金化或许能部分改善退休的职工养老生活[③]。

通过上述文献的研究，我们发现，现行的“继承制”养老保险个人账户带来长期的隐蔽性的和因长寿导致的额外养老金超额支出，形成了制度性的亏损——“遗产差”。陆安、骆正清（2010）通过个人退休账户缺口的测算模型，精算验证了继承性造成个人账户缺口的结论[④]。基于此，有学者主张采用委托代理的方式进行投资管理，取消遗产继承的做法，通过委托代理投资的高回报率来保证参保者的福利水平[⑤]；也有学者主张维持个人账户属于基本养老保险制度的特征，依然由政府进行公共管理，通过建立超额支出的补贴机制以实现个人账户制度的收支精算平衡[⑥]。鉴于中国城镇养老保险的运行现状，部分学者试图从调整养老保险缴费率的分担比例方面寻找突破口。然而，中国养老保险基金不但承受着来自社会统筹账户缺口的压力，而且自身由于可继承性、长寿风险以及通货膨胀等因素导致入不敷出，既有研究大都集中在个人账户风险因素的讨论、基金保值增值问题等，本章着眼于个人账户面临的制度性困境，在合理假设的基础上对现行个人账户制度在远期可能存在的超额支出进行定量分析和敏感性分析研究，以期优化和完善中国基本养老保险个人账户制度。具体从如下四个方面展开：（1）跨过中国基本养老保险制度转型带来的隐性债务与过渡阶段个人账户“空账”运转问题，预测新制度下城镇职工

① Yuming Wang, Caiyun Liu, “Preliminary Research on Aging Population and Flexible Retirement Policy of Shanghai”, IERI Procedia, 2012, Vol.2, pp.455-459.

② Henriett Rab, “Anomalies in Flexible Retirement”, *Procedia Economics and Finance*, 2015, Vol.23, pp.129-133.

③ 刘万、庹国柱：《基本养老金个人账户给付年金化问题研究》，《经济评论》2010年第4期，第131—137页。

④ 陆安、骆正清：《个人账户养老金缺口的精算模型与实证研究》，《数学的实践与认识》2010年第24期，第33—38页。

⑤ 肖严华：《21世纪中国人口老龄化与养老保险个人账户改革——兼谈“十二五”实现基础养老金全国统筹的政策选择》，《上海经济研究》2011年第12期，第88—100、116页。

⑥ 杨俊：《对我国个人账户养老保险制度超额支出的研究与改革建议》，《社会保障研究（北京）》2015年第1期，第126—136页。

基本养老保险个人账户在远期可能发生的超额支付。(2)引入“遗产差”和“长寿差”两个概念,丰富了个人账户超额支出的研究,在构建个人账户支出模型时,提出“标准人”假设,在不影响问题说明的前提下简化了模型。(3)通过编制完全生命表预测新制度下参保职工生命过程及死亡趋势,利用相关数据及个人账户支出模型对城镇职工基本养老保险个人账户面临的超额支出进行测度与评价。(4)引入敏感性测试分析,探究相关政策参量对个人账户养老金超额支出的影响程度,以期通过敏感性分析对缓解城镇职工基本养老保险个人账户养老金超预算支出提出建设性的政策含义。

5.2.1 养老保险个人账户制度收支平衡理论

养老保险个人账户制度的收支平衡原理是参保人退休后领取的养老金等于其工作期的个人账户缴费经过投资增值的储蓄积累额,遵循的是纵向收支平衡原则。从个人层面上说,养老是消费者因年老这一时期的支出所求而对退休前的收入做出的一种跨期的安排。从养老保险个人账户制度来看,要考虑由员工缴费建立的养老保险基金在经历长期的积累之后能否支出得起将来退休员工的养老需求。由此,无论对个体还是整个制度而言,个人账户制度的核心是跨阶段收入二次分配的问题。

养老保险个人账户制度产生和发展的理论支点是生命周期假说,该假说是由美国经济学家 F.莫迪利安尼(France Mordigliani)提出①,该理论阐述了跨期收入再分配问题。生命周期假说假定消费者是理性“经济人”,个人在其生命周期内的消费—储蓄行为可以划分为工作期的储蓄累计和退休期的消费支出两大阶段,其行为目标是实现效用最大化。根据这一假设得出的结论是:消费者在任何年龄阶段并不是由当期的收入决定的,而是依赖于其整个生命周期的收入或者预期的全部收入。在此意义上,生命周期理论分析了人一生的跨期消费行为,为研究养老保险制

① Mordigliani, F., Brumberg, R., “Utility analysis and the consumption function: An interpretation of cross-section data”, in K. Kuri-hara ed., *Post-Keynesian Economics* (Allen & Unwin, New Brunswick, N.J.), 1954, pp.384-436.

度提供了经济学的理论工具。养老保险制度在生命周期中扮演了再分配收入的角色,引导人们跨时期合理地安排储蓄与支出,这样当整个社会人口结构发生变化或其他不可抗力变动来临时,大众消费倾向不会发生大幅度变化,从而有利于社会的稳定。个人账户制度就是这样一座桥梁、一种储蓄制度,将工作阶段的一部分收入转移到退休阶段消费,以维持个人一生生活水平的相对稳定性。

5.2.2 个人账户养老金超额支出理论

个人账户养老金存在超额支出,即个人账户养老金支出超过个人账户缴费总积累的养老金支出。在养老金制度改革中,中国养老金支出阶段的政策设计细节没有得到重视,如退休年龄过早,且一成不变;个人账户余额可继承等等。支出阶段政策设计不合理导致参保者领取的养老金待遇的总价值是超过个人实际积累的养老金财富,这使得个人账户制度存在着超额支出的情况,这一超额支出可称为养老保险个人账户"支付成本"①。而汪泽英、曾湘泉从参保者的角度出发,把参保者投保领取的养老金收入大于缴费储蓄的部分表述为"收益激励",即为参保者参与养老保险获得的一种额外奖励②。这种基金的超额支出导致政府背上长期而沉重的养老负担,也可能导致个人的养老保障水平很低。而且这种超额支出随着参保者预期寿命的延长不断增加,从而削弱个人账户制度应对人口老龄化的能力,使养老保险制度可持续性发展面临严峻挑战。研究忽略经济因素如通货膨胀对购买力的腐蚀等带给个人账户的超额支出,认为个人账户养老金超额支出主要由于制度因素来自两个方面:一是由于个人账户可继承带来的基金天然缺口——"遗产差",二是由于记发年数小于期望寿命造成的"长寿差"。

首先看遗产差,根据中国现行的《社会保险法》,如果退休职工早逝

① 潘孝珍:《退休年龄、退休余命与养老保险个人账户支付成本》,《暨南学报(哲学社会科学版)》2014 年第 4 期,第 112—118 页。

② 汪泽英、曾湘泉:《中国社会养老保险收益激励与企业职工退休年龄分析》,《中国人民大学学报》2004 年第 6 期,第 74—78 页。

其个人账户的养老金没有领完，那么其法定继承人可以领取继承其个人账户养老金的剩余部分。本章将这一部分被继承而未用于补充长寿者的养老金金额定义为“遗产差”，是城镇职工基本养老保险个人账户超额支出的不可忽略的部分。

其次来看长寿差，制定个人账户养老金的发放时间标准原则就是参照个人生命周期中的收入和消费需求，将个人账户积累额合理安排在其平均余命中，那么在其他条件相同的情况下，长寿的人因其存活时间大于人口平均寿命期望值而面临个人账户基金无力支付的困境，即长寿风险。长寿风险是导致个人账户超额支出的另一个主要风险来源。超额支出部分只能由社会统筹来负担，形成个人账户养老金的“长寿差”。中国目前的制度规定个人账户积累额领取完之后，社保经办机构还将向其按原标准支付由于长寿带来的部分养老金，其总量并不以个人账户总额为上限。当参保者 72 岁的时候，其个人账户余额已为零，但直到参保者去世，国家财政需要承担其近 10 年余命养老费用。当前中国养老保险制度转轨形成巨大隐性债务，养老保险个人账户大规模“空账”运行，统筹账户透支甚至还要挪用个人账户用于当期支付的情况下，根本没有能力补偿个人账户的超额支出。由此，研究由于人口长寿或者养老金计发时间不合理带来的个人账户养老金超额支出即“长寿差”对中国城镇职工基本养老保险制度的可持续性发展具有重要的影响。

5.2.3 影响个人账户超额支出的其他因素

除了继承制和养老金计发时间不合理性给养老保险个人账户带来超额支出外，本章通过整理文献研究归纳了影响个人账户养老金支出的其他因素，包括退休年龄、城镇基本养老保险覆盖率、平均缴费工资增长率、个人账户缴费率、记账利率等等。为了便于测算“标准人”养老保险个人账户超支额，在模型构建之前根据实际情况对相关参数赋予确定值，为了探究相关政策参量对个人账户养老金超额支出的影响程度，在控制变量的基础上分别对个人账户继承比例、退休年龄、计发时间标准、缴费率及记账利率等参量进行敏感性实证测试，并分析相应的个人账户超额支出变化。

5.2.4 实证测度

一、研究假设

(1)"标准人"假设。其一,在推行弹性退休政策之前,我国规定男60岁退休,女干部55岁退休,女工人50岁退休。从国际上的改革趋势来看,男、女退休年龄差距逐渐缩小。中国有关人士指出,可首先提高女性退休年龄来缓解人口老龄化产生的不利影响,因此本假设以60岁作为统一退休年龄。其二,根据1997年国务院发布的《关于建立统一的企业职工基本养老保险制度的决定》规定以35年为养老保险平均缴费期,考虑本章假设60岁为职工退休年龄,因此将25岁作为普遍参保年龄具有平均意义和合理性。其三,根据现行城镇职工基本养老保险制度的规定,60岁退休的职工个人账户计发月数为139个月,即11.58年,为计算方便换算本研究将发放年数取整设定为12年。

(2)目前中国养老保险个人账户空账运行成为普遍问题,本研究假设个人账户均处于"实账"运行状态,缴费累积期间进行投资运营,并实现了保值增值。

(3)职工个人账户缴费以年为时间单位,每年年初进行,以职工年工资收入为基数缴纳养老保险,且生存状态下连续缴费至退休;职工个人账户养老金的领取以年为时间单位,每年年初发放且数额固定,并且当退休职工开始领取养老金以后,个人账户所剩的养老基金就不再计息,生存状态下连续领取个人账户养老金至极限年龄。

(4)由于研究意在从公共财政角度,测算城镇职工基本养老保险个人账户在未来给付期的超额支出额度大小,故忽略通货膨胀等经济因素对基金造成的贬值影响。忽略职工伤残、失业、退休前死亡、提前退休等情况。

二、数据来源和模型构建

1. 数据来源

根据《中国人口统计年鉴》2000年人口普查资料的相关数据和《中国人寿保险业经验生命表》分年龄死亡率,测算出了1997—2015年每年25

岁城镇人口数。养老保险制度改革以来,覆盖范围逐年扩大,由国有企业向城镇在职人员扩展,目前城镇企业职工基本参保。在可查询的公开数据中,私营企业和工商个体户的参保者也计入了企业职工的参加养老保险的人数中,很难区分开来。根据 2009—2013 年《中国劳动统计年鉴》,从 2008 年到 2012 年,中国城镇企业职工参保率从 51.67% 上升到 61.8%。段誉(2010)通过面板数据固定效应模型研究发现一个地区人均 GDP 与参保率高度相关,人均 GDP 每提高 1000 元,参保率大约提高 1%①;考虑到社会补贴政策落实、经济发展和收入水平提高,鼓励全民参保等政策因素,本研究将城镇职工参保率确定为 70%。并建立该群体的完全生命表,从而测算出该参保职工群体在未来研究期内 60 岁退休时的大致数量。城镇企业职工的工资水平统一采用 1997—2014 年《中国统计年鉴》社会平均在岗职工工资(见图 5-2)。

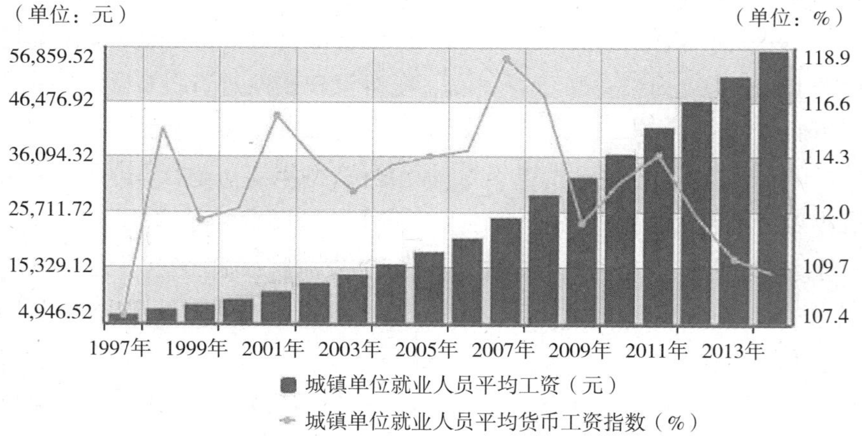

图 5-2　1997—2014 年城镇单位就业人员平均工资和指数

2. 模型构建

模型中相关符号的设定:R,个人账户缴费率;W,职工参保当年社会

① 段誉:《中国基本养老保险参保率的地区差异分析》,北京大学中国保险与社会保障研究中心(CCISSR):《保险、金融与经济周期——北大赛瑟(CCISSR)论坛文集》,2010 年。

平均工资;r,个人账户记账利率;i,工资增长率。根据本章的模型假设,第 t 年参保的"标准人"退休后个人账户养老金年支出模型:

$$P_t = \frac{1}{12}\sum_{j=1}^{35}\sum_{k=0}^{34} RW_t\ (1+r)^{35-j-1} \times (1+i)^k \tag{5.3}$$

根据以上模型测算出第 t 年参保的"标准人"退休后个人账户养老金年支出额后,通过完全生命表我们可获悉该群体在 61—105 岁(生命上限)区间中,每个年龄的人数及该年龄死亡人数,其中"遗产差"核算 61—72 岁早逝者的个人账户领取余额,"长寿差"核算 73—105 岁长寿者的额外支付部分。通过测算,既可以测算出第 t 年参保的"标准人"群体个人账户的"遗产差""长寿差"及总超额支出。养老保险个人账户具有其私有性和独立性,在一般情况下资金不会从一个账户流转到其他账户,本章的实证研究将各年度参保职工群体的养老保险个人账户分开独立核算,累计各账户资金超额支出得到总额度。

3. 相关变量的设定与取值

(1)缴费率 R:根据《国务院关于建立统一的企业职工基本养老保险制度的决定》的规定,个人账户计入比例为个人缴费工资基数的 11%,2005 年 12 月,国务院下发《关于完善企业职工基本养老保险制度的决定》,规定从 2006 年 1 月 1 日起,个人账户本人负担缴费工资的 11%统一调整为 8%,单位缴费不再划入,个人账户规模全部由个人缴费形成,因此设定养老保险个人账户缴费率 1997—2005 年为 11%,2006 年开始往后设定为 8%。

(2)记账利率 r:记账利率指按照年度复利计算的个人账户储存额的利息率。国发〔1997〕26 号文件明确规定,个人账户储蓄利息率参考银行同期存款利率。原劳动部《职工基本养老保险个人账户管理暂行办法》也明确要求,个人账户储蓄额由各省市区人民政府参照银行同期存款利率进行计息。银行法定利率一般不超过 5%,通过各省份的人力资源和社会保障局网站了解到,虽然各个省份规定不同,但其记账利率除去个别年份,均保持在 2%—4.5%之间。鉴于中国未来基本养老保险基金投资运营机制会进一步趋于完善成熟,本章将个人账户记账利率定为 4%。

(3)工资增长率 i:根据《中国统计年鉴》查询到 1997—2015 年社会平均在岗职工工资,并根据这期间的工资变化趋势测算近年来社会平均工资增长率(见图 5-1),1997—2014 年的缴费工资的平均增长率为 14.17%。与人均 GDP 的增长率不相上下,但考虑到未来中国经济将进入结构调整期,经济增速放缓,而且近期中国人均的增长率已呈现下降趋势,所以本章参照曾益等(2013)的研究①,设定未来的缴费工资的增长率为 12%。2015 年的社会平均在岗职工工资 62029 元,其后各年基于 12% 的年均增长率逐年递增。

三、结果测度及评价

养老保险个人账户超额支出是养老保险个人账户缴费收入和基金支出之间的差额,表 5-5 分年度群体列示了 1997—2015 年缴费参保的“标准人”养老保险个人账户在远期退休后预计产生的“遗产差”和“寿命差”,其总额约为 140.34 万亿元,其中“遗产差”约 6.78 万亿元,“长寿差”约 133.56 万亿元,由于长寿造成的超额给付占到养老保险个人账户总支出缺口的 95%,远远大于“遗产差”占总超额支出的比重,是养老保险个人账户超额支出的主要构成部分。实际上,制度实际运行的情况可能比模拟的预期结果更差,我们认为,如下原因可能导致“标准人”养老保险个人账户超额支出大于预期模拟结果:(1)人口高龄化的影响。随着经济的发展进步和人类在医疗技术方面取得的巨大成就,人口的平均寿命会继续延长,个人账户要求给付更长的时间,“长寿差”会增大;(2)个人账户现在大规模的处于空账运行状态,模型中假设的投资回报率无法获得,甚至养老基金的购买力还会因通货膨胀受到腐蚀;(3)宽松的货币政策环境下的通货膨胀对养老金造成的贬值使其购买力下降,在未来可能需要更高的养老金发放标准支撑。

① 曾益、任超然、汤学良:《延长退休年龄能降低个人账户养老金的财政补助吗?》,《数量经济技术经济研究》2013 年第 12 期,第 81—96 页。

表 5-5 “标准人”养老保险个人账户超额支出变动

年份	个人账户支出/年（亿元）	长寿人次	长寿差（亿元）	早逝人数	遗产差（亿元）	总计（亿元）
1997	28067.45	82789303	23237	809968	2058	25295
1998	32298.86	79559168	25697	778366	2260	27957
1999	36258.96	76076103	27584	744290	1361	28945
2000	40185.88	71073303	28561	695345	1409	29970
2001	46494.05	69030879	32095	675363	1584	33679
2002	52934.47	61463945	32536	601332	1605	34141
2003	59590.4	65428704	38989	640121	1924	40913
2004	67731.03	68181275	46180	667051	2279	48459
2005	77237.85	65753549	50787	643299	2506	53293
2006	88303.73	70422360	62186	688976	3068	65254
2007	104668	84760342	88717	829252	4377	93094
2008	122353.3	69966719	85607	684519	4224	89831
2009	136520.2	61164291	83501	598400	4120	87621
2010	154705.1	52680450	81499	515399	4021	85520
2011	176975.8	55054608	97433	538626	4807	102240
2012	198018.7	60542207	119885	592314	5915	125800
2013	217977.6	56892158	124012	556604	6119	130131
2014	238626.7	57228207	136562	559892	6738	143300
2015	262629.1	57320665	150541	560796	7428	157969
总计	—	—	1335609	—	67804	1403412

接下来，我们将远期养老保险个人账户超额支出和远期国民总收入作对比。以2010年参保的“标准人”群体为例，根据上文的预测结果，35年后，即2045年该批同龄参保职工退休时养老保险个人账户预计发生的超额支出约为85520亿元，其中“长寿差”约为81499亿元，“遗产差”约为4021亿元。根据《中国统计年鉴》1997—2015年以来的国民总收入（GNI）数据，以上年为基数，GNI的平均增长率为13.2%。鉴于中国经济

进入增长放缓期,近两年 GNI 增长率稳定在 9%左右,故取国民总收入增长指数为 9%。国家统计局统计 2014 年 GNI(国民总收入)为 644791. 1 亿元,到 2045 年国民总收入预计达到 932. 48 万亿元。由此可见,2045 年退休的参保职工预计发生的超额支出占当年国民总收入的 0. 92%左右。而 1997—2015 年城镇职工基本养老保险个人账户超额支出积累额度约占远期国民总收入的 1%左右。表 5-6 是在远期别年度参保职工退休时该同龄群体养老保险个人账户超额支出占当年国民总收入的比重。

表 5-6 远期"标准人"个人账户养老金占国民总收入的比重

(单位:亿元)

参保年份	退休年份	超额支出	预计退休年份 GNI	超额支出占 GNI 比重(%)
1997	2032	25295	3041556. 8	0. 83
1998	2033	27957	3315296. 9	0. 84
1999	2034	28945	3613673. 6	0. 80
2000	2035	29970	3938904. 3	0. 76
2001	2036	33679	4293405. 6	0. 78
2002	2037	34141	4679812. 2	0. 73
2003	2038	40913	5100995. 2	0. 80
2004	2039	48459	5560084. 8	0. 87
2005	2040	53293	6060492. 5	0. 88
2006	2041	65254	6605936. 8	0. 99
2007	2042	93094	7200471. 1	1. 29
2008	2043	89831	7848513. 5	1. 14
2009	2044	87621	8554879. 7	1. 02
2010	2045	85520	9324818. 9	0. 92
2011	2046	102240	10164052. 6	1. 01
2012	2047	125800	11078817. 3	1. 14
2013	2048	130131	12075910. 9	1. 08
2014	2049	143300	13162742. 8	1. 09
2015	2050	157969	14347389. 7	1. 10
总计	—	1403412	139967755	1. 00

5.2.5 相关参量敏感性分析

为了测试城镇职工基本养老保险个人账户超额支出受到不同变量的影响的大小，本章分别考虑了调整继承比例、横向时间维度——推迟退休年龄、调整计发月份和纵向费率维度——提高个人账户缴费率、提高个人账户的记账利率等几种情况，对上文所得到的结论进行敏感性分析，以期测试对城镇职工基本养老保险个人账户超额支出具有显著影响的因素，对城镇职工基本养老保险个人账户制度的完善提出有针对性的政策含义。

一、调降个人账户继承比例的敏感性分析

对于降低个人账户城镇职工基本养老保险继承比例这一对策的提出可以用保险的“射幸性（Aleatory）”原理来解释其合理性。保险的射幸性是被保险人是否获得赔付是具有偶然性的，只有具备一定条件时，受益人才能得到实际利益。在养老保险个人账户制度中，参保职工及其继承人能获得多少利益也是不可预见的，因为被保险人什么年龄去世是不可预见的。根据保险经济学保险产品定价中的“权责对等”基本精算原理，对于投保的个人账户养老保险职工，其缴费积累的精算现值等于领取的养老金的精算现值与继承份额的精算现值之和，而不是仅仅比较缴费和领取的数值上的大小关系。如果遵循此原理来调降养老保险个人账户继承比例，并把未继承部分用于补充长寿者的超额领取，这样就既没有影响个人账户财产的私有性质，又符合“多缴多得，少缴少得，不缴不得”正向激励原则。以下是基于“标准人”假设的情况下将城镇职工基本养老保险个人账户继承比例按10%的梯度从100%依次下调到50%的测试结果（见表5-7）。

表5-7 继承比例敏感性分析下的养老保险个人账户超额支出结果

继承比例(%)	遗产差(亿元)	超额支出(亿元)	遗产差占比(%)
100	67805	1403413	4.8314
90	61023	1396633	4.3693

续表

继承比例(%)	遗产差(亿元)	超额支出(亿元)	遗产差占比(%)
80	54243	1389852	3.9028
70	47463	1383072	3.4317
60	40682	1376291	2.9559
50	33902	1369511	2.4755

基于上述测度结果，本研究认为，虽然个人账户具有继承性，淡化了早逝者对于长寿者的补济作用，但由表 5-5、表 5-6、表 5-7 可以看出，在养老保险个人账户超额支出中，由于长寿风险或者说养老金计发不合理造成的超额支出占比巨大，将个人账户养老金继承比例调降到 50%，遗产差占总超额支出的比例也不过下降了约 2.4 个百分点，那么，即使取消继承制度，将遗产额充公，遗产额对于庞大的长寿差来说也是杯水车薪。而且将个人账户充公势必削弱养老保险制度的激励性，对早逝的人不公平，这是一个得不偿失的选择。

二、推迟退休年龄的敏感性分析

近年来政界、学界及社会界都非常关注退休年龄的推迟问题，通过提高法定退休年龄能否减轻目前中国城镇职工基本养老保险个人账户基金超额支出的负担呢？国内绝大部分学者持肯定态度，因为延迟退休可以增加职工养老保险缴费年限，缴费收入增加；同时使养老金的领取时间缩短，减少了“长寿差”。从世界范围来看，大多数国家的退休年龄一般在 63—65 岁左右，且多为男女同龄退休，中国的退休年龄明显低于最优退休年龄(王增文，2011)[①]。基于此，在“标准人”假设基础上延迟职工退休年龄，本章测度了退休年龄从 61—65 岁的城镇职工基本养老保险个人账户“遗产差”“长寿差”以及总超额支出(见表 5-8)。

① 王增文：《城镇居民基本养老保险基金的财政支出与退休年龄的敏感性分析》，《保险研究》2010 年第 1 期，第 57—64 页。

表 5-8 退休年龄对养老保险个人账户超额支出的敏感性分析结果

退休年龄	遗产差(亿元)	长寿差(亿元)	总超额支出(亿元)
60	65901	1335609	1401510
61	81850	1398022	1479872
62	101522	1457076	1558598
63	114852	1511689	1626541
64	155458	1560700	1716158
65	177914	1486409	1664323

随着延长法定退休年龄,参保人的缴费时间亦得到了延长,而减小了长寿负担。减少了个人账户的超额支出。从养老金计发公式(个人账户养老金=储蓄额/月计发系数)中我们知道,劳动者缴费年限的增加会导致个人缴费账户积累额增多,在月计发数不变的前提下,退休者每月领取的养老金数额就增多。如果将法定退休年龄延长到60岁以后,退休者单位时间内领取的养老金数额会高于其60岁退休时单位时间内领取的数额,这种数额的增加对养老基金账户超额支出产生了负面的影响,这两种对冲的影响效应的相对大小就决定了超额支出额的大小。由上文测度结果,我们发现,推迟退休年龄后在相当长的时间内遗产差和寿命差均表现为增势,这种趋势直到延迟到65岁,寿命差才出现略减,而总超额支出仍然大于最初的60岁退休的超额支出额度。可见,确定缴费的个人账户制度下必须考虑延迟退休个人账户缴费总积累的增长对养老保险待遇的影响,延长退休年龄后,虽然缴费时间增加了,缴费收入也增多了,但参保者退休后每年领取的养老金数额也提高了,从而增加支付成本,而且其支出增加幅度大于缴费增加幅度,使得养老金水平随着退休年龄的延迟而自动增长,这成为推动总超额支出提高的因素。在其他参量不变的情况下,退休年龄的增加对养老保险个人账户的减负作用在退休年龄延迟到65岁以后才开始显现。目前中国人口寿命延长和延迟退休调整机制尚未成熟,延迟退休带来的个人账户养老金储蓄额的上涨不容忽视,并且从理论

上说提高退休年龄意味着劳动力较晚退出劳动力市场,使劳动力供给增加,会影响就业率。延迟退休年龄在短时间内不一定能够缓解个人账户超额支出的压力,甚至可能深化养老金收支矛盾。

假设基础计发时间从 12 年到 17 年的城镇职工基本养老保险个人账户超额支出测算结果(见表 5-9)。

表 5-9 计发年份敏感性分析下的养老保险个人账户超额支出结果

计发年数	遗产差(亿元)	长寿差(亿元)	总超额支出(亿元)
12	65901	1335609	1401510
13	74746	1145850	1220596
14	84206	985078	1069284
15	85555	847649	933204
16	105093	729337	834430
17	116575	626914	743489

由表 5-9 可以看出,增加个人账户养老金计发年份后,“遗产差”呈增势这是显而易见的,“长寿差”和总超额支出均大幅度下降,由此可确定建立计发月数与平均寿命挂钩的机制的必要性。目前城镇企业职工基本实现全覆盖参保,而人口平均预期寿命也在逐渐延长。随着人们养生保健意识的增强及在医疗技术方面不断有新的突破,未来人口人均预期寿命会不断延长,现行的计发时间规定是不能适应其变化的,而且忽略了地区差异性的个人账户养老金计发办法在做实空账或者养老金待遇水平方面有较大的不公。那么,计发月数的规定必须适应人口预期剩余寿命,不同地区也不能一概而论,应当体现地区差异性和公平性。

三、提高缴费率的敏感性分析

养老保险个人账户制度中个人承担的缴费率是关键的参数,优化养老保险制度的运行需要一个合理的缴费率。人口老龄化提高了养老保险中的赡养比例,即退休人数与在职缴费职工人数的比例,由现收现付制中基金平衡公式（养老保险缴费率=赡养比×替代率）可知，在养老保险替代率保持不变的前提下，要维持养老保险的支付不变，须提高缴费率。依据现行的个人账户缴费率，退休人口的养老金积累额不能满足超过法定计发时间的给付需求，职工退休后的生活仍得不到基本的保障。据世界银行统计，若养老保险继续实施现收现付制，要想保证养老金的支付，到21世纪40年代中国养老保险的缴费率需高达39.27%，才不至于使制度瓦解。中国现在实行个人账户与统筹账户相结合的养老保险制度模式，个人账户规模由企业缴纳职工工资的20%（社会统筹）及个人工资的8%转入养老保险账户（个人账户）构成。国际劳工组织规定社会保险费由企业承担的部分不高于25%，而中国已达30%。王增文（2010）通过测算的养老保险企业缴费率发现当前存在费率设定已经超过企业可承受能力上限。企业承担着较高的费率将不利于企业的正常经营及扩大再生产①。依据中国现行的经济现状，个人总收入逐年增长，养老保险个人缴费率存在着理论上的提高空间。以下是基于“标准人”假设按1个百分点的梯度提高个人账户缴费率的城镇职工基本养老保险个人账户超额支出的测试结果（见表5-10）。

表5-10　缴费率敏感性分析下的养老保险个人账户超额支出结果

缴费率	遗产差（亿元）	长寿差（亿元）	总超额支出（亿元）
11%/8%	65900	1335609	1401509
1%	74115	1502098	1576213
2%	82330	1668587	1750917
3%	90544	1835077	1925621
4%	98759	2001566	2100325
5%	106974	2168055	2275029

① 王增文：《中国社会保障财政支出最优规模研究：基于财政的可持续性视角》，《农业技术经济》2010年第1期，第111—117页。

由以上结果可以看出，提高个人账户缴费率与延迟退休年龄有相似的效果，就是个人账户积累额增加导致个人账户支出增加，且“遗产差”和“寿命差”均成增长趋势，测试范围内无下行趋势。而党的十八届三中全会明确提出“适时适当降低社会保险费率”。这也是下一步社会保障改革的主要方向。基于此，笔者认为解决养老金入不敷出问题在提高缴费率上的发挥空间较小，国家应当进一步优化公共财政政策、调整支出结构、加大用于养老金补贴的份额，而承担起公共财政的兜底责任。

四、提高记账利率的敏感性分析

较高的替代率需要较高的资金收益率做后盾，保证养老金的保值增值也是对抗通货膨胀的有力措施。目前，个人账户养老基金的计息方式参照一年期定期存款利率，并且当退休职工开始领取养老金以后，个人账户所剩的养老基金就不再计息。因此只有力求使个人账户资金获得较高的投资回报率。薛惠元、宋君(2015)通过构建城镇职工基本养老保险个人账户内部收益率精算模型测算出城镇职工基本养老保险个人账户的实际收益率明显高于记账利率①。中国城镇职工基本养老保险个人账户参照一年期银行存款利率计息，这远远低于社会平均工资增长率，违背制度设计的初衷。这种情况下的个人账户不能提供相当的养老金替代率。基准假设中的银行利率也即个人账户的记账利率为 4%，如果调高银行利率，结果会发生什么变化呢？本章基于“标准人”假设测试了 4%—9%梯度下的个人账户记账利率超额支出，试图探究个人账户养老金记账利率与养老金支出的关系，结果如表 5-11 所示。在提高个人账户记账利率的情况下，个人账户超额支出一直处于上升状态，而且记账利率每提高 1%，超额支出增加的幅度越来越大。可见提高个人账户记账利率导致个人账户养老金积累额的迅速增加，同时导致个人账户支出额的增加，尤其是人均余命延长而引起的“长寿差”。

① 薛惠元、宋君：《城镇职工基本养老保险个人账户内部收益率测算与分析》，《保险研究》2015 年第 9 期，第 117—127 页。

表 5-11 记账利率敏感性分析下的养老保险个人账户超额支出结果

记账利率	遗产差(亿元)	长寿差(亿元)	总超额支出(亿元)
4%	65900	1335609	1401509
5%	82814	1678397	1761211
6%	93118	1887234	1980352
7%	105394	2136036	2241430
8%	120100	2434092	2554192
9%	137811	2793040	2930851

5.2.6 结论与政策含义

一、结论

根据养老保险制度改革后新的计发规定,本章以 1997—2015 年间城镇参保职工的养老保险个人账户为研究对象,模拟实证了“标准人”假设下的养老保险个人账户超额支出情况,并对各影响参量进行了敏感性分析。在现行制度下,中国养老保险个人账户未来预计存在巨大的超额支出。在 4%的记账利率下,中国自 1997 年养老保险制度改革到 2015 年个人账户养老金在远期的超额支出预计为 140.34 万亿元,约为远期国民总收入的 1%左右。其中由个人账户继承导致的超额支出即“遗产差”约为 6.78 万亿元,由于人口预期寿命延长导致的超额支出即“长寿差”占到总超额支出的 95%以上。

敏感性分析结果显示,调整个人账户的继承比例对于缩减个人账户养老金超额支出作用甚微,原因在于“遗产差”在个人账户养老金超额支出中占比很小。即使取消继承制度,将遗产额充公,个人账户遗产额对于庞大的“长寿差”来说也是杯水车薪,而且将个人账户充公势必削弱城镇职工基本养老保险制度的激励作用,对早逝的人不公平,这是一个得不偿失的选择。因此,本研究也不支持取消城镇职工基本养老保险个人账户可继承制度的提议。一定范围内,提高缴费率或记账利率均大大增加了城镇职工基本养老保险个人账户的积累额,而导致年支出增加,反而增大了个人账户的支付压力。基于此,本研究认为,对参保职工的养老保险个人账户在职工退休前后均发生同向作用的对策对于缩减个人账户超额支出的作用有待进一步考量,而增加城镇职工基本养老保险个人账户的计发时间无疑降低了单位时间内职工领取的养老金额度,能够有效缓解城镇职工基本养老保险个人账户超额的支付压力。

二、政策含义

第一,加大养老保险财政投入力度,优化财政对社会保障的支出结构,引导更多的资金流向养老保险个人账户。从政府的视角来看,可以把支付给参保者超过个人缴费的部分看作政府为激励职工参加养老保险所花费的成本。多数国有企业利用国家政策和其垄断地位积累了大量的财富,政府有责任有义务也有能力对养老保险实施补贴措施。个人账户养老基金的计息方式参照一年期定期存款利率,且当退休职工开始领取养老金以后,个人账户所剩的养老基金就不再计息。如果政府能够对职工退休后的个人账户所剩金额仍能按照一年期定期存款利率进行计息补贴,那么也能在一定程度上通过个人账户提高退休职工的生活水平。

第二,调整个人账户的计发时间,适当延长个人账户养老金给付期,应分地区、分性别差别化对待。通过增加个人账户养老金计发时间可以延长退休职工享受个人账户提供的养老待遇的时间,缩小退休职工将面临的"长寿差",确定建立计发时间与平均预期寿命挂钩的机制势在必行。考虑到人口寿命存在地区差异,比如东部发达地区人口平均预期寿命高于西部经济欠发达地区,而女性平均预期寿命也高于男性,所以差异化设计养老保险个人账户给付期可以考虑作为下一步改革的方向,这也符合"个人账户计发时间和预期寿命相挂钩"的制度原则。

第三,探索养老金有效管理和投资方式,以收益填补"长寿差"。为了降低养老金的投资风险,中国《关于建立统一的企业职工基本养老保险制度的决定》严格限制养老金的投资运营,规定"基金结余额,除预留相当于两个月的支付费用外,应全部购买国家债券和存入专户,严格禁止投入其他金融和经营性事业";而在金融投资中,国库券和专户存款是典型的低风险低收益的金融工具,这种狭窄的投资渠道妨碍了养老金的增值。根据中国目前的实际情况,可以委托养老基金投资管理机构,通过专家合理运作,在保证基金安全收益的前提下探索多元化的投资渠道,实现养老基金的保值增值。提高个人账户养老金的保值率可以参考智利的做法,由市场运营个人账户养老金,从而提高个人账户养老金的保值率,这样职工退休后所能领取的养老金会大幅提高,受通货膨胀等因素的影响程度也会降低。同时由于社会保障基金是长期性基金,比较稳定,个人账户基金要储蓄数十年左右才用于支付,可以将其投向基础设施建设,在资本市场逐渐成熟的条件下,还可以利用一些金融衍生工具进行投资以最大限度地实现基金的保值增值。

总的来说,研究养老保险个人账户基金的财务收支是一项庞大的系统性工作,与中国养老保险制度的可持续发展息息相关。本章主要从"遗产差"和"长寿差"的角度对个人账户基金在给付期的超额支出状况进行预测分析,对于养老保险个人账户基金整体的运行及其收支平衡,以及相应改革的推进有待进一步探究。

5.3 城乡社会保障权益公平性路径与策略研究

社会保障制度自建立起其呈现出的制度模式日趋多元化,然而制度的改革与优化却始终秉承公平之核心理念,历经理论与实践的洗礼,各国社会保障制度日益呈现出"公正、平等、共享"等拓展性发展理念。从中国社会保障制度的建立历程及实施状况来看,城乡隔离、群体分立、空间分割等叠加问题日益凸显。

我国在经济发展导向以及工业优先的发展战略背景下搭建的户籍制度这一人为"屏障"造成了两个几乎完全隔离的经济体,在两个经济水平和社会化水平发展迥异的经济体中,政府实行的是理念、目标和水平不同的社会保障制度。1978 年以来的很长一段时间,农村社会保障制度由于缺乏经济主体的依靠和政治及社会主体有话语权的呼吁,而导致了农村社会保障制度长期缺失。初次收入分配方面,农业产品价格服从于工业化的大局;再收入分配方面,土地几乎承担了全部的社会保障及公共服务功能,计划经济存在的农村合作医疗参保率下滑至不到 4%。而且由于公共财政汲取能力的减弱、农村社会保障筹资主体的争议,已有的各项农村社会保障项目建设被搁置,而新的社会保障项目让位于城镇社会保障制度及服务搭建。城镇居民和农村居民所享受的社会保障制度在条件、待遇、水平及服务等方面存在诸多差异。因此,中国社会保障制度发展是失衡的、结构是分裂的、水平是不均等的。这不仅不符合社会保障制度"公正、平等、共享"的价值理念,而且还对中国社会保障制度的协调发展产生阻碍效应。

1978 年以来,随着城镇化进程的加速推进,中国经济和社会各方面发展指数如 GDP 增长率、城镇与农村的收入、消费水平、婴儿存活率等显著提升,从而使得二元化的经济和社会结构渐趋一元化。社会保障制度作为经济社会结构安排的重要制度,为适应新型城镇化背景下的社会经济结构的变化,也必将趋向一元化。而由于当前社会保障制度的城乡隔离、群体分立、空间分割状况,使得以城乡居民为对象的各种社会保障平台在待遇设计中可借鉴与系统构划中可供参照的国际经验并不多。而社会保障体系是一个综合性的系统,不仅仅涵盖了社会保障制度本身,而且还涵盖了社会保障公共服务;实际上,社会保障制度是社会保障体系的基础,而社会保障公共服务是社会保障体系的延展。尽管中国社会保障制度已现雏形,但是作为社会保障制度的延拓和扩展部分——基本养老服务、基本医疗等公共服务进展缓慢,且在服务设施、服务对象、服务项目、服务水平等方面存在严重的城乡失衡状况,而导致城乡基本社会保障制度与社会保障服务的脱节,这不仅会对中国社会保障制度体系完善产生阻碍,还不利于社会保障基本公共服务均等化进程的推进。中国社会保障制度及服务必须通过制度整合来实现体系完善。对于社会保障制度及公共服务而言,制度及服务整合是手段,体系完善是目标,统筹发展是落脚点。从国际经验及中国的社会保障结构性需求视角来看,统筹城乡社会保障制度及服务的发展,一方面需要城乡社会保障制度的整合,另一方面更需要城乡社会保障服务的整合与搭建;在此基础之上,能够更加有序地促进城乡社会保障制度与服务的衔接、协调及融合。

党的十八大把实现社会保障全民覆盖作为全面建成小康社会的新目标,并明确提出了统筹推进城乡社会保障体系建设的新要求和新举措。从既有的相关文件来看,2012 年,国家发布了《城乡养老保险制度衔接暂行办法(征求意见稿)》,适用的范围是城镇职工基本养老保险、新型农村基本养老保险、城镇居民基本养老保险这三种制度中参加过两种或两种以上制度的人员。然而,同时适合这一条件的人员很少。从这个方面来说,城乡基本养老保险制度整合与衔接仍不能着眼于总体,制度意义大于实际意义。2015 年 1 月 3 日《国务院关于机关事业单位工作人员养老保险制度改革的决定》(国发〔2015〕2 号)规定"改革现行机关事业单位工作人员退休保障制度,逐步建立独立于机关事业单位之外、资金来源多渠道、保障方式多层次、管理服务社会化的养老保险体系",并于 2015 年 10 月 1 日已经正式实施。2016 年 1 月国务院出台了《国务院关于整合城乡居民基本医疗保险制度的意见》(国发〔2016〕3 号),按照"统一制度、整合政策、均衡水平、完善机制、提升服务"的总体思路来整合城镇居民基本医疗保险和新型农村合作医疗两项制度,建立统一的城乡居民基本医疗保险。各地方政府也针对本省市的社会保障及服务发展状况颁布了适合本地的整合办法。中国城乡社会保障制度的整合在政策的设计上遵循的是"自上而下"的设计理念,由地方政府统一规定城乡社会保障整合具体目标、内容和细则,各市区依照当地实际适当调整。

本研究将从新型城镇化背景下中国城乡社会保障制度水平分割、项目分设、区域分离及群体分立的现实状况出发,对既有文献进行梳理、剖析与评述,提出整合机理性的理论框架建构的基本要素和假设命题;结合新型城镇化进程对城乡社会保障制度整合的基础性条件进行实证分析;评估和测度城乡社会保障制度整合的潜在动力、约束条件、路径依赖、影响因子和决定因素;以社会建构主义理论和复杂适应系统模型为工具,将中国 1998—2014 年 80 县(市)三项社会保障创新特性、结构优化和系统适应三维度放入 SCA 系统,提出制度生成、演变和扩散的动态机理;并对制度整合路径的合理性、健康性及可持续性进行分析。

5.3.1 城乡二元社会保障制度及服务整合是公共管理学和社会学研究的重要课题

目前在国内学术界对统筹城乡社会保障模式存在三种观点:统一模式、整合模式、专门模式,其中"整合模式"(即过渡模式)更加合理,其既能照顾当前的实际和可能,又能为今后的城乡统筹奠定基础。国外学者的研究主要通过——公平的逻辑起点、制度优化的潜在动力、整合的调整策略及可持续性测度四个方面来揭示城乡社会保障制度及服务整合的动态机理(Selahattin, I. and S. Kitao 2009; Artige, L., Dedry, A., Pestieau, P., 2014)①②。其研究主要分为两大路径:一是把城乡社会保障制度及服务整合过程分为决策、采纳和实施等阶段过程,通过案例描述和历史文本资料识别城乡社会保障制度及服务整合不同阶段的特征(Cuesta, J. and M. Olivera, 2014)③;二是建立组织内外部变量与社会保障制度及服务整合速率之间统计关系假设,探讨在不同政府或公共部门间的空间扩散规律,并进行实证检验的扩散研究④⑤⑥。国内相关研究多集中于两个视角:其

---

① Selahattin, I. and S. Kitao, "Labor Supply Elasticity and Social Security Reform", *Journal of Public Economics*, 2009, 93(8), pp.867-878.

② Artige, L., Dedry, A., Pestieau, P., "Social Security and Economic Integration", *Economics Letters*, 2014, 123(3), pp.318-322.

③ Cuesta, J. and M. Olivera, "The Impact of Social Security Reform on the Labor Marke", *Journal of Policy Modeling*, 2014, 36(6), pp.1118-1134.

④ 约翰逊:《中国农村与农业改革的成效与问题》,《经济研究》1997 年第 1 期,第 40—44 页。

⑤ Damanpour, F. and S. Marguerite, "Characteristics of Innovation and Innovation Adoption in Public Organizations: Assessing the Role of Managers", *Journal of Public Administration Research and Theory*, 200 8, 19, (4), pp.495-522.

⑥ Walker, R. M., "An Empirical Evaluation of Innovation Types, Organizational and Environmental Characteristics", *Journal of Public Administration Research and Theory*, 2008, 18(4), pp. 591-615.

一,社会保障制度服务于城乡一体化的劳动力市场的经济学视角[①②③];其二,城乡二元社会保障制度整合潜在动力的"软环境"政策学视角(杨翠迎,2007;李迎生,2008;郑功成,2014)[④⑤⑥],并基于不同的经济、政治和社会发展状况提出了区域性(如重庆、苏州和昆山等)城乡社会保障制度及服务整合进程和整合模式[⑦⑧⑨⑩]。

上述研究从不同侧面解释了社会保障制度及服务整合的决策、实施、演变和扩散的行为机理,但由于社会保障制度及服务整合是一个非常复杂的动态过程,通过单纯统计关系解释社会保障制度及服务整合策略和路径的生成及扩散机理,不仅理论视阈狭窄,也无法全面揭示制度及服务整合路径生成、演变的内在因果逻辑和过程。毋庸置疑,经济发展与社会的转型是城乡社会保障制度及服务整合的基础和潜在动力;中国城乡社会保障制度整合过程与整个新型城镇化进程存在一种"生态关系"——城乡社会保障制度及服务整合过程必须适应新型城镇化的动态调整进程。目前,中国社会保障制度及服务整体呈现出一种"被动式"的发展驱

① 何文炯:《劳动力自由流动与社会保险一体化》,《中国社会保障》2010年第12期,第27—29页。

② 邓大松等:《制度替代与制度整合:基于新农保的规范分析》,《经济学家》2011年第4期,第71—77页。

③ 林毓铭:《体制改革:从养老保险省级统筹到基础养老金全国统筹》,《经济学家》2013年第12期,第65—72页。

④ 杨翠迎等:《建立和完善我国农村社会保障体系》,《西北农林科技大学学报》2007年第1期,第74—76页。

⑤ 李迎生等:《构建城乡衔接的社会保障体系——以北京市为例》,《中国人民大学学报》2008年第6期,第61—69页。

⑥ 郑功成:《让社会保障步入城乡一体化发展轨道》,《中国社会保障》2014年第1期,第10—13页。

⑦ 朱玲:《中国社会保障体系的公平性与可持续性研究》,《中国人口科学》2010年第10期,第2—12页、第111页。

⑧ 林闽钢:《中国社会保障制度优化路径的选择》,《中国行政管理》,2014年第7期,第11—15页。

⑨ 丁建定:《中国养老保障制度整合与体系完善》,《中国行政管理》2014年第7期,第7—10页。

⑩ 席恒等:《更加公平可持续的养老保险制度的实现路径探析》,《中国行政管理》2014年第3期,第11—14页。

动路径——新型城镇化过程推动着城乡社会保障制度及服务整合的进程。既有研究文献为中国新型城镇化背景下城乡社会保障制度及服务整合相关环节的推进提供了一定的理论指导,但是以下关键性问题并未解决:第一,新型城镇化背景下,城乡社会保障制度及服务整合的关键性策略;第二,城乡社会保障制度及服务整合的基本环节——路径的生成、演变及扩散的理论分析和实证测度;第三,在新型城镇化背景下,经济和公共服务政策应该如何调整和优化以此来确保城乡社会保障制度及服务整合路径的合理性、健康性及可持续性。这三个问题既是对相关研究的一个全新拓展,也是中国探寻新型城镇化过程中所要解决和回答的关键性问题。受经济、政治及社会等因素影响,中国的二元社会管理体制使城镇化过程产生了诸如管理分散、主体模糊、项目冲突等融合型风险,对社会保障制度及服务的整合过程造成较大的冲击。本章将以社会风险理论为基础、城乡二元社会结构为背景,以城镇化发展为框架提出整合城乡社会保障制度及服务的策略及路径选择。

5.3.2 城乡社会保障制度及服务整合理论基础及制度范式

从价值理性和工具理性的关系视角来看,城乡社会保障制度及服务整合的理念是制度建构的前提和基础,基于城乡社会保障的"二元化"和"碎片化"现实,城乡社会保障制度及服务整合的策略及路径更要在经济、社会、政治及历史趋同发展理念的基础上展开。

一、理论基础

城乡社会保障制度及服务整合主要基于以下理论:

1. 溢出效应理论

North 将溢出效应理论定义为①,当某个体行动引起成本不等于社会成本,个体收益不等于社会收益时,溢出效应就产生了。由于溢出效应的

① Douglass C.North, *Structure and Change in Economic History*, New York: W.W.Norton, 1981, p.228.

存在，使帕累托最优条件并不能满足。而且，经济和社会活动是相互影响、相互依存的，个体的效用函数不完全受制于自身所控制的相关变量，亦受制于社会其他个体的行为。由此，溢出效应可分为生产外部不经济、消费外部不经济、生产外部经济及消费外部经济。溢出效应贯穿于城乡社会保障及服务整合的各方面，当主权国家范围内的国民均能平等地共享以社会保障及服务为核心的社会发展成果时，整个社会处于一种帕累托最优或次优状态，给社会带来稳定格局。当统筹实施完善和公平的城乡社会保障制度及服务时，农村居民亦可凭借优越的条件来积极地预防、规避和控制异质性社会风险，而减少患病及传染的可能性，从而会产生整个消费的正向溢出效应；而如果没有被社会保障制度及服务体系所覆盖，在宗族网络日益衰退的背景下，仅依靠传统的“养儿防老”的养老与医疗保障模式，导致农村居民对相关社会风险的早期预防及控制能力严重不足，其会因为疾病、年老或贫困而陷入入不敷出的困境，对整个社会的安定带来不确定性，从而产生负向溢出效应。从社会公平的视角来看，城乡社会保障制度及服务差距的弥合具有明显的社会正向溢出效应。若要将这种社会正向溢出效应内生化，最直接和有效的措施就是整合城乡社会保障制度及服务，使主权国家范围内的国民均能平等地共享以社会保障及服务为核心的社会发展成果。

2. 社会选择理论

社会选择理论（Social Choice）作为一个探求社会决策如何满足社会福利最大化的福利经济学分支，其核心理论是社会福利评价标准。该理论试图以个体意愿为出发点，筛选出理性条件下的社会选择顺序，而达到社会福祉最大化的核心目标。社会福祉的评定标准经历了 Pareto 标准、Karldor-Hicks 标准、Scitovsky 标准和 Ritter 三重标准的演进。其中，Karldor-Hicks 标准、Scitovsky 标准和 Ritter 三重标准的建立都是以 Pareto 标准为基础，进一步放宽社会福祉改进的限制，即只要满足 Pareto 标准，Karldor-Hicks 标准、Scitovsky 标准和 Ritter 三重标准亦会满足。因此，从社会选择理论出发，为了弥补城乡发展的差距，避免收入分配“马太效应”的进一步集聚，整合城乡社会保障制度及服务作为一个社会选择，能够保障城乡之间社会保障资源的分配格局及财政资源的分配格局的公平性。整合城乡社会保障制度及服务是否满足社会福祉最大化实施目标会牵涉到社会福利评价标准。那么,运用 Pareto 标准来检验城乡社会保障整合的社会福祉增进是科学合理的。从短期来看,整合城乡社会保障制度及服务能够更好地弥补社会保障资源的城乡差异水平;而从长期来看,整合是为了统筹好城乡社会保障制度及服务,能够让农村居民与城镇居民共同分享经济和社会发展的成果,而获得同等的社会保障水平权利。因此,在整合城乡社会保障制度及服务的过程中,在保持城镇居民的社会保障制度及服务水平提高或不变的状况下,提升农村居民的社会保障制度及服务水平,这样可以在使得城镇居民在社会保障制度及服务方面获得的效用不减的状况下,在更大程度上提升农村居民在社会保障制度及服务方面获得的效用,从这个意义上来说,城乡社会保障制度及服务的整合会促使整个社会的效用提升到 Pareto 的最优或次优状态。

3. 自由发展观理论

阿马蒂亚·森指出[①]:一个人的"可行能力"(Capability)指的是此人有可能实现的、各种可能的功能性活动的组合。他将"可行能力"视为一种自由,是实现各种可能性组合的实质自由。"可行能力"的缺乏会抑制人力资本的积累、人自身潜力的发挥以及社会的整体进步,阿马蒂亚·森认为这是一个国家陷入贫困的关键致因。在风险社会中,社会保障制度及服务通过"后干预"的风险化解模式可以为处于风险社会的个体或家庭提供最基本化解风险的工具,从而使得处于风险社会的个体或家庭能够获得基本的"可行能力",从而有机会获得其他实质性自由。自由兼具"工具性"作用和"建构性"作用。自由工具性体现在在养老保障、社会教育、医疗保障、贫困及其他方面所实行的制度性及服务性安排。城乡社会保障资源缺乏平等性与共享性,就会对社会机会缺乏平等分享的权力,从

① [印]阿马蒂亚·森(Amartya Sen):《以自由看待发展》,任赜、于真译,中国人民大学出版社 2002 版,第 62 页。

而会影响到农村居民在“可行能力”方面的发挥，最终会抑制各种可能性的实质性自由的发挥。整合好城乡社会保障资源，缩小城乡社会保障差距，从而能够发挥政府与社会对农村居民的“可行能力”的再分配制度的张力，最终提升农村居民发展能力，促进社会的和谐与稳定。

二、制度范式

整合城乡社会保障制度与服务要遵循一定的范式，所谓的城乡社会保障制度与服务整合范式是指从社会保障客观对象中发掘并抽象地总结出的一般规律性，即社会保障制度及其服务的具体项目的统筹安排及运行状况在不同类型国家或地区所呈现出的基本规律和一般性特征。从西方发达国家的社会保障制度及服务的改革实践来看，城乡社会保障制度及服务整合过程中呈现出以下四种不同的范式：其一，实施城乡差别的社会保障制度及服务的“法国范式”；其二，将城镇居民社会保障制度及服务直接扩展到农村居民的“英国范式”；其三，实行社会保障制度及服务城乡基础部分统一的“日本范式”；其四，实行城乡一体化的社会保障制度及服务的“瑞典范式”。显然，发达国家整合城乡社会保障制度及服务的范式、路径及策略是有差异的，其所取得的经验具有一定的借鉴性和启发性，当然也兼具相对性。“整合”并不代表“无差别的统一”，更不能认为只有城乡完全无差别化的社会保障制度发展策略才是最合理和有效的整合路径；有差别的社会保障制度发展策略所体现出的整合及路径并非消极和无效的。因为社会保障制度融合了政治、经济、文化和历史的元素，从逻辑学视角来看，社会保障制度发展路径的优劣应该要融合政治、经济、文化和历史等逻辑解释，而前提则在于社会保障制度及服务的整合路径是否适合本国基本国情，即针对中国国情中不同人群，如城镇居民、农村居民、失地农民及农民工等特征进行分类和细化，以渐进统一为策略，以统筹发展为思路来达到城乡社会保障一体化的目标。城乡社会保障制度及服务整合的研究缘起于中国既定的经济、社会和政治结构现实，整合的策略和路径亦同步于中国经济、社会和政治等方面的变迁路径。

5.3.3 城乡社会保障制度及服务整合 SWOT 分析

SWOT 分析法（也称 TOWS 分析法、Dawes 矩阵）即态势分析法，20 世纪 80 年代初由美国 San Francisco 大学的管理学教授韦里克（Weihrich）提出，经常被用于企业战略制定、竞争对手分析等场合。SWOT 的四个英文字母分别代表 Strength、Weakness、Opportunity 和 Threat，分别用 S 强势（优势）、W 弱项（弱势）、O 机会（机遇）和 T 威胁（对手）来表示。本研究将采用 SWOT 分析方法，对整合城乡社会保障制度及服务的可行性进行分析与探索；挖掘城乡社会保障制度及服务整合的内部条件，主要是对城乡社会保障制度及服务整合的既有优势和劣势进行分析；同时，探索和剖析城乡社会保障制度及服务整合的可行性的外部环境，主要是对制度及服务整合的机会与存在的威胁进行分析；在对这些内、外部条件进行可行性及适应性分析的基础上构建 Dawes 战略分析矩阵，并确定城乡社会保障制度及服务的整合策略与路径，具体如图 5-3 所示。

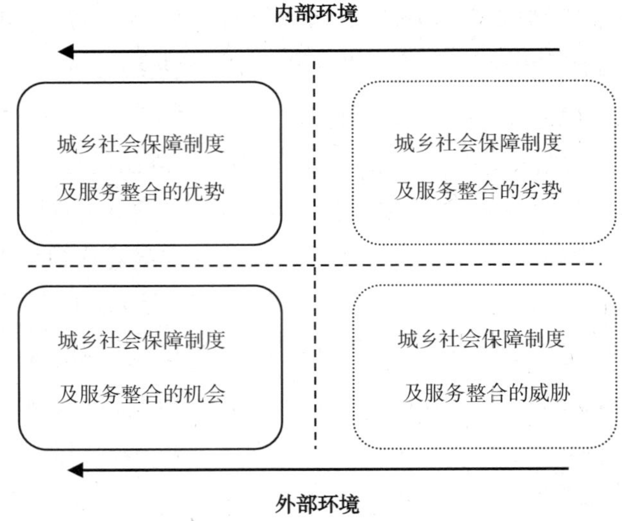

图 5-3　城乡社会保障制度及服务整合 SWOT 分析图

一、制度及服务整合的内部优势

第一,城乡社会保障制度正逐步完善,从而解决了制度及服务的从“无”到“有”政策困境,这为城乡社会保障制度及服务从“有”到“优”奠定了坚实的现实基础。2013 年以来,统筹城乡社会保障制度及服务已逐步形成共识,并上升为国家改革战略。社会保障制度及服务的整合目标被定位为更加公平、可持续的社会保障制度的建立。随着城乡居民社会保障项目,如新农合、新农保、农村低保、城镇居民医保及城镇居民养老保险的相继建立及实施,基本养老保险、基本医疗保险以及最低生活保障这三项社会保障主体项目在城乡之间各自显现出其应有的社会保障功能,这在制度层面上实现了全覆盖。尽管社会保障制度覆盖并不意味着实际全覆盖或水平全覆盖,但制度全覆盖作为实际全覆盖和水平全覆盖的基础与前提。其为社会保障制度及服务从“有”到“优”奠定了坚实的现实基础,成为整合城乡社会保障制度及服务的内部优势之一。

第二,部分发达省份在城乡社会保障制度及服务整合方面先行先试的典型做法,为全国层面的制度及服务的整合提供了实践性参考。“地方试点→全国推广”是中国社会保障领域改革通常采用的范式。社会保障制度及服务在探索阶段就是鼓励各地先行试点,新农合、新农保、农村低保、城镇居民养老保险及城镇居民医保均是从先行试点开始,将不同区域的经典模式推广到全国层面。2010 年以来,部分地方,如江苏、浙江和上海等地在城乡居民基本养老保险、城乡居民基本医疗保险及城乡居民最低生活保障等的统筹方面进行了先行先试,对城乡居民的社会保障制度及服务进行了整合。特别是城乡社会保障制度及服务在人员安排、管理规划及资金结构等层面逐渐趋向于统一;部分地区已经出现了较为成功的整合模式,如江苏的“昆山模式”“苏州模式”等。在经验模式的推广及影响下,城乡社会保障制度及服务的整合已由部分地方的行动转变为国家层面的整体行动,并且由东部发达省份向中西部省份拓展和推广,由分步探索向整体推进改革;这为城乡社会保障制度及服务整合提供了牢固的实践基础。

第三,城乡社会保障制度及服务整合采取先行先试的模式,制度尚未定型,有较大的调整和优化的空间,整合的成本小于制度完善后的改革成本。社会保障制度及服务在探索阶段就是鼓励各地先行试点,因此,整个城乡社会保障制度及服务体系的整合尚处于调整与优化阶段,尤其是新农合、新农保、城镇居民养老保险、城镇居民医保仍处于未完全定型的状态。在此条件下,推动城乡基本养老保险、基本医疗保险制度及服务的整合,整合的经济成本、公众心理预期成本及社会风险等成本会远小于制度定型后的整合成本。从城乡社会保障及服务水平来看,较低的社会保障及服务水平使得制度在整合时所需的经济补偿也相对较少。如果在制度定型后再实施改革,整合的成本所涉及的范围将更广,引起社会波动的可能性更大。

二、制度及服务整合的内部劣势

第一,由于作为城乡社会保障制度及服务指导基础的社会建构路径缺乏理念支撑,使其在范式、方法及策略等方面难以统一,这一方面是由于制度及服务"区隔"发展的逻辑结果;另一方面亦是由于科层制体制下的横向及纵向府际关系中公共产品及公共服务提供模式的差异性所致。尽管城乡社会保障制度及服务的整合路径实践过程中呈现为较为驳杂的趋势,但制度及服务社会建构路径主要是聚焦于基础建构、制度过渡及一体化等方面。由于中国社会保障制度及服务无论是在城乡发展水平、地方政府投入力度、转移支付的纵向及横向府际关系等方面都存在着较大的差别,地区间的制度及服务模式还存在着内部及外部性的差别,制度及服务理念的建构也存在着理念上的不一致性。这对破除"区隔化"、构划"整合"理念、消除制度的"碎片化"、弥合城乡社会保障及服务待遇"断裂化"的待遇序列产生抑制性效应,这是城乡社会保障制度及服务整合的外部劣势。

第二,相比西方市场经济发达的国家,在还不完善的市场经济条件下,中国政府的主要职能不仅仅是承担社会保障立法及通过法律途径的调整和优化,从而制定社会保障制度和服务架构及运行规则体系,"大政府+大市场"的框架模式下,政府会介入企业及个人社会保障的具体事务。这样导致政府、企业和个人的分工权责依然模糊,最终形成了政府主导型的社会保障运行体系,而且还由于法律体系的不健全、制衡机制的缺失和政府的强势地位强势介入,使得在整合城乡社会保障及服务领域政府失灵的状况也比较明显。在这种背景下,政府行为时常会由于异质性偏差而形成政策“租金”,会显著性地影响城乡社会保障制度及服务整合进程。因此,社会保障法律法规体系未完善及制衡机制缺失会是社会保障制度及服务整合的劣势条件。

三、制度及服务整合的外部机遇

第一,城乡社会保障制度及服务整合的实然性和紧迫性凸显。随着中国经济的快速发展及结构的不断优化和城乡一体化进程的加快,在发展共享理念的引导下,无论是学界、政界还是全社会对城乡社会保障制度及服务统筹优化的理念已形成共识。由于经济、历史及文化因素影响,社会保障制度及服务城乡分割、群体分立的“碎片化”现象日益突出和严重。分配日益呈现出较为严重的“马太效应”。无论是从经济发展层面来看全国统一的劳动力市场的建立、供给侧改革及需求侧改革、社会保障及公共服务的经济发展“引擎”作用,还是从社会和政治层面来看保障人的基本生存权、促进社会整体公平及实现共享发展的目标,抑或是从城镇化有序推进和信息化快速发展层面、社会保障制度及服务发展效率来看,加快城乡社会保障制度及服务整合的进程是目前的中国迫切要解决好的关键问题。理论界正极力呼吁并提供多种顶层设计方案;实践中,各先行先试的“试验区域”已经开展各种探索,部分地区已取得积极的效果。这为城乡社会保障制度及服务整合提供了良好的外部机遇和“生态给养”。

第二,城乡社会保障制度及服务整合已经具备了相应的财政与社会条件。2010年以来,中国公共财政实力显著提升,为整合提供了坚实的经济支撑基础。整合过程是通过收入再分配促使公共利益的重新调整。因此,这种利益分配的改革应该遵循“木桶”原理,实现的是帕累托增量改革。那么,需要通过提升公共财政支持力度来推动制度整合。随着中国经济持续增长,财政收入保持年均两位数的增长速度,中央财政及各级财政在社会保障及服务的投入水平及保障力度方面不断提升。这就为城乡社会保障制度及服务整合提供了坚实的经济保障。随着城乡一体化进程的加速,城镇化率在迅速提高,城乡居民在社会保障收入水平方面与城镇居民的差距正逐步缩小。从发达国家城乡一体化的发展历程来看,随着城镇化的深入推进，城乡社会保障制度及服务必将得到进一步的完善，并在整合城乡社会保障制度及服务的基础上，最终实现社会保障制度及服务的一体化。

第三，城乡社会保障制度及服务整合已经具备了相应的政治条件。无论是中央政府还是地方政府都非常重视统筹城乡社会保障制度及服务的发展。党的十八大把实现社会保障全民覆盖作为全面建成小康社会的新目标，并明确提出了统筹推进城乡社会保障体系建设的新要求和新举措。2012 年，国家发布了《城乡养老保险制度衔接暂行办法（征求意见稿）》。2015 年 1 月 3 日《国务院关于机关事业单位工作人员养老保险制度改革的决定》（国发〔2015〕2 号）规定“改革现行机关事业单位工作人员退休保障制度，逐步建立独立于机关事业单位之外、资金来源多渠道、保障方式多层次、管理服务社会化的养老保险体系”，并于 2015 年 10 月 1 日已经正式实施。2016 年 1 月国务院出台了《国务院关于整合城乡居民基本医疗保险制度的意见》（国发〔2016〕3 号），按照“统一制度、整合政策、均衡水平、完善机制、提升服务”的总体思路来整合城镇居民基本医疗保险和新型农村合作医疗两项制度，建立统一的城乡居民基本医疗保险。各地方政府也针对本省市的社会保障及服务发展状况颁布了适合本地的整合办法。这使得制度及服务的整合具备了中央和地方政府政策的支持，为城乡社会保障制度及服务整合提供了政治条件。

四、城乡社会保障制度及服务整合的外部挑战

城乡二元结构固化依然非常严重。中国自改革开放以来，虽然城乡的二元结构的“壁垒”在某些方面有所突破，然而，户籍制度所“捆绑”的城乡社会保障及服务“壁垒”依然较为稳固。国家财政在各方面明显倾向于城镇，城乡居民在就业、教育及社会保障及服务等方面的差别依然是巨大的，这造成了城乡居民不仅在收入初次分配方面，而且在收入再分配方面的差距也日益加大，这对中国的收入分配及收入再分配结构造成了一些深层次的矛盾与“技术壁垒”。日益固化的城乡二元结构直接影响到中国经济的发展及农村居民生活水平的提升，并进一步影响城乡社会保障制度及服务的整合效率。

5.3.4 城乡社会保障制度及服务的整合策略与路径

一、理念与路径的范式演进

其一,城乡社会保障制度整合过程是一种复杂的社会建构,整合的过程涵盖路径的生成、演变、扩散及可持续性检验等基本环节。在此社会建构过程中,须结合地区 GDP、城乡居民收入、消费、财政收入、人口结构等相关指标统筹测度整合的经济条件、时点、方式、工农业关系及工业反哺农业的可行性。而创新特性——优势性、适应性、可测性和重塑性,内生变量——经济、社会和政治,以及外生变量——国际经验、模仿和竞争共同制约城乡社会保障制度整合策略及路径的形成。其二,整合过程遵循"时间置换"原理及"渐进统一"的两阶段演进路径,而非"阵痛式"的改革。本研究认为要经历两个阶段:第Ⅰ阶段,实现城乡社会保障制度及服务的"区域分离"向"统分整合"过程的转变——以时间换可行;第Ⅱ阶段,实现城乡社会保障制度由"统分整合"向"模式统一"的转变——以时间换成效。新型城镇化背景下,通过路径创新,为城乡社会保障制度及服务的整合搭建过渡的桥梁。其三,运用"制度同构"的社会建构主义理念,遵循"1133"整合策略。一种制度——城乡一体化社会保障制度;一种服务——城乡一体化社会保障服务;三类模式——城乡"梯度式"社会养老保险、城乡"梯度式"最低生活保障以及城乡"梯度式"医疗保险模式;三项举措——完善社会保障及服务框架的内容,加强资源整合;依托新型城镇化进程,加速农民市民化;发挥公共财政作用,提高社会保障资源的配置效率。

二、城乡社会保障制度及服务的整合策略与路径选择

1. 整合策略模式选择

城乡社会保障制度及服务的整合路径涵盖了消除"碎片化",融合制度及服务的整体建构理念;弥合"二元化",整合基础性的社会保障制度及服务;弥合"不连续化",建构城乡二元社会保障制度及服务"待遇谱系"。摒弃城乡二元部门以户籍制度为"挡板"而维护"各自为政"局部利益观点,从而融合城乡社会保障制度及服务的整体建构理念,能够对现行

城乡二元社会保障制度及服务进行梳理、归类，整合有局限性的制度及服务，建立有张力、公平和可持续的社会保障制度及服务体系。

整合城乡社会保障制度及服务，出发点及最终落脚点是要实现城乡社会保障制度及服务的一体化。在理论层面，西方发达国家的学术界提出了三种城乡社会保障制度及服务整合可供选择的方案："社会保障基础整合理论""社会保障统一说"和"社会保障三维体系说"。这些理论或学说对当时当地不同国家的社会保障制度及服务的整合过程与实践进行了结合，取得了积极的效果及制度的推进，但针对中国的情况需要具体的分析，这主要是基于中国经济、社会、政治及文化方面有自身独特的发展逻辑，机械地套用这些理论或学说不太符合现实的状况。在实践方面，不同的国家针对这些理论也提出了不同的实践模式，如日本的"整合模式"、北欧的"一体化模式"及法国的"特定模式"等。在城乡基本养老保险制度及服务整合方面，"大社保"城乡整合理念的"宝鸡模式"、四川省的"南充模式"及浙江的城乡基本养老保险统一整合模式等具有实践经验可供借鉴；在基本医疗保险制度及服务整合方面，陕西的"西安模式"、四川的"成都模式"、广东的"东莞模式"以及江苏的"太仓模式"等为城乡居民基本医疗保险制度及服务的整合提供了实践经验。更进一步地，部分省份和地区已经实施了城乡一体化的城乡居民基本医疗保险制度及服务模式，如"保险+服务"的江苏昆山制度及服务模式、"阶梯式"的"农民市民化、乡村城市化、服务均等化"的上海浦东模式以及广东东莞"保大病、保住院"的"渐进统一"模式等，也为中国城乡社会保障制度及服务的整合提供了重要的实践基础和经验的借鉴。

中国是一个无论经济、社会还是文化都发展极其不平衡的国家，因此，这就决定了在城乡社会保障制度及服务的整合方面不可能做到一蹴而就式的"阵痛式"转变。因此，整合过程应遵循公平、共享与适度普惠的"城乡整合理念"；并借鉴"有差别的一体化"学说，最基本的整合策略是在政府主导、社会参与下渐进推进，统筹兼顾与重点突出、把握好动态的整合结点，遵循部分差别与基础统一、机制协调促使待遇变动的连续谱系。基本整合路径分三步：短期遵循的是城乡社会保障制度及服务实现制度整合与城乡基本公共服务的整合逻辑；中期遵循是实现城乡基本社会保障制度与服务衔接的整合逻辑；长期应实现城乡基本社会保障制度及服务的一体化发展逻辑。总的来说，作为基本的社会保障制度及服务应该实现城乡一体化，这遵循基本社会保障制度的普适性原则。对于第二支柱和第三支柱的社会保障制度及服务则应遵循社会保障制度差异性原则，即考虑现实经济状况，分步骤、分阶段的逐步展开，在公平性和机会均等的条件下，尊重社会保障制度及服务项目的差异化。

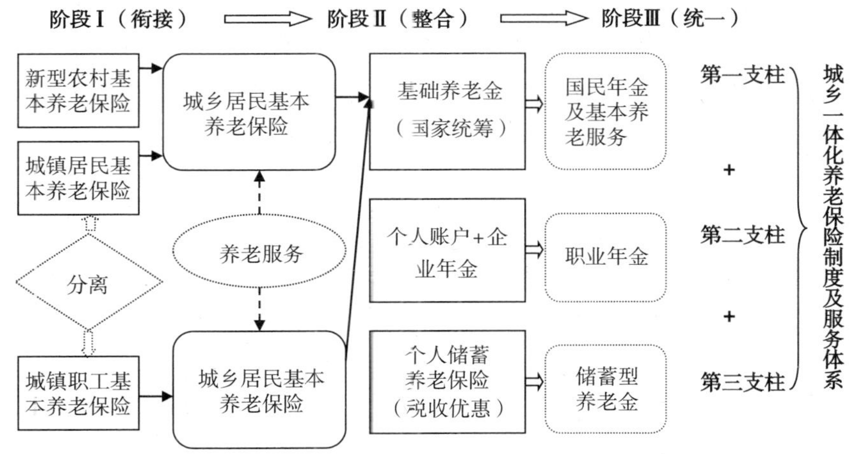

图 5-4　中国城乡养老保险制度及服务的整合路径图

2. 整合路径的选择

(1)社会救助制度及服务整合路径的选择

首先，要改革和优化顶层目标设计。由于社会救助人群的产生具有动态性，这主要是基于城乡一体化背景下，城镇化的进程不可避免地会造成新的贫困群体及贫困脆弱性群体，为此要确定城乡二元社会救助制度及服务的顶层设计目标。整合的核心路径是摒弃“属地化”城乡社会救助顶层目标设计体制，并逐步由市县级统筹过渡到省级统筹，最后过渡为全国统筹。这需要打破目前户籍制度下“区隔化”的各种城乡异质性社会救助制度及服务供给项目及水平藩篱，来提升社会救助统筹层次。本研究认为，整合城乡社会救助制度及服务的方向应该有步骤、分阶段地化异趋同，在中央和地方财力允许的范围内实现城乡社会救助及服务项目整合，最终实现城乡一体化终极目标。针对中国的具体背景、制度结构、区域发展水平来看，城乡社会救助制度及服务的整合应从东南沿海经济发达省份先行先试，从取得丰富试点经验的地区进行渐进性的扩散，等时机成熟之后，在中西部省份选择个别地区进行试点，最后全面展开。

（2）社会保障制度及服务体系中两大社会保障项目——基本养老保险及服务、基本医疗保险及服务的整合路径

目前来看，城乡养老保险和医疗保险在制度模式上已处于渐进统一过程中，主要的差别在于管理主体、缴费水平、待遇水平等方面。基本养老保险制度及服务的整合分为三个阶段（如图5-4所示）：目前机关事业单位与城镇职工养老保险实现了模式上的统一，进入阶段Ⅰ后，需要合并城镇居民基本养老保险、农村居民基本养老保险以及城镇职工基本养老保险，在阶段Ⅰ到阶段Ⅱ的过程中加入基本养老服务，从而完善养老保险体系的完整性。在第Ⅱ阶段需要建立国家统筹基础性养老金、可转移的企业年金及税收优惠的个人储蓄养老保险；等到制度统一后，进入第Ⅲ阶段，即以国民年金及基本养老服务、职业年金和储蓄型养老金为主体的第一支柱、第二支柱及第三支柱的城乡一体化养老保险制度及服务体系。

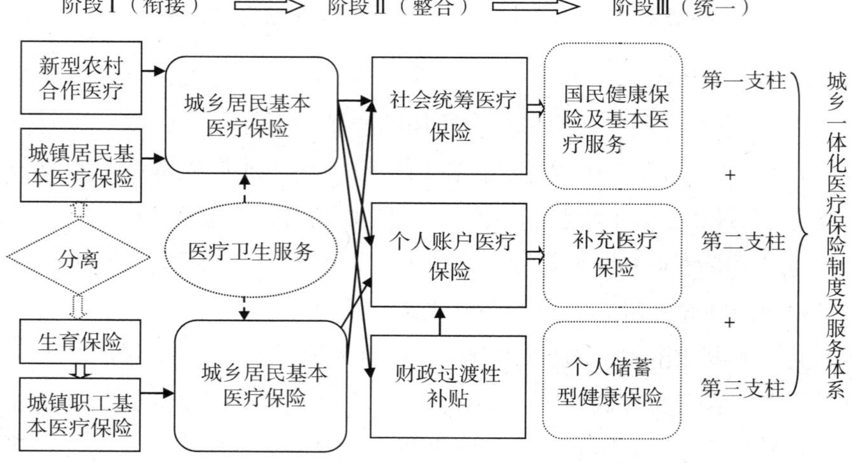

图5-5　中国城乡医疗保险制度及服务的整合路径图

基本医疗保险制度及服务“碎片化”和“区隔化”程度远远超过基本养老保险制度及服务；而统筹层次远低于基本养老保险。从这个意义上来说，城乡医疗保险制度的整合难度更大。从中国统筹城乡医疗保障制度及服务发展的本质要求来看，基本医疗保险制度及服务的整合分亦为三个阶段：第Ⅰ阶段，首先将新型农村合作医疗制度、城镇居民基本医疗保险制度及服务进行整合，并形成统一的“城乡居民基本医疗保险”；在此基础之上，进入整合的第Ⅱ阶段，在这一阶段中，按照国际的通常做法（如英国、日本和韩国等），应该要加入基本医疗服务；这一阶段的医疗保险由三部分组成：省级层面的社会统筹医疗保险、可转移个人账户医疗保险以及财政过渡性补贴；然后进入第Ⅲ阶段，形成第一支柱的全国统筹的国民健康保险及基本医疗服务、第二支柱的补充医疗保险以及第三支柱的个人储蓄型健康保险，从而建立起城乡一体化的“门诊+住院+大病保险”的医疗补偿机制。

（3）其社会保险项目的整合实施

生育保险项目目前已经并入医疗等保险范围之内。其余社会保险项目之中，如工伤保险和失业保险，虽然本质上没有严格意义上的城市农村之分，但仍然对计划经济时代的制度具有一定的“惯性”，而形成了一定意义上的制度依赖。这主要是基于农村居民主要以自雇务农为主，缺乏产业制度性管理，而且，长期以来，农村剩余劳动力隐匿于“土地就业”，因此，很难建立起完整的、以工资为基准的社会保险制度。工伤保险和失业保险并未涵盖农村处于劳动年龄居民。随着城乡经济一体化进程及城镇化速度的加快，农村剩余劳动力很多已经在城镇就业。在中国东南部发达省份传统农村土地保障模式已被“瓦解”，逐渐走上工业化和城乡一体化的道路，这些地方实行统一的工伤保险和失业保险制度，其余地区应根据经济和社会发展状况渐进性的扩大制度覆盖面。

5.3.5　政策建议

一、综合运用现代信息技术与现代治理理念提升城乡社会保障及服务整合的综合性治理能力

其一，推进城乡一体化的“数字”社会保障的网络连接模式。遵循

“数字化社保、零距离服务”的配套模式，搭建社会保障及服务业务网上经办大厅的服务端和客户端。不同主客体可以通过计算机或者手机APP 即可办理社会保障及服务相关业务。对于城乡养老保险异地转移、社会救助制度的异地认定及异地就医的医疗保险异地结算提供对称性的信息，这样为城乡社会保障制度及服务提供前期的基础性整合平台。其二，在社会保障治理能力与治理体系现代化的背景下，综合运用云计算技术、大数据分布式架构及“互联网+”技术平台等现代信息技术，构建社会保障需求动态变动、制度及服务运行及监控、决策辅助信息系统，从而得到大量非结构化数据和半结构化数据，为城乡社会保障制度及服务的整合提供全样本的分析基础。

二、优化公共产品及公共服务资源，使得既有现实条件为实现社会保障制度及服务的整合提供最有利的支撑

第一，借鉴发达国家的相关经验，一方面，把居留地作为户籍登记的依据，同时给“捆绑”在户籍制度之上的带有城乡“歧视性”的社会保障及服务功能“松绑”；另一方面，理顺既有的公共管理体制及模式，实现城乡社会保障及服务最终归属人力资源和社会保障部门统一管理。第二，构建城乡一体化的社会救助及服务体系。通过“互联网+”技术平台进一步推进城乡低收入家庭经济状况核对信息系统的联网构建，最终实现人力资源和社会保障部门、民政部门、公安部门、工商管理部门、房产部门、银行等部门互联互通的信息共享机制，保证救助对象的准确性及城乡社会救助信息系统的阻隔性；从而消除信息不对称的“屏障问题”，为城乡社会救助制度及服务的整合提供全方位的保障。

三、动态调整社会保障制度及服务的配套政策，为制度及服务的整合提供最直接的制度性支持

其一，建立低收入群体城乡社会救助制度及服务的共享机制，实施城乡统一的大病住院性救助、一般住院性救助、门诊性救助及城乡均等化的教育救助、住房救助、社会救助家庭再就业救助等制度。其二，优化城乡基本养老保险及服务关系异地转移接续办法及城乡居民养老保险待遇动态调整机制。在基本养老保险及服务“账户划转”方面，宜采取“补差”或

"换算"的方式,最终实现养老保险制度及服务在城乡之间自由转移与承接;在待遇调整方面,在城乡社会保障基金承受能力范围之内,城乡居民养老保险待遇调整应根据城乡之间经济社会发展水平和物价指数动态调整,并非去追逐城乡之间完全意义上的均等化。

6

退役军人管理保障研究

郑传锋　余　锋　刘　婷

党的十九大报告指出，中国特色社会主义进入新时代，我国社会主要矛盾已经转化为人民日益增长的美好生活需要和不平衡不充分的发展之间的矛盾。在新时代背景下，我国退役军人已达5700万，如此庞大的退役军人群体对退役军人管理服务保障体系带来巨大压力，对退役军人管理服务保障提出新要求，并且退役军人管理服务保障自身也面临不平衡不充分发展的突出矛盾。因此，如何做好退役军人管理服务保障工作，如何健全完善退役军人管理服务保障体系和相关政策制度，事关广大退役官兵日益增长的美好生活需要，事关国防和军队建设，事关社会和谐稳定。

6.1 退役军人管理保障的总体概况

党和国家历来都高度重视退役军人的管理保障工作。从组织退役军人免费接受职业培训，到大力扶持退役军人就业创业；从改革创新军队转业干部安置工作，到组建退役军人事务部；从逐步健全完善相关政策法规，到《中华人民共和国军人退役保障法》的即将出台，退役军人管理保障工作不断推进，退役军人的合法权益得到有效保障。

6.1.1 退役军人管理保障的基本情况

一、退役军人管理保障机构逐步建立

党的十九大报告提出："组建退役军人管理保障机构，维护军人合法权益，让军人成为全社会尊崇的职业。"为深入贯彻落实党的十九大精神，充分展现党和政府对退役军人的关心和帮助，2018年4月16日，退役军人事务部正式挂牌成立。退役军人事务部一成立，就着手起草《中华人民共和国退役军人保障法》草案，陆续出台提高退役士兵安置质量、扶持退役军人就业创业、悬挂光荣牌、提高抚恤补助标准等政策措施，有力地维护了退役军人的权益,营造了尊崇军人职业的良好氛围。为解决退役军人实际困难,做好退役军人安置和就业创业帮扶工作,全国各省市也纷纷成立了退役军人管理保障机构。如海南省、福建省利用机构改革之机,成立退役军人事务厅;天津市宁河区成立退役军人事务局;武汉市建成首批 17 个基层退役军人服务站,为退役军人提供“一站式”服务;河北省按照“二站三中心”模式,在石家庄市成立河北省退役军人管理服务中心,在市、县(市、区)两级成立退役军人管理服务中心,在乡(镇、街道)、村(社区)成立退役军人管理服务站,基本形成省、市、县、乡、村 5 级退役军人管理服务网络。这些管理保障机构的建立,为保障退役军人合法权益,更好地为退役军人服务,解决退役军人实际困难,使退役军人在新岗位新环境为国家和社会做出新贡献,奠定了坚实的基础。

二、退役军人管理保障法律法规逐步完善

建立完善的退役军人管理保障法律法规,是维护退役军人合法权益的需要,是开展退役军人管理保障工作的基本依据。党和国家历来高度重视退役军人管理保障的法律法规建设,退役军人管理保障法律法规得到了健全完善,退役军人权益保障工作更加有力。

从国家层面看,一是期盼已久的《中华人民共和国退役军人保障法》已经列入十三届全国人大立法规划中。二是《关于加强新时代退役军人工作的意见》《关于进一步加强由政府安排工作退役士兵就业安置工作的意见》《关于促进新时代退役军人就业创业工作的意见》《为烈属、军属和退役军人等家庭悬挂光荣牌工作实施办法》等一系列的政策规定陆续出台。三是全面清理退役军人法律法规。退役军人事务部组建伊始,就开始对新中国成立以来所有涉及退役军人工作的法律、法规、规章和规范性文件进行清理,作出或提请有权机关作出废止、失效、修改、继续有效结论,并按程序和权限进行修改,为健全完善退役军人管理保障法律政策体系奠定了基础。

从各省级层面看,为深入贯彻党的十九大精神和习近平主席关于做好退役军人工作的重要批示指示精神,进一步加强退役军人管理服务工作,让军人成为全社会尊崇的职业,各省份纷纷根据本地实际,相应出台

退役军人管理保障政策法规，在制度层面落实退役军人相关权益，确保退役军人管理保障工作顺利实施。如河北颁布《河北省退役军人管理服务工作暂行办法》、宁夏出台《关于做好军烈属退伍老兵和现役军人军属优抚解困工作的实施意见》、安徽印发《为烈属、军属和退役军人等家庭悬挂光荣牌工作实施方案》等。

三、退役军人管理保障政策稳步实施

退役军人管理保障重在政策的落实，特别是在中国特色社会主义进入新时代以后，党和国家对退役军人的管理保障工作高度重视，退役军人管理政策稳步实施。

其一，退役军人抚恤优待力度不断加强。一是退役军人抚恤补助标准逐年提高。近年来，国家连年以10%—15%的幅度提高优抚对象定期抚恤补助标准。抚恤补助标准自然增长机制全面建立并发挥效益，中央财政下达的优抚经费从2005年的76亿元增加到2018年的463亿元。二是优抚惠及范围不断扩大。2004年将初级士官纳入评病残范围，并取消了患精神病义务兵和初级士官不能评残的限制；2006年，带病回乡退伍军人纳入国家定期生活补助范围；2007年以及2011年，部分参战退役人员、参加核试验军队退役人员和60周岁以上农村籍退役士兵纳入优抚对象范围。保障人数从2004年的480余万人，增加至2018年的861万人，实现了农村和城镇无工作退役军人抚恤优待的全覆盖。三是优抚对象医疗保障、住房条件逐步改善。中央财政自2004年起每年投入1亿元专项资金用于优抚对象医疗补助，2006年提高到15.3亿元，2008年提高到20亿元，2013年提高到23.8亿元。优抚对象的住房、医疗、养老等优先纳入社会公共服务和保障体系，形成了“普惠”加“优待”保障模式。四是建立医疗巡诊和短期疗养制度。医疗巡诊和短期疗养，是抚恤优待工作的一个重要内容，也是切实为优待对象服务的实际行动。国家在总结地方有益探索实践的基础上，建立了医疗巡诊制度和重点优抚对象短期疗养制度，有效提升了退役军人和其他优抚对象的获得感和荣誉感。全国各地充分发挥优抚医院和光荣院的资源优势，规范工作机制，推动医疗巡诊和短期疗养工作不断发展。

其二,退役军人安置质量不断提升。一是健全了公平公正公开的计划分配军转干部安置机制。2012年中央下发了《关于改进计划分配军队转业干部安置办法若干问题的意见》,对新形势下改进计划分配军转干部安置工作提出了总体要求、基本原则和具体实施办法。该《意见》的颁布实施,开启了计划分配军转安置的新举措。从师团职转业干部的工作和职务得到妥善安排,到功臣模范、长期在艰苦边远地区和特殊岗位的军队转业干部得到优待照顾;从规范军转干部考试考核安置办法等"阳光安置"政策的推出,研究探索分类安置办法,到鼓励引导军转干部到中小城市、乡镇等基层单位工作,到艰苦边远地区和边疆民族地区工作;从组织军转干部适应性培训,到探索开展军转干部进高校专项培训,军转干部安置机制逐步完善,军转干部安置质量明显提升。二是确立了多种形式相结合的新型退役士兵安置制度。2011年,《退役士兵安置条例》发布执行,城乡统一,以扶持创业就业为主,自主就业、安排工作、退休、供养、复学等多种方式相结合的新型退役士兵安置制度基本确立。此后,国家在政策层面对做好这项工作持续发力,各地、各单位切实落实各项政策制度。在安排工作方面,事业单位和国有企业发挥了安置主渠道作用,党政机关也采取有力措施鼓励退役士兵参加公务员招考,让优秀退役士兵充实农村基层组织。如2017年,全国退役士兵安置工作领导小组向中央企业下达接收安置退役士兵计划1.3万余个;2018年,退役军人事务部向所有中央企业下达安置计划1.5万余个,为近4万名符合政府安排工作条件的退役士兵提供安置选择。再如云南省出台"双考"政策,给退役士兵搭建了一个公平、公正、公开的安置平台,公务员考录时,退役士兵在服役期间视同基础工作经历,同等条件下优先录用,并根据服役年限和立功受奖情况在总分值中予以加分等。在退役士兵复学方面,国家有关部门和地方政府纷纷出台有关措施,如2015年9月,教育部印发的《2016年全国硕士研究生招生工作管理规定》,要求从2016年起,国家设立"退役大学生士兵专项硕士研究生招生计划",专门面向退役大学生士兵招生,该计划在全国研究生招生总规模内单列下达,专项专用,不得挪用;有的省份将符合高考报名条件的退役士兵纳入高等职业院校单独考试招生范围，如2016年，江苏省出台新政策力助退役士兵上大学，通过“单列计划、单独考试、单独录取”的方式，在省属12所高校单独招收1000名退役士兵学生等。

其三，退役军人创业就业能力不断提高。一是提升了自主择业军转干部和复员干部的就业创业能力。各级部门建立健全完善自主择业军转干部和复员干部就业创业扶持机制，促进自主择业军转干部和复员干部在多领域多渠道多层次实现就业创业。在国家层面上，通过制定发布《关于促进新时代退役军人就业创业工作的意见》等政策文件，为自主择业军转干部等退役军人创业就业提供政策支持，为做好退役军人创业就业工作提供了基本遵循；通过开办全国自主择业军转干部就业培训实验班，开展自主择业军转干部就业创业培训的探索，提高自主择业军转干部培训的针对性和有效性，为提高自主择业军转干部创业就业能力打下基础；在地方政府层面，各省份通过出台优惠政策、搭建就业创业平台、加大就业推介力度等措施，有力促进了自主择业军转干部和复员干部就业创业，使自主择业军转干部和复员干部就业创业率持续保持在80%左右。二是提升了自主就业退役士兵创业就业能力。首先，国家倡导“大众创业、万众创新”的时代背景，为退役士兵自主创业就业提供了良好的创业就业环境。其次，国家提供的职业教育和技能培训，为退役士兵的就业创业提供了保障。最后，信息化的发展，为退役士兵就业创业提供了有利的平台。退役士兵就业创业的平台——凯旋网的开通，为退役士兵提供全方位系统性的就业创业服务，为退役士兵更好地融入社会、建功立业、再创辉煌提供了有利的平台。

其四，退役军人教育培训体系不断完善。一是完善了退役军人教育培训法规。仅在“十二五”期间，各地结合实际相继出台了100多个细则、办法、制度，对退役军人教育培训工作的多个方面作出规定，确保了退役军人教育培训在规范中向前发展。二是加强了对计划分配军转干部的培训工作，使计划分配军转干部适应性培训实现全覆盖，上岗前专业培训参训率持续保持在98%以上，并引进“双一流”高校、党校、行政学院、军队院校等优质教育资源，为计划分配军转干部提供更多样和优质的培训服务,使其尽快实现身份的转换,融入社会。三是加强了自主择业军转干部培训工作,形成了多元化的、多渠道的、多种形式的、内容覆盖多个领域专业的自主择业个性化培训模式,并依托社会资源和网络资源开展个性化培训。四是加强了对教育培训工作的规范。各地广泛开展了军转教育培训基地的制定认定工作。截至 2015 年,全国共有各类军转培训基地 800 余家,涵盖军转培训中心、高等院校、党校、行政学院、部队院校、社会教育培训机构多个领域,其中就业创业实训实习类占四分之一。五是加强了对退役军人教育培训工作的创新,使教育培训工作前移和向后延伸。在退役军人离队报道前就开始教育培训,并推行退役军人终身职业技能培训,使整个退役军人教育培训工作更加完善。

四、尊崇退役军人的良好氛围正逐步形成

随着退役军人事务管理机构的相继建立和保障退役军人合法权益的相关政策制度的陆续出台,尊崇退役军人的良好氛围正在全国逐步形成。

其一,退役军人游览景区实行优惠政策,体现了对退役军人的特殊尊崇。现在,越来越多的地区对退役军人游览景区实行优惠政策,如湖南永顺县世界文化遗产老司城遗址、中国历史文化名镇芙蓉镇等著名旅游景点面向全国退役军人半价优惠;陕西澄城县域内所有景区对全国退役军人实行免门票游览的优惠政策等。虽然这些优惠政策免的门票费用不多,但意义非常重大,等于是告诉全社会要优待退役军人,营造了尊崇退役军人的浓厚氛围。

其二,为退役军人悬挂光荣牌,增强了退役军人的荣誉感自豪感。2018 年 7 月,国务院办公厅发布《为烈属、军属和退役军人等家庭悬挂光荣牌工作实施办法》,首次从国家层面对退役军人家庭悬挂光荣牌作出规定。根据实施办法,全国将在 2019 年 5 月 1 日完成全部光荣牌的悬挂。到目前为止,部分省份已率先为退役军人悬挂光荣牌。光荣牌具有荣誉激励和价值导向作用。为退役军人悬挂光荣牌,增强退役军人的荣誉感自豪感,体现出社会对退役军人的尊崇。

其三,开展"最美退役军人"学习宣传活动,营造了尊崇退役军人的氛围。中共中央宣传部、退役军人事务部在全社会广泛开展"最美退役

军人"学习宣传活动，对在经济社会建设各个领域取得明显成就，作出突出贡献的优秀退役军人典型进行广泛的宣传学习。此举对培育和弘扬社会主义核心价值观，激励广大干部群众学习榜样、争当先锋，在全社会营造尊崇退役军人的氛围具有重要意义。

6.1.2　退役军人管理保障存在的问题

长期以来，党和政府始终致力于退役军人管理保障工作，加大对退役军人管理保障力度，退役军人管理保障事业得到全面发展和较大进步，但随着中国特色社会主义进入新时代，退役军人管理保障也遇到了一些新情况新问题，影响退役军人的合法权益。

一、退役军人优待政策有待完善

对退役军人实行优待，是对让军人成为全社会尊崇的职业的最好回应，是对退役军人作出牺牲奉献的一种肯定。虽然国家大力提升退役军人优待政策，对退役军人优待的水平、范围不断提高和扩大，但与社会经济发展水平相比，与广大退役军人对抚恤优待政策的期待相比，仍存在一定的差距。

第一，抚恤优待政策。很多省份在确定抚恤优待待遇时，主要以当地经济条件而非对国防建设贡献多少来确定。如 2018 年，全国 31 个省份的退役士兵自主就业经济补助标准，绝大多数都是以退役士兵所在省份城镇居民人均消费性支出或城镇居民人均可支配收入作为发放基数，没有体现出退役士兵对国防所作出的突出贡献，只有新疆维吾尔自治区、广西壮族自治区、内蒙古自治区，对在服役期间获得荣誉称号的、立功受奖的，按比例增发。

第二，退役军人抚恤优待标准偏低。优抚标准是体现优抚对象待遇的一种象征，也是优抚对象社会地位的一种象征。为此，《军人抚恤优待条例》规定，优抚对象的生活应不低于当地平均生活水平。尽管军人抚恤优待标准多次提高，但有些抚恤优待标准仍然偏低。如带病回乡退伍军人，2018 年 8 月公布的抚恤补助标准是 6600 元/年，不到 2017 年农村居民人均可支配收入 13432 元的一半，显然如果该带病回乡退役军人生活完全依靠该抚恤补助,确实难以保障其生活不低于当地平均生活水平。

第三,退役军人优抚医疗的保障水平相对较低。优抚医疗保障工作是优抚制度的一项重要内容,事关优抚对象的切身利益。虽然最近几年优抚医疗保障得到较快发展,取得了很大成绩,但是优抚对象现有的医疗保障水平与实际需要相比,仍有较大差距。首先,大部分优抚对象因普遍老龄化而进入特殊困难时期,对医疗保障需求进一步加大,加之物价上涨幅度也较大,医疗保障标准的调整相对滞后。其次,医疗保障经费缺口较大。优抚事业费实行中央、省、市、县四级分担的机制,中央、省、市补助资金缺口部分,全部由县级承担,这对一些优抚对象多、经济落后的县市造成较大的财政压力,也严重影响了这些县市优抚对象的医疗保障水平。最后,国家要求对优抚对象的住房、医疗、养老等实行"普惠"加"优待"保障模式,但在国家层面缺乏相应的顶层设计和政策支持,各地只是根据自己的实际情况对优抚对象的住房、医疗、养老保障在"普惠"的基础上加以"优待"。

二、退役军人安置质量有待提升

随着国家不断加大对退役军人安置的力度,退役军人安置质量明显提升,但还是面临一些问题。

第一,计划分配军转干部安置压力过大。计划分配军转干部是我国长期实行的最主要的军转干部安置方式,具有计划性、指令性和强制性的特点。主要的矛盾就是计划分配军转干部数量远远大于安置单位的用人需求,造成计划分配军转干部安置压力过大。而且,这一矛盾主要体现在两个"集中"上。一是安置地域集中在大中城市;二是单位选择集中在党政机关。虽然国家鼓励引导军转干部到中小城市、乡镇等基层单位工作,到艰苦边远地区和边疆民族地区工作,但军转干部基于现实考虑,转业安置还是集中于经济较为发达地区,即使是经济相对欠发达的地区也集中于省会城市、副省级城市和大中城市,造成"计划分配军转干部过于集中于公务员和大城市"。而到县乡安置的军转干部,据不完全统计,近年来比例仅在20%左右。这种现象与军转安置均衡、公平的要求形成内在的供求矛盾,不仅影响军队干部队伍的合理流动和正常更替,而且也由于过度“拥挤”造成计划分配军转干部安置压力过大。再者就是师团职军转干部职务安排难定，安置压力更大。虽然国家下大力气对师团职军转干部进行安置，各级领导也都高度重视师团职军转干部的安置，但由于缺乏刚性的政策规定，在实际安置中出现了很多问题，不仅造成安排的非领导职数居多，而且即使安排领导职务也是“就低不就高、就虚不就实”，甚至是降职安排。

第二，由政府安排工作退役士兵安置政策有待完善。日前，退役军人事务部等10部门联合印发《关于进一步加强由政府安排工作退役士兵就业安置工作的意见》（以下简称《意见》），这对做好新时代退役士兵安置工作具有重要意义。但符合政府安排工作条件的退役士兵的安置还是存在一些问题。一是各地各类单位接收安置责任尚不明确。《意见》规定“由政府安排工作退役士兵安置到机关、事业单位和国有企业的比例不低于80%”。这只是一个总体的指标控制，对党政机关、事业单位和国有企业各自接收安置多大比例的退役士兵没有作出规定，必然造成接收比例苦乐不均，对退役士兵安置推诿搪塞。再者，保障符合安置条件并有安置意愿的退役士兵实现有保障的就业，是政府责任。如果考虑有些退役士兵放弃政府安置，选择自主就业创业，80%的比例控制也符合实际，但如果符合政府安置条件的退役士兵都要求政府安置，那就可能有20%的退役士兵得不到妥善安置。二是待安排工作期间享受保险政策保障等政策保护了退役士兵的合法权益，但也产生一定的矛盾。根据《意见》规定，退役士兵在待安排工作期，可以享受基本医疗保险和基本养老保险以及可以按照上年度最低工资标准，逐月领取生活补助，直至上岗，所需费用由安置地人民政府同级财政资金安排。在中央和地方财政“分灶吃饭”的情况下，这就意味着多接收退役士兵，就要给地方财政多增加负担。这种政策虽然可以对当地政府产生压力，促使其尽快安置退役士兵，但这对一些兵员较多的县市和经济欠发达地区，造成地方财政吃紧，使得在退役士兵安置方面更加困难，影响退役士兵权益的享受，也不利于国防建设。

三、退役军人就业创业能力不足

退役军人安置工作始终是关系国家发展全局的一件大事,随着自主就业退役士兵和自主择业军转干部越来越多,退役军人就业创业问题也成为全社会关注的一个重要课题。虽然党和国家不断加大对退役军人就业创业的扶持力度,不断健全退役军人就业创业服务体系,但还是存在一些矛盾和问题。

其一,自主择业军转干部就业创业存在的问题。一是自主择业军转干部就业创业培训机制尚不完善,培训质量不高。虽然国家已经建立了退役军人教育培训制度,但自主择业军官的培训情况各异,主观性大、灵活度高、标准不一,同时缺乏有效的约束激励机制,培训的组织管理、承训主体、方式、程序、经费等都还没有统一规范的规定。二是自主择业军转干部就业创业制度扶持不到位,创业就业率不高。自主择业军转干部创业无资本、贷款难是他们面临的主要问题,虽然制度规定对创业的自主择业军官提供低息贷款等支持,但实际情况是银行不给他们贷款,而且当地政府部门对此问题要么找借口,要么以各种原因推托。另一方面自主择业军转干部受学历、年龄、专业、经验等限制,一切从"零"开始,找工作比较难。三是自主择业军转干部社会保障制度不健全,后顾之忧多。如社会保险实行属地化管理,各地具体政策不完全统一,如有的地方实行"五险合一",要参加社会保险,所有项目都必须参加,而对那些相对年轻的自主择业军转干部来说,只想参加养老保险,为老年增加一份保障,而对其他保险则不需要,但由于是"五险合一"而不能单独参加养老保险。再如在住房保障方面,有的地方发了住房补贴,有的地方提供了住房公积金,有的人享受到了这项待遇,而有的人却没有这项待遇,造成相互攀比,制造不公,影响社会和谐。

其二,自主就业退役士兵就业创业存在的问题。中国每年几十万的士兵退出现役面临安置,这其中超过百分之九十的退役士兵实行的是自主就业安置方式。虽然在退役士兵自主就业创业过程中,政府会通过组织专业的教育培训、组织专场招聘会、向相关用人单位进行就业推荐的形式,帮助退役士兵就业,或者通过税收优惠、小额贷款等方式给予一定的政策扶持,帮助退役士兵创业,但退役士兵就业率整体不高,大多数退役士兵创业也遭遇失败。究其原因,一是政策落实不到位。从近几年来看,从中央到地方各级政府,都出台了一系列支持退役士兵自主就业和创业的相关政策规定,但是政策的落实情况并不是那么乐观,在某种程度上挫伤了退役士兵自主就业创业的积极性。二是就业培训质量不高。近几年来从中央到地方都对退役士兵职业技能的培训工作相当重视,开展了大规模的职业技能培训活动。但由于在培训经费、培训机构、培训方法和培训对象等方面存在问题,所以实际情况就是,培训质量不高,培训效果不明显,退役士兵的职业技能仍然满足不了劳动市场的需求,达不到用人用工单位的素质要求。三是用人单位对用人的要求过高。随着社会经济的发展,企业单位对用人的要求越来越高。一些单位招聘要么要有相关从业经验,要么就是对学历有较高的要求,种种条件将缺乏相应从业经验、只有初中或高中文化水平的退役士兵拒之门外。

6.1.3 退役军人管理保障的完善

中国特色社会主义进入新时代,退役军人管理保障更需要承前启后、继往开来,在新的历史条件下,针对新情况新问题,进一步完善退役军人的管理保障。

一、进一步完善退役军人抚恤优待政策

退役军人优抚保障的目标,就是让广大优抚对象充分享受社会经济发展成果,促进其生活质量和水平的提升,体现退役军人等优抚对象为国防和军队建设所作出的牺牲奉献。

其一,要建立与部队所作贡献和现实表现挂钩的待遇保障机制。首先在法规政策制度上,将军人权益向边远艰苦地区、参加急难险重任务、作出突出贡献等特殊军人群体倾斜予以明确,真正形成“牺牲奉献越大,退役后的权益越大”的待遇保障机制,确保退役军人优抚保障有法可依、有章可循;其次在优抚标准制定上,既要考虑各地社会经济发展条件又要考虑对国防建设贡献多少,通过加强国家宏观调控方式,对经济落后地区进行倾斜,确保退役军人的优抚保障不受身份、所在地区等因素的影响,只要对国防建设贡献相同,优抚待遇标准就一样。

其二,进一步提高优抚对象待遇标准。《军人抚恤优待条例》第三条规定,保障军人的抚恤优待与国民经济和社会发展相适应,保障抚恤优待对象的生活不低于当地的平均生活水平。“不低于”就是应当等于或高于的意思,从而体现对优抚对象的优待。针对目前部分优抚待遇标准仍然相对较低这种现象,国家必须采取有效措施加以解决。首先要采取托底措施,保证抚恤优待对象的生活不低于当地的平均生活水平。国家在制定这些抚恤标准时,应以上年度全国人均可支配收入为参照基数,各地再在此基础上根据当地的收入水平补差,保障抚恤优待对象的生活不低于当地的平均生活水平。其次要采取拔高措施,以提高优抚对象的生活待遇和社会地位,彰显国家对退役军人的特殊关爱。相对其他保障对象而言,优抚对象对国家和社会的贡献和牺牲比较大,因此,国家应坚持对优抚对象的抚恤优待优厚于一般社会成员的原则,给予优抚对象高额抚恤优待,且最低标准应能保证优抚对象家庭能够过上比较体面的生活,让军人成为全社会尊崇的职业。最后是完善抚恤优待标准自然增长机制,建立随经济发展和人民群众生活水平提高而相应提高的动态增长制度,确保优抚对象分享社会经济发展成果,实现优抚对象对美好生活的向往。

其三,实行“普惠”加“优待”保障模式。实行“普惠”加“优待”保障模式,就是在享受公民普惠待遇后再给予一些特殊待遇。如退役军人优先享受最基本的普惠的社会保障制度,在此基础上再享受专门对退役军人的优待抚恤;退役军人在养老、医疗方面有困难的,在原有保障的基础上,为他们提供个性化服务,以解决他们的后顾之忧。国家应尽早对这种模式进行顶层设计,制定相应的政策标准。

其四,提升退役军人荣誉。提升退役军人荣誉是实现让军人成为让人尊崇的职业的有效措施。如设立“退役军人日”、允许退役军人在重大节日着军装,将退役军人免费游览旅游景点从个别地区行为上升到国家整体行为,将军人依法优先扩大至退役军人也优先等。

二、进一步提升退役军人安置质量

针对退役军人安置存在的问题,紧密结合国家政治、经济发展情况,继续积极探索创新，进一步提升退役军人安置质量。

第一，继续引导军队转业干部到中小城市和基层一线工作。军转安置过于集中于公务员和大城市，导致大城市军转干部安置困难越来越大，同时基层单位想接收军转干部却无人愿去，对军转人才的合理配置带来不利影响，这就需要规范各级政府提供的安置岗位的数量和质量，减少向大城市公务员集中的程度，引导军转干部到中小城市和基层一线工作，从根本上解决军转安置困难的问题。一是加强宣传力度。军地双方要进一步加大对军转干部的教育宣传，使军转干部能切实转变思想观念，自觉自愿到中小城市、基层一线和专业对口单位工作。二是建立激励机制。要通过相应的优惠政策，鼓励和引导军转干部到艰苦地区和基层工作，实现人生价值，促进军转干部人才资源的合理配置。如采取提前空出领导岗位、免试进入公务员队伍等方法，甚至是采取破格提职安排的方法，鼓励和吸引军转干部到中小城市和基层一线建功立业。三是解决后顾之忧。完善并提高各项福利待遇，以实际行动支持军转干部到基层工作。要为真心扎根基层工作的军转干部提供住房，协助其配偶就业、子女入学等，以解除军转干部的恐惧心理和后顾之忧。

第二，继续完善由政府安排工作退役士兵就业安置政策。由政府安排工作退役士兵普遍服役 12 年以上，为国防和军队建设作出过特殊贡献，完善由政府安排工作退役士兵就业安置政策，是保障他们实现有保障就业的制度保证。一是在“由政府安排工作退役士兵安置到机关、事业单位和国有企业的比例不低于 80%”的基础上，对党政机关、事业单位和国有企业接收安置退役士兵的人数比例要作出科学合理的安排，明确接收退役士兵安置的责任主体和任务清单。或者是规定硬性指标，对符合政府安置的、有安置意愿的退役士兵实行“清零政策”，保证他们全部安置到位，而不是仅仅不低于 80%。二是对安置期间退役士兵的社会保险费用和生活费用实行中央、省、市、县合理负担，这既有利于促使地方政府尽心尽力安置退役士兵，确保退役士兵的合法权益，也有利于均衡国防费用。

三、进一步促进退役军人创业就业

提升退役军人就业创业能力,促进退役军人就业创业,对于有效落实退役军人安置政策,凝聚军心士气,发挥人才作用具有重要意义。

第一,加强退役军人职业培训。提升退役军人能力,是促进退役军人就业创业的基础,加强退役军人职业培训,是提高退役军人就业创业能力的基本手段和重要保证。一是完善退役军人职业培训教育体系。将退役军人职业教育培训纳入国家学历教育和职业教育体系,依托普通高校、职业院校等教育资源,促进退役军人教育培训体系的完善。二是加强退役军人职业培训管理。针对退役军人职业培训质量不高,培训管理不到位的问题,应制定承担退役军人职业培训教育机构、职业院校和高等院校目录并向社会公开,建立定期考核、动态管理机制,确保承训单位的教学水平和教育培训质量。加强对承训单位教育培训质量考核,建立激励机制。三是加大退役军人职业培训经费投入的力度。合理确定国家和地方在职业教育培训经费中的分担比例,加大中央财政对退役军人职业培训经费投入的力度,为各地开展教育培训工作提供有力的资金支持。加强职业教育培训经费使用的监督,确保职业教育培训经费的合理使用。对挤占、挪用、截留和骗取培训资金等违规行为,依法严肃处理,追究相关责任人行政责任。涉嫌犯罪的,移交司法机关严肃处理。

第二,完善退役军人就业创业扶持政策。一是完善退役军人就业创业金融扶持政策。虽然自主就业的退役士兵和自主择业的军转干部在退出现役时,国家给予一笔补偿金和自主择业费,但这笔资金还不足以支持他们去创业,而国家出台的一些金融扶持政策,也在一定程度上大打折扣,所以各地应根据国家出台的金融扶持政策,结合本地实际,从政策上、制度上加大对退役军人创业的金融支持力度,建立退役军人创业小额担保贷款政策,按规定实实在在享受贷款贴息等优惠政策。另外,还可以引导社会资本设立退役军人创业基金,以拓宽资金保障渠道。二是完善退役军人就业创业税收优惠政策。对退役军人就业创业进一步实行免税、退税等税收优惠政策。三是给予退役军人就业创业补贴。如自主创业租赁经营场地的,给予一定期限的租金补贴,对于自主创业的,给予一定期限的社会保险费补贴等。

第三，拓宽退役军人就业渠道。一是鼓励企业接纳退役士兵。企业的根本目的是盈利，为了适应日益激烈的市场竞争，很多企业不愿接收退役士兵。这就要求国家加大对接收企业的政策扶持力度，鼓励企业吸纳退役士兵。如吸纳退役军人就业的企业，可享受税收优惠，同等条件下可优先获得扶持发展资金，还可享受优先提供技术改造贷款贴息等方面的福利，对退役军人就业作出突出贡献的企业，还可以给予表彰、奖励等。同时，要进一步强化企业的安置责任，强调退役军人安置是国防义务，是不同于平等竞争的企业自主用工，同等条件下应当优先招收录用退役士兵。二是加大公务员与事业编招录力度。为鼓励在校大学生参军入伍，也为拓宽退役就业渠道，国家应出台相应的政策，规定各级事业单位招聘时，应按照一定的比例对大学生退役士兵实行定向招录。鼓励在军队服役一定年限的大学生退役士兵报考特定岗位的公务员，并在同等条件下优先录取。三是鼓励退役士兵参加学历教育。针对退役士兵大多数学历层次不高，缺乏就业竞争力这些问题，应鼓励各地将符合高考报名条件的退役士兵纳入高等职业院校单独考试招生范围，对退役军人参加高考和研究生考试实行加分照顾。

第四，健全退役军人就业创业服务体系。一是完善退役军人就业创业信息服务平台的建设。建立退役军人就业创业服务信息平台，充分运用大数据，提供精准服务，是促进退役军人就业创业至关重要的一环。在“互联网+就业”的新模式下，信息服务平台建设的重要落脚点是微博微信等新媒体平台的建设。就目前退役军人就业创业新媒体信息服务平台的建设情况来看，新媒体信息服务平台建设尚有待加强，退役军人事务管理部门应重视退役士兵就业创业信息新媒体平台的建设，为退役士兵提供权威、透明、通畅、精准的信息服务。二是加强对退役军人就业创业指导服务队伍的建设。退役军人事务管理机构在关于退役军人就业创业指导服务队伍的建设过程中，应注重对就业创业指导的教师进行专业的理论与实践的指导与培训，同时将创业经验丰富、关爱退役军人、热爱公益事业的企业家和专家学者吸纳进来，从而更好地服务于退役军人就业创业。三是建立多层次、多专业融合的就业创业实训基地。该基地将退役军人培训机构、企业、创业孵化器等资源进行融合,实现优势互补、资源共享。四是落实政府购买基本公共就业创业服务制度。2017 年,国务院印发的《关于做好当前和今后一段时期就业创业工作的意见》要求,推动政府部门带头购买新兴业态企业产品和服务。为此,退役军人事务管理机构可以采取购买社会服务方式,为退役军人提供职业指导、创业指导、信息咨询等专业化服务。五是建立创业维权体系。退役军人管理保障机构代表着退役军人的合法权益,应当帮助退役军人解决在就业和创业过程遇到的各种问题,并及时的提供帮助,从而更坚强地保障退役军人的就业和创业。在退役军人服务管理机构设立退役军人维权部门,充分利用退役军人事务部网上信访系统,协调行政及司法等部门参与退役军人就业创业维权工作,必要时,应当联合当地的律师、有权威的法学专家等热血人士,为退役军人就业创业提供完善的法律帮助。

第五,完善退役军人社会保障政策。社会保险和住房保障是退役军人最关心、最在乎的保障内容。因此改革完善退役军人社会保障,有利于解除退役军人后顾之忧。一是完善自主择业军转干部的社会保障待遇。对于社会保险,如果实现就业,可以根据自己的需要选择一项或几项社会保险项目参加,而不必强求统一;对于住房补贴,国家应制定统一政策,实行统一的自主择业军转干部住房补贴制度,所需费用由中央财政承担。二是完善自主就业退役士兵的社会保障政策。对于实现就业的退役士兵,能够享受国家规定的社会保障待遇。对于就业困难的退役士兵和处于创业初期的退役士兵,保障其能够以灵活就业人员参加社会保险,享受社会保险费用补贴,如基本养老保险按照灵活就业人员缴费基数的 8%缴费,其余 12%由财政补贴,参加城镇职工基本医疗保险的,单位缴费部分由财政解决,个人缴费部分由退役士兵个人缴纳,享受基本医疗保险待遇等。另外,政府部门应当将就业困难的退役士兵纳入社会救助体系中,为他们发放困难救济金,提供医疗保健、住房贷款、教育资助、子女教育等方面的救助。三是为退役军人投保商业保险。依据国务院、中央军委印发的《关于推进商业保险服务军队建设的指导意见》,研究探索让商业保险有计划地参与退役军人有关保险保障的途径，有效解决退役军人退役后有关养老、医疗、失业等问题。四是完善退役军人住房保障制度。国家还可以出台进一步的优惠政策，如对退役军人提供一些廉租房，对退役军人购买住房提供优惠低息贷款，并减免部分购房税收和费用，对退役军人自建住房提供减免土地使用税等各种税收和费用，建造一些退役军人能够承受的经济适用房等。

6.2 退役军人保险军地衔接规范研究

特定的中国国情和军情背景决定了确保军地保险制度的顺畅衔接在退役军人保障管理制度建设中的特殊地位。现行非职业化的兵役制度，导致每年有大量军人复转退到地方。由于国家社会保险制度和管理机制还不够完善，人员在不同保险制度、不同统筹地区之间流动，保险关系转移接续还存在一定障碍。造成了退役军人在向地方转移保险关系时，存在转移接续不畅的问题，影响他们参保和享有待遇的权益。军人保险关系较为复杂，包括政府、军队、军人所在单位与军人及其随军未就业的军人配偶之间的权利义务关系，还包括政府、社会保险经办机构、安置单位与退役军人及其随军未就业的军人配偶之间等多重权利义务关系。因此，规范军地保险之间的关系，明确相互之间的权利和义务，可以有效保障退役军人保险权益。

6.2.1 退役军人保险军地衔接存在的主要问题

军人退役后或者随军未就业的军人配偶就业、退役随迁时，有的到机关事业单位工作，有的到企业工作，还有的回到农村和城镇，需要与不同类型的社会保险制度相衔接，促进军地保险政策顺畅转移接续，是维护退役军人及随军未就业的军人配偶保险权益的一项重要的基础性工作。近年来，国家和军队有关部门共同制定了多项军地衔接政策，对退役军人及随军未就业的军人配偶的养老、医疗等保险关系和相应资金的转移接续办法作出明确规定。但由于国家社会保险制度和管理机制还不够完善，人员在不同保险制度、不同统筹地区之间流动，保险关系转移接续还存在一定障碍。这种状况也造成退役军人及随军未就业的军人配偶在向地方转移保险关系时，存在转移接续不畅的问题，影响他们参保和享有待遇的权益。

一、财务部门操作不规范

每年有数十万军人退役，大量集中在 11、12 月份，且往往宣布命令一两天退役军人就要离队，各级办理保险关系转移手续时间紧迫。军队团级单位与全国 3000 多个社保经办机构“点对点”对接，情况错综复杂，服务对象多、环节多、岔口多，工作协调难度大。这项工作比较复杂，需要确定享受对象，需要收集职务军衔等级，需要地方社会保险经办机构银行账户信息，需要开户银行和收款银行的相关资料，需要军务干部部门的依据，需要退伍人员的配合。由于部分人员的档案信息记录不真实，给军队财务部门资金划转和地方社会保险经办部门接收等都带来困难。如退役人员中没有公民身份证号码，公民身份证号码不准确、出生年月不一致，入伍地与户籍所在地不一致。入伍后原户籍地行政区划进行了调整，同一行政区域内同时存在两个以上独立的社保经办机构，给资金划转和接收都带来困难。此外还存在个人要求随意改变安置地区，军队财务保障部门只转关系不汇钱，划转不成功不及时处理，未办关系转移先领钱，多人一笔汇款，钱与关系金额不一致，附言信息简单，财务人员随意改变安置地区等情况。军队财务部门操作不规范也影响了军人退役保险关系转移接续。

二、转移接续手段比较落后

通过纸质方式传递转移数据，极易形成信息不清或系统录入错误，造成补助资金错转；保险关系转移凭证、移动介质由退役军人本人带回，存在不主动及时对接、移动介质丢失损坏、保险关系与资金流脱节等诸多问题。从信息系统看，地方社保经办机构普遍没有按照新的规定升级改造自身系统，都不能接收退役人员携带的数据光盘，造成很大的浪费。

三、工作机制不够健全，协调难度比较大

军地之间、民政部门与社保机构之间信息不对称，缺乏统一的信息反馈机制和纠错处理机制，不能有效跟踪分析和监督管理。2012 年 8 月 20 日出台的 547 号文件《关于军人退役养老保险关系转移接续有关问题的通知》（人社部、财政部、军委三总部联合下发）发至省级人民政府有关部门，部分地方社保经办机构反映没有收到文件，对此项工作不清楚，加之来索取银行账户信息的渠道多，是否应该提供、如何提供感到很为难。有的拒不提供，有的提供错误的和已经注销的账户。从而导致：一是社保信息收集难。547 号文件发至地方省级相关部门，有的地方社保经办机构以没收到上级文件为理由不配合，有的以不知道后续事情如何处理为借口，有的不按照注册信息填写，以及军地沟通不畅等原因，导致财务部门无法收集到社保信息，或者因为收集到错误信息而无法通过银行顺利划转。二是人员信息确认难。军人退役养老保险实行按照入伍以来各个年度的职务军衔等级和工资标准计算的办法，要求部队在一两天时间内完成人员职务军衔等级的收集确认，养老保险补助金额计算，退伍安置地的确认和社保信息的填写等工作，相比军人退役医疗保险建立个人账户的模式，难度要求高，时间要求紧。

四、关系接不上现象突出

调查发现，有三分之一左右的退役军人补助资金到账后没有及时办理保险关系接续手续；有三分之一左右的退役军人补助资金到账信息不完整。部分士兵退伍后，存在不回原籍、不参加城镇职工基本养老保险等情况，保险资金如何再次转移的手续不清楚，使得地方社保经办机构不愿意接收部队保险资金，退役人员也有顾虑。地方配套措施没跟上，现行转移接续政策与地方 2009 年 12 月 28 日出台的 66 号文件《关于转发人力资源社会保障部、财政部城镇企业职工基本养老保险关系转移接续暂行办法》不一致，地方抵触情绪很大。有的长期不去报到。

6.2.2 军人保险军地衔接规范的必要性

国家经济体制改革、社会保障事业发展状况以及现行兵役制度的合力催生了军人保险制度。军人保险制度设计必须确保军人退役后顺利融入地方社会保险体系,并享有国家规定的社会保险待遇。

一、适应国家现行兵役制度的需要

我国现行的兵役制度是一种非职业化的兵役制度。在此情况下,每年都有大量的军官、文职干部、士官和义务兵通过转业、复员、自谋职业、退休等方式退出现役,回归社会,同时,还有大批地方人员转入部队。军队人员构成呈现出高流动性的特点。军人退役必然涉及军人退役医疗保险和退役养老保险与地方的社会医疗保险和养老保险如何衔接的问题。军人退役也会带来军人随军配偶保险关系转移的问题。由于地方人员实行与军队不同的社会保险制度,地方人员的社会保险项目也与军人保险制度有区别。因此,地方人员在入伍时,也涉及军地保险关系如何协调的问题。军人在入伍前及退役后参加社会保险,服役期间参加军人保险,如何保证军人及其随军未就业的军人配偶在地方和军队参加保险所积累的权利能够得到接续,是有效落实他们的各项社会保险待遇的关键。所以,通过军人保险法制建设来规范军地保险制度的衔接,有利于军地人员在军地之间的顺畅流动,适应了国家现行兵役制度的需要。

二、规范军人保险制度运行的需要

军人保险工作政策性强,涉及面广,业务内容多。在管理运行、适用对象和操作规程等方面,相对于社会保险具有独立性和特殊性。但是,纵观军人保险制度运行的全过程,从个人账户的建立维护、保险费的收缴划拨,到保险基金的转移和支付,绝大部分工作内容最终都会与军地衔接发生直接或间接的联系,保障军地衔接的顺畅高效是军人保险制度运行的首要目标。可以说,军地保险制度的衔接关系到军人保险制度运行的全局,牵一发而动全身。

由于目前我国的社会保险管理还属于属地化的特性,军地保险关系的接转涉及军地保险机构的协调配合。规范军地保险机构的职责权限等就成为保证军人保险关系顺利接转的一个重要前提条件。所以，通过军人保险法制建设，规范军人保险制度运行的各个环节，有利于军人保险军地衔接的顺畅高效。

三、落实国家社会保障政策的需要

国家社会保障政策的原则和目标之一便是扩大社会保障的覆盖面，实现应保尽保。军人退役到地方后，社会保险的大部分权益要在退役安置地取得。享受国家规定的社会保险待遇，既是其作为国家公民的基本权益，也是落实国家社会保障政策、确保军队和社会稳定的内在要求，而科学高效的军地保险衔接机制是实现这一要求的前提和保障。

由于目前我国的经济发展状况是地区经济发展不平衡，对军人退役到地方后保险待遇落实带来以下两个方面问题：一是复转地生活消费水平与军人及配偶保险个人账户积累额的矛盾。由于不同的地区收入和消费水平不同，军人退役后个人账户的积累额都是按照全军的平均标准进行积累，这样就会使得复转到经济较为发达地区的军人及其配偶面临个人账户积累偏低。二是军人保险个人账户在军地之间转移存在矛盾。由于军人保险个人账户结构设计与地方社会保险账户结构存在一定差异，包括项目缴费水平与相关表格制式等与地方社会保险账户都不尽相同，导致退役军人在转移保险关系时遇到困难。甚至于地方社会保险经办机构提出要么重新按地方社会保险制度规定建立账户，要么拒绝接受军队转移的个人账户。因此，应该在军人保险法制建设中，以法律的形式规范军人退役后军人及其配偶享受国家规定的社会保险待遇，确保国家社会保障政策的落实。

6.2.3 军人保险军地衔接规范的内容

一、保险项目的衔接

保险项目是军人保险待遇的构成体系，与军人面临的风险直接对应。我国宪法规定：公民在年老、疾病或者丧失劳动能力的情况下，有从国家和社会获得物质帮助的权利。这既明确了军人的基本权益，也从侧面反映了军人退役后面临的基本风险。实现军地保险项目的衔接，必须针对军人退役后面临的基本风险设置相应的保险项目。当前,国家在社会保险险种设置方面提出了养老、医疗、失业、生育和工伤等基本险种“五险合一”的目标和要求,要实现军地保险的衔接,军人保险在项目设置上,必须结合军人的职业特点进行灵活选择。目前,我们根据军队实际,建立了军人伤亡保险,军人退役医疗保险和养老保险已经与社会保险基本衔接,军人随军配偶未就业社会保险也保障了军人配偶医疗、养老、失业保险与社会保险的衔接。所以,应通过军人保险法制建设,进一步完善军人医疗保险、军人养老保险和未就业随军配偶保险等项目,将军人服役的年限与随军配偶的随军年限都视同参加社会保险的年限,实现军地保险项目的衔接。

二、个人账户的衔接

个人账户是有关军人保险各种信息资料的载体,是军人退役后享受相应待遇的直接依据。个人账户的衔接是军地保险制度衔接内容的核心,也是军人保险法规范的重点。要实现军地个人账户的顺畅衔接,军人保险个人账户管理必须严格依照国家规定,结合军队实际,对个人账户进行科学设置和维护。军队各级财务部门在建立军人保险个人账户时,必须按照按人设置、分项记载、内容完整、数据准确、资料齐全和手续完备的要求,认真填写和记录相关的信息资料,确保军人退役后个人账户的顺畅衔接。目前,地方人员实行的是省级统筹下的统账结合的个人账户管理模式,由于军人保险账户目前没有专门建立统筹基金这一部分,只是在军人及其随军配偶退出军队时再统一划转,从而导致地方社会保险经办机构在接转军队人员保险关系时出现政策上的冲突。因此,在军人保险法制建设过程中,必须规范各级职能部门与社会保险经办机构在军地保险个人账户接转中的职责,使他们密切合作,相互支持,协调配合,保证军队人员及其配偶在军地流动时保险关系的接转。个人账户衔接规范的重点:一是规范军人保险账户衔接手续;二是规范军人保险个人账户衔接的项目;三是规范军人保险个人账户衔接人员的类型;四是规范军人保险个人账户资金等。

三、保障水平的衔接

保障水平是军人保险所能达到的保障程度的量化，也是国家和军队所承诺的军人合法权益的直接兑现。在确定军人保险保障水平时，必须以军人职业对保险的实际需求为依据，以国家社会保险保障水平为参照，统筹兼顾，正确处理需求与供给、理论与现实的矛盾，以实现军地保障水平的顺畅对接。具体地说，对于保障军人特殊职业风险的保险项目，其保障水平应突出激励性，以体现出国家对于军人特殊职业风险的补偿；对于保障军人基本风险的保险项目，其保障水平应强调适度性，与国家社会保险保障水平保持大体相当。保障水平过低，难以起到应有的维护军人权益的作用。

6.2.4 军人保险军地衔接的主要方式

依据军人保险军地衔接的内容，实现军地保险的顺利衔接，主要有以下三种方式：

一、制度衔接方式

军人保险制度与社会保险制度作为国家社会保障制度的两个重要组成部分，要保证两者衔接，首先必须在制度体系构建上相互衔接。根据国家社会保险制度改革与发展的方向，地方社会保险的发展模式是以基本社会保险为主，补充社会保险与商业保险等多层次的社会保险模式。我国的军人保险制度模式只有与国家社会保险制度的发展模式方向一致才能相互衔接。具体而言，在军人保险法制建设中，要规定军人保险的制度模式，主要是建立多层次的军人保险体系。军人保险的第一层次不能简单照搬地方以基本社会保险为主的模式，主要是结合军队的特点来灵活选择军人保险项目，包括军人伤亡保险、军人退役医疗保险、军人退役养老保险、随军未就业的军人配偶保险和退役军人失业保险等。第二层次主要是军队互助保险，之所以这样规定，主要是考虑地方的补充社会保险是根据单位的经济实力来自愿主办的，即补充社会保险受到单位经济实力大小的约束，单位经济实力强，就可以举办补充保险，否则，就没有补充保险。补充保险不适宜统一管理的军队，所以将军人互助保险作为军人保险的第二层次。第三层次可以像地方商业保险一样，发展军队商业保险。

二、政策衔接方式

政策规定是在操作层面对制度运行所作的具体规范，政策衔接是保险军地衔接的主要方式，是确保军地保险顺畅衔接的关键。

一是统一政策口径。我国辽阔的幅员和不均衡的经济发展水平决定了国家难以对社会保险制度作完全统一的规定，各省份和地区在落实社会保险制度时，往往要结合本地区的实际情况制定相应的具体政策，对相关规定的解读也不尽相同，这给军地保险的衔接带来了一定的难度。为消除可能出现的曲解或歧义，必须对军人保险的政策衔接口径进行统一，以提高政策的规范性和可操作性。例如：对于退役后在城镇安置就业的士官和义务兵，其"军龄连同待分配时间计算为连续工龄，并视同养老保险缴费年限"的规定，必须进行详细的明确，并规定在部队期间的养老保险费的补助统一由中央政府承担；对于未就业随军配偶在部队期间医疗保险与养老保险个人账户的缴费年限，能否与地方的缴费年限合并计算，政策中也必须做出明确的规定。

二是细化政策规定。由于军人保险制度的统一性，相关政策的制定往往没有考虑到一些具体情况的处理。例如，现行政策规定：未就业随军配偶到机关事业单位就业的，执行机关事业单位退休养老保险制度。由于没有规定养老保险关系的转移办法，致使到机关事业单位就业的随军配偶在部队期间建立的养老保险关系在地方接转遇到困难。如果这部分人再次调入企业，其在部队期间的个人账户资金将无法记入。所以，必须对类似政策进行细化，以消除政策上的模糊地带。

三是明确渠道和手续。在政策制定中，必须对军地保险衔接的渠道和手续进行具体明确，以避免"走错门"和"打乱仗"现象。如：对军地保险关系转移中需要携带的资料种类、证明要素和表格样式等进行军地统一规定，对保险关系转移中军地双方具体承办单位、部门及职责分工进行明确等。

三、机制衔接方式

军地保险的衔接牵涉军地双方职能部门的协调配合，完善的军地协调机制是实现军地保险顺畅衔接的桥梁和纽带。军人保险法制建设中，在机制衔接方面主要规范以下内容：

一是成立协调小组，搭设活动平台。军地保险机制的协调是一项长期性工作，在军委机关、战区和省军区（卫戍区、警备区）三级建立军地保险工作协调机制，分别由国家机关和地方各省市政府相关部门与军队组成专门的工作协调机构，搞好协作沟通，加强信息通报，畅通联系渠道，形成领导重视、政府支持、部门配合、常态运行的工作机制，为落实军地保险转移接续政策提供有力的组织保障。

二是规范军地协调方式，通过定期组织座谈、开展课题调研、完善相关政策、联合出台文件等方式，提高军地协调的针对性和实效性。

三是构建军地社会保险协调信息网络体系。保险军地衔接中，有关信息的准确、高效和及时的传递直接关系到军地协调时效和军人保险待遇的落实。军地保险衔接机制必须采取横向联系、纵向沟通、内外结合、军地互动的方式，构建军地社会保险协调信息网络体系，以确保军地保险衔接机制的顺利运转。

6.2.5 军人保险军地衔接规范的制度建设协调

一、协调内容

在军人保险法制建设中，要尽量做好以下两个方面的协调：

一是要注意与现有的或即将出台的其他军人社会保障方面的法规相协调。军人保险与军人的工资福利待遇、社会优抚政策、退役安置政策、医疗待遇等共同构成军人基本生活保障体系。因此，在进行军人保险法制建设时，就要保持与其他军人社会保障中相关的条例和法规之间的统一，才能避免矛盾和冲突的产生，才能更好地发挥军人保险保障军人合法权益的作用，提高军人的整体保障水平。

二是要注意与地方已有的或即将出台的社会保障方面的法规相协调。军人保险法制建设虽然是一个相对独立的系统，但是它仍然是整个社会保障体系中的一个子系统。立法中如果过分地强调其特殊性而不与地方相关的法规搞好协调，就有可能缺乏社会基础使军人保险无法顺利实现军地衔接。因此，在考虑军人保险法制建设的过程中，必须充分考虑军人职业特点，始终坚持搞好与地方相关法律、法规的协调。

二、协调对象

协调主要是为了化解分歧，更好地开展工作。就军人保险法制建设来说，需要军内相关职能部门、政府相关职能部门以及全国人大相关部门的支持，所以军人保险法制建设机构必须积极主动与他们协调，保证协调机制的有效运行。

一是加强与军内相关职能部门的沟通。进行军人保险法制建设会涉及军内许多部门，特别是军务、组织、干部、财务、卫生等部门。以上各个部门之间的有效协调可以减少军人保险法制建设运作的环节，提高军人保险法制建设工作的效率。

二是加强与政府相关职能部门的协商。军人保险法规的调整范围十分广泛，除了军事领域外，还涉及国家政治、经济等领域，所以立法工作需要政府相关职能部门的大力支持和参与。为此，应主动与国务院法制办、人社部、教育部、民政部、财政部等部门就立法中的重大问题进行协商，以提高立法工作的效率。

三是加强与全国人大相关部门的联系。根据《中华人民共和国立法法》的要求，从人大机构的设置和分工看，人大法律委员会、财政和经济委员会主要负责承办审议军人保险法的工作。为了使军人保险法立得住、行得通，并提高立法的质量和速度，应当及时地向人大相关部门汇报工作，通报情况，最大限度地取得指导和支持。

三、协调方法

首先要积极参与国家有关部门组织的活动。派员随全国人大考察团对国外的军人保险情况进行考察、对国内军人保险进行调研考察、参加全国人大财经委组织的军人保险法制建设国际研讨会和国内召开的社会保障方面的研讨会等。通过这些活动，可以开阔视野，密切工作关系，为实现军地协调的良性互动营造和谐的氛围。

其次主动沟通，保证协调机制有效运行。作为军人保险法制建设组织机构必须及时主动与政府相关职能部门沟通，加强联系、理顺关系，实现协调的良性互动。如就军人保险法制建设应体现国家责任、妥善解决军人的特殊风险、保险对象涵盖军人及其有连带风险的家属、保险项目覆盖从入伍到退役全过程的主要风险、保障水平从优、解决好军地接轨、构建军人保险发展平台等方面的问题主动与政府相关职能部门交换意见，达成共识，为军人保险法制建设奠定基础。

6.3 军人社会优抚发展概况

我国优抚工作，是指国家和社会依法对军人及其家属为主体的优抚对象实行物质照顾和精神抚慰的一项特殊社会工作，直接服务于国防和军队建设。主要包括对军人等优抚对象的伤残抚恤、死亡抚恤和社会优待。优抚工作随着国家和军队的产生而产生，随着经济社会的发展而发展，是党和国家送给优抚对象的政策“红包”、特殊“福利”。兑现“红包”，落实“福利”，不仅能提升优抚对象的荣誉感、获得感，而且有助于在全社会营造弘扬正气的良好风尚，有助于培育全民族的爱国主义精神、爱军尚武精神。从这个意义上讲，优抚工作关系国防建设全局，关系国家和民族的凝聚力向心力。近年来，特别是军人退役事务部组建以来，军人优抚工作面临新的发展和机遇，呈现出新特点新气象。

6.3.1 建立集中高效的退役军人管理保障组织

党的十九大报告指出，“组建退役军人管理保障机构，维护军人军属合法权益，让军人成为全社会尊崇的职业”。按照十三届全国人大一次会议审议通过的国务院机构改革方案，需健全退役军人管理保障体制，成立专门部门以加强退役军人管理保障、维护军人军属合法权益。

第一，组建退役军人事务部。为维护军人军属合法权益，加强退役军人服务保障体系建设，建立健全集中统一、职责清晰的退役军人管理保障体制，让军人成为全社会尊崇的职业，将民政部的退役军人优抚安置职责、人力资源和社会保障部的军官转业安置职责，以及有关中央军委政治工作部、后勤保障部有关职责整合，组建退役军人事务部，作为国务院组成部分。2018 年 4 月，退役军人事务部正式挂牌成立，标志着优抚安置工作的管理主体发生了历史性改变。从退役军人事务部的主要职责来看，包括：拟订退役军人思想政治、管理保障等工作政策法规并组织实施；褒扬彰显退役军人为党、国家和人民牺牲奉献的精神风范和价值导向；负责军队转业干部、复员干部、退役干部、退役士兵的移交安置工作和自主择业军人服务管理、待遇保障工作；组织开展退役军人教育培训、优待抚恤等；指导全国拥军优属工作；负责烈士及退役军人荣誉奖励、军人公墓维护以及纪念活动等。组建退役军人事务部后，首先从登记采集退役人员和其他优抚对象信息开始，并将于 2019 年 5 月 1 日前完成退役军人和其他优抚对象数据库的建立。

第二，省市设立退役军人事务部门。与成立退役军人事务部相对应，地方政府也在对相关机构作出调整。海南省是首个经媒体披露设立退役军人事务厅的省份，其退役军人事务厅的职责为：将省人力资源和社会保障厅的军官转业安置职责、省民政厅的退役军人优抚安置职责整合，组建省退役军人事务厅，作为省政府组成部门，按中央有关改革部署实施。可以看出，军队干部转业安置及退役义务兵、士官等优抚安置将实现归口管理，统一由退役军人事务厅（部门）负责。此外，2018 年 9 月 28 日，天津市成立了全国首个关爱退役军人协会，该协会是在天津市委领导下，由天津市关爱退役军人、热爱拥军工作的各界人士组成的社会组织，是天津市委市政府做好退役军人工作的桥梁纽带，主要工作是：广泛宣传党和国家关爱退役军人政策，大力宣传退役军人先进典型、先进事迹，关心关爱退役军人，帮扶困难退役军人，支持退役军人创业就业。

6.3.2 逐年提高退役军人抚恤标准

提高部分退役军人和其他优抚等人员抚恤和生活补助标准，是近年来每年都有的“固定动作”。根据经济社会发展情况，适时提高抚恤补助标准，为的是让优抚工作跟上时代节拍，使优抚对象的生活得到应有保障，过得更加舒心安心。只不过，往年通常在10月1日的“提标”，2018年提前到8月1日，“主要考虑到广大军人和退役军人对‘八一’建军节的特殊情感，体现党和政府对退役军人和其他优抚对象的关爱”。

一是残疾抚恤金标准提升。从2018年8月1日起，再次提升伤残人员（残疾军人、伤残人民警察、伤残国家机关工作人员、伤残民兵民工）残疾抚恤金标准，调整后，一级因战、因公、因病残疾军人抚恤金标准为每人每年80140元、77610元、75060元，分别比2017年提高了7290元、7060元、6820元。这是自改革开放以来国家第25次提高残疾军人残疾抚恤金标准，具体标准见表6-1。

表6-1 残疾抚恤金标准表

残疾等级	残疾性质	抚恤金标准（元/年）（2018.08）
一级	因战	80140
	因公	77610
	因病	75060
二级	因战	72520
	因公	68710
	因病	66140
三级	因战	63640
	因公	59800
	因病	56010
四级	因战	52150
	因公	47080
	因病	43260

续表

残疾等级	残疾性质	抚恤金标准（元/年）（2018.08）
五级	因战	40740
	因公	35620
	因病	33080
六级	因战	31830
	因公	30120
	因病	25440
七级	因战	24190
	因公	21650
八级	因战	15270
	因公	13980
九级	因战	12680
	因公	10190
十级	因战	8910
	因公	7620

注：上述标准涉及的对象主要有残疾军人、伤残人民警察、伤残机关工作人员、伤残民兵民工。
资料来源：退役军人管理事务部网站（http://www.mva.gov.cn）。

二是定期抚恤金标准提升。近年来，国家连年以10%—15%的幅度提高优抚对象定期抚恤补助标准。抚恤标准自然增长机制全面建立并发挥效益，中央财政下达的优抚经费从2005年的76亿元增加到2018年的463亿元，实现了保障优抚对象基本生活向提高生活质量转变。2018年，“三属”（烈士遗属、因公牺牲军人遗属、病故军人遗属）定期抚恤金标准在现行基础上提高10%，分别提高到每人每年25440元、21850元和20550元，这是自改革开放以来，国家第28次提高“三属”定期抚恤金标准。

三是生活补助标准提升。“三红”（在乡退伍红军老战士、在乡西路军红军老战士、红军失散人员）生活补助标准，在现行基础上提高10%，分别提高到每人每年55570元、55570元和25070元，这是自改革开放以来，国家第28次提高生活补助标准。在乡老复员军人生活补助标准在现行基础上每人每年提高1200元，烈士老年子女生活补助标准在现行基础上每人每年提高600元，以上提标经费由中央财政承担。带病回乡退伍军人生活补助标准由现行每人每月500元提高至550元、参战参试退役人员生活补助标准由现行每人每月550元提高至600元，农村籍老义务兵每服一年义务兵役每月增加补助5元，以上提标经费由中央财政和地方财政按比例承担。

6.3.3 不断拓宽优抚对象保障范围

根据《军人抚恤优待条例》的规定，优抚对象指：中国人民解放军现役军人、服现役或者退出现役的残疾军人以及复员军人、退伍军人、烈士遗属、因公牺牲军人遗属、病故军人遗属、现役军人家属。近些年来，优抚对象的保障范围不断扩大。2004年以来，我国先后将7种对象纳入国家定期抚恤补助范围，分别是：2004年将初级士官纳入评病残范围，并取消了患精神病义务兵和初级士官不能评残的限制；2006年，带病回乡退伍军人纳入国家定期生活补助范围；2007年，纳入部分参战退役人员、参加核试验军队退役人员；2011年，纳入60周岁以上农村籍退役士兵（当年惠及336.6多万人，以后将惠及近1900万人）和部分老年烈士子女、铀矿开采退役人员。保障人数从2004年的480余万人，增加至2018年的861万人，实现了农村和城镇无工作退役军人抚恤优待的全覆盖。

6.3.4 完善优待抚恤工作法规政策体系

改革开放特别是近年来军人抚恤优待工作积极适应国家和军队建设需要，在继承中发展，在改革中前进，又取得重大突破。法规政策更加完善，先后修订、制定出台50多个重要法规政策。尤其是近些年以来，优抚法规政策快速向系统化、体系化发展，国家先后出台《烈士褒扬条例》《军人抚恤优待条例》《革命烈士家属及军人家属诊治疾病优待暂行办法》等法律法规，形成了以《军人抚恤优待条例》《伤残抚恤管理办法》《一至六级残疾军人医疗保障办法》《优抚对象医疗保障办法》《优抚对象住房优待办法》《优抚对象及其子女教育优待暂行办法》《人民警察抚恤优待办法》等为骨干的,涵盖生活、医疗、住房、抚恤、社会优待等方方面面的完善政策法规体系。全面建立了优待抚恤补助标准自然增长机制并发挥效益,并且将优抚对象的住房、医疗、养老等优先纳入社会公共服务和保障体系,形成了“普惠”加“优待”保障模式。

此外,退役军人事务部成立后,着手起草《退役军人保障法》,2018 年 7 月 19 日退役军人事务部召开的座谈会上,就《退役军人保障法(草案)》初稿征求了意见,明确了起草的四个原则,强调要突出问题导向,回应退役军人工作的重点难点问题。起草的内容主要包括:退役军人工作基本制度和方针原则,退役军人工作主管部门的职责,移交交接,教育培训,退役军人安置,就业创业,服务保障,抚恤优待,褒扬,管理和监督等。

6.3.5 鲜明体现社会尊崇导向

一是重大纪念活动有慰问。国家结合重大纪念活动,为相关优抚对象发放一次慰问金。如:国庆 60 周年期间,国家投入 1.99 亿元,为部分新中国成立前参加革命的伤残军人和老年优抚对象集中更换了新型假肢、助听器等辅助器具;纪念中国人民抗日战争胜利 70 周年,国家为抗战老战士按照每人 5000 元标准发放一次性生活补助金;纪念红军长征胜利 80 周年,为每位红军老战士颁发了纪念章,国家按照每人 1 万元标准为红军老战士发放了一次性生活补助金。

二是烈士褒扬制度成体系。英雄烈士的事迹和精神,是中华民族共同的历史记忆和宝贵的精神财富。自 2018 年 5 月 1 日起,英雄烈士保护法施行,保护英雄烈士的法律体系日益完善。此外,我国先后制定出台了《烈士褒扬条例》《军人抚恤优待条例》《关于进一步加强烈士纪念工作的意见》以及《烈士安葬办法》《烈士纪念设施保护管理办法》《烈士公祭办法》等一系列法规政策,形成了较为完善的烈士褒扬制度体系,为做好烈士及烈属工作提供了可靠法治保障,逐步推动形成崇尚英雄、缅怀英烈、关爱烈属的良好社会风尚。

三是调整军队离休干部荣誉金标准的通知。经中央军委批准，确定从2017年7月1日起，调整军队离休干部荣誉金标准。其中：授予红星功勋荣誉章的，由每人每月150元调整为600元；授予独立功勋荣誉章的，由每人每月130元调整为450元；授予胜利功勋荣誉章的，由每人每月100元调整为300元。

四是优抚传统业务有举措。悬挂光荣牌作为优抚工作的传统业务，长期以来对弘扬拥军优属优良传统、增强军人军属荣誉感自豪感发挥了重要作用。为进一步落实中央精神，推进荣誉体系建设，根据新时代形势的需要，充分借鉴河北等地经验，2018年7月29日，国务院下发了《为烈属、军属和退役军人等家庭悬挂光荣牌工作实施办法》，该《办法》明确规定了光荣牌由退役军人事务部统一设计和规范样式，省级人民政府退役军人事务主管部门负责本省份光荣牌的统一制作。同时，该《办法》还明确规定了可以根据各地实际，视情开展送年画春联、走访慰问和为立功现役军人家庭送立功喜报等活动，形成多种优待活动与荣誉激励相结合的新模式。

6.3.6 探索创新退役军人管理保障办法

近年来，各地都在探索创新退役军人管理保障办法，例如：

一是湖南长沙首个退役军人“三级”帮扶站成立。长沙首个退役军人“三级”帮扶站于2018年9月28日在开福区成立。该帮扶站设在区民政局，街道、社区（村）配套站点，并在三级公共服务中心开辟了退役军人绿色通道，通过“四联四帮”（领导联、部门联、街道联、社区（村）联；帮就业创业、帮就学、帮就医、帮其他困难）做好退役军人服务工作。在区属医疗机构为退役军人实行挂号、就诊、取药、转诊“四优先”，对部分困难个体有免费项目，适当放宽学历和年龄要求，对录用单位区财政按人头给予补贴。

二是浙江省全面开展优抚对象信息采集工作。为进一步做好退役军人服务保障工作，浙江省根据上级要求指示精神，采取“五级联动”模式对退役军人和其他优抚对象全面开展信息采集工作。通过多层次动员部署、多层次推进业务培训、多方位开展社会宣传等举措提高信息采集知晓率，采取集中与分散相结合的方式，引导对象主动到集中采集点申报，又结合活动上门走访兜底采集，确保一户不漏。另外，2018 年，浙江温州市成立了首个专注关爱退役军人的基金，即由瓯海区慈善总会设立规模 100 万元的“瓯海区退役军人扶助基金”，旨在建立配合国家有关复退军人的政策落实，帮扶家庭困难的复员、退伍军人；扶助复原、退伍军人回乡自主创业。

三是河北省构建退役军人管理服务网络。河北省在省市县三级成立退役军人管理服务中心，在乡镇、街道和村、社区成立退役军人管理服务站，形成省、市、县、乡、村 5 级退役军人管理服务网络。

四是上海试点“退役军人事务顾问”制度。2018 年 8 月 1 日，按照上海市民政局、双拥办的组织安排，首家“退役军人事务顾问点”在杨浦区延吉新街道社区挂牌，上海市政法委书记亲自为首批社区“退役军人事务顾问”颁发证书。按照“有固定场所、有人员安排、有机制保障、有统一形象”的总体要求，立足双拥优抚工作平台，依托“关爱功臣”项目，充分调动各类涉军政策资源、社区公共资源和社会组织社工志愿者服务资源，为退役军人和优抚对象提供退役军人事务咨询、服务资源介绍等便利服务。

6.4 军人退役安置概况

新中国成立以来，共有 5000 多万退役军人，他们是党和国家的宝贵财富，是建设中国特色社会主义的重要力量。习近平总书记高度重视退役军人工作，特别是党的十八大以来，多次发表重要讲话，作出重要指示，提出明确要求，为做好退役军人工作提供了根本遵循。近年来，随着深化国防和军队改革的落地，军人退役安置面临新的机遇和挑战，一些新的举措和思路成为了新时期推进军人退役安置工作顺利开展的宝贵经验。

6.4.1　完成军改背景下的大量退役干部安置

2016 年 4 月，习近平主席对做好深化国防和军队改革期间的军转安置工作提出明确要求："要高度重视军转安置工作，关心关爱军转干部，创新安置工作机制，做好宣传舆论工作，确保军转安置工作圆满完成，为促进国防和军队改革顺利进行提供有力政策保证。"贯彻习近平主席指示精神，按照中央关于军队规模结构和力量编成改革的部署要求，2017 年共有 8 万余名军队干部转业地方，比 2016 年多 2.2 万余名，该数量是军改前正常年份的 2 倍，创近年来安置数量新高。其中计划分配军转干部 4.47 万名，自主择业军转干部 3.54 万名，9000 余名师团职干部得到重点安置，如图 7-1 所示。中央单位接收安置 1000 名军转干部，超过计划数 100 人。31 个省份出台关于军转干部进高校专项培训的专门实施文件，全国有近 2500 余名专业不对口的军转干部参加了高校专项培训。

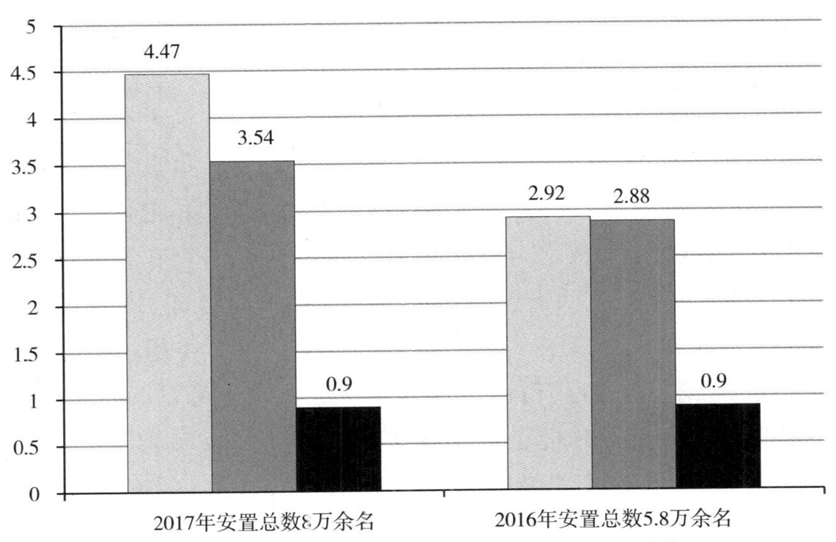

图 6-1　2017 年与 2016 年退役干部安置数量对比

资料来源：《2017 年，我国共安置 8 万余名军转干部》，《中国退役军人》2018 年 3 月 2 日。

6.4.2 优化保障退役士兵就业安置

退役军人事务部等10部门联合印发了《关于进一步加强由政府安排工作退役士兵就业安置工作的意见》,从2018年8月1日起执行,适用于8月1日后退出现役的士兵。这是退役军人事务部成立后,出台的首个专门针对由政府安排工作退役士兵的政策性文件。该《意见》的出台,对退役士兵来说,可选的安置地点更加宽泛,可选择灵活就业,待安排工作期间享受社会保险,待安排工作期间可领取较高生活补助,由单位及时安排上岗、岗位待遇更优保障、贡献大的优先选岗。

第一,中央企业接收退役士兵安置的做法。根据退役军人事务部向各中央企业下达的2018年度符合政府安排工作条件退役士兵接收安置计划,2018年度央企提供1.5万个岗位安置退役士兵,涉及军工、能源、通信、交通、制造、冶金、化工、建筑、金融、铁路、邮政、烟草、航空、地产等14个行业123家中央企业,给退役士兵提供了丰富的选择空间。另外,2017年,相关部门向100余家中央企业试点下达了符合政府安排条件退役士兵接收安置计划,央企共提供岗位1.3万余个。

第二,地方省市接收退役士兵安置的做法。贯彻《关于进一步加强由政府安排工作退役士兵就业安置工作的意见》,各省市也制订出台了相关措施。2018年8月3日,山东省退伍军人和军队离休退休干部安置办公室下发通知,明确要求为贯彻落实上述《意见》,各市在组织符合政府安排工作条件退役士兵安置中,一般不再进行文化考试。确需组织文化考试的,文化考试成绩占考试考核总成绩的比重不得超过20%。自2019年起,取消符合政府安排工作条件退役士兵文化考试。同时,新规定突出的重点是:当兵时间越长、奉献越多、荣誉越多,回到地方安置越占优势;将退役后的岗位与部队的表现直接挂钩,以服役期间档案为依据,让有作为者有地位,有功勋者得实惠。

6.4.3 多法并举促进退役军人就业创业

习近平总书记强调,军人退役到地方,是他们人生的重大转折,要安置好，也要使用好，继续发挥他们的作用；要拿出一些特殊措施和倾斜政策，主动帮助解决好退役军人安置工作。李克强总理也十分关心和重视退役军人工作，要求大力扶持退役军人就业创业。为凝聚军心士气，对退役军人自身和家庭搞好“安神定心”，发挥人才作用、助推经济发展，2018年7月27日，退役军人事务部、中共中央组织部等12个部门联合下发《关于促进新时代退役军人就业创业工作的意见》（以下简称《意见》），确定了退役军人就业创业工作的总体思路是：政府推动、政策优先，市场导向、需求牵引，自愿选择、自主作为，社会支持、多方参与。该《意见》主要适用于三类退役军人：自主就业退役士兵、自主择业军转干部、复员干部。

第一，着力提升退役军人就业创业能力。具体提出6个方面措施：一是完善多层次、多样化的教育培训体系。将退役军人教育培训纳入学历教育和职业教育体系，依托普通高校、职业院校等教育资源，促进现役军人与退役军人教育培训相衔接、学历教育与技能培训互为补充。二是开展退役前技能储备培训。深入开展“送政策进军营”活动，加强经济社会发展和就业形势介绍、政策咨询、心理调适、“一对一”职业规划，努力把退役军人服役期间锤炼的品质转化为就业创业的优势。三是加强退役后职业技能培训。放宽参加免费培训的时间限制，把现行的退役后一年内可参加一次免费培训，放宽至退役后任意时间段均可参加；放宽参加免费培训的地域限制，经省级退役军人事务部门同意，允许跨省异地参加教育培训。四是推行终身职业技能培训。鼓励用人单位定期组织退役军人参加岗位技能提升和知识更新培训；将下岗失业退役军人纳入特别职业培训计划和职业技能培训等范围，并按规定予以补贴。五是鼓励参加学历教育。鼓励各地将符合高考报名条件的退役军人纳入高等职业院校单独考试招生范围；退役军人参加高考和研究生考试享受加分照顾；军人服役期间参加开放教育、自学考试等学历继续教育，退役后可继续完成学业，获得相应国民高等教育学历文凭。六是加强教育培训管理。提出建立退役军人职业技能承训机构、承训企业和高等院校目录，向社会公开并实行定期考核、动态管理，确保承训单位的教学水平。加强对承训单位教育培训质量考核，建立激励机制。

第二，积极支持退役军人就业。主要从放宽招收条件、拓宽就业渠道、强化就业服务等方面，提出了具体措施。在放宽招收条件方面，明确机关、社会团体、企业事业单位招收退役军人，适当放宽年龄和学历条件，同等条件下优先招录。在拓宽就业渠道方面，一是加大公务员招录力度。在军队服役 5 年（含）以上的高校毕业生士兵，退役后可以报考面向服务基层项目人员定向考录的职位，同服务基层项目人员共享公务员定向考录计划；各地特别是边疆地区、深度贫困地区结合实施乡村振兴、脱贫攻坚等战略，设置一定数量基层公务员职位面向退役军人招考；各级党政机关在组织开展选调生工作时，注意选调有服役经历的优秀大学生；拓宽从反恐特战等退役军人中招录公安机关人民警察渠道。二是鼓励企业招用。吸纳退役军人就业的企业，可享受税收优惠；对退役军人就业作出突出贡献的企业，给予表彰、奖励。三是探索新的就业渠道。研究制定适合退役军人就业的岗位目录，提高退役军人服务保障以及安保等岗位招录退役军人的比例，辅警岗位同等条件下优先招录退役军人；选派退役军人参与社会治理、稳边固边、脱贫攻坚等重点工作，鼓励退役军人到党的基层组织、城乡社区担任专职工作人员。在强化就业服务方面，明确退役军人在各级公共就业服务机构享受优先待遇，县级以上地方人民政府每年至少组织 2 次退役军人专场招聘活动。同时要求搞好后续扶持，建立退役军人就业台账，实行实名制管理，跟踪退役军人就业情况，并提供必要服务。

第三，大力支持退役军人创业。《意见》突出对有创业意愿退役军人的引导和服务。一是加强创业培训。各地对有创业意愿的退役军人，要组织开展创业意识教育、创业项目指导、企业经营管理等培训，增强创业信心，提升创业能力。二是优先提供创业场所。鼓励建立退役军人创业孵化基地、众创空间和创业园区，有针对性地解决缺场地、缺资金、缺技术等问题，为他们创新创业创造条件。三是享受金融和税收优惠。退役军人创办小微企业可申请创业担保贷款，按规定享受贷款贴息，各地可结合实际加大支持力度。鼓励社会资本设立退役军人创业基金，拓宽资金保障渠道。退役军人从事个体经营,可享受税收优惠。下一步,相关部门还将研究完善退役军人就业创业税收优惠政策。

例如,为落实国家政策要求,吉林省长春市建立了军转干部创业孵化基地,帮助长春乃至东北地区的军转干部自主创业。目前,该市的军转干部创业孵化基地已由创建时的4家增至74家,帮助上千名军转干部走上自主创业路。2018年9月,山东省开展了"长城军地杯"首届退役军人创新创业大赛,为带动退役军人就业创业、打造经济发展新引擎作出了积极的贡献。

6.4.4 调整提高自主择业军队转业干部退役金标准

自2001年推行实施自主择业方式以来,自主择业政策与退役金标准做了多次调整。2016年,党中央、国务院和中央军委发文决定,调整了自主择业的条件,明确:2016—2020年深化国防和军队改革期间,军龄满18年的师级以下职务军队转业干部,本人提出申请,经组织审核批准可选择自主择业,从而将自主择业的条件由平时的军龄满20年放宽到了18年。2017年5月14日,国务院军队转业干部安置工作小组、人力资源和社会保障部、财政部、军委政治工作部、军委后勤保障部联合下发《关于调整自主择业军队转业干部退役金标准的通知》,确定从2016年7月1日起,调整自主择业军队转业干部退役金标准。

第一,增加基本退役金标准。在增加基本退役金的同时,将部分自主择业生活补贴纳入基本退役金。一是2015年及以前年度自主择业的军队转业干部,按照本人职务等级和退役金计发比例增加基本退役金,具体标准见表6-2。二是2016年及以后年度自主择业的军队转业干部,按照军队调整工资后的标准和本人退役金计发比例,核定基本退役金。自2017年1月起按调整后的工资标准核定退役金,由地方政府有关部门补发,所需经费按照现行渠道由中央财政解决。三是自主择业军队转业干部年定期增加基本退役金。该标准较2014年1月起执行的标准有一定提高,原标准为50—135元不等。

表 6-2　自主择业军队转业干部增加基本退役金标准表

（单位:元/月）

职务(专业技术)等级			基本退役金增加标准	年定期增加基本退役金标准(从 2017 年 1 月起)
	四级		1440	220
	五级		1320	200
正师职	六级	正局级	1160	165
副师职	七级	副局级	1070	150
正团职	八级	正处级	880	125
副团职	九级	副处级	710	105
正营职	十级	正科级	600	85
副营职	十一级	副科级	500	75
正连职以下	十二级以下	科员以下	480	60
说明	1. 正师职自主择业军转干部原军衔为少将或专业技术六级、正局级自主择业转业干部原文职级别为 2 级的,年定期增加基本退役金标准按 185 元执行。 2. 本表所列标准均按本人退役金计发比例计发。			

资料来源:《关于调整自主择业军队转业干部退役金标准的通知》国转联〔2017〕3 号,2017 年 5 月 14 日。

第二,调整自主择业生活补贴标准。自主择业军队转业干部按照本人职务等级执行相应的自主择业生活补贴标准,具体标准见表 6-3。该标准比 2014 年 1 月起执行的标准有所提高,原标准为 2850—5550 元。另外,军人职业津贴标准未作调整。

表 6-3　自主择业生活补贴标准表

（单位:元/月）

职务(专业技术)等级			自主择业生活补贴
	四级		6000
	五级		5300
正师职	六级	正局级	4700
副师职	七级	副局级	4250
正团职	八级	正处级	3850

续表

职务(专业技术)等级			自主择业生活补贴
副团职	九级	副处级	3650
正营职	十级	正科级	3400
副营职	十一级	副科级	3200
正连职以下	十二级以下	科员以下	3050
说明	自主择业生活补贴全额计发。		

资料来源:《关于调整自主择业军队转业干部退役金标准的通知》国转联〔2017〕3号,2017年5月14日。

妥善安置退役军人,既是贯彻落实改革强军战略,推进国防和军队建设的需要,也是维护政治社会大局稳定的需要。因此,在完善退役军人安置工作方面:一是要严格落实政策规定。各类机关、团体、企事业单位都要严格落实党中央、国务院与中央军委等颁发的退役军人安置的相关文件要求,确保各项退役军人安置政策得到有效落实。同时,各地退役军事务厅局要制定具体的办法与措施,形成机关、事业单位和国有企业科学合理的分类安置接收结构比例。二是改进接收安置制度。包括以货币化安置为主,适当放宽自主择业与安置地条件限制等。其中,易地安置落户到国务院确定的超大城市的,应符合其关于落户的相关政策规定。三是加强计划统筹。县级安置任务较重的可由市级在本行政区域内统筹安排,市级安置有困难的可由省级统筹调剂安排。四是依法保障待遇。包括及时安排上岗,落实岗位待遇,接续基本保险,确保待遇连续享受。

7

社区居家养老服务供给与需求分析

——武汉市的调研

陈思艺　向运华

7.1 引　言

7.1.1　研究背景

一、我国人口老龄化的严峻形势

从2008年到2017年我国60岁以上老年人口数量及比重变化较大，60岁以上人口从2008年的1.6亿增加到2017年的2.41亿，其占总人口的比重从2008年的12%上升到2017年的17.3%（见表7-1）。

表7-1　60岁以上老年人口数量及占全国总人口的比重

	2008年	2009年	2010年	2011年	2012年	2013年	2014年	2015年	2016年	2017年
60岁以上人口数量（亿人）	1.6	1.67	1.78	1.85	1.94	2.02	2.12	2.22	2.31	2.41
60岁以上人口比重（%）	12	12.5	13.3	13.7	14.3	14.9	15.5	16.1	16.7	17.3

资料来源：根据《2015年社会服务发展统计公报》《2017年社会服务发展统计公报》整理。

图7-1反映了一些重要年份我国人口的年龄结构变化，从时间跨度看，0—14岁人口占总人口比重一直在降低，除了在2014年有小幅的升高；65岁及以上人口占总人口的比重，2014年是1982年的两倍，老年人口在总人口中的比重越来越大，人口结构比例逐渐失衡，老龄化形势严峻。

总体来看，我国的老龄人口数量大，且每年都在急剧增加，人口年龄结构在发生变化，“人口倒金字塔”越来越明显，高龄、独居、空巢、失能老人的养老问题凸显。随着人口年龄结构变化、老年抚养比上升、家庭结构核心化，社会竞争压力的增大，年轻人自顾不暇，难以全面顾及父母的养老需求，空巢老人和独居老人数量庞大。同时，我国的高龄老人数量较

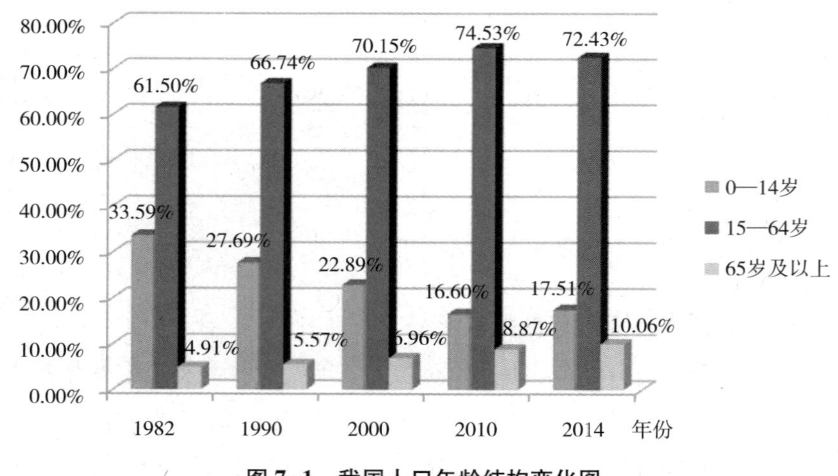

图 7-1　我国人口年龄结构变化图

资料来源：第六次全国人口普查和《2014 年国民经济和社会发展统计公报》的数据。

多，2015 年，80 岁以上的人口数量 2339 万人，随着年龄的增加身体不可避免地出现各种病痛。现阶段，我国失能老人的数量为 625 万，失能老人、半失能老人的数量也在急剧增加。

"四二一"的家庭结构占绝大多数，家庭中子女数量的减少，家庭结构呈现小型化，在这种情况下，原来的养老方式已经不能满足当下老年人基本的养老需求，老年人对于机构养老、社会养老等其他养老服务的需求急剧增加。我国社会化养老服务机构在不断发展，但是其发展程度仍然较低，难以满足大部分老年人的养老需求。同时，目前我国机构养老由于种种原因发展一直比较受限，机构养老能提供的床位数远远小于在其服务对象范围内的那部分老年人的需求，发挥的作用十分有限。另一方面，受中国传统家庭养老文化影响的老年人，他们基于自身的经济状况和消费习惯等因素更倾向于居家养老的方式。于是，"以社区为依托，以家庭为核心，同时以专业化服务为依靠，为老年人提供生活照料、医疗保健和精神慰藉等服务为内容的社区居家养老服务方式"①出现了。

① 杨宜勇、杨亚哲：《论我国居家养老服务体系的发展》，《中共中央党校学报》2011 第 5 期，第 94 页。

二、武汉市人口老龄化的背景

在1993年,武汉市60周岁以上人口占户籍人口总数的比重超过了10%。2015年年底,武汉市户籍总人口829.27万,其中60周岁以上的老年人口163.76万,占全市人口的19.74%。① 2018年年底,武汉市户籍总人口883.73万,其中60岁以上老年人187.94万,占总人口的21.27%。近10多年来,武汉市老年人口基数呈现逐年递增的趋势,尤其是最近几年呈现快速增长。2010年至2013年,老年人口平均每年以5万左右的速度增长;从2014年至2018年,分别增加10.39万、7.75万、8.99万、6.1万和9.09万老年人。②

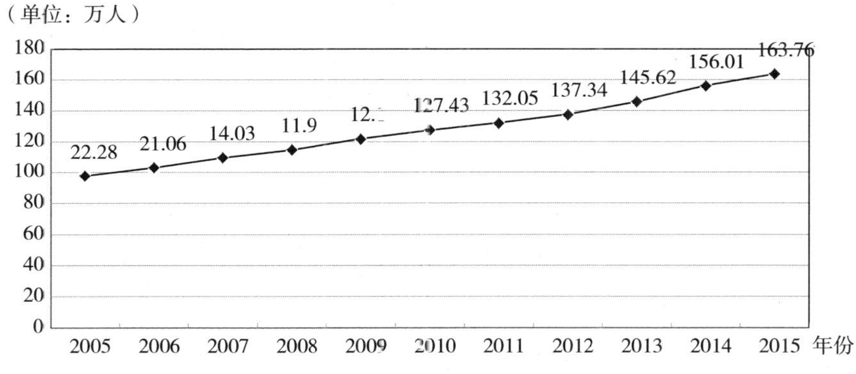

图7-2　2005—2015年武汉市老年人口走势图

资料来源:武汉市民政局:《武汉出炉2015年人口老龄化报告》。

三、武汉市政府出台的相关政策

人口老龄化和高龄化的日益加剧,这使得老年群体的养老问题更加凸显,同时,这也引起了社会和各级政府的高度重视。如表7-2所示,武汉市政府高度重视养老问题,关注社区居家养老服务的进展情况,并出台相关的支持和鼓励政策以促进社区居家养老服务的开展。

---

①　武汉市民政局:《武汉出炉2015年人口老龄化报告》,http://www.whmzj.gov.cn/News_View.aspx? id=19231,2016-02-05。

②　武汉市民政局:《2018年武汉市人口老龄化形势分析》,http://mzj.wuhan.gov.cn/zcjd/327502.jhtml。

表 7-2　武汉市针对社区居家养老服务出台的相关文件及政策

年份	出台的文件及政策	主要内容
2011	12 月，武汉市民政局出台《市民政局关于开展 2011 年度社会办养老机构和居家养老服务中心（站）资助工作的通知》（武政办〔2011〕182 号）	为了继续扶持武汉市社会办养老机构的快速发展，不断扩大居家养老服务中心（站）专业化养老服务的覆盖面，打造“10 分钟养老服务圈”①
2012	2012 年年初，湖北省政府办公室将“建立社区居家养老为基础、社区服务为依托、机构养老为支撑的社会养老服务体系”写入政府工作报告	明确武汉市养老服务体系的建设工作
2012	6 月，湖北省人民政府办公室印发了《关于加快发展城乡社区居家养老服务的意见》（鄂政办发〔2012〕83 号）	明确提出当前和今后一个时期加快发展城乡社区居家养老服务的总体要求、工作目标和主要任务等内容②
2012	《市人民政府关于加快推进社会养老服务体系建设的意见》（武政办〔2012〕89 号）	凡符合建设或运营资助条件的居家养老服务中心（站），按中心 10 万元，站 6 万元的标准给予建设补贴；中心 6 万元，站 3 万元的标准给予运营补贴③
2013	《关于印发市民政系统提升社区养老和居家养老服务功能工作实施方案的通知》（武政办〔2013〕34 号）	武汉市各民政系统为了加速推进社区居家养老服务体系建设，有效提升武汉市社区养老和居家养老服务功能，制定了工作方案和责任分解分工
2013	社区居家养老“一键通”信息平台的建设被纳入武汉市 2013 年为民办实事的“十大实事”之一	武汉市委、市政府将社区居家养老“一键通”信息平台的建设作为居家养老体系建设过程中的重点工作
2014	《关于优化社区居家养老服务中心（站）服务功能的通知》（武政办〔2014〕66 号）	进一步整合社区服务资源，更好地发挥社区居家养老服务中心（站）的作用
2014	《关于深入推进社区居家养老信息系统建设的通知》（武政办〔2014〕36 号）	文件规定了申请拨付“一键通”信息系统补贴资金

① 武汉市民政局：《市民政局关于开展 2011 年度社会办养老机构和居家养老服务中心（站）资助工作的通知》，http://www.whmzj.gov.cn/News_View.aspx? id=2927，2012-01-10。

② 彭文洁、刘建国：《政府温情出招，助推居家养》，《社会福利》2013 年第 2 期，第 20—21 页。

③ 武汉市民政局：《关于开展 2014 年度养老服务设施建设和相关资助项目落实情况检查工作的通知》，http://www.whmzj.gov.cn/News_View.aspx? id=15169，2014-11-19。

续表

年份	出台的文件及政策	主要内容
2016	武汉市民政局公布《关于加快推进养老服务业发展的实施意见》,发展目标是"进一步健全以居家养老为基础、社区为依托、机构为补充、医养相结合的多层次养老服务体系"	到 2020 年,居家呼叫服务和应急救援服务信息网络覆盖率 100%;社区居家养老服务设施覆盖全市所有城市社区;90%以上乡镇(街)建有养老服务在内的综合服务设施
2017	武汉市人民政府印发《关于提升养老服务供给水平加快发展养老服务业的实施意见》(武政规〔2017〕34 号)。武汉市卫生计生委、民政局、财政局、人力资源社会保障局、发展改革委联合印发《武汉市 2017 年医养结合改革实施方案》	全面贯彻党的十八大和十八届三中、四中、五中、六中全会精神,以老年人群实际需求为导向,以"互联网+居家养老"、医养结合、社区为老服务为重点,坚持政府规划引导、改革政策体系、全面放开市场、社会广泛参与的思路,激发各类市场主体活力,推动社会力量成为我市养老服务业发展主体,形成政府保障基本、社会增加供给、市场满足需求的养老服务供给体系。 明确医养结合改革目标任务,推进医疗卫生与养老服务相结合,满足人民群众多层次、多样化健康养老服务需求
2018	武汉市民政局会同市财政局、市扶贫办等部门制定《武汉市"互联网+居家养老"服务设施建设标准(试行)》《武汉市养老服务对象评估办法(试行)》《关于做好养老护理员补贴发放工作的通知》《关于加快推进农村老年人互助照料服务点建设的通知》。武汉市人民政府印发《武汉市推进"互联网+居家养老"新模式实施方案》(武政规〔2018〕1 号)	利用"互联网+"技术手段,从养老服务供给侧改革入手,将社区为老服务和机构养老服务嫁接、植入到居家养老服务中

资料来源:武汉市民政局门户网。

四、问题的提出

国家和政府高度重视养老问题,最近几年社区居家养老服务的发展得到政策的大力支持、制度上的保障和财政的补贴。在 2010 年,武汉市第一家社区居家养老中心建立并运营,自此社区居家养老服务中心(站)在各街道和社区开始得到大力的推广和支持。

从供给的角度来说,社区居家养老服务供给现状的分析包括供给主体和供给内容这两个方面,在供给主体方面,社区居家养老服务中心(站)的基本情况如何?其在服务供给中的运营状况如何?政府承担着什么角色并发挥了什么作用?社区、非营利性组织和企业等供给主体发挥了怎样的作用?在供给服务内容方面,武汉市社区居家养老的服务内容包括哪些方面,提供的服务项目主要有哪些?

从需求的角度分析,老龄化的形势严峻,老年人对其养老方面的各种需求急剧增加,依托社区提供的居家养老服务项目中,老年人获得了哪些居家养老服务?这些服务项目是否能满足居家老年人的实际需求?哪些需求尚未得到满足?社区居家老年人的养老需求主要集中在哪些方面?

基于这些方面的问题,本报告试图通过问卷调查和访谈的方式,从供给和需求的角度对武汉市社区居家养老服务进行调查分析,希望为武汉市社区居家养老服务的长期和稳定发展提供借鉴,从而使社区居家养老服务得到更全面和充分的发展。

7.1.2 调研说明

一、问卷调查法

武汉市有13个区,从中选取老年人较多且居住比较集中的武昌区、硚口区和江岸区这三个地区,从每个地区中随机抽取三个社区,即选取9个社区进行调研,并按照分层和随机抽样的方法在每个社区发放35份问卷。调研过程中,在武昌区随机选取了滨湖社区、东亭社区和户部巷社区这3个社区;在硚口区随机选取了发展社区、永庆社区和营北社区这3个社区;在江岸区随机选取了九万方社区、安静社区和文卉苑社区这3个社区,共9个社区。最后,共发放问卷315份,收回问卷302份,其中有效问卷298份,本部分以这298位社区老年人填写的信息来分析问卷内容,其中滨湖社区33份,东亭社区32份,户部巷社区34份,发展社区34份,永庆社区32份,营北社区32份,九万方社区33份,安静社区33份,文卉苑社区35份。

二、访谈法

在问卷调查的过程中,在每个社区选取1—2位老人进行访谈,同时对负责社区居家养老服务相关的社区工作人员进行访谈，期望从多角度、以深层次的方式来了解武汉市社区居家养老服务的供给和需求情况。调研过程中，与9位服务中心(站)的负责人或者工作人员关于服务中心(站)的情况进行了访谈，与6位社区书记关于社区老年人的老年情况和社区居家养老服务开展的现状等方面进行了访谈，与2位参与供给的企业负责人关于社区居家养老服务供给的内容和运营现状及困境等内容进行了访谈。

7.2　武汉市社区居家养老服务供给现状分析

在武昌区、硚口区和江岸区选择9个社区，从居家养老服务供给主体和供给内容这两个角度进行具体分析，其中供给主体的分析主要包括社区居家养老服务中心(站)的基本信息、硬件设施、工作人员的构成及经费来源这四个方面内容；供给内容的具体分析包括生活照料类服务、医疗保健类服务和精神慰藉类服务在社区中的实际供给情况。

7.2.1　服务供给主体的基本情况

一、基本信息

调研的9个社区居家养老服务中心(站)的基本信息如表7-3所示，7个社区设立的是服务中心，2个社区设立的是服务站，服务中心和服务站在本质上没有区别，但存在一些差异，服务中心和服务站的区别主要在运营规模、服务覆盖范围、功能等方面。服务中心的规模更大，不论是场地还是设施等都比服务站的条件好，同时，服务中心辐射的范围更大，服务内容更加多样，而服务站的服务范围较小，服务内容相对单一。

在社区调研的过程中，发现社区居家养老服务中心(站)的运营方式并不都是一样的，目前存在两种方式，一种是社区居委会直接负责运营，进行日常管理，街道专门派一位公益性岗位的工作人员负责管理；另一种方式是社会化运营，由街道负责招标，中标的企业或者非营利性组织进行管理，这种方式中，社区居委会只负责协助和监督社区居家养老服务中心（站）的运营。

最近几年，社区直接负责运营的方式越来越多的被社会化运营的方式取代，调研的这 9 个社区中，发展社区和文卉苑社区这两个社区采用的由街道派驻一位公益性岗位的工作人员直接负责服务中心（站）运营和管理的方式，其他 7 个社区的服务中心（站）由企业或者非营利性组织运营，调研中了解到，永庆社区居家养老服务站的管理从 2016 年 12 月份开始采用社会化管理的方式，此前一直由社区进行运营。由企业或者非营利性组织托管的这 7 个社区居家服务中心（站），主要涉及四个企业或者组织，武汉晚晴枫养老助残服务中心、盛世天颐（湖北）养老服务公司、户部巷社区福瑞安养老院和道能义工服务中心，其中道能义工服务中心是公益组织，其他三家是企业。

与安静社区的陈书记访谈时，当提到关于服务中心运营管理方面的问题时，陈书记说，社区居家养老服务中心的管理从社区管理中独立出来，专业的事务由专门的部门或者机构来做效果会更好，这样的管理方式能够给老人提供更加专业的服务内容，同时也能减轻社区居委会在养老事务等方面的负担，社区居家养老服务中心（站）托管给专门的机构或者组织进行管理是一种必然的趋势。

表 7–3　社区居家养老服务中心（站）的基本信息

社区居家养老服务中心（站）名称	开始运营的年份	建筑占地面积	运营主体	其他参与供给的主体
滨湖社区居家养老服务中心	2014	240㎡	武汉晚晴枫养老助残服务中心	社区卫生服务站
东亭社区居家养老服务中心	2016	700㎡	盛世天颐（湖北）养老服务公司	社区卫生服务站

续表

社区居家养老服务中心(站)名称	开始运营的年份	建筑占地面积	运营主体	其他参与供给的主体
户部巷社区居家养老服务中心	2014	500㎡	户部巷社区福瑞安养老院	武汉市爱与陪伴老人心灵呵护中心
发展社区居家养老服务中心	2009	800㎡	发展社区居委会	社区卫生服务站;道能幸福食堂;老年理发店
永庆社区居家养老服务站	2016	300㎡	盛世天颐(湖北)养老服务公司	社区卫生服务站;社区理发店;社区缝纫店
营北社区居家养老服务中心	2015	710㎡	道能义工服务中心	华龄 365 社区健康管理中心;好德益家政服务站;社工服务站
九万方社区居家养老服务中心	2015	800㎡	盛世天颐(湖北)养老服务公司	社区卫生服务站
安静社区居家养老服务站	2012	400㎡	武汉晚晴枫养老助残服务中心	社区卫生服务站
文卉苑社区居家养老服务中心	2013	400㎡	文卉苑社区居委会	社区卫生服务站;社区家电维修;便民菜店;小康理发店

资料来源:根据与服务中心负责人的访谈内容整理。

二、硬件设施

由表 7-3 可以看出,调研社区的这几个服务中心占地面积较大,根据表 7-4 可以看出,各功能室的分配比较全面和科学,电脑、电视机、空调等基本硬件设施在调研的大部分社区都在正常使用中,社区居家养老服务中心(站)最基本的作用是提供场所,为居家养老的老年人提供夏天纳凉和冬天取暖的活动场所,其次是为老年人的文化或者娱乐活动提供场所和设施,例如图书室、活动室、舞蹈室和棋牌室等,然后是康复理疗的医疗服务,例如测血压、测身高体重等仪器。

关于电脑的提供和使用,其中 4 个社区居家养老服务中心(站)没有提供电脑,调研中发现提供电脑的服务中心,老年人没有经常使用电脑,在滨湖社区居家养老服务中心调研时询问一些老人关于电脑使用的事情,某一位老人说:“电脑经常坏,也没有人维修,坏了就一直放着没有人管理维修，一开始电脑能正常运行时还会在上面玩纸牌游戏，后来只有一台电脑能打开运行就很少玩了，平时也没有经常用到电脑的时候，所以也不打开电脑。”提供电视机的日间活动室，例如发展社区、营北社区和文卉苑社区，调研期间，在服务中心正常开放的时间段，曾经在不同时间段去这三个服务中心时都遇到老人在看电视节目。调研中发现，配备了运动器材的服务中心，跑步机和健身器械基本处于闲置状态，几乎是一种摆设。在滨湖社区和文卉苑社区居家养老服务中心调研时，在活动室看到老人在打乒乓球。

表 7-4　社区居家养老服务中心（站）的硬件设施

社区居家养老服务中心（站）	房间数量	功能室分配	电脑数量及运行	空调数量及运行	运动器材	麻将机	康复理疗设备
滨湖社区	4	活动室，棋牌室，阅览室，用餐室	4台，1台正常使用	3台，都正常运行	1个乒乓球台	5个	两张床，理疗、体检设备
东亭社区	8	电脑室、健身室、用餐室、阅览室、棋牌室等	6台，5台正常使用	6台，都正常运行	跑步机2台，健身器材2台	2个	无
户部巷社区	4	多功能室、书画室、健身房、阅览室	2台，2台正常使用	4台，都正常运行	健身器材3台	0个	测血压等体检设备
发展社区	6	棋牌室、活动室、理疗室、老年食堂等	0台电脑，1台电视	4台，2台正常	跑步机2台	5个	4个按摩椅，理疗设备
永庆社区	3	活动室、棋牌室、老年食堂	0台电脑	3台，2台正常	1个乒乓球台，健身器械2个	4个	无
营北社区	6	健身室、活动室、棋牌室、道能食堂、志愿者之家等	0台电脑，1台电视	8台，都正常	跑步机2台，健身器械2个	4个	无
九万方社区	6	日间活动室、咨询服务室、图书室、书画室、舞蹈室、食堂等	0台电脑	8台，6台正常	跑步机2台，健身器械3个	4个	测血压等体检设备
安静社区	3	棋牌室，活动室	0台电脑	4台，都正常	无	2个	无
文卉苑社区	5	康复室，活动室，图书室等	1台电脑，1台电视	6台，都正常	1个乒乓球台	0个	测血压等体检设备

资料来源：根据调研内容整理。

调研的9个社区居家养老服务中心(站),其中的7个提供了麻将机,户部巷社区和文卉苑社区没有提供麻将机,调研期间,发现提供麻将机的居家养老活动中心(站),活动室一般聚集很多老人,这些老人主要集中于棋牌活动,一部分老人在阅读区域看报纸,一部分坐在一起闲聊,少部分坐着发呆。例如滨湖社区、发展社区、永庆社区和营北社区,其中印象最深刻的是滨湖社区,调研走访的四次,每次去活动室都有很多老人在打牌或者下棋。在滨湖社区居家养老服务中心,一位接受访谈的老人说:"吃了早饭后,九点左右到活动中心,打牌、下棋或者和其他人聊聊天,中午十一点半大家就各自回家,下午一点左右来这里,打牌、聊天、看报纸或者坐着发呆,到下午四点左右就各自回家吃晚饭,白天大部分时间都待在这里玩,其实就是想找个人多的地方待着,比较热闹,这里周末不开放的时候,我们都不知道去哪里待着。"

三、工作人员的构成

走访调研的9个社区居家养老服务中心(站)的人员配备情况,如表7-5所示,工作人员的构成比较单一,且工作人员的人数不足。社会化托管方式运营的服务中心(站)基本都是一位负责人、一两位行政工作人员,其他基本是负责老年餐桌的厨师;社区居委会直接运营的服务中心(站)负责人是社区的书记,直接负责运营的是街道招聘的公益岗位工作人员。

各社区居家养老服务中心(站)的志愿者情况,调研的9个社区除了东亭社区和安静社区没有固定的老年服务志愿者,其他7个服务中心(站)都有专门负责居家养老服务的志愿者,虽然大学生志愿者到社区进行志愿者活动不一定与居家养老服务直接相关,但是也会有所涉及,在访谈中具体询问工作人员这方面的内容时,户部巷社区、永庆社区、营北社区和九万方社区的工作人员提到需要大学生志愿者参与到老年人服务的志愿活动中,其他4个社区居家养老服务中心(站)的工作人员提到不定期的有大学生志愿者来服务中心为老年人进行体检,教老人用手机或者与老人聊天等。文卉苑社区有一位医院退休的老人在服务中心(站)开设了"健康小屋",为社区老人免费提供体检、咨询和基本理疗的服务。

表 7-5　社区居家养老服务中心(站)的人员构成

社区居家养老服务中心(站)	负责人	其他工作人员及职务	志愿者情况	其　他
滨湖社区	1 位	2 位厨师,负责老年餐桌	15 位低龄老年志愿服务队负责服务中心的卫生和清洁	大学生志愿者每周四下午
东亭社区	1 位	2 位行政办公人员;2 位厨师负责老年食堂	无固定志愿者	不定期的大学生志愿者
户部巷社区	1 位	3 位行政办公人员,负责整理服务工单、档案、资料	10—15 位十方源临终关怀的志愿者,每周三下午	无
发展社区	1 位(公益性岗位)	1 位社区负责老龄工作的工作人员	15—20 位社区老年志愿者	不定期的大学生志愿者
永庆社区	1 位	1 位行政办公人员;2 位厨师,负责老年餐桌	33 位固定志愿者	无
营北社区	1 位	2 位厨师,负责老年餐桌	道能义工;10—15 位社区志愿者	无
九万方社区	1 位	1 位会计,1 位行政,2 位厨师	5—8 位固定志愿者	无
安静社区	1 位	1 位行政办公人员	无固定志愿者	不定期的大学生志愿者
文卉苑社区	1 位(公益性岗位)	1 位社区负责老龄事务的工作人员;1 位专业社工	各楼栋固定的结对帮扶志愿者	1 位医院退休老人定期义务为老人看病

资料来源:根据与服务中心负责人的访谈内容整理。

四、经费来源及开支

如表 7-6 所示,政府的补贴是社区居家养老服务中心(站)的主要经费来源,武汉市民政局对居家养老服务中心的运营补贴每年 6 万元,居家养老服务站的运营补贴每年 3 万元。社区居家养老服务中心(站)由社区居委会直接运营和管理的发展社区和文卉苑社区,其经费来源和开支都是直接在街道报销,由街道承担各类经费开支。其他 7 个社区居家养老服务中心(站)由企业或者非营利性组织运营,经费来源还包括各项服务收费，但是在调研中发现，运营主体开展的服务内容比较有限，实际收费运营的主要是老年餐桌，而家政服务、代办代购和安装维修等服务一般不是由运营主体直接提供，而是由社区内经营相关业务的人员提供服务，运营主体在这部分的收入很少，同时这一部分的收入对于运营的支出来说杯水车薪。在运营开支方面，因为政策扶持，社区提供运营的场地，大部分社区承担了水费和电费，运营主体主要负责服务中心工作人员的工资。

表 7–6　社区居家养老服务中心（站）的经费来源及开支

社区居家养老服务中心（站）	主要经费来源	开支状况		
		水费	电费	人工费
滨湖社区	政府补贴 6 万元/年；老年餐桌服务收费	社区承担	社区承担	10 万元/年
东亭社区	政府补贴 6 万元/年；老年餐桌服务收费	300 元/年	1800 元/年	12 万元/年
户部巷社区	政府补贴 6 万元/年，各项服务收费	社区承担	社区承担	10 万元/年
发展社区	政府补贴 6 万元/年，	社区承担	社区承担	社区、街道承担
永庆社区	政府补贴 3 万元/年，老年餐桌服务收费	社区承担	社区承担	11 万元/年
营北社区	政府补贴 6 万元/年，老年餐桌服务收费	社区补贴部分，自付 100 元/年	社区补贴部分，自付 600 元/年	9 万元/年
九万方社区	政府补贴 6 万元/年，老年餐桌服务收费	300 元/年	2000 元/年	15 万元/年
安静社区	政府补贴 3 万元/年	200 元/年	1000 元/年	8 万元/年
文卉苑社区	政府补贴 6 万元/年	社区承担	社区承担	社区、街道承担

资料来源：根据与服务中心负责人的访谈内容整理。

7.2.2　服务供给内容的具体分析

对于社区居家养老服务中心（站）的服务供给内容，本次调研从居家养老服务的生活照料类、医疗保健类和精神慰藉类这三个方面内容进行分析。这一部分仅从服务中心（站）是否实际提供了服务项目的角度进行简单的分析，基于掌握的数据和资料，没有进行供给效果的深入分析。

一、生活照料类服务的供给分析

表 7-7　生活照料类服务的供给分析("√"为提供服务内容)

社区居家养老服务中心(站)	家政服务	老年餐桌	日托照料	理发	代办服务	安装维修
滨湖社区		√		√		
东亭社区		√		√	√	
户部巷社区	√	√	√	√	√	√
发展社区	√	√		√	√	√
永庆社区		√			√	
营北社区		√			√	√
九万方社区	√	√		√		
安静社区	√			√		√
文卉苑社区				√	√	√

资料来源:根据老年人的调研问卷以及对服务中心工作人员的访谈内容整理。

调研的 9 个社区居家养老服务中心(站),生活照料类服务内容的供给情况如表 7-7 所示。纵向来看,从生活照料类这六项基本的服务项目逐个分析:

第一,家政服务是一项最基本的生活照料类服务,各社区居家养老服务中心(站)也将其看作居家养老服务最主要的构成部分,但是在实际运营中,真正做到正常供给的并不多。调研的 9 个社区居家养老服务中心(站),结合对社区居委会书记、工作人员的访谈以及老年人的调研问卷的相关内容,发现户部巷社区、发展社区、九万方社区和安静社区提供了家政服务并且有老年人实际享受到了服务,其他的社区也提供该项服务,但不一定真正开展了这项服务项目。

第二,老年餐桌。老年人可以集中在服务中心的食堂用餐,也可以选择送餐到家中。最近几年老年人用餐问题得到社区和政府的高度重视,因而在调研中发现大部分社区居家养老服务中心的老年餐桌服务是进展得最稳定,也是开展得最有成效的一项服务项目,表 7-7 中显示,只有安静社区和文卉苑社区尚未设立老年食堂,但是在调研访谈社区书记或者工作人员时,他们都提到近期会开设老年食堂,因为这是目前社区的部分老年人最急需解决的基本生活问题。

第三,日托照料。虽然在各社区居家养老服务中心的服务项目介绍中都会列明该项服务,但是在调研中发现这项服务并未真正开展,调研的社区中仅发现户部巷社区做到了提供该项服务,其运营主体福瑞安在社区中设立了福利院,依靠其医务工作人员或者护工为社区居家养老的老年人提供这项服务。其他社区并未真正开展的主要原因是开展这项服务的基本条件没办法满足,服务中心的工作人员中没有专门的医护工作者,没有人力和财力实际提供这项服务。

第四,理发服务。除了永庆社区和营北社区没有提供,其他 7 个社区都实际提供了,其中滨湖社区每个月的 25 号在服务中心为老年人免费理发;户部巷社区在服务中心理发收费 10 元,上门理发收费 15 元;发展社区的理发服务由社区的理发店进行,理发店为老年人理发,社区会给予适当的补贴,例如减免门面租金,以鼓励社区内的经营者参与到为老服务的行列中。

第五,代办、代领、代购、代缴等服务。大部分社区居家服务中心实际提供了该项服务,调研发现即使有的居家养老服务中心没做到这方面的工作,社区的工作人员也会做到,周围的邻居,结对帮扶的志愿者也会帮忙提供这项服务。

第六,安装维修服务。如安装厕所把手、维修家电等服务。在调研中印象最深刻的是发展社区的武汉口爱养老服务中心,它在社区的展示区内对于老年人家中各种安全防护设置的安置展示,一键通呼叫器的使用说明以及远程监控的设备演示等体现了社区居家养老服务的专业性和智能化。其次是户部巷社区,在户部巷社区居家养老服务中心调研时查看到了其上门维修的工单和维修服务后老年人的反馈信息,这体现了其日常管理工作的规范性以及对工作人员的监督。

另一方面,横向来看,从各社区居家养老服务中心(站)的角度来分析。整体来看,户部巷社区实际提供的服务项目是最全面的,上述列明的六项服务内容都实际提供给社区的居家老年人;其次是发展社区,除了日托照料没有实际提供,其他五项服务内容都真正供给了;东亭社区、营北社区、九万方社区、安静社区和文卉苑社区提供了其中的三项服务;滨湖社区和永庆社区提供了其中的两项服务。从实际提供的生活照料类服务内容来看,各社区居家养老服务中心(站)之间的差异较大,大部分社区提供的服务范围比较全面,实际开展的服务项目较多,但是少部分社区只提供两三项服务,其他服务项目几乎没有实际提供,仅仅停留在服务内容的宣传阶段。

二、医疗保健类服务的供给分析

调研的9个社区居家养老服务中心(站),医疗保健类服务内容的供给情况如表7-8所示。纵向来看,此次调研中的医疗保健类包括陪同看病、代办取药、上门看病等八项服务内容,其具体分析如下:

表7-8 医疗保健类服务的供给分析("√"为提供服务内容)

社区居家养老服务中心(站)	陪同看病	代办取药	上门看病	体检	常用药	健康咨询	康复护理	紧急救援
滨湖社区				√		√	√	
东亭社区				√			√	
户部巷社区	√		√	√	√	√	√	√
发展社区			√	√		√	√	
永庆社区				√				
营北社区		√		√	√	√	√	√
九万方社区			√	√				
安静社区					√	√	√	√
文卉苑社区		√		√		√		

资料来源:根据老年人的调研问卷以及对服务中心工作人员的访谈内容整理。

第一,陪同看病,仅户部巷社区的居家服务中心提供了陪同看病,调研中了解到运营者还专门购置了送老年人看病的小型车,以便于及时且快速地送老人去医院看病问诊,其他社区的居家养老服务中心(站)并没有实际提供过该项服务内容。从各方面的条件考虑,陪同看病的服务比较难以提供,因为居家养老服务中心(站)的工作人员比较有限,老人去看病一般都是家人陪同,需要陪同看病的老人是独居或者空巢老人,目前这种实际需求较少,实际开展这项服务的居家养老服务中心(站)较少。

第二,代办取药。只有营北社区和文卉苑社区的居家养老服务中心提供了该项服务,代办取药的服务没有得到广泛开展。老人看病取药需要到医院或者药房领药,对于身体较弱或者外出不便的老人是一个比较大的麻烦。调研过程中,问到这方面的问题,老人们提到身体可以的话都是自己去取药,或者家里的人去取,实在不行找熟悉的邻居或者楼栋里结对帮扶的志愿者帮忙去取药。

第三,上门看病。户部巷社区、发展社区和九万方社区的居家养老服务中心提供了该项服务,其中,户部巷社区居家服务中心依托福瑞安福利院的医疗资源给社区老人提供上门看病的服务。在对社区老年人访谈过程中,部分身体不是很健康的老人提到上门看病的需求,但是目前社区居家养老服务中心主要为身体健康、能到服务中心休闲娱乐的居家老年提供某些服务,医疗保健方面的服务主要还是依靠社区卫生服务站,但是社区卫生服务站只负责治疗,不负责相关的老年服务。

第四,体检或者义诊。调研的 9 个社区的居家养老服务中心(站),除了安静社区没有提供体检或义诊,其他服务中心(站)都提供了这项服务,说明目前社区医疗保健类的服务中,体检这一项至少做到了比较全面的覆盖到社区老年人。

第五,低价或者无偿的常用药。老年人调研问卷中,反映提供了低价或者无偿的常用药的社区有户部巷社区、营北社区和安静社区。实际上老年人能享受到低价的常用药主要通过医保或者社区卫生服务站的方式,所以在调研中反映出来服务中心(站)提供这项服务的情况不是很理想。

第六,健康咨询或者讲座。整体开展情况还不错,仅有 3 个社区的老年人反映没有提供。在调研中发现,不仅在服务中心(站)不定期会有医疗人员来提供健康咨询,社区居委会也会安排相关的健康应急讲座,让老年人了解一些突发疾病的常识,增强这方面的意识。

第七,康复护理。调研的 9 个社区中,除了 3 个社区的老年人反映没有实际提供，其他 6 个社区老年人享受过社区居家养老服务中心（站）提供的康复理疗服务，康复理疗等相关服务在服务中心的提供情况也还可以。在发展社区调研中发现，有一位工作人员专门负责老人的康复理疗服务，在其理疗室有四张免费使用的按摩椅，经常有老人在上面躺着按摩。

第八，紧急救援。调研的社区中，户部巷社区、营北社区和安静社区，高龄、独居老人比较集中，调研中有老人反映接受过这项服务。

横向来看，关于医疗保健类的各项服务内容，户部巷社区居家养老服务中心提供的服务内容是最多的，除了代办取药这一项，其他七项服务内容都实际提供了；其次是营北社区提供了其中的六项服务；其他社区居家养老服务中心（站）提供的服务项目比较有限。

三、精神慰藉类服务的供给分析

表 7-9　精神慰藉类服务的供给分析（"√"为提供服务内容）

社区居家养老服务中心（站）	聊天解闷	文化娱乐	体育锻炼	老年课堂	法律咨询	心理咨询	临终关怀	慰问活动
滨湖社区	√	√		√	√			√
东亭社区		√	√	√		√		√
户部巷社区		√	√	√			√	√
发展社区	√	√	√	√				√
永庆社区		√			√			√
营北社区	√	√	√	√	√			√
九万方社区	√	√		√				√
安静社区		√		√		√		√
文卉苑社区	√	√	√	√		√		√

资料来源：根据老年人的调研问卷以及对服务中心工作人员的访谈内容整理。

调研的 9 个社区居家养老服务中心（站），精神慰藉类服务内容的供给情况如表 7-9 所示。此次调研内容中，精神慰藉类服务主要涉及聊天解闷、文化娱乐、体育锻炼等八项服务内容，纵向来看，其具体分析如下：

第一，聊天解闷。社区居家养老服务中心的活动室空间较大，老年人比较集中的情况下，老年人可以聚在活动室看电视、聊天等，社区志愿者或者大学生志愿者也定期来服务中心与老人聊天，老年人觉得这样的服务能消磨时间，缓解寂寞或者孤单的感觉。调研中结合老年人调查问卷的内容和对工作人员的访谈内容，发现聊天解闷的服务状况比较一般，9个社区中只有4个社区居家养老服务中心（站）实际提供。

第二，文化娱乐活动，包括唱歌、舞蹈等文化活动以及打麻将、下象棋等娱乐活动。这一项调研的9个居家养老服务中心（站）都提供了，而且服务中心（站）运营者和参与其中的老年人普遍反映效果还不错，他们认为有一个固定的休息和文化娱乐的场所，有共同话题或者共同兴趣爱好的老人聚在一起聊聊天，排排节目，生活比较充实。

第三，体育锻炼。社区居家养老服务中心硬件设施有健身器材、乒乓球台、羽毛球场等，老人使用这些器材才能发挥这些设施的功能和作用，达到体育锻炼的目的。调研中发现这些体育锻炼的器材大部分处于闲置状态，很多都只是摆设，这些器材得到实际使用的社区有5个社区。

第四，老年课堂，包括乐器、书法、绘画、电脑等方面的课程。调研中老年课堂的开设整体情况比较好，除了永庆社区没有提到老年课堂，其他社区居家养老服务中心（站）都参与了老年课堂的开办，主要是关于提供场地、安排课程时间等工作内容。但是调研中发现，社区老年学校或者老年协会的主要管理者是社区居委会，社区居家养老服务中心（站）只提供上课或者练习的场地，进行课程的协调安排，协助社区进行日常管理，并不是老年学校或老年协会的管理者，不直接参与其中的事务。

第五，法律咨询或援助。对于生活中遇到的法律纠纷或者家庭纠纷，老年人需要咨询相关的专业人员，社区居委会的工作人员中有专门的法律咨询员，因而社区居家养老服务中心提供这类服务主要是通过社区相关法律岗位的工作人员提供，而不是直接由服务中心的工作人员来提供。调研中发现接受过法律咨询或者援助的老人数量较少。

第六，心理咨询。这是一个非常专业的服务项目，不同于聊天解闷，它需要心理专业的人员对有心理困惑或者问题的老人进行专业的疏导。目前,社区居家养老服务中心(站)并没有专门的心理工作人员,仅不定期有心理专业的大学生或者懂得心理知识的社工接触有心理问题的老人。调研中发现心理咨询服务的开展情况并不好,只有3个社区的老人反映接受过心理咨询。

第七,临终关怀。这是一个得到很多关注但是目前难以有效开展的服务项目,它需要更多志愿者和非营利组织的参与。调研的9个社区中,提供临终关怀服务的只有户部巷社区,在户部巷社区居家养老服务中心调研时,接触到一个临终关怀的社会公益组织——十方缘,也称为武汉市爱与陪伴老人心灵呵护中心。目前武汉十方缘已经有两百多位志愿者,基于临终关怀服务的特殊性,该组织非常重视对志愿者的管理和培训,按照参与活动的次数和参与培训的课程,将志愿者分为几个不同的级别,对处于不同志愿服务阶段的志愿者进行针对性的培训,让志愿者在志愿活动中,真正做到对老人的尊重,提供爱与陪伴的服务更加专业、可靠。

第八,慰问活动。如表7-9所示,调研的每个社区都有慰问活动。每年的春节,社区对“三无”老人、生活困难的老人以及高龄老人有节日慰问活动,发放棉服或者食油、粮食等物资,重阳节、端午节社区工作人员也会到失能老人家中慰问。

横向来看,关于精神慰藉类服务的供给,在提供的服务内容方面,各社区居家养老服务中心(站)之间的差距比较小,大部分社区的居家养老服务中心(站)都能提供至少四项服务,至于提供的效果如何,这一部分掌握的数据和资料有限,只能简单地从能否实际提供的层面进行简单的描述分析。

7.2.3 社区居家养老服务成效:供给方调查结论

对社区书记或者服务中心(站)负责人访谈时,关于“本社区的居家养老服务获得的成效体现在哪些方面”的问题,总结他们回答的内容可以归纳为以下四点:第一,为社区老年人提供了一个纳凉取暖、休闲娱乐的场所,让居家养老的老年人白天有休闲娱乐的固定场所。第二,提供老年餐桌的社区为有需要的老年人提供安全和实惠的一日三餐或者一日两餐。买菜做饭是最基本的生活需求，基于部分老年人身体和居住方式的特殊性，独居或者空巢老人，自己买菜做饭比较费劲且花销大，且一餐做得太多一次也吃不完。针对这种情况，社区居家养老服务中心提供老年餐桌，老年人可以根据自身需求选择集中用餐、送餐上门的服务，解决部分老年人自己买菜做饭花销大的困扰。第三，社区居家养老服务中心针对兴趣爱好广泛且身体健康的低龄老人组织了各类型的文体活动，例如合唱队、民族舞队、模特队或者乒乓球比赛等。第四，有条件提供体检和康复治疗的社区居家养老服务中心，其工作人员提到，部分老年人逐渐养成了定期体检的习惯，即使老年人不记得了，中心的工作人员也会打电话提醒体检或者进行康复治疗。

7.3 武汉市社区老年人居家养老服务的需求分析

7.3.1 调研社区老年人的基本情况

2015 年武汉市民政局对武汉市老龄人口进行调研，调研数据显示，截至 2015 年年底，武汉市 60 岁以上的老人达到 163.76 万，老龄化率达 19.74%，80 岁以上高龄老人 22.71 万，占总人口 2.74%，占全市老年人口的 13.86%。①

武汉市民政局对全市老年人口分布情况的统计显示，武汉市各区 60 岁以上老年人数量超过 10 万人的有七个区，分别是黄陂区 21.49 万，武昌区 20.74 万，新洲区 17.71 万，江岸区 16.78 万，硚口区 12.63 万，江汉

① 武汉市民政局：《武汉出炉 2015 年人口老龄化报告》，http://www.whmzj.gov.cn/News_View.aspx? id=19231，2016-02-05。

区 11.59 万,青山区 11.02 万,中心城区中武昌区 60 岁及以上老年人口最多,其次是江岸区,然后是硚口区和江汉区。综合各方面的因素,调研地区选择了中心城区的武昌区、硚口区和江岸区三个地区,接着在每个地区随机抽取三个社区的社区居家养老服务中心(站)进行调研,进行调研的 9 个社区的老年人情况如表 7-10 所示。

表 7-10 武汉市 9 个调研社区的老年人口情况

(单位:人)

地区	街道	社区	户籍人口	60 岁及以上老年人口及其占总人口比重		80 岁及以上老年人口及其占老年人比重	
武昌区	水果湖	滨湖社区	20949	2000	9.5%	200	10%
	水果湖	东亭社区	12000	1499	12.5%	300	20%
	中华路	户部巷社区	8200	2600	31.7%	300	11.5%
硚口区	宗关街	发展社区	6340	1329	21%	100	7.5%
	汉正街	永庆社区	6534	1211	18.5%	130	10.7%
	汉水桥	营北社区	4900	760	15.5%	230	30.3%
江岸区	花桥街	九万方社区	9190	1920	20.9%	300	15.6%
	球场街	安静社区	10952	3614	33%	1000	27.7%
	百步亭	文卉苑社区	8600	1200	14%	145	12.1%

资料来源:根据与各社区书记的访谈内容整理。

根据表 7-10 可以看出,60 岁及以上老年人口数量,最多的是安静社区(3614 人),60 岁及以上老年人口数量占社区总人数比重超过 30%的有武昌区的户部巷社区和江岸区的安静社区,这两个社区都是老社区,居住的老年人比较集中;滨湖社区 60 岁以上老年人占总人口比重偏低,只有 9.5%,但是其老年人数量较多,有 2000 人,调研中发现此社区有大量的还建房,处于交通便利并且在开发的地区,最近几年有较多的家庭安家落户在此社区，使得总人口数量较高，因而在老年人绝对数量较高的情况下出现了老年人口的比重相对下降的情况。

表 7-10 中，80 岁及以上的高龄老年人最多的是江岸区的球场街安静社区，高龄老年人达到了 1000 人，占社区老年人口的 27.7%。此外，硚口区的营北社区 80 岁及以上老年人占老年人比重达到了 30.3%，其老年人绝对数量较低，但是高龄老人比较多，因而其高龄老人占老年人的比重较高。80 岁及以上高龄老人最少的是硚口区的发展社区，其占老年人的比重最低仅 7.5%。

表 7-11　武汉市 9 个调研社区的老年人居住和身体状况

（单位：人）

地区	社区	空巢老人	独居老人	失能、半失能老人
武昌区	滨湖社区	100—150	50—100	30
	东亭社区	280	100	50
	户部巷社区	30	10	20—30
硚口区	发展社区	100	30	20
	永庆社区	150	50	无统计
	营北社区	50	10	4
江岸区	九万方社区	100	40	10
	安静社区	200	100	9
	文卉苑社区	250	110	48

资料来源：根据与各社区书记的访谈内容整理。

在社区调研过程中，对社区书记或者负责老龄事务的工作人员的访谈中，除了了解按照年龄划分老年人的状况，还根据老年人身体状况和居住状况的不同了解社区老年人的整体情况。表 7-11 是这 9 个调研社区空巢老人、独居老人、失能或半失能老人的数量，这些数据并不是完全精准的,因为这些数据随着老年人身体状况或者居住等情况随时在变化,所以社区的工作人员掌握的数据也只是大概范围。由表 7-11 看出,东亭社区、文卉苑社区以及安静社区的空巢老人较多;滨湖社区、东亭社区、安静社区和文卉苑社区的独居老人比较集中;虽然失能、半失能老人的数据不全,但是也能在一定程度体现社区老年人的身体状况,文卉苑社区和东亭社区的失能、半失能老人较多。

参与填写调研问卷的社区老年人共 302 位,有效问卷是 298 份,因此关于武汉市社区居家养老服务的需求分析以 298 位社区老年人的调查问卷为依据,根据问卷的内容和老年人的选项来分析社区老年人对居家养老服务的需求。

如表 7-12 所示,298 位参与问卷调查的社区老年人中,男性 143 位,女性 155 位。年龄分布情况,60—69 岁的老年人占比 41.95%,70—79 岁的老年人占比 35.57%,80 岁及以上的老年人占比 22.48%,整体来看,参与调查的老年人主要是年龄在 60—79 岁的老年人。在文化程度方面,小学以下文化水平的老人占比 9.4%,小学毕业的老人占比 34.2%,初中毕业的老人占比 36.2%,高中(中专)毕业的老人占比 10.4%,大专及以上学历的老人占比 9.8%,参与调查的老人以小学或者初中毕业为主。

表 7-12　参与问卷调查的社区老年人基本信息

(单位:人)

内容	变量	数量	比重	内容	变量	数量	比重
性别	男	143	47.99%	子女个数	0 个	1	0.34%
	女	155	52.01%		1 个	75	25.17%
年龄	60—69 岁	125	41.95%		2 个	121	40.6%
	70—79 岁	106	35.57%		3 个	80	26.85%
	80 岁及以上	67	22.48%		4 个以及上	21	7.04%

续表

内容	变量	数量	比重	内容	变量	数量	比重
文化程度	小学以下	28	9.4%	居住状况	独自一人居住	56	18.8%
	小学	102	34.2%		仅与配偶居住	140	46.98%
	初中	108	36.2%		与子女、孙辈居住	102	34.22%
	高中(中专)	31	10.4%	身体状况	身体较差	8	2.68%
	大专及以上	29	9.3%		身体一般	102	34.23%
退休前的工作	机关事业单位职工	37	12.41%		身体较好	95	31.88%
	工厂(企业)职工	219	73.49%		身体很好	93	31.22%
	个体工商户	23	7.72%	慢性疾病	是	210	70.47%
	私营企业主	7	2.35%		否	88	29.53%
婚姻状况	其他	12	4.03%	生活支出水平/月	300 元以下	5	1.68%
	未婚	1	0.34%		300—600 元	91	30.54%
	已婚	194	65.1%		601—900 元	112	37.58%
	丧偶	83	27.85%		901—1200 元	49	16.44%
	离婚	20	6.71%		1200 元及以上	41	13.76%
经济来源(多选)	离、退休金	297	99.66%	生活状态满意程度	非常不满意	3	1.01%
	子女赡养费	112	40.94%		有点不满意	34	11.41%
	劳动所得	50	16.78%		一般	129	43.29%
	老年津贴、补助	45	15.1%		比较满意	120	40.27%
	存款、红利、租金	108	36.24%		非常满意	12	4.02%

资料来源:根据调研问卷的数据整理。

关于退休之前的职业,参与需求调查的社区老年人主要以工厂职工为主,占比 73.49%,其次是机关事业单位的职工,占比 12.41%。关于老年人的婚姻状况,以已婚和丧偶的老年人为主,养育子女的情况,有 2 个子女的老年人占比 40.6%,比重最高,有 3 个子女的老年人占比 26.85%,参与调查的老年人养育子女的数量以 2—3 个为主。居住方式方面,仅与配偶居住的老人占比 46.98%，与子女孙辈同住的占比 34.22%，独居的老人占比 18.8%，大部分的老人与配偶同住，与子女或者孙辈同住的老人相对较少。

在对自己身体状况的评价方面，34.23%的老人认为自己身体状况一般，有些事情需要别人的照顾；31.88%的老人觉得自己的身体状况较好，一般不需要别人照顾；31.22%的老人认为自己的身体很好，还可以照顾别人；2.68%的老人觉得自己的身体较差，需要别人的照顾。对于是否有慢性疾病的问题，70.47%的老人有慢性疾病，29.53%的老人身体很健康，没有慢性疾病。

经济来源及支出的方面，离、退休金是最主要的经济来源，子女赡养以及存款、红利、租金也是一大部分老年人的收入来源，16.78%的老人仍然在工作，获得劳动收入，15.1%的老人领取高龄津贴或者社会救助金。生活支出水平这部分，不包括老年人的医药费支出，只估算其基本生活的花销，每月花费 601—900 元的老年人占比 37.58%，比重最大；每月生活花费 300—600 元的老年人占比 30.54%；每月花销 901—1200 元的老年人占比 16.44%，每月花费在 1200 元及以上的老年人占比 13.76%，每月花费在 300 元以下的老年人占比 1.68%，整体来看，大部分的社区居家老年人每月的生活费用在 300—900 元这个范围。

对于目前生活状态的满意程度，接受问卷调查的 298 位社区老年人中，129 位觉得生活状态一般，占比 43.29%；120 位对自己的生活状态比较满意，占比 40.27%；34 位对自己的生活状态有点不满意，占比 11.41%，12 位对生活状态非常满意，占比 4.02%，3 位认为非常不满意，占比 1.01%，整体来看，社区老年人对自己生活状态的满意程度一般或者比较满意，满意程度适中。

7.3.2 总体需求状况的分析

关于社区提供的居家养老服务，老年人的总体需求状况分析主要通过问卷调查的相关内容和数据进行，包括老年人结合自身情况是否需要社区居家养老服务，如果需要，其中最需要的是哪一类型的居家养老服务，老年人更希望由哪一供给主体直接提供社区居家养老服务等内容。

一、总体需求情况

“结合您个人的实际情况，您是否需要社区为您提供居家养老服务？”对于调研问卷第40题的回答情况如表7-13所示，接受问卷调查的298位社区老年人，结合自身情况，81.54%的老年人实际需要社区提供居家服务，18.46%的老年人认为自己目前的不需要社区居家养老服务。

表7-13 社区老年人对社区居家养老服务的需求情况

老年人是否需要社区居家养老服务	人数	比重(%)
实际需要	243	81.54
实际不需要	55	18.46

资料来源：根据调研问卷的数据整理。

二、最需要的服务类型

社区提供居家养老服务的类型按照最简单的方式进行划分，可以分为如图7-3所示的这四大类，社区居家养老的老年人在实际需要居家养老服务的前提下，最需要哪一类型的居家养老服务？

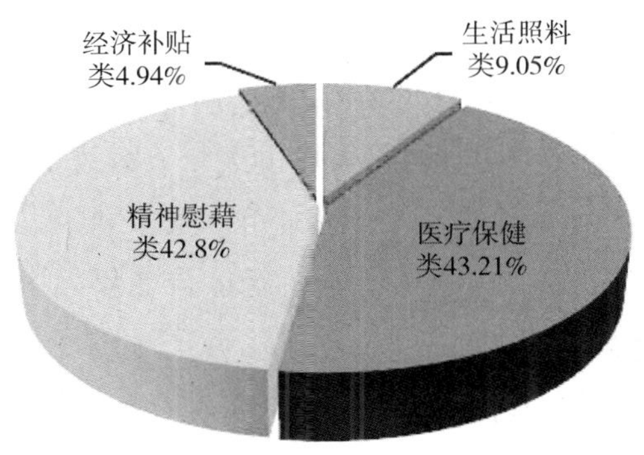

图7-3 社区老年人最需要社区提供的居家养老服务类型

调查问卷显示,22 位老年人最需要生活照料类的居家养老服务,105 位老年人最需要医疗保健类的居家养老服务,104 位老年人最需要精神慰藉类的居家养老服务,12 位老年人觉得经济补贴类是目前最需要的。

如图 7-3 所示,最需要医疗保健类服务占比 43.21%,比重最大,说明老年人对医疗保健的需求非常大,基于老年人身体状况的特殊性,社区居家养老的老年人需要社区提供一些基本的医疗保健服务。同时,在对部分老年人访谈过程中了解到虽然有社区卫生服务站,但是老年人提到社区卫生服务站的医疗资源非常有限,医护人员的医疗水平较低,低价的常用药种类有限等问题,对于上门看病、接送看病、代办取药的医疗服务需求,很多社区居家养老服务中心(站)并没有实际开展这些服务内容。

最需要精神慰藉类的老年人数占调查的老年总人数的 42.8%,仅次于医疗保健类需求,说明社区居家养老的老年人在精神慰藉方面的需求也比较大,即使有的是和配偶、子女同住,也希望参与社区的老年人活动,有兴趣爱好,有志同道合的朋友一起度过白天的时间,尤其是独居和空巢的老年人,需要有人与他们聊聊天,说说话。

9.05%的老年人最需要生活照料类的居家养老服务。调研的老年人身体状况整体还可以,基本的生活能够自理,所以对生活照料类的需要并不是最急迫的,31.22%的老人认为自己的身体状况很好,31.88%的老年人觉得自己的身体状况较好,34.23%的老年人觉得身体状况一般,仅 2.68%的老年人认为自己的身体较差。

经济补贴类包括高龄津贴、低保救助等对老年人的经济补贴,问卷调查中 4.94%的老年人最需要经济补贴类的服务,这一部分的老年人占比较少,一方面因为享受这方面经济补贴的老年人数较少,另一方面因为老年人主要的经济来源是养老金和子女赡养。关于老年人目前生活的主要经济来源方面的内容,接受问卷调查的 298 位老年人中,99.66%的老人有养老金,40.94%的老人有子女赡养费,36.24%的老人有存款、红利或者租金作为经济来源,16.78%的老人有劳动所得,15.1%的老人有高龄津贴或者社会补助。

三、最需要的服务供给主体

对于“您更希望由哪个供给主体为您直接提供社区居家养老服务”这一问题，调查数据显示，102 位老年人认为政府相关部门直接负责比较有保障和效果，占比 34.23%；101 位老年人觉得由社区直接提供比较切合实际，占比 33.89%，社区是最直接和最相关的部门，对社区老年人的整体情况比较了解；83 位老人认为由非营利性组织来提供更专业，占比 27.85%；12 位老人选择企业，占比 4.03%，他们认为企业参与并直接提供居家养老的供给更有效率。从图 7-4 可以看出，老年人更倾向于由政府、社区直接提供居家养老服务，他们认为这样更有保障。

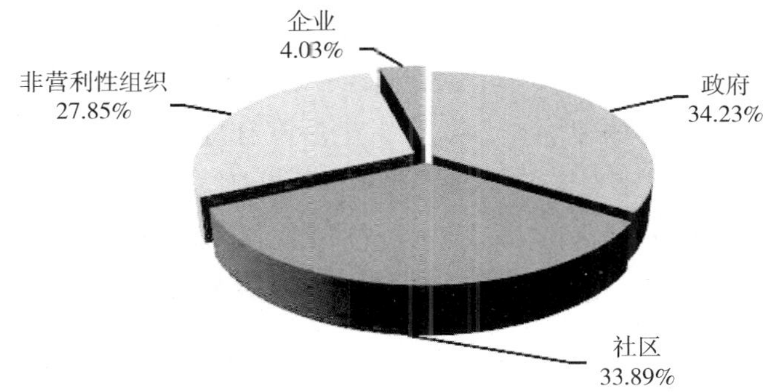

图 7-4　社区老年人最需要的居家养老服务的供给主体

7.3.3　服务需求内容的具体分析

一、生活照料类服务的需求分析

在日常生活中，社区老年人遇到做起来比较费力的事情比较多，有时候难以做出比较哪一项是最难做的，于是，这一内容设置的是多选题，老年人可以根据自己的实际情况选择在日常生活中觉得做起来有困难的事项。

此内容设置的是多选，因而部分老年人可能在多个方面都存在困难，如图 7-5，有 146 位老人勾选了“安装、搬运”这一项；其次是“买菜做饭”这一项，有 122 位老人觉得平时买菜做饭比较费力，做起来有点困难；73

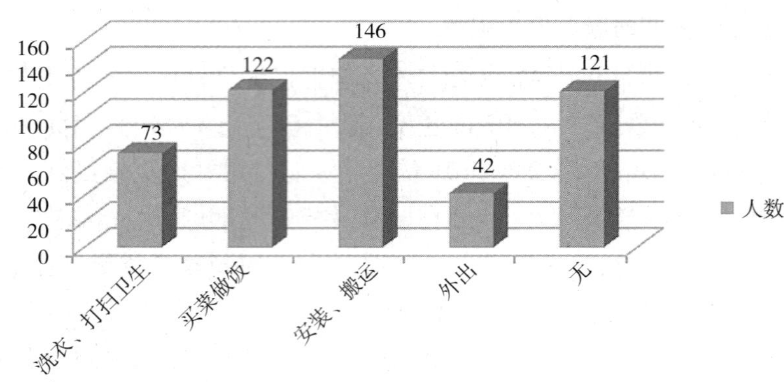

图 7-5　社区老年人在日常生活中做起来有困难的事情及人数分布情况

位老人觉得洗衣或者打扫卫生做起来困难;42 位老人在外出方面有点困难;选择“无”这一项的老人有 121 位,这说明接受问卷调查的大部分老人身体整体状况较好,自理能力比较强,日常生活没有特殊的困难。整体来看,日常生活中社区居家养老的老年人遇到的生活困难主要集中在安装、搬运以及买菜做饭这两个大的方面,洗衣、打扫卫生基本能够自己处理,不存在太大的困难,小部分接受调查的老年人行动不便,外出有点困难。

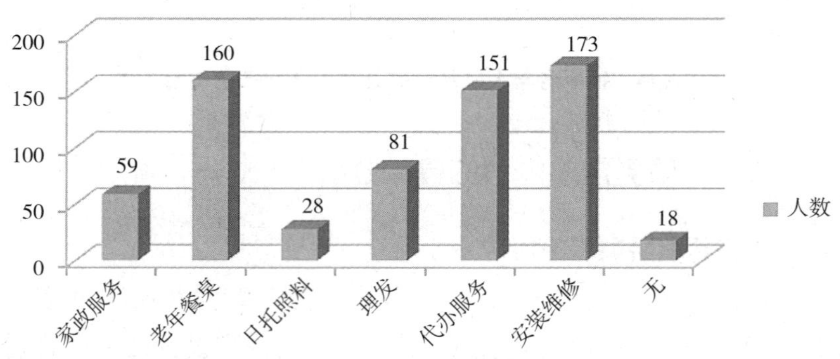

图 7-6　社区老年人需要的生活照料类居家养老服务及人数分布

日常做起来困难的事情,是产生这方面需求的直接原因之一,但是不代表一定有这方面的需求。社区老年人的生活照料类需求状况通过问卷第 26 题即“对于社区提供的生活照料类服务,您需要的有哪些(多选)”来分析。社区居家养老服务中心提供的生活照料类服务包括家政服务、老年餐桌、日托照料、理发、代办代缴以及安装维修等，如图 7-6 所示，人数比较集中的三项服务内容是安装维修、老年餐桌和代办服务，日托照料的需求是最少的。这一内容中选择“无”的只有 18 人，在选择做起来有困难的事情时，选择“无”的有 121 人，这在一定程度上说明，在遇到做起来不费力的事情时，一旦有相应的提供者，在这种情况下也会产生这方面的需求。

二、医疗保健类服务的需求分析

如图 7-7 所示，社区老年人进行全面体检的整体情况比较好，一年体检一次的老人占 41.61%，一年体检两次的 15.44%，这两部分的比重加起来超过了 50%，两年体检一次的占 14.09%，两年以上体检一次的老人占 27.52%，从来不体检的老人占比 1.34%。

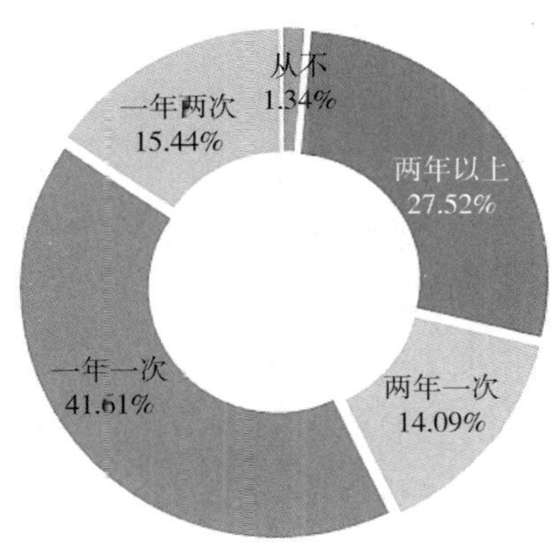

图 7-7　社区老年人进行全面体检的频率

在进行问卷调查的过程中，我们了解到相关医务人员不定期来社区为老人进行常规项目的体检，一部分老人的退休单位每年会安排这些老人去定点的医院进行全面体检，社区卫生服务站为一部分老人进行定期体检或者常规检查，同时为了更加科学地管理社区老人的健康信息或者资料，为这些老人建立了健康信息档案。

武汉市对老年人体检这一环节非常重视，规定了在社区内 65 岁及以上的老人可以免费享受全面体检这一服务内容，并且，现在老年人进行定期体检的意识越来越强，他们对于相关健康知识和一些疾病预防措施的需求也在增加。

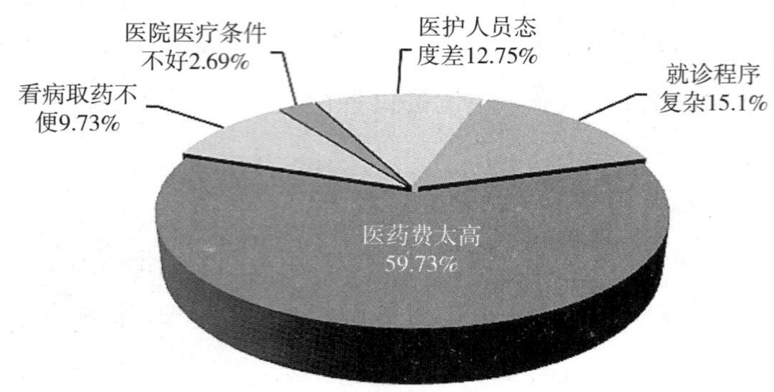

图 7-8　社区老年人看病时遇到最困难的事项

老年人在看病就诊时觉得困难的事情主要包括看病就诊程序复杂、医药费太高、看病取药不便、医院的医疗环境或者资源不好、医护人员态度差等几个方面。

从图 7-8 可以看到，接受问卷调查的社区老年人认为看病最困难的事项是医药费太高，59. 73%的老年人选择了“医药费太高”这一选项，15. 1%的老年人认为就诊程序太复杂，12. 75%的老年人觉得看病时医护人员的态度差，9. 73%的老年人把看病取药看作比较困难的事，2. 69%的老年人认为自己看病的医院医疗资源或者医疗条件不好。

目前，社区居家养老服务中心可以提供的医疗保健类的服务包括陪同、接送看病、代办取药、上门看病、体检、低价的常用药、健康咨询以及紧急救援等内容。针对这些医疗保健类的服务内容，居住在家中的老年人对这些服务内容的需求状况如图 7-9 所示。人数最集中的服务内容是低价的常用药，245 位老年人需要提供这方面的服务内容；其次，172 位老年人需要提供体检的服务项目；有 121 位老年人需要提供健康咨询的服务内容；93 位老年人需要提供代办取药的服务内容；47 位老年人需要提供上门看病的服务内容；24 位老年人需要有人陪同或者接送看病；12 位老人认为紧急救援比较重要，需要提供这项服务。

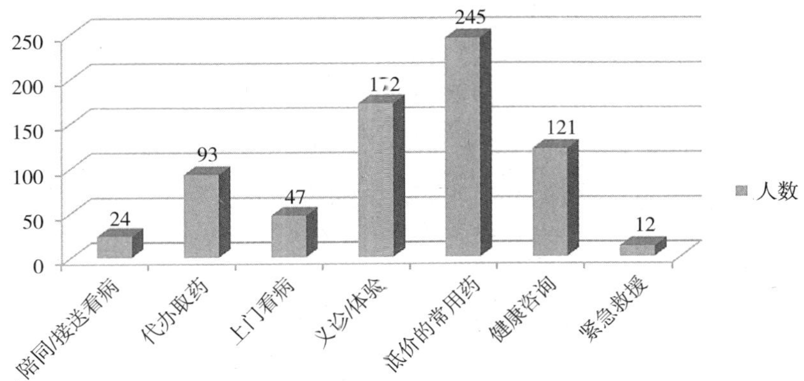

图 7-9 社区老年人需要社区提供的医疗保健类服务的内容及人数分布

三、精神慰藉类服务的需求分析

社区居家养老的老年人日常的心理状态可以通过他们对自己生活的感受来了解,如图 7-10 所示。在接受调查的社区老年人中,43.29%的老年人有时候会感到孤独,25.17%的老年人很少会感到孤独,17.79%的老年人经常感到孤独,10.74%的从没感到孤独,3.02%的老年人每天都会感到孤独。整体来看,从不或者很少感到孤独的占比 35%左右,有时候或者经常感到孤独的占比 50%左右,老年人普遍感到孤独,并且感到孤独的频率非常高。

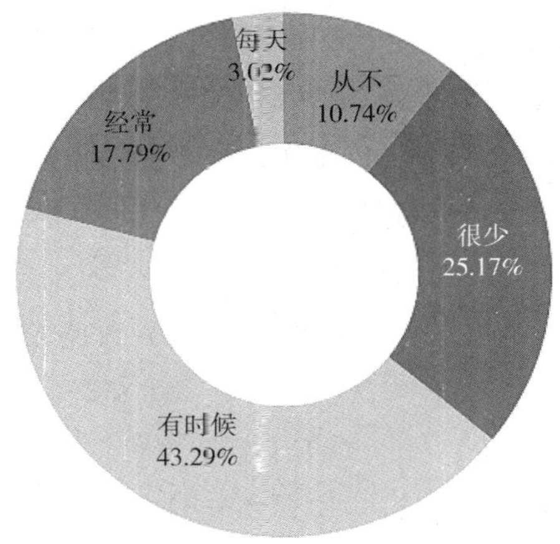

图 7-10 社区老年人在日常生活中的孤独状况

社区老年人的日常休闲活动包括看电视、听广播、聊天、打牌、料理家务、照看孙辈、文艺活动以及体育锻炼等，如图 7-11 所示。人数分布比较集中的活动是看电视、听广播和聊天、打牌这两大类活动；其次是体育锻炼，例如打羽毛球，打乒乓球，使用社区休闲广场的健身活动器材等；67 位老年人参与了文艺活动，这些文艺活动包括广场舞、老年模特队、老年社区合唱团等；料理家务和照看孙辈的老年人人数较少，主要是因为接受调查的老年人大部分是 65 岁及以上的，孙辈大部分都上小学或者初中，不再需要他们照看，因而这部分的人数较少。

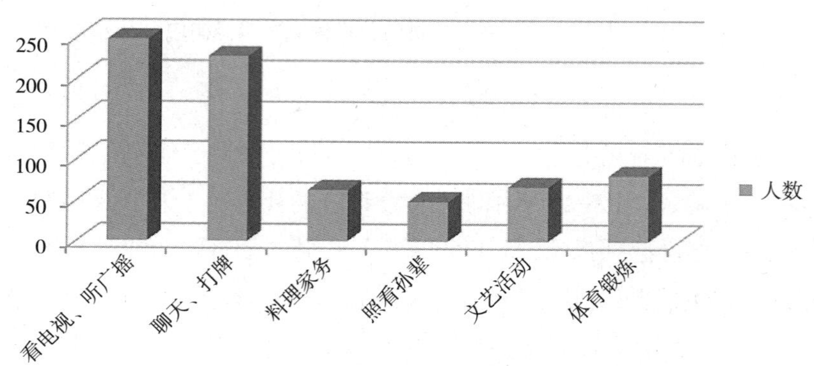

图 7-11　社区老年人日常休闲活动及人数分布情况

目前，社区居家养老服务中心可以提供的精神慰藉类的服务包括聊天解闷、文化娱乐活动、体育锻炼、老年课堂、法律咨询、心理咨询等。聊天解闷不是社区居家养老服务中心的工作人员来提供服务，而是居家养老服务中心这个平台为来此处休闲娱乐的老年人提供一个活动的空间，老年人聚集在这个场所，在这里大家可以聊天，看报纸，下象棋，坐着发呆都可以。

图 7-12 所示，精神慰藉类的服务内容，人数比较集中的是文化娱乐活动和聊天解闷这两项内容，其次是体育锻炼和老年课堂，法律咨询和心理慰藉的需求相对较小。社区老年人更需要参与或者观看一些娱乐活动来丰富自己的老年生活，也需要与人聊天，和他人交谈，需要周围人的倾听，以排解内心的孤独感。

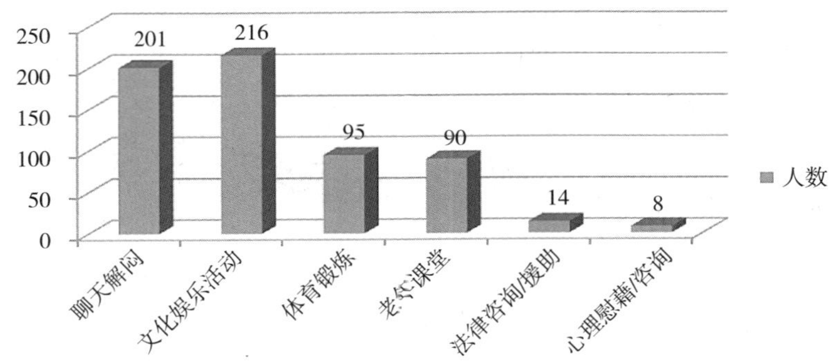

图 7-12 社区老年人需要社区提供的精神慰藉类服务内容及人数分布

7.4 武汉市社区居家养老服务供需状况的评价

7.4.1 武汉市社区居家养老服务供需状况的总体评价

对社区居家养老服务实际供给与需求之间的对比分析,能直接了解其供给与需求之间的状况。本部分社区居家养老服务供给的数据是社区参与问卷调查的老年人实际享受服务的情况,客观来说,社区居家养老服务的供给范围大于老年人实际享受的情况,但是,为了保证数据的可比性,我们从社区老年人的角度来分析其需求与实际享受之间的差距,通过这一微观层面的分析来反映供需现状。

通过分析调研问卷的第 39 题"结合您的个人实际情况,您是否需要社区为您提供居家养老服务"能够了解社区中居住在家的老年人是否需要居家养老服务的整体情况,如图 7-13 所示。参与问卷调查的社区老年人中,81.54%的老年人实际需要社区提供居家养老服务,18.46%的老年人认为自己不需要社区提供居家养老服务,说明社区老年人中绝大多

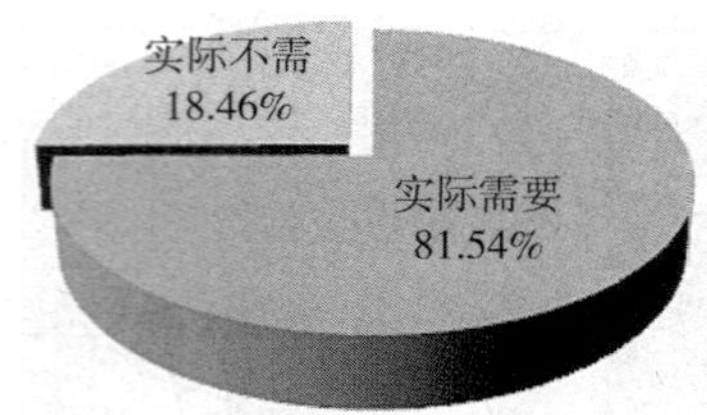

图 7-13　社区老年人是否需要居家养老服务

数的老年人需要社区提供居家养老服务，对于居家养老服务有较大的现实需求。

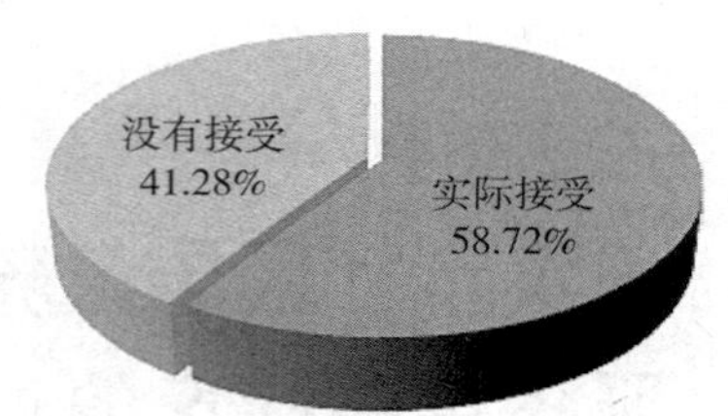

图 7-14　社区老年人接受居家养老服务的情况

目前，一方面，社区老年人对居家养老服务的需求较大，另一方面他们实际接受居家养老服务的整体情况不理想，分析调研问卷的第 17 题“您是否接受过社区居家养老服务”的数据，如图 7-14 所示。58.72%的社区老年人接受过居家养老服务，41.28%的老年人没有接受过居家养老服务。接受调查的社区老年人中，需要这些服务的老人有 243 人（占比 81.54%），实际接受过居家养老服务的老人有 175 人（占比 58.72%），实际享受与现实需求之间的差距较大。

社区居家养老服务主要包括生活照料类、医疗保健类和精神慰藉类，社区居家养老服务的总体评价从这三个方面进行分析。

一、生活照料类服务的供需分析

如图 7-15 所示，图中有两条曲线，需求线代表的是社区老年人需要该项服务的人数；供给线代表的是社区老年人实际享受这项服务的人数。

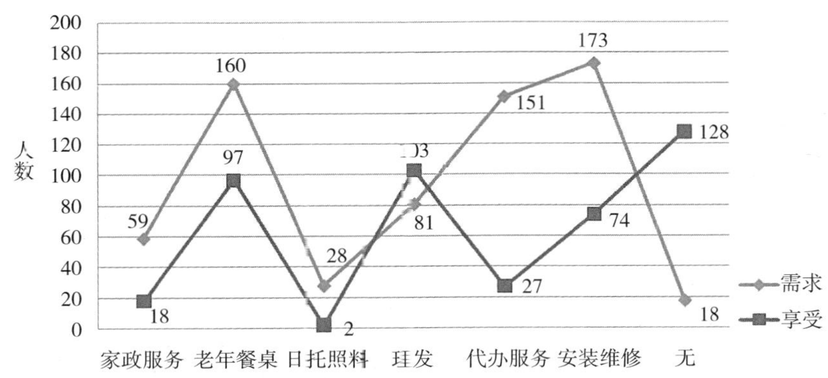

图 7-15 生活照料类的居家养老服务需求与实际享受情况的对比图

生活照料类的居家养老服务的需求与实际享受之间的差距非常明显，其中，差距最大的是“代办服务”，需求的人数是 151 位，但是接受过这项服务的只有 27 位，在一定程度上说明这项服务的供给明显不足；其次是“无”这个选项，图中显示的差距较大，没有享受过生活照料类服务的有 128 位，认为自己不需要生活照料类服务的老年人有 18 位，说明绝大部分的社区老年人有生活照料类服务的需求，但是大部分的社区老年人并没有实际享受到这些生活照料类的服务，供给与需求之间也存在较大的差距；“安装维修”这项服务内容的供给与需求之间的差距较大，需求是 173 位，实际享受到这种供给服务的有 74 位。

图中出现一个特殊情况，供给数量高于需求数量的一项服务项目是理发，实际享受过理发服务的人数是 103 位，需要的人数是 81 位，可见生活照料类服务项目中，理发这一项服务的供给能够满足社区老年人的需求。

老年餐桌一直受到各方面的关注，民政部门和社区居委会一直都在倡导和推进老年食堂的开展。通过整理社区老年人的调研问卷，发现需要老年餐桌的有 160 位，实际享受过老年餐桌的有 97 位，其中，需要用餐服务的老年人中超过一半的人享受到了这项服务，说明最近几年社区居家养老服务中心在老年餐桌服务的供给方面有一定的成效，能够满足其中一部分老年人的需求,但是仍然有一部分老年人的用餐需求没有得到满足,社区老年人用餐的需求与供给之间存在一定的差距。

二、医疗保健类服务的供需分析

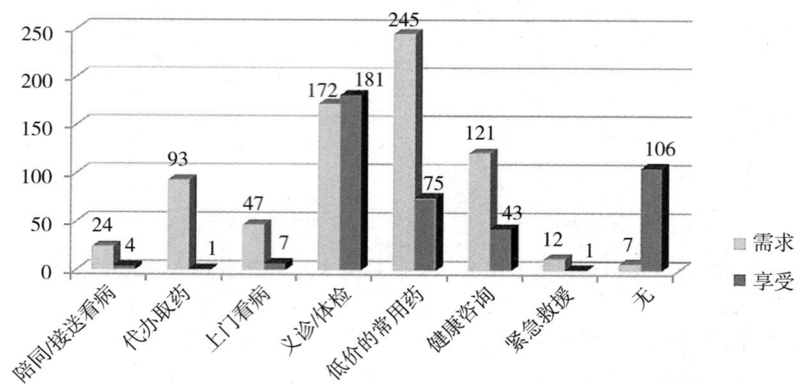

图 7-16　医疗保健类的居家养老服务需求与实际享受情况的对比图

如图 7-16 所示,每项服务内容有两个立体部分,左边立体部分是实际需要该项服务的人数,代表该项服务的需求情况,右边立体部分是实际享受该项服务的人数,代表该项服务的供给情况。

整体来看,医疗保健类服务的供需状况不理想。首先,供需差距最大的服务项目是低价的常用药,需要这项服务的有 245 位老年人,而接受过这个服务的有 75 位,占需要这项服务人数的 30%,说明有 70%的老年人需要这项服务却没有享受过这个服务。其次是"无"这个选项,认为自己不需要医疗保健类服务的老年人有 7 位,实际上没有接受过任何医疗保健类服务的有 106 位,参与调研的社区老年人有 298 位,这说明需要医疗保健类服务的有 291 位,占比 97%,192 位社区老年人接受过相关的医疗保健类服务,占比 64. 43%,需求远大于供给,需求和实际供给之间存在着 30 个百分点左右的差距,社区老年人在医疗保健方面的居家养老服务需求没有得到满足。差距较大的还有"代办取药"和"健康咨询"这两项服务内容,需要"代办取药"服务的老年人有 93 位,占总调研人数的 31. 2%,只有一位老年人实际接受了这项服务,代办取药服务的需求较大,而实际供给却非常少。"健康咨询"的需求人数是121位,占比40.6%,实际有45位老年人享受到"健康咨询"的服务,占比15.1%,这之间存在25%左右的供需差距。

差距最小的是"义诊/体检"这一项服务内容,同时可以看到,这项服务内容的供给数量大于需求数量,需要"义诊/体检"服务的人数是172位,实际接受过"义诊/体检"服务的人数是181位,这项服务内容的供给满足了需求。在调研中也发现,老年人定期体检的意识在加强,体检的服务取得一定的成效。

三、精神慰藉类服务的供需分析

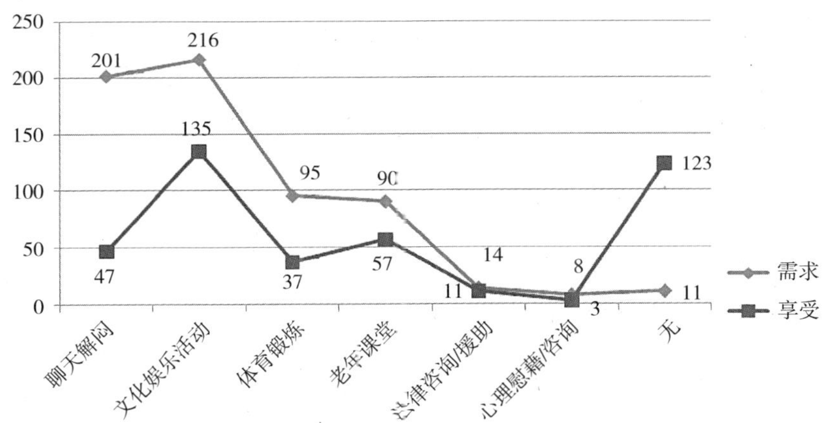

图7-17 精神慰藉类居家养老服务需求与实际享受情况的对比图

如图7-17所示,供给与需求之间差距最大的是"聊天解闷"这一项服务内容,需求量是201人,实际享受到这个服务的人数是47人,需求数量远高于供给数量,这项服务的需求没有得到满足。这六项精神慰藉类服务项目中,享受过文化娱乐活动的需求量是最大的,有216位社区老年人需要文化娱乐服务,占调查总人数的72.48%,实际享受过文化娱乐活动的人数是135位,占调查总人数的45.3%,虽然需求量与供给量之间存在一定的差距,但是在社区老年人享受过的精神慰藉类服务项目中,享受过文化娱乐活动的人数是最多的。差距较小的是"法律咨询"和"心理慰藉”这两项服务项目。

图 7-17 中,关于“无”这个选项,在需求方面,选择“无”这个选项的人数有 11 位,参与调查的社区老年人有 298 位,那么,参与调查的社区老年人中有精神慰藉类的需求是 287 位,占调查总人数的 96.31%;在实际享受服务方面,选择了“无”的老年人有 123 位,说明实际享受过精神慰藉类服务的老年人有 175 位,占调查总人数的 58.72%。需求数量远大于供给数量,这之间存在 38 个百分点左右的差距,整体来说,精神慰藉类服务的供给没有满足需求。

从生活照料类服务、医疗保健类服务和精神慰藉类服务的需求与实际享受情况分析来看,可以了解到社区老年人的居家养老服务的需求与实际供给之间的现状,我们发现社区居家养老服务的大部分需求没有得到有效满足,供需之间存在较大的差距。

7.4.2 武汉市社区居家养老服务供需不匹配的具体分析

一、服务内容的供需不匹配

社区居家养老服务的供给呈现出服务内容的单一性,但是社区老年人表现出对居家养老服务需求的多样性,服务供给内容的有限性与服务需求的多样性之间存在供需不匹配的状况。

从供给方面来说,服务供给的内容有限,主要表现为能长期稳定开展的服务内容比较单一,大部分的供给服务项目并没有实际开展。

在生活照料类的服务方面,调研的各社区居家养老服务中心(站)在宣传时将生活照料类服务的提供内容分为家政服务、老年餐桌、理发、安装维修、代购代办等方面,但是在调研过程中发现,实际开展的服务内容主要集中于老年餐桌,大部分的人力、物力和财力集中在社区老年餐桌的日常经营上,其他的生活照料类的服务并没有得到足够的投入。

在医疗保健类的服务方面,社区居家养老服务中心目前能够提供的医疗康复等方面的服务更少,社区居家养老服务中心虽然在建立之初设置了康复室,安置了体育锻炼的机器设备,调研中发现,除了测量身高体重的仪器仍然正常,大部分的社区居家养老服务中心的这些机器设备处于闲置状态，康复室也没有配备相关的医护人员，医疗保健类的服务供给非常有限。目前，社区的医疗保健类服务的实际供给主体主要是社区卫生服务站，但是社区卫生服务站的医疗服务供给医疗资源有限、医护人员的技术不高，部分社区老年人反映社区卫生服务站的医疗服务不能满足自身日常的医疗服务需求。

在精神慰藉类的服务方面，目前，社区居家养老服务中心仅仅起到提供一个空间或者平台的作用，让社区老年人在这里纳凉取暖，聊天或者打牌。有老年大学或者老年兴趣班的社区，在文化娱乐方面的活动比较多，老年社团较少的社区，在文化娱乐方面的活动非常少。在与滨湖社区的老年人访谈过程中了解到，该社区居家养老服务中心一开始运行时，有时候会组织一些老年活动，后来几乎没有组织过任何的老年活动，因为负责人忙于服务中心的日常运营维护，人力、物力、资金都十分有限，于是开展的活动比较少。

从需求方面来说，社区老年人的服务需求具有多样性，因为社区的老年人根据不同的标准分类，属于不同的类型，存在不同的居家养老需求或者他们的居家养老服务需求内容的侧重点不同。

按照年龄阶段分类，60—70 岁之间的社区老年人属于低龄老年人，他们中的大部分身体状况较好，仍然愿意参与社会活动，乐于加入老年大学或者老年兴趣班，有足够的身体条件进行体育锻炼，生活得比较充实，这部分社区居家老年人主要的需求在于精神慰藉类服务，因为他们需要参与一些文化娱乐或者体育锻炼类的活动来丰富自己的老年生活；70—80 岁之间的社区老年人，整体的身体状况一般，还有一定的自理能力，但是大部分的老年人身体病痛较多，喜欢一些安静的活动，例如打牌、下棋、聊天等，这部分老年人主要的服务需求是医疗保健类的服务；80 岁及以上的社区老年人属于高龄老人，一部分老人自理能力较差，需要他人照顾，这部分老年人需要生活照料类和医疗保健类的服务。从整体来说，为了满足社区老年人的居家养老服务需求，社区居家养老服务中心提供的服务范围要做到广覆盖，即各种类型老年人的基本养老需求得到满足，从基本的生活照料类服务、医疗保健类服务到精神慰藉类服务，必须保证各类型最基本的服务能够让有需要的老年人实际接受到这种类型的服务。

社区志愿者为社区老年人提供的服务类型，老年人的需求在哪些方面？这一方面通过调查问卷的第 43 题“您需要社区志愿者为您提供的服务类型有哪些（多选）”来进行分析。如表 7-14 所示，文艺活动类、日常生活类和心理访谈类的活动需求人数较多，占总调查人数的比重较高；健康养生类、网络教育类的服务需求也较多；运动锻炼类服务的需求较小，占总调查人数的 18.46%；有 3 人选择“其他”，占比 1.01%。社区老年人对于志愿者提供的服务需求表现出多样性，同时，这些服务的需求比重差距较小。

表 7-14 社区老年人需要社区志愿者提供服务的类型

需要志愿者提供的服务类型	人数	比重
网络教育类	69	23.15%
健康养生类	108	36.24%
运动锻炼类	55	18.46%
日常生活类	137	45.97%
文艺活动类	138	46.31%
心理访谈类	135	45.3%
其　他	3	1.01%

资料来源：根据调研问卷的数据整理。

根据不同的身体状况，老年人被划分为不同的自理程度，具有不同自理程度的老年人居家养老服务的需求也不同，但是在社区，居住在家中养老的老年人中，大部分人身体状况还可以，一般情况下，身体状况较差的老年人，家中儿女会将他们送到福利院或者托老所接受专业的护理，而在家中养老的老年人，大部分能够自理，小部分老人常年卧床，或者外出不便。

社区中居住在家的老年人，其处于不同的居住方式，他们的居家养老服务需求也存在不同,独居的老年人生活照料、医疗保健类和精神慰藉类的需求都较大,仅与配偶居住的老年人,大部分处于空巢状态,子孙儿女不在身边,在生活照料方面,能与老伴分担部分家务,互相照料,主要的需求体现在医疗保健和精神慰藉类服务方面,与子女或者孙辈同住的老人,生活照料类的需求较少,主要的需求是医疗保健类服务。不同心理状态和不同个性的社区老年人,他们对于居家养老服务需求的侧重点也不同,性格开朗,心态比较年轻的老年人更易于接受新事物,也更主动地参与到社区老年人的活动中,而性格内向或者喜欢安静的老年人在社区老年活动中很被动或者比较抗拒,所以在组织日常活动中,对于不同个性和不同心理状态的老年人,他们的不同需求要考虑到。服务中心提供的服务内容需要根据社区居家养老的老年人具体需求出发,提供有侧重的居家养老服务内容。

表 7-15　社区老年人需要的社区机构及设施

需要的社区机构及设施	人数	比重
日间托老所	60	20.13%
养老院、护老院	58	19.46%
社区卫生服务站	240	80.54%
社区活动中心	217	72.81%
老年学校	100	33.56%

资料来源:根据调研问卷的数据整理。

参与问卷调查的 298 位社区老年人,在关于“对于下列社区机构和设施,目前您最需要的是那些(多选)”的题目中,其选项内容及人数分布情况如表 7-15 所示,选项集中于社区卫生服务站和社区活动中心这两项,说明社区老年人普遍需要的是社区卫生服务站和社区活动中心,认为自己需要老年学校的有 100 位,占总调查人数的 33.56%,这一小部分的社区老年人需要老年兴趣班,继续学习自己感兴趣的课程或者内容;认为需要日间托老所的有 60 位老人,占总调查人数的 20.13%,这部分老年人需要白天的照料,晚上在家休息;觉得目前自己需要养老院或者护老院照顾的老年人有 58 位,占总调查人数的 19.46%,这部分社区老年人想要到专门的养老机构居住,但是目前仍然在家中养老。

二、服务费用的供需不匹配

社区居家养老服务的供给在经费投入方面,政府的财政补贴占经费来源的比重较大,且投入的金额较多,但是在需求方面,社区老年人普遍不愿意通过支付费用的方式获得相应的居家养老服务。服务费用的供给投入与需求偿付之间存在问题,即供给的高投入与需求的低偿性之间的矛盾。一方面,政府投入了大量的经费,是为了减轻居家养老服务中心的经费负担,让居家养老服务中心更好地发挥其作用;另一方面,享受服务的社区老年人却不愿意通过支付相应费用的方式来获得服务。目前,绝大多数的居家养老服务中心(站)主要依靠政府补贴的经费勉强维持着日常的运营,从本质上来说,这样不利于居家养老服务中心的长期和稳定的运营。

在问卷调查中,设置了"您接受的社区居家养老服务采用的是哪种收费方式"的问题,"政府购买,个人不需付费"的有 43 人,占比 23.12%;"政府购买与个人付费相结合"的有 77 人,占比 41.4%;"个人付费"的有 66 人,占比 35.48%。接受"个人付费"的人数较少,接受"政府购买和个人服务相结合"付费方式的人数较多,少部分接受的是免费的服务,这部分的服务费用由政府承担。

在对武汉晚晴枫养老助残服务中心的负责人访谈时了解到,江岸区政府对居住在本地区 90 岁以上的居家老年人在享受居家养老服务方面有费用补贴,武汉晚晴枫养老助残服务中心与江岸区政府签订了居家养老服务的相关合同,从 2008 年开始,江岸区 90 岁以上居家老年人可以免费享受每天一小时的居家养老服务,这部分费用由政府承担,政府将这部分老人的居家养老服务费用直接支付给武汉晚晴枫养老助残服务中心。

表 7-16 社区居家养老服务中心(站)的主要经费来源

经费来源	滨湖社区	东亭社区	户部巷社区	发展社区	永庆社区	营北社区	九万方社区	安静社区	文卉苑社区
政府补贴	6万元/年	6万元/年	6万元/年	6万元/年	3万元/年	6万元/年	6万元/年	3万元/年	6万元/年
主要经营收入	老年餐桌	老年餐桌	各项服务	/	老年餐桌	老年餐桌	老年餐桌	/	/

资料来源:根据调研过程中与服务中心(站)负责人的访谈内容整理。

从供给方面分析,如表 7-16 所示,社区居家养老服务中心(站)的主要经费来源由两个方面组成:一方面是政府补贴,武汉市民政局对符合条件的社区居家养老服务中心每年补助运营经费 6 万元,对符合条件的居家养老服务站每年补助运营经费 3 万元;另一方面是经营收入,在对社区书记或者服务中心的负责人访谈过程中,了解到目前大部分的社区居家养老服务中心(站)的日常运营都是在勉强维持中,经费的来源单一,运营企业投入的资金非常有限,主要依靠的经费来源是政府的补贴,收取的服务费用对于支出来说很少,老年人到居家养老服务中心(站)休闲娱乐的时候不愿意花钱,老年人目前普遍能接受的是老年餐桌的收费。

从需求方面分析,社区居家养老的老年人需要低价或者无偿的服务,不愿意接受付费的服务项目,一旦按照市场标准的服务价格收费,社区老年人宁愿不接受服务,如果按照低于市场的价格或者政府补贴其中一部分的费用,社区老年人比较愿意接受这样的费用水平。关于社区居家养老服务的费用,在对老年人进行问卷调查时,设置了关于老年餐桌费用、家政服务费用和社区居家养老服务费用的问题,其具体分析如下。

表 7-17　社区老年人每餐愿意支付的老年餐桌服务费用

愿意支付老年餐桌的费用/餐	人数	比重
1—3 元	19	6. 38%
4—6 元	81	27. 18%
7—9 元	137	45. 97%
10—12 元	60	20. 13%
12 元以上	1	0. 34%

资料来源:根据调研问卷的数据整理。

如表 7-17 所示,居住在家中养老的社区老年人愿意支付的老年餐桌费用,主要集中在 7—9 元这个价格区间,有 137 位老年人能够接受这个价位的老年餐桌费用,占比 45. 97%,接近参与调查人数的一半;每餐愿意支付 4—6 元的老年人有 81 位,占比 27. 18%,这一部分的老年人能支付的费用较低;能接受每餐 10—12 元的有 60 位,占比 20. 13%,这一部分的老年人能接受的费用较高;每餐愿意支付 1—3 元的比重为 6. 38%,人数较少,而愿意接受每餐 12 元以上的只有一位老人。愿意支付 4—6 元和 7—9 元这两个价位的老年人占比较大,整体来说,大部分的老年人愿意支付的老年餐桌费用是 4—9 元。在调研中了解到老年餐桌主要提供的是午餐,有的社区居家养老服务中心提供一日三餐,本次调查的老年餐桌费用是指午餐费用,市场上一顿午餐的费用是 8—12 元,老年人愿意支付的午餐费用是 4—9 元。

表 7-18　社区老年人每小时愿意支付的家政服务费用

愿意支付的家政服务的费用/小时	人数	比重
5 元以下	21	7. 05%
5—10 元	73	24. 5%
11—15 元	109	36. 57%
16—20 元	76	25. 5%
20 元以上	19	6. 38%

资料来源:根据调研问卷的数据整理。

在家政服务费用方面，如表7-18所示，社区老年人每小时愿意支付的费用主要集中在11—15元的价格区间，占比36.57%；选择16—20元的占比25.5%，选择5—10元的占比24.5%，这两个价格区间的比重相差较小；愿意支付5元以下的占比7.05%，愿意支付20元以上的占比6.38%。从整体来看，社区老年人普遍愿意接受的价格水平是11—15元。在社区调研过程中，对社区书记访谈时了解到社区的家政服务费用市场价每小时在20元左右，最低价格是每小时15元，家政公司每小时的价格是30元左右，老年人普遍愿意支付的费用低于最低的市场价格。

社区居家养老服务的费用除了老年餐桌费用和家政服务费用，还包括其他的服务费用，例如维修安装费用、代办代购费用等，在分析了居住在家中养老的社区老年人愿意支付的老年餐桌费用和家政服务费用之后，接着分析了解社区老年人每月愿意支付的其他社区居家养老服务费用。

如表7-19所示，其他社区居家养老服务费用方面，社区老年人每月愿意支付的费用主要集中在1—50元的价格区间，比重达到34.56%；其次是51—100元，愿意支付这个价格区间的人数有78人，占比26.17%；这两个价格区间的比重加起来超过了60%，不愿意付费的占比16.44%；愿意支付151—200元的占比6.38%，愿意支付200元以上的占比2.35%，每月愿意支付150元以上的比重不超过10%，可见大部分的老年人不愿意在社区居家养老服务中心支付较多的费用。整体来看，社区老年人每月愿意支付的其他居家养老服务费用在1—100元之间。

表7-19　社区老年人每月愿意支付的其他社区居家养老服务费用

愿意支付的其他居家养老服务费月/月	人数	比重
0元	49	16.44%
1—50元	103	34.56%
51—100元	78	26.17%
101—150元	42	14.1%
151—200元	19	6.38%
200元以上	7	2.35%

资料来源：根据调研问卷的数据整理。

三、服务质量的供需不匹配

供给人员的服务与需求服务的评价之间存在差距,主要表现为供给的低服务质量与需求的低满意度之间的矛盾。

在供给方面,在调研过程中发现社区居家养老服务中心(站)的工作人员一般有 3—5 位,主要由负责人、行政工作人员、老年餐桌的厨师构成。由非营利性组织或者企业托管的方式运营的社区居家养老服务中心(站),至少有一位负责人主管服务中心(站)的运营,有一两位行政工作人员来管理日常事务,开办了老年食堂的,一般有至少两位厨师;社区居家养老服务中心(站)采用社区直接管理的方式,其工作人员是社区居委会安排一位社区工作人员来专门负责服务中心(站)的日常管理,负责人是社区居委会的书记或者主任。

整体来看,社区居家养老服务中心(站)的工作人员数量较少,同时人员构成比较单一,与其服务内容相比,缺乏一些基本的服务人员,例如医疗康复服务方面的工作人员、专业的心理方面的工作人员或者社工。目前,大部分的社区居家养老服务中心(站)只配备了满足日常管理的两三位工作人员,远远不能达到其提供基本服务所需要人员的数量和专业素质。

在需求方面,在对社区老年人进行问卷调查时,设置了对工作人员的服务态度和专业化程度进行评价的内容。在参与问卷调查时,其中曾经接受过居家养老服务的老年人有 186 位,他们对提供服务的工作人员从服务态度和专业性这两个方面进行了评价。

表 7-20　社区老年人对工作人员的服务态度评价

服务态度评价	人数	比重
态度很差	2	1. 08%
态度较差	6	3. 23%
态度一般	61	32. 8%
态度较好	103	55. 37%
态度很好	14	7. 52%

资料来源:根据调研问卷的数据整理。

对工作人员服务态度的评价从低到高，分为态度很差、态度较差、态度一般、态度较好和态度很好这五个等级，如表7-20所示。态度较好的占比55.37%，超过了一半的人数认为工作人员的服务态度较好；认为态度一般的人数是61位，占比32.8%，比重较大。态度较好和态度一般这两个的比重接近90%，整体来看，接受过居家养老服务的老年人觉得工作人员的服务态度一般或者较好，说明社区老年人对工作人员服务态度的评价较好。

表7-21　社区老年人对工作人员的专业化程度评价

专业化程度评价	人数	比重
专业性很差	3	1.61%
专业性较差	39	20.97%
专业性一般	101	54.3%
专业性较好	41	22.04%
专业性很好	2	1.08%

资料来源：根据调研问卷的数据整理。

对工作人员专业性的评价从低到高分为专业性很差、专业性较差、专业性一般、专业性较好以及专业性很好这五个等级。从表7-21可以看出，社区的老年人认为工作人员的专业性一般的占比54.3%，超过了一半的人数；认为专业性较差和专业性较好的比重接近，分别为20.97%和22.04%；认为专业性很差的人数占比1.61%，评价专业性很好的人占比1.08%，这两个方面的比重都较低。整体来看，社区老年人对工作人员专业化程度的评价是专业性一般。

从社区老年人对工作人员的服务态度和专业化程度评价来看，调查数据显示，社区老年人对居家养老服务中心（站）工作人员的整体评价不高，工作人员的专业化程度有待加强。

社区老年人对需求的服务评价不仅包括对工作人员的服务评价，还包括对工作人员提供的服务内容的评价情况，如表7-22所示，显示的是调研的9个社区对社区居家养老服务的整体评价情况。横向分析，满意程度分为五个档次，其中比重最高的是满意程度一般，占比 48.99%，其次是有点不满意，占比 25.5%，比较满意占比 21.14%，非常不满意占比 3.02%，非常满意占比 1.35%。可以看出，大部分的社区老年人对社区居家养老服务的总体评价是满意程度一般。纵向分析，不同社区的满意程度的人数分布情况不一样，滨湖社区、户部巷社区、发展社区和营北社区这四个社区的满意程度评价中一般和比较满意占比较大，整体的满意程度较高；而东亭社区、永庆社区、九万方社区、文卉苑社区和安静社区这五个社区的满意程度评价中一般和有点不满意占比较大，整体满意程度较低。

表 7-22　9 个调研社区的老年人对社区居家养老服务的总体评价

（单位：人）

满意程度	滨湖社区	东亭社区	户部巷	发展社区	永庆社区	营北社区	九万方	文卉苑	安静社区	人数	比重
非常不满意	1	1	0	0	2	1	2	0	2	9	3.02%
有点不满意	6	11	8	7	9	7	6	11	11	76	25.5%
一般	17	13	17	18	15	15	18	18	15	146	48.99%
比较满意	8	7	9	8	6	9	5	6	5	63	21.14%
非常满意	1	0	0	1	0	0	2	0	0	4	1.35%

资料来源：根据调研问卷的数据整理。

参与问卷调查的 298 位社区老年人，非常不满意的有 9 位老人，分别来自永庆社区的 1 位老人、九万方社区的 2 位老人、安静社区的 2 位老人、滨湖社区的 1 位老人、东亭社区的 1 位老人和营北社区的 1 位老人，户部巷社区、发展社区和文卉苑社区没有非常不满意的；非常满意的有 4 位老人，分别是滨湖社区的 1 位老人、发展社区的 1 位老人、九万方社区的 2 位老人。

7.5 武汉市社区居家养老服务供需不匹配的原因分析

目前,武汉市社区居家养老服务的供需不匹配,从总体上表现为社区老年人实际接受服务的情况与社区老年人现实需求之间的差距,具体表现为三个方面,第一,服务内容的供给与需求之间的不匹配;第二,供给的高投入与需求的低偿性之间的问题;第三,供给的低服务质量与需求的低满意度之间的关系。产生上述供需不匹配的情况,其原因可以从以下四个方面分析。

7.5.1 供给服务的内容有限,服务项目单一

目前,不管是从政策推广,还是从社区居家养老服务中心的宣传,都可以了解到社区居家养老服务中心的服务内容非常广泛,且服务项目非常多,但是在社区调研中发现社区居家养老服务中心长期且稳定开展的服务项目极其有限,仅仅局限于两三个服务项目,例如老年餐桌和基本的身高、血压检查的服务,其作用主要体现为提供一个场所,让社区老年人聚在一起聊天或者打牌。看似服务内容很多、活动丰富多彩的情况,实际上很多社区居家养老服务中心只是依靠老年餐桌的这个收费服务项目在勉强维持着运营,大部分以托管方式运营的社区居家养老服务中心的负责人在访谈时也提及这方面的问题,为了能维持基本的运营,所以专注在能收费的老年餐桌这些服务项目上,在经费本来就不足的情况下,其他的服务项目很难开展。

在东亭社区调研时,对于“社区居家养老服务中的制约因素有哪些,最主要的问题是什么”,对社区居委会负责老龄服务的工作人员访谈时,这位工作人员认为社区居家养老服务发展中的制约因素是运营经费,其

收入与开支存在很大的问题，目前最主要的问题是养老服务中心提供的服务过于集中在老年食堂项目，开展的老年活动太少，社区老年人的积极性没有充分调动起来。在滨湖社区对某位老年人访谈过程时，这位老年人提到所在社区的居家养老服务中心举办的活动类型比较丰富，例如乒乓球比赛、围棋比赛以及象棋比赛等，但是这些活动的举办缺乏计划性和持续性，有的活动组织了一两次就再也没有了后续的消息了。

7.5.2　社区老年人对居家养老服务的了解程度较浅

调研中发现，社区居家养老服务中心的很多服务内容没有实际提供，或者一些服务项目没能得到顺利开展，主要原因在于老年人不愿意在社区居家养老服务中心付费享受服务，他们认为社区居家养老服务中心（站）是政府主导运营的，是为了给社区老年人的养老提供便利和服务的活动场所，应该免费提供服务。

关于“机构养老（养老院）、家庭养老和居家养老这三种养老方式，您是如何认识和看待的”的问题，发展社区的一位老人这样回答：“养老院，尤其是公立养老院很难申请到床位，私立养老院费用太高，目前的经济水平承担不起这个费用，而传统的家庭养老，给家里的年轻人太大的压力，居家养老比较适合目前的养老现状，还是待在家中养老，但是白天可以去社区居家养老服务中心活动，在活动中心打发一天的时间，偶尔在那边吃一顿饭，晚上在家中休息，最关键的是，在自己熟悉的环境中生活让人觉得安心。”关于这个问题，九万方社区的一位老人这样回答：“现阶段，比较适合居家养老，养老院每个月的费用在6000元左右，目前我每个月的养老金3000左右，根本不敢考虑去养老院的事情，居家养老更适合像我这样身体还能活动的老年人。”

如图7-18所示，社区老年人对居家养老服务的了解情况，“比较了解”和“非常了解”的比重较低，大部分老人对其了解程度处于“只听过”或者“有些了解”的阶段，还有28.19%的老人完全不知道。在对部分老人访谈时，关于“您了解社区居家养老服务吗？从什么时候开始了解的？通过什么方式知道的，对社区居家养老服务了解哪些内容”的问题，东亭

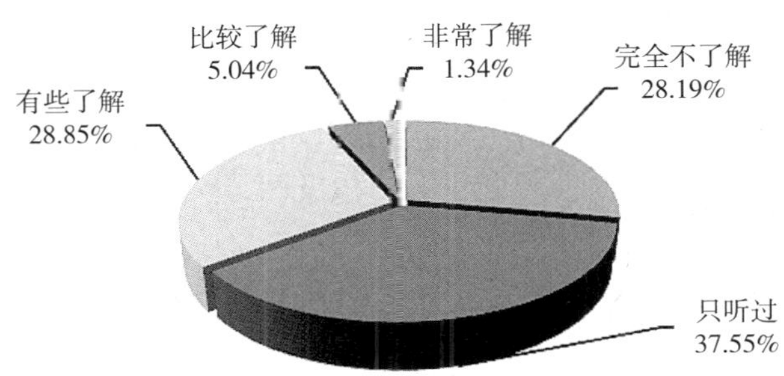

图 7-18 社区老年人对居家养老服务的了解程度

社区的一位老人这样回答："不是很了解社区居家养老服务，只知道社区有这个提供老年人休闲娱乐的地方，听到其他老人提到这边可以过来玩，冬天有暖气，夏天有空调，而且不收费，比去商场乘凉或者待在室外闲聊好多了，这里还有很多以前工厂认识的同事，大家比较熟悉，一起打牌、聊天，在这里比较舒服。"在对某位老年人访谈时了解到，某一社区的老年食堂也为社会人员提供用餐和送餐服务，针对这种情况，这位老年人认为这种做法不恰当，他觉得老年食堂是针对社区老年人提供的服务，政府在这方面是有补贴的，是具有公益性质的，而服务中心的负责人为了商业利益，为其他人提供送餐服务，这会减少老年人享受的福利，他认为政府还应该加大资金投入力度，对居家养老服务增加更多的财政补贴。

整体来看，老年人对居家养老的认识比较浅显，对于社区居家养老服务的认识更少。大部分老年人认为社区居家养老服务是政府来组织提供的，应该由政府承担费用，不应该自己花钱享受服务。

7.5.3 社区居家养老服务中心工作人员的专业水平偏低

关于"社区居家养老服务发展中的制约因素"的问题，在对这 9 个社区居家养老服务中心的负责人访谈时，有 7 位负责人提到发展中的制约性因素是工作人员的数量较少，且工作人员的专业程度不高的问题。在社区调研时，永庆社区的书记提到，社区居家养老服务中心开展的活动需要专业的社工参与进来，举办一些能够带动社区老年人积极性的活动，老年人由于不同的工作经历和不同的个性，在老年活动的需求方面有不同的侧重点，专业的社工有较强的理论基础，对于不同个性的老年人有比较全面的认识，可以从专业的角度为社区内不同需求的老年人举办不同类型的文体活动，充分调动社区老年人的积极性，让社区老年人的生活更加有趣。

在与社区老年人访谈时，关于“您对社区居家养老服务有哪些建议和想法”的问题，滨湖社区的某位老人认为：工作人员的素质有待提高，尤其是服务态度，另外社区居家养老服务中心的运营费用要定期公示，并且有相关部门要检查监督。

百步亭的文卉苑社区居家养老服务中心是社区直接管理的，社区居委会安排一位工作人员专门负责社区居家养老服务中心的管理，在对这位工作人员访谈过程中，问到关于社区老年人的整体情况和居家养老相关的数据时，这位工作人员提出具体的数据要查看电脑，在使用电脑时，发现这位工作人员对于EXCEL的使用不熟悉，基本的查询和条件筛选的功能也不会使用，在老年人数据录入方面的信息更新也不及时，统计的数据还停留在2015年年底，这种情况在一定程度上反映了工作人员的专业能力不强，最基本的工作内容以及社区老年人的数据录入、汇总、信息查询等方面的工作能力都难以达到基本要求。

7.5.4 社区居家养老服务缺乏相应的评估和监督机制

在调研过程中，发现在社区居家养老服务中心（站）的运行和管理方面有严格的管理制度和要求，但是对于社区居家养老的服务内容方面没有相应的评估和监督机制，这方面没有引起足够的重视。社区居家养老服务中心（站）提供了服务，但是服务的质量和服务评价的信息不及时收集和汇总，不利于日后工作的提升和改进，也不利于相关部门的监督和考核。

在对老年人访谈时，有老人也提到过社区居家养老服务中心的经费要定期公示，同时有关部门也要进行及时、有效的检查和监督。在调研中发现这9个社区的居家养老服务中心（站）接受所在社区的社区居委会的日常监督,每年年底会接受武汉市民政局相关部门的检查。但是这样的检查过程不全面也不专业,社区居家养老服务中心的评估需要一个专业的第三方机构来进行,这样才能做到对其运营管理和服务内容进行全面且科学的检查和监督。

7.6　促进武汉市社区居家养老服务发展的建议

7.6.1　对社区老年人的居家养老服务需求进行充分的调查分析

在对工作人员的访谈过程中,关于前期是否进行老年人需求调查的问题,接受访谈的工作人员回答的是进行了前期的需求调研,但是继续追问是怎么进行的调查时,大部分的工作人员都难以回答清楚,有的回答调查是由社区来完成的,具体也不太清楚;有的回答前期调查是找一些社区老年人填问卷的形式进行的。

调研的9个社区中,滨湖社区和东亭社区的老年人大部分是原址在附近工厂的退休职工,社区老年人数量多且比较集中,大部分的老年人身体较好,所以在社区居家养老中心休闲娱乐的老年人比较多,对于家政服务、日托照料的生活照料类需求并不高,但是对于精神慰藉类的文化娱乐、体育锻炼类活动的需求较高;发展社区、永庆社区和安静社区属于城市中心的老社区,老年人数量多,且高龄、独居老人较多,对于老年餐桌、家政服务等生活照料类的服务需求较高,对于医疗保健类的需求也较高。

根据9个社区居家养老服务中心(站)提供服务内容的不同重点及初步的效果,结合个人的认识,可简单地将这9个服务中心(站)分为医疗类、文娱类和基本类三种类型。第一类,医疗类,以医疗保健类服务为主的户部巷社区和发展社区,充分利用社区医疗服务资源,为社区老年人提供基本的医疗服务项目，社区居家养老服务中心发挥的作用显著；第二类，文娱类，以精神慰藉类服务为主的九万方社区、滨湖社区和东亭社区，主要为社区老年人提供文化娱乐活动，社区老年人对社区居家养老服务的认知程度较高；第三类，基本类，以基本服务为主的营北社区、永庆社区、安静社区、文卉苑社区，这些社区没有重点突出的服务内容或者项目，同时这些社区的老年人对社区居家养老服务的认知程度不深，且评价也不高。

从整体来说，各个社区居家养老服务中心（站）提供的服务内容范围差别不大，但是从各社区具体的情况分析，各社区老年人的状况存在较大的差异，其需求重点也不一样，各社区居家养老服务中心（站）要根据本社区老年人的需求重点安排一些供给服务项目就必须对本社区居住的老年人需求进行充分的调研。社区居家养老服务中心（站）提供居家养老服务，在开展工作的前期需要进行充分的需求调研分析，这样才能提供更符合这个社区老年人需求的服务。不进行充分的需求分析，盲目地购置提供服务的机器设备，最后老年人根本就不需要这方面的服务，出现资源闲置，无人接受相应的服务的情况，于是浪费了大量的运营经费。

7.6.2 整合社区内与居家养老服务有关的各种资源

在对社区居家养老服务中心（站）的负责人访谈时，关于社区居家养老服务发展中的制约因素这一问题，这 9 位负责人都提到了运营经费的问题，认为收入来源单一。客观来看，政府的投入力度已经很大，要使社区居家养老服务中心（站）能够长期且稳定地运营，不能仅仅依靠政府补贴，必须吸引更多的社会组织或者企业参与到社区居家养老服务的供给中，为社区老年人提供日常的居家养老服务。

发展社区是硚口区范围内第一个实现“一键通呼叫系统”100%覆盖的社区，该社区目前重点发展的是“互联网+居家养老”的服务模式，全面整合社区内的养老服务资源，同时充分发挥公益组织的作用，通过这种方式为社区居家老年人提供更加便捷的养老服务。社区内有一个公益组织——道能义工服务中心，为社区老年人提供营养丰富但是价格低廉的午餐，社区内的武汉市中爱养老服务中心，是以互联网的线上系统为主，整合和利用社区内线下的服务资源来为社区居家老年人提供服务的机构，这个机构不直接提供服务，是一个收集服务信息和分配服务任务的系统或平台。目前，该系统已经可以通过手机 APP 进行查询，还可以对社区的独居老人进行远程监控，同时配置了一种智能手环，带上这个手环的老人在走丢后，工作人员可以通过电脑系统追踪到老年人所在的位置。目前，社区对高龄或独居的老年人发放了 200 个手环。

发展社区积极鼓励社区内的私营企业主和个体户加入提供社区居家养老服务的过程中，针对加入的社区经营户，社区提供一些优惠政策，例如减免房租或者水电费等经营支出。该社区居家养老服务中心附近开设了理发店、裁缝店、水果店和维修店等，同时道能义工食堂和社区卫生服务站也在附近，居家养老服务的供给资源非常集中。

发展社区的书记认为，线上的养老服务系统结合线下公益组织或者企业的参与，能够充分发挥"互联网+"的优势，通过整合线上和线下的社区养老服务资源，能够最大限度地发挥社区居家养老服务中心的作用。书记还认为政府、民政部门、街道、社区等各层级部门投入了大量的人力、物力和财力，但是公益组织或者企业的参与积极性没有被充分调动起来，其作用也没有得到有效的发挥。所以，发展社区在居家养老服务方面的重点工作是整合社区内与居家养老服务有关的资源，并充分发挥公益组织或者企业在居家养老服务方面的作用。在这一方面，发展社区的书记有很多的想法，发展社区也按照这些想法一步一步地探索着，其他社区可以根据社区的实际情况借鉴这些思路和做法。

7.6.3　加深居家养老的老年人对社区居家养老的认识

滨湖社区的书记在谈到老年人不愿意接受付费服务的问题时提到，关键在于逐步转变老年人的观念，让他们对社区居家养老服务逐步形成有偿服务的意识，但这个很难做到，也需要很长的时间。老年人将大部分的费用花在医药费方面，基于目前老年人的经济水平，结合他们已经固化的消费心理和消费习惯，他们会尽量缩减其他方面的开支。要转变这种消费意识和消费习惯,短期内是很难见到成效的,这是一个长期的工作。

进一步加深社区老年人对社区居家养老服务的认识,让他们逐渐接受有偿的服务。可以通过让老年人多参与社区居家养老服务中心活动的方式,让老年人更多地接触和了解其服务内容及运营方式,知道社区居家养老服务的性质和主要功能,让社区老年人知道社区居家养老服务中心是为社区老年人提供居家养老服务的,但不是政府直接运营,政府只负责监管和政策引导,实际上是由企业或者非营利性组织进行的社会化管理。社区老年人不是免费享受服务,只有满足某些条件的老年人,他们的居家养老服务是由政府承担,其他社区老年人的居家养老服务的费用是由自己来承担的。

加深社区老年人对社区居家养老服务的认识,让他们接受有偿服务的最直接、最有效的方式是让他们觉得接受的服务是值得付费享受的。在这一方面,户部巷社区居家养老服务中心做得比较有成效。在谈到居家养老服务中心发展的制约性因素的问题时,该服务中心的负责人也提到成本与支出的问题,指出目前大部分的居家养老服务中心的运营处于亏损阶段,建议居家养老服务中心要具有自我造血的功能,即服务收费弥补经费不足的部分,但是基于目前大部分老年人不愿意支付费用的现状,该负责人提到用户黏性的重要性,这里的用户黏性包括老年人需求分析和回访制度两个方面,他认为社区居家养老服务中心必须有自己的服务团队,必须是专业的护理或者工作人员,提供相应的上门服务,并且对服务流程和服务质量进行严格的监督。在老年人提出服务需求后,服务中心办公室的行政人员填制派工单,派专业的工作人员进行上门服务,服务之后老年人在派工单上签字并填写服务评价,几天之后办公室的工作人员也会打电话进行回访,询问其对服务内容的满意情况以及对服务人员的评价。在户部巷社区居家养老服务中心调查时,查看了汇总的派工单,并且看到了电脑上操作服务平台的信息,发现该社区老年人接受有偿服务的数量比较多。例如,编号为 20161101001 的派工单上,客户姓名是吴XX,填写了联系方式和客户地址,服务内容是 2016 年 11 月 2 日下午2:00 进行 3 小时的卫生保洁,还包括服务时间、派工部门和派工人员的内容,客户意见一栏包括支付费用 90 元,服务质量的满意程度以及客户签名。最后一栏的内容是服务回访,包括回访时间、回访方式和客户意见的填写。另外,还看到另一张派工单,服务内容是安装一根扶手,支付的费用是 150 元。

这 9 个调研社区中,从整体情况来看,户部巷社区和发展社区的老年人接受有偿服务的人数较多,且这两个社区老年人对居家养老服务中心的认知程度较高。其他社区居家养老服务中心(站)可以从做得好的社区居家养老服务中心(站)学习和借鉴其做法或者管理经验。

7.6.4　建立社区居家养老服务的评估机制

对于武汉市社区居家养老服务缺乏相应的评估和监督机制的问题,武汉市政府的相关部门要建立社区居家养老服务的评价体系,这样做能及时反馈服务质量的评价信息,从而加强对服务供给者的监督。

社区居家养老服务的评估机制应该包括需求评估机制和服务质量评估机制这两个方面:第一,在需求评估机制方面,需求调查一般是由社区的工作人员进行的,为了保证需求评估的可操作性和有效性,街道或者社区应该制定规范的需求评估的工作流程,对于需求的调查时间、调查对象、调查者、调查方式和调查结果分析等方面的内容进行明确的规定,这样有利于形成统一的流程,便于每次调查工作中内容和结果等相关资料的归档。需求调查评估工作的持续性是需求评估机制中最容易忽略的一个方面,在社区居家养老服务中心(站)建立之前都会进行需求调查,但是也仅限于这一次,后续的需求调查评估工作几乎没有,而社区老年人的整体情况随时都在发生变化,老年人的居家养老服务需求也在发生着变化,所以不定期或者持续地进行需求评估非常重要。

第二,在服务质量评估机制方面,相关部门应该制定统一的质量评估制度,对于质量评估的内容、方式和程序进行统一的规定。评估指标分类和细化是最关键的内容,评估指标的选择要全面、合理,评估指标的选取要综合考虑到社区居家养老服务的各方面内容,制度建设、资金分配、基础设施、人员分工和老年人需求满意度等方面都应该科学地赋予其权重。

服务质量评估的实施主体应该是第三方机构,这样能够使评估的过程不受其他主客观因素的影响,保证服务质量评估的独立性和有效性。另外,还应该建立质量评估的反馈机制,主要包括两个方面的内容,一方面,街道或者区、市民政部门对社区居家养老服务的质量评估结果及时地公布,这样有利于各社区居家养老服务中心(站)了解自身服务质量情况,服务质量评估结果较差的居家养老服务中心(站)可以借鉴和学习服务质量评估结果较好的服务中心(站),既有利于上一级的部门检查居家养老服务的工作,也有利于学习和借鉴各自的经验。另一个方面,社区居家养老服务中心(站)在收到自身的服务质量评估结果后,应该及时将评估结果公示在社区老年人集中活动的区域,让社区老年人了解该社区居家养老服务中心(站)的质量评估结果。

8

劳资关系、劳政关系与资政关系的转化与演变

林毓铭　张　乐　谭景文

珠三角地区作为历年来劳动力最集中的地区和“世界工厂”，其复杂的劳动关系已成为触动社会矛盾的重要事项，因复杂劳动关系导致的突发事件层出不穷，并涉及劳政关系和资政关系等，这些非传统安全危机深刻地考验着各级政府的执政能力。本章基于核心概念的劳动关系分析框架，分析劳资关系、劳政关系与资政关系的转变与演化，以期总结出劳动关系的变化规律。总结来说，在面对非传统安全危机时，加强执政能力建设，趋利避害、化解劳动风险，已成为各级政府长期面临的重要任务。

8.1 劳动关系成为最基本和最重要的社会关系

习近平总书记早在2013年就指出：“基层工作很重要，基础不牢，地动山摇。希望大家都重视基层基础工作”①。党的十八大以来，中央高度重视基层工作，越来越强调风险管控意识，要求防范各类风险。中央近期就防范化解政治、经济、社会等各领域重大风险做出明确要求，习近平总书记2019年指出②：既要高度警惕“黑天鹅”事件，也要防范“灰犀牛”事件。

劳动关系是最重要的社会关系，劳动者行为总是在一定的劳动关系中发生。劳动经济学认为：劳动者之间总是以一定的身份，在一定的社会关系背景下发生联系，这种联系主要来自两个方面，一是产权，二是劳动分工。由产权因素决定的社会关系称为“劳资关系”“工业关系”或“产业关系”；由劳动分工决定的社会关系称为“业缘关系”。劳资关系和业

① 《习近平总书记关于推动全面从严治党向基层延伸重要论述摘录》，中国共产党新闻网，http://cpc.people.com.cn/n1/2016/0404/c64094-28248243.html，2016-4-5。

② 人民日报评论员：《让黑天鹅飞不起 灰犀牛冲不动》，《人民日报（海外版）》2019年1月23日。

缘关系统称为劳动关系。这是广义上的劳动关系。狭义的劳动关系仅指劳资关系。业缘关系是以职业为纽带而产生的一种人际关系。在劳动经济学的研究范畴中,主要研究劳动关系中的劳资关系。

从法律关系的视角看,劳动关系是指劳动者与用人单位依法签订劳动合同而在劳动者与用人单位之间产生的法律关系。劳动者接受用人单位的管理,从事用人单位安排的工作,成为用人单位的成员,从用人单位领取劳动报酬和受劳动保护。[①] 本章所说用人单位,主要是指中华人民共和国境内的企业、个体经济组织、民办非企业单位等组织,不包括国家机关、事业单位、社会团体。

我国当前正处在社会转型与体制转轨、机遇与风险并存的社会高风险期。《中共中央、国务院关于构建和谐劳动关系的意见》(中发〔2015〕10 号)严肃指出:"我国正处于经济社会转型时期,劳动关系的主体及其利益诉求越来越多元化,劳动关系矛盾已进入凸显期和多发期,劳动争议案件居高不下,有的地方拖欠农民工工资等损害职工利益的现象仍较突出,集体停工和群体性事件时有发生,构建和谐劳动关系的任务艰巨繁重。"近年来,我国的劳资纠纷急剧上升,集体争议以每年 30%的速度递增。[②] 例如,广东省 2015 年全省共处理劳动人事争议 28.15 万件,涉及劳动者 60 万人,涉案金额 59.7 亿元。[③] 这些集体行动虽然大都始于经济诉求,但事件的最终走向却差异很大,有的集体行动从劳资纠纷演化为劳政冲突。

在社会急速变化的过程中,一些个体行为迅速演化为集体行为,劳动关系的主体及其利益诉求越来越多元化。劳动关系引发劳资矛盾已进入凸显期和多发期,具体表现为由劳务冲突、劳资冲突不断发展,最终演化成为裹挟各方力量的复杂的群体性事件,集体性停工时有发生,构建和谐劳动关系的任务艰巨而繁重。

---

① 财政部会计资格评价中心:《经济法基础》,经济科学出版社 2017 年版,第 68 页。

② 常凯:《劳资冲突处理法制化　构建和谐劳动关系》,人民网,http://theory.people.com.cn/GB/49150/49153/5247733.html,2007-01-05。

③ 广东省人社厅劳动保障监察局提供。

如西尔弗所言："资本转移到哪里，劳工与资本之间的冲突很快就会到哪里"[①]。依据《中国工运史辞典》，劳动关系被定义为"社会主义制度下用人单位与劳动者之间在运用劳动能力实现劳动过程中形成的一种社会关系"。《辞海》则将劳动关系解释为"一定的生产资料所有制形式的基础上人们在社会劳动中相互产生的社会联系"。由上述两种定义可知，劳动关系所涉及的主体除了用人单位、劳动者这两类之外，还包含了与上述劳动过程相关的所有主体。本章根据不同主要主体间的关系，将劳动关系细化为劳资关系、劳政关系和资政关系这三类。虽然我国是三方四主体的劳动关系，但目前的工会最显著的特征体现在功能象征性、组织模糊性上，原因在于工会的多重定位所导致的多重行为逻辑。因此，本章将重点聚焦于劳资关系、劳政关系、资政关系三类关系。具体而言：

(1)劳资关系是一种雇主与雇员之间的劳动契约，体现了权利和义务之间的关系，若出现劳资纠纷，则将衍生劳资矛盾。有时劳资矛盾甚至十分激烈，此时则转变为重大劳动关系的处理。

(2)劳动者与政府之间没有直接的权利与义务关系，也没有劳动合同关系，劳政关系是一种转移的关系，有些学者也将其称为劳动关系的政府规制。Mary E.Gallagher 在《全球化与中国劳工政治》一书中[②]，根据外资在中国经济及政治改革中起到的作用进行分析，认为改革开放产生了强的政府、弱的市民社会(尤其是劳工组织)。而政府力量强大，介入太多，劳资关系有时会演化为劳政关系，甚至导致劳政关系紧张。

(3)资政关系即雇主与政府之间的关系，有时政府与雇主之间也会产生一些矛盾，这主要是政策导向引起的。

以上三类关系中，劳资关系是市场经济中最重要的关系，劳资纠纷是群体性事件中的主要事项。

劳动关系是生产关系的重要组成部分，是最基本、最重要的社会关系

① 西尔弗：《劳工的力量——1970 年以来的工人运动与全球化》，社会科学文献出版社 2012 年版，第 134 页。

② Mary E.Gallagher：《全球化与中国劳工政治》，浙江人民出版社 2010 年版，第 234 页。

之一。要防止和克服社会主义社会劳动过程的异化,就要在构建和谐劳动关系的过程中,实现劳动自觉,让劳动成为劳动者的自愿行为,在劳动中充分发挥劳动者的主观能动性和创造性,从而推动企业经济的发展。要防止和克服人的本质异化,就要把人还原成真正意义上的劳动者,即自由自觉的从事生产活动。在企业活动和生产劳动中,要坚持以人为本的基本原则,强调员工的主体性地位,从劳动者的根本利益出发,切实保障劳动者的权利,这样才能在真正意义上实现劳动者与企业的共同发展。

在劳资关系中,由于缺乏平等的谈判机制与企业管理中的沟通机制,劳资双方利益格局处于严重失衡甚至有时为对立的状态,员工始终是社会人的复杂角色而不是爱岗敬业的企业人角色。在劳动力过剩而资本稀缺的生产要素力量对比下,资方有更多的话语权与裁定权,单个工人的谈判成本非常高,他们无疑处于弱势地位,所以希望借助集体行为来实现自己的利益诉求。

勒庞认为,集体行动是一种群体情绪“感染”的结果,当面对某些突发事件时,当事人的某种观念、情绪或行为在群体暗示机制影响下在群体中迅速蔓延,最终形成集体行动。[①] 各类群体性事件的社会影响与经济影响,致使劳动和社会保障部门也难脱干系。在危机状况下,完善劳工动态管理数据库,明确其数量、分布、工资支付、合同、仲裁、社会保险等情况,并建立快速处理集体劳资、社保纠纷应急机制迫在眉睫[②]。国务院参事牛文元称:2011 年,中国平均每天发生 500 起群体性事件,这意味着,现今社会轻易失序,民众心理轻易失调,效率和公平需要重新调整,传统理论中社会保障的社会稳定功能正在衰减或正在遭遇挑战。[③] 一些地方政府为了招商引资上项目,给当地带来 GDP 的快速增长,地方政府能获

① 古斯塔夫 · 勒庞:《乌合之众——大众心理研究》,冯克利译,中央编译出版社 2005 年版,第 148 页。

② 林毓铭:《社会保障与公共危机管理研究》,人民出版社 2016 年出版,第 249 页。

③ 李文:《国务院参事牛文元:中国去年日均发生五百起群体事件》,《新快报》2012 年 2 月 9 日。

得更多的税收,完成经济指标,往往对资方损害员工利益的行为姑息纵容,对损害劳工健康甚至危及生命的安全问题置若罔闻,造成劳政矛盾激化。

在各类社会矛盾分类中,劳资纠纷(冲突)的分量较大,在热点舆情事件中占据第三,是不可忽视的群体性事件,2015 年舆论压力指数上升了 6 位,见表 8-1。

表 8-1 2015 年社会矛盾聚焦点舆情压力指数

社会矛盾聚集点	热点事件数量	热点事件占比(%)	上年度占比(%)	平均热度	平均舆论共识度	平均政府认同度	平均网民正能量	平均舆论生态指数	舆论压力指数	舆论压力名次变化
社会道德争议	32	6.4	5.0	59.30	3.56	3.11	0.49	7.16	25.37	3↑
未成年人及弱势群体保护	11	2.2	4.3	52.32	3.49	2.70	0.27	6.46	11.70	1↑
劳资纠纷	12	2.4	0.7	52.62	3.51	2.71	0.54	6.76	10.96	6↑
意识形态	6	1.2	0.0	56.67	2.82	2.49	0.20	5.51	10.35	6↑
社会暴力	13	2.6	4.1	54.37	3.75	3.11	0.22	7.08	10.11	4↓
官民关系	6	1.2	4.6	59.41	2.95	2.43	0.33	5.71	9.85	4↓
警民关系	6	1.2	2.1	57.96	3.31	2.49	0.09	5.89	9.16	1↓
征地拆迁及群众维权	3	0.6	2.2	57.84	2.90	1.96	0.50	5.36	5.52	3↓
医患关系	4	0.8	1.5	58.02	3.28	2.59	0.63	6.49	4.80	2↓
城管执法	1	0.2	1.3	58.57	3.18	2.19	0.35	5.01	2.04	2↓
贫富差距	2	0.4	0.0	66.08	3.59	2.89	0.71	7.19	1.78	1↓
其他	7	1.4	0.0	56.82	3.79	3.21	0.39	7.39	4.52	—

资料来源:2015 年互联网舆情分析报告:《2015 年网络热点舆情》2016 年 7 月 1 日。

8.2 劳动关系的相关研究文献

卿芳梅把劳动关系和谐度的影响因素归纳为劳动合同、薪酬福利、民主管理、工作环境与时间四个方面,并提出以此作为评价框架对劳动关系总体状况进行评价。① 周恋等基于心理契约理论构建的和谐劳动关系评价体系以员工行为表现、员工权益、员工发展前景及受尊重情况为主要指标。② 孙波借鉴已有的劳动关系分析模型,提出的企业劳动关系评价分析框架包括基本业务管理、合作管理、冲突管理、员工利益保障及企业绩效表现等五个方面。③ 魏顺等以双因素理论为基础,将劳动关系影响因素分为契约型和发展型,这两种类型的影响因素可以归纳为薪酬福利、工作环境、合同管理、职业成长、民主参与、企业文化等六个方面,都对劳动关系具有正向影响。④

孟令军论述了科技革命和知识经济背景下劳动双方关系的转变,认为管理革命推动下和谐稳定的劳动关系朝着合作共赢方向发展。⑤ 卿涛、诸彦含(2009)从组织变革角度分析了劳动关系的问题,也认为社会合作伙伴模式是未来劳动治理的重要模式。⑥ 白春雨、胡晓东认为和谐

① 卿芳梅、邓宗俭:《和谐劳动关系的评价指标体系研究》,《人才开发》2009 年第 8 期,第 15—16 页。

② 周恋、邓小明、李敏:《基于心理契约理论构建和谐劳动关系评价指标体系》,《中国劳动关系学院学报》2013 年第 1 期,第 14—18 页。

③ 孙波:《企业劳动关系评价指标体系构建思路》,《中国人力资源开发》2014 年第 1 期,第 106—110 页。

④ 魏顺、王相云、窦步智:《基于双因素理论的企业劳动关系评价指标研究》,《中国人力资源开发》2014 年第 15 期,第 26—31 页。

⑤ 孟令军:《从管理革命勃兴看劳资关系走向》,《中国劳动关系学院学报》2004 年第 6 期,第 19—23 页。

⑥ 卿涛、诸彦含:《企业劳动关系和谐化的影响机理》,《财经科学》2009 年第 7 期,第 73—79 页。

劳动关系的构建需要政府、企业和职工三方的共同努力。[①]

许多学者也从劳动关系的宏观和微观层面来提出构建和谐劳动关系的具体对策建议。微观上，程延园等认为集体谈判和三方协调机制是解决我国劳动关系治理问题的有效策略，完善劳动标准成为当务之急[②]；郭志刚、司曙光提出了劳动关系的微观治理结构框架，对我国国有企业劳动关系的转变路径进行了分析[③]；吕景春将实现劳动力产权作为实现劳动者主体地位的关键问题，着眼于解决劳动力产权所有者的剩余索取权、控制权等问题，以有效预防劳资冲突的发生、构建和谐劳动关系[④]。宏观上，穆怀中认为积极的就业政策对劳动力资源的优化配置和经济发展具有促进作用，可以有力推动劳动关系和谐发展[⑤]；冯同庆指出应基于中国本土的需要来培育适应国情的建设性思维；[⑥]李宏宇(2014)提出从完善收入分配的途径来构建和谐劳动关系[⑦]。

近两年对和谐劳动关系构建研究上，多以劳动关系三方协调机制为重点。赖德胜、李长安(2016)认为和谐劳动关系构建的制度基础三方协商机制应向协调型政府、功能型工会、责任型雇主转变，同时充分利用介入型社会组织在和谐劳动关系构建中的积极作用。[⑧] 刘秀清也是从劳动

---

① 白春雨、胡晓东:《我国企业劳动关系和谐指数评价指标之研究》,《中国劳动关系学院学报》2012 年第 3 期,第 18—24 页。

② 程延园:《集体谈判制度在我国面临的问题及其解决》,《中国人民大学学报》2004 年第 2 期,第 136—142 页。

③ 郭志刚、司曙光:《基于社会交换理论的劳动关系微观结构模型》,《经济社会体制比较》2010 年第 1 期,第 169—174 页。

④ 吕景春:《劳动力产权、劳资冲突与和谐劳动关系构建》,《当代世界与社会主义》2010 年第 6 期,第 134—137 页。

⑤ 穆怀中、柳清瑞、闫琳琳:《劳动力资源优化配置及其对促进公平就业的影响——以辽宁为例》,《辽宁大学学报(哲学社会科学版)》2008 年第 6 期,第 101—106 页。

⑥ 冯同庆:《劳动关系理论的中国应用及其不足与补救》,《经济社会体制比较》2012 年第 5 期,第 14—25 页。

⑦ 李宏宇:《收入分配制度对劳资关系的影响和优化》,《学习与探索》2014 年第 3 期,95—98 页。

⑧ 赖德胜、李长安:《经济新常态背景下的和谐劳动关系构建》,《中国特色社会主义研究》2016 年第 1 期,第 42—46 页。

关系协调三方机制的视角提出制定单行法、明确职责和主体定位的建议。[①] 宁本荣通过对上海企业产业转型过程中劳动关系状况的分析，提出增强政府、企业、工会在三方协商机制中的职能和能力来促进和谐劳动关系的构建。[②] 张展宁分析了在经济新常态下工会在构建和谐劳动关系中可以从加强制度建设和互联网工会建设方面有所作为。[③] 贾怡静提出中小企业产业转型中和谐劳动关系的维护要从完善法律法规、加强企业管理和工会建设方面来保障职工权益。[④] 张百卉提出了经济新常态下国有企业构建和谐劳动关系要从完善法律制度、发挥政府作用、健全薪资管理和道德评价四个方面努力。[⑤]

总体而言，近年来学者们一直致力于劳动关系理论本土化的研究，但所提出的新型分析框架未充分考虑已有研究成果以及各主体之间互动的复杂关系，较多地体现出生搬硬套、过分简化的倾向。孟泉从回归劳动关系核心概念的视角出发，构建出了新型的以“互构论”为基础的劳动关系分析框架[⑥]。该分析框架集经典理论之长，试图解释一定情境下某种劳动关系形态形成或变化的原因与机制。由于该理论框架提出时间较短，目前相应的实际应用较少，因此本章以珠三角地区劳动关系发展变化情况为研究对象，使用基于核心概念的劳动关系分析框架，以拓展该分析框架的实际应用。基于核心概念的劳动关系分析框架具体如图 8-1 所示：

---

① 刘秀清：《经济新常态下构建和谐劳动关系的法律思考——以劳动关系三方协调机制为视角》，《法制与社会》2017 年第 25 期，第 218—219 页。

② 宁本荣：《产业转型中和谐劳动关系构建：挑战与应对——以上海市为例》，《上海行政学院学报》2018 年第 1 页，第 89—96 页。

③ 张展宁：《经济新常态下工会构建和谐劳动关系作用探究》，《经济研究导刊》2018 年第 6 期，第 101—105 页。

④ 贾怡静：《中小企业产业转型升级中如何构建和谐劳动关系》，《商场现代化》2019 年第 2 期，第 110—111 页。

⑤ 张百卉：《经济新常态下国有企业和谐劳动关系的构建》，《劳动保障世界》2018 年第 24 期，第 11 页。

⑥ 孟泉：《从中心论到互构论：构建基于核心概念的劳动关系分析框架》，《中国人力资源开发》2018 年第 5 期，第 23—28 页。

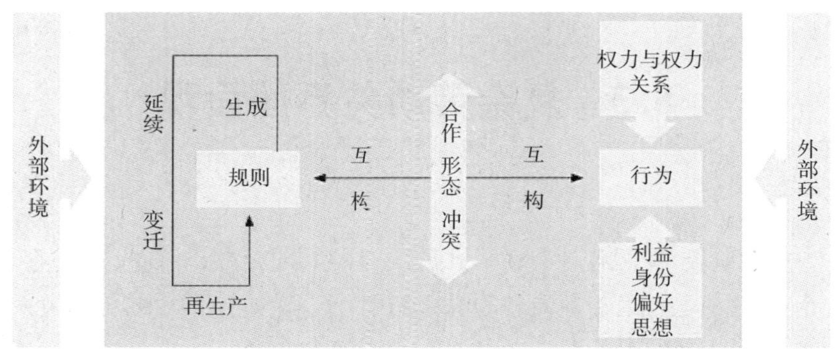

图 8-1　基于核心概念的劳动关系分析框架

该框架基于规则和行为两个中心，认为二者是一种互构关系，会产生合作与冲突两类形态。就规则而言，其再生产逻辑与变化情况都会受到行为主体的影响，反之行为的发展也受到规则的影响。而劳动关系的发展是复杂多样的，除了不同主体行为机制和现行规则的影响之外，还有诸如市场、技术等外部环境的形塑作用，产生劳动关系的转变与演化。对于主体来说，除规则会影响其行为之外，主体间形成的权力关系，主体本身相关的一系列特质，如利益、身份、偏好、思想等也是其行为的重要影响因素。由于国家既可以作为超越工作场所之外的环境因素，又是劳动关系中与员工、工会、雇主互动的主体，会介入和干预劳动关系，因此将国家也作为外部环境的一部分①。政府作为劳动关系中重要的参与方，不应将国家视为外部环境，相反，应属于权力与权力关系的范畴。综上，就形成了较完整的以“行为—规则”为基础的，基于核心概念的劳动关系分析框架。

① 孟泉：《从中心论到互构论：构建基于核心概念的劳动关系分析框架》，《中国人力资源开发》2018 年第 5 期，第 23—28 页。

8.3 复杂劳动关系面面观

在现阶段,我国各种劳动形式的所有制共同存在,外商投资企业、三资企业、国有与民营企业及各种类型的中、小、微型企业众多,劳动关系复杂多元,社会主义社会的劳动关系中也不可避免地会产生一定程度的异化劳动问题,衍生一些不健康、不平等的劳动方式或劳动形态,劳资主体双方都有可能因为利益关系发生一些不理性、不道德的行为,如企业管理水平参差不齐、劳动用工不规范、侵犯职工合法权益、克扣工资、同工不同酬、对农民工的劳动歧视等现象;也有一些职工严重触犯厂纪厂规甚至法律法规,包括变相索取劳动补偿、偷工减料、出工不出力、不服从工作安排、随意离职等问题。在此基础上产生带有利益冲突的劳资纠纷,有的事件扩大发酵并最终演变为重大的群体性事件。劳动是个体的,也是社会的,绝不是独立简单的行为。

8.3.1 建设工程领域欠薪现象依然是重灾区

2017 年年末,国务院办公厅印发了《保障农民工工资支付工作考核办法》,决定从 2017 年至 2020 年,对各省(区、市)人民政府及新疆生产建设兵团保障农民工工资支付工作实施年度考核,推动落实保障农民工工资支付工作属地监管责任,切实保障农民工劳动报酬权益,并出台了部际联席会议的《考核细则》。重点是加强对落实主管部门特别是建设工程行业主管部门责任、强化对欠薪失信企业信用惩戒以及推进落实工资支付保障制度的考核力度,加大相关项目的分值权重,充分发挥考核的正向引导作用,指导和督促各地区严格落实属地监管责任,确保党中央、国务院关于保障农民工工资支付的各项工作部署能够真正落实落地。

从珠三角地区一些城市的行业分布来看,建筑、饮食、美容沐足类服务业、服装加工劳动派遣等劳动密集型企业，都是群体性劳资纠纷的频发企业类型，其中建筑行业是群体性劳资纠纷的最大滋生行业。建设工程领域违法多层分包情况依然普遍存在，一些不具备合法用工主体资格的"包工头"依然在许多工地大行其道，甚至跨区域多地分包，这种情况尤其在一些无须到行政主管部门申报备案的小型施工项目里更是屡见不鲜。由于建筑领域的行业特点，项目工程存在转包、分包等违规现象，导致用工主体不明确，用工档案管理混乱，行业内常有承包者囿于资质、资金、设备、技能制约，容易引起工伤事故、工资结算纠纷等现象。

农民工在建筑工地务工，大部分是与包工头达成口头协议，并在包工头的管理下施工，不与建筑公司直接联系。很多农民工也只清楚自己给哪个包工头干活，并不关心分包的建筑公司是谁，如果工资被拖欠，他们将矛盾的焦点对准包工头，而不是分包的建筑公司。而建筑公司也认为自己只是与包工头之间存在工程承包关系，与包工头招用的农民工之间并没有直接联系，不存在直接的劳动关系。根据原劳动和社会保障部《关于确立劳动关系有关事项的通知》第四条规定："建筑施工、矿山企业等用人单位将工程（业务）或经营权发包给不具备用工主体资格的组织或自然人，对该组织或自然人招用的劳动者，由具备用工主体资格的发包方承担用工主体责任"。被申请方将其经营范围内的业务发包给不具备法定用工资格的自然人，自然人在承包被申请方的工程后，为完成该工程所聘请的劳动者，被申请方应依法对其承担用工主体责任，因此可以确认申请人作为自然人聘用的劳动者与被申请方之间事实劳动关系成立。由于这些分包后的劳动关系特别复杂，主体不清，特别是项目分包商借工人"讨薪"之名，解决工程款结算问题引发系列群体性事件，进一步混淆了劳动关系。

住建部 2017 年 11 月 7 日发布的《关于培育新时期建筑产业工人队伍的指导意见（征求意见稿）》指出：当前，建筑工人存在流动性大、老龄化严重、技能素质低、合法权益得不到有效保障等问题，严重制约了建筑业的持续健康发展。建筑工地欠薪纠纷本质上都是包工头与总包、分包或者班组长与包工头之间的合同纠纷，多表现为对工程量、工程单价、工程款支付以及质保金等方面的纠纷。最常见的是包工头把工人工资和工程款捆绑在一起，打着追讨工资的名号，聚众上访向政府施压，要挟政府帮助其追讨工程款。

据广州市荔湾区人社局统计，建筑工地欠薪占劳资事件的一半以上，劳动监察部门处理案件的一半以上是建筑单位引发的群体性事件。现行的劳动保障法律法规和政策多是强调总包单位的责任，对包工头应当承担的分包责任规定不够明细，使劳动监察部门处理这种由包工头自导自演的事件时受到诸多限制。建筑工地领域的乱象也导致部分建筑施工单位人员流动性大、施工人员劳动合同签订率不高、劳动用工管理松散、社会保险无法缴纳、工资发放不规范、安全培训不到位，并且容易发生欠薪纠纷、生产质量纠纷和安全生产事故。

2017年上半年，广东省实施实名制管理的工程项目仅3177个。广州、汕头、茂名3市尚未实行劳务用工实名制管理，揭阳、汕尾、潮州、云浮4市实行的项目均不超过30个。因此，减少和杜绝违法分包和不具备合法用工主体资格的“包工头”情况发生，是规范建筑施工单位劳动用工管理，根治建设工程领域欠薪问题的治本之道。

现阶段建设领域劳动用工实名制、分账制落实力度不够，劳动用工仍缺乏有效监管。

8.3.2 劳动者维权意识有所增强但法律观念仍旧淡泊

当前，劳动者的劳动维权意识普遍提高，但多数劳动者对劳动法律法规的理解和认知并不全面和准确，发生问题时不知道也不清楚如何按正常途径依法维护自身合法权益，劳工维权意识的不断增强，劳动者的维权行动从开始的隐性冲突：抱怨、消极怠工、协商发展到激烈的显性冲突。当劳动者尝试过大部分维权渠道仍未争取到自身利益后，劳动者开始逐步走向团结、联合，以集体行动的方式表达其诉求，最终演化为集体劳资纠纷。

从群体结构和功能来看，社会群体是有两个或两个以上相同目标和期望，可以团结一致共同行动的一群人。群体性事件的参与者或相关人员有着不同的背景、教育经历、社会认知、个性偏好、思维方式，但他们有着共同的诉求和集体认同感。部分劳动者本着“大闹大解决、小闹小解决、不闹不解决”的所谓历史经验而为之，甚至一时冲动和不理智，采取跳楼、堵路、自残等极端方式进行维权，这样不但容易给劳动者本身造成伤害，影响和破坏社会正常秩序，也给社会上一些别有用心的人员甚至境外组织提供了利用和炒作的机会。例如，中山市南区某企业在转型升级过程中将厂房搬迁至火炬开发区，并向员工提供食宿及交通工具等便利条件，企业200多名员工认为劳动合同内容发生重大变更，要求支付经济补偿，并采取消极怠工、阻挠企业正常经营等过激手段，导致双方矛盾激化，处理过程长达两个多月才得以解决。

因此，如何帮助与引导劳动者依法维权，是构建和谐劳动关系的重中之重，也是能充分体现人民政府为人民的重要方式。近年来，因企业停业、停止经营或因搬迁、经济转型和因员工提出超出法律基准诉求，要求企业增加福利提高待遇、参与分享企业经营发展成果、增加加班时间等引发的超出法律基准的劳资纠纷群体性事件已经超过总量的一半，非生产经营事件大量增加，大大分散了企业的生产精力。

8.3.3　欠薪预警机制建设仍然比较滞后

除了建筑工地欠薪之外，企业欠薪分为三种情况：一是生产经营不善引发的欠薪；二是三角债资金断裂引发的欠薪；三是一些企业想减负，实施恶意欠薪。2017年上半年广东省劳资纠纷群体性事件诉求分布中，欠薪仍占67.24%，见表8-2。

表8-2　劳资纠纷群体性事件诉求分布情况

	2016年诉求数量（宗）	2017年诉求数量（宗）	2017年各种类型诉求数量所占比例（%）	2017年与2016年诉求数量同比增长（%）
时间	1—6月	1—6月	1—6月	1—6月
合计	270	232	100.00	-17.44
欠薪	205	156	67.24	-23.90

续表

	2016 年诉求数量（宗）	2017 年诉求数量（宗）	2017 年各种类型诉求数量所占比例（%）	2017 年与 2016 年诉求数量同比增长（%）
要求提高工资等待遇	3	16	6.90	433.33
社保	2	5	2.16	150.00
企业关停并转迁	29	22	9.48	-24.14
其他问题要求经济补偿金	31	21	9.05	-32.26

资料来源：作者根据广东省人社厅劳动监察局资料整理。

目前，由于受到行业管理条条框框的制约，许多数据无法及时实现互联共享，劳动保障监察部门无法全面、准确掌握企业实情，以致欠薪预警机制无法发挥最大效能。广州市人社局统计，2017 年上半年欠薪纠纷占 66.4%；南海区人社局统计，2017 年上半年欠薪纠纷占劳资纠纷总量的 84%。欠薪发生后，劳动者往往要求以最快方式、在最短时间拿到补偿工资，不愿意按法律程序追讨欠薪款。要快速解决欠薪问题，关键是要在最短的时间内尽快筹措资金。如一时无法筹到资金，就容易引发上访。

珠三角地区以往的做法一般是动员村委会或出租物业的业主垫资，有的还由政府垫资，如南海区华立医院欠薪案，就是由镇政府垫资 500 万元先行解决。但垫资的做法缺乏法律依据，也无法长期使用这一被动应急措施，当前动员村居一级或业主垫资已越来越难以落实。广东省明确规定政府应建立欠薪应急周转金制度，但该周转金如按规定只用来支付基本生活费，离劳动者的实际工资报酬还有较大的差距。经济下行，越来越多的企业不景气，过多运用应急垫薪措施，财政压力太大，劳动者抱怨过多，并不可取。

据广州市天河区人社局反映，集中追讨工资主要在“双节”（元旦和春节）返乡潮期间，以及九月份各类大中院校相继开学时期，大部分异地务工人员因需筹钱返家或为子女缴纳学费等原因而向用人单位集中追讨工资，从而引发周期性的群体性劳资纠纷。

总体而言，珠三角地区企业欠薪逃匿事件呈逐年下降趋势，但是仍然面临复杂严峻的经济形势，一些低端、缺乏竞争力的劳动密集型企业的经营依然存在许多不确定性因素，一旦这些企业资金周转出现困难，就极易引发欠薪逃匿事件。人社部门在处置企业欠薪行为时也面临治理手段有限、震慑力不足以及要求垫付工资缺乏法规依据等困境，并且一些企业"惯性欠薪""欠而不逃"等新问题也逐步显现。

珠三角地区由欠薪引发的群体性事件占群体性事件总数的比例大都高于60%，见表8-3。

表8-3　2011—2015年广东省欠薪群体性事件与占比

	2011年	2012年	2013年	2014年	2015年
欠薪引发的群体性事件（宗）	722	785	760	539	583
占全部群体性事件比例（%）	62.84	64.03	59.65	68.31	76.71

资料来源：广东省人社厅劳动监察局。

广东省的统计资料，客观上反映了珠三角地区的实际情况。要做到对欠薪隐患早发现、早研判、早处理，把欠薪问题解决在萌芽状态中，就必须要建立一套完善的欠薪预警机制，尤其是要充分发挥大数据和信息网络的作用，对企业的劳动就业、社保缴纳、税务状况、工商登记、水电使用、银行款项等项目进行数据比对和科学分析，排查出隐患企业，并按预警级别分类处置，为相关部门执法检查提供有效指引。

8.3.4　经济补偿问题引发道德性危机

2008年以前，劳资纠纷的争议焦点主要是劳动报酬发放是否依法支付，加班工资的计算标准是否合法等。最近几年，经济补偿如何计算却成为用人单位与劳动者分歧的焦点。随着经济补偿（赔偿）法律规定的深入人心，在企业发生股权变化、重大经营政策调整，特别是产业转型升级时，员工常常会要求企业先行买断工龄，支付经济补偿金等。但许多企业在经营管理中的制度改革尚未跟进，未充分考虑到员工已经具有新的维权要求而做好事前沟通工作，从而引发群体性争议。劳动争议高度集中于劳动报酬和解除劳动合同的经济补偿、赔偿问题。

企业转型、搬迁成为引发劳资纠纷的新触点。转型企业在关停并转时涉及解除或终止劳动合同的经济补偿、补缴社保等问题也易发劳资纠纷。由于一些企业在推进转型升级中未充分考虑劳动关系调整因素，既没有专门的工作预案，也缺乏与人社、工会等部门的沟通，极易引发群体性事件。群体性劳资纠纷往往涉及经济补偿问题。近年来，珠三角地区围绕经济补偿金的争议问题逐步凸显，并呈现易发多发的趋势，经济补偿金逐渐成为劳资双方新的利益博弈点。以深圳市为例，2014 年解除或终止劳动合同经济补偿或者赔偿类劳动争议多达 13502 件，占立案总量的 48.05%。这表明 2014 年深圳劳动争议案件已从承认劳动合同而追讨劳动报酬，转移到解除劳动合同而要求经济补偿的问题上。《劳动合同法》具体规定了 17 种解除劳动合同的情形用人单位应当支付经济补偿金。《劳动合同法》还有兜底条款，法律、行政法规规定劳动者可以解除合同的，劳动者也可以申请经济补偿金。复杂的经济补偿关系，保护了劳动者的合法权益，当然也带来了劳资双方复杂的利益博弈。主要的行为表现为：

（1）一些工人故意采取怠工、停工或是故意违反劳动纪律等形式，要求终止劳动关系并获得经济补偿。

（2）有的企业由于经营不善导致关停等相关问题，连工人工资都难以全额支付，但一些员工依然不依不饶，执着于经济补偿。

（3）企业由于生产经营管理的需要搬迁部分厂房，即使是同城搬迁，一些员工出于交通不便等各种原因要求经济补偿。

（4）为了谋取经济补偿，法外诉求案增多，抱团维权的案件数急剧上升。

（5）一些工龄长的员工，有意滋事要求买断工龄谋取一次性经济补偿金；也有一些员工，不愿意续签劳动合同，合同到期之际，开始消极怠工，寄希望被企业解雇，如故意在禁烟区吸烟，被企业因违反企业禁令解雇而获取经济补偿。

有的企业经济补偿涉及金额较大，筹资困难，依靠变卖设备等手段根本解决不了巨额的经济补偿资金。当企业无法全额支付经济补偿金时，只能通过反复调解疏导，争取工人做出让步。但工人对此要求越来越强烈，很难说服其让步，如企业财产又不足以清偿，就形成了一个无解的难题。如东莞中堂镇某玩具有限公司，2006—2007 年期间员工多达 1 万多人，至 2016 年锐减到 1000 多人，员工不论是哪一种原因被辞退，员工所在乎的只是被辞退之后怎么让自己的利益得到最大程度的满足，自己会得到多少经济补偿？企业生产经营不景气导致大量减员，付出的经济补偿金数额巨大，对亏损企业尤如雪上加霜。南海区大沥镇某玩具厂关闭，全厂近 400 名员工，涉及经济补偿 1200 多万元，区镇村三级联动，历时近两个月，最终才以厂方转让设备所得以及承接余下租赁期的第三方提供的 685 万元支付经济补偿款才得以化解。2017 年 7 月 19 日，南海区某玩具厂全体工人与买家张某就某玩具厂车间所有机械设备、仓库等一切动产以总价 138 万元进行转让，转让所得用于解决工人经济补偿金等诉求。

企业一方为了规避支付经济补偿金，可能通过苛刻手段恶意逼迫员工主动辞职，而员工一方尤其是一些工龄较长的劳动者，希望得到企业的补偿，不愿通过合法的渠道诉求，而是采取过激的方式进行施压，甚至提出垫付经济补偿的不合理诉求，出现了员工无理“博炒”与企业恶意“逼退”并存的现象，极大增加了劳资争议的处置难度。如深圳某实业公司因资金链断裂经营困难在厂区张贴停业通知，引发该公司 70 余名员工在厂区聚集、到区信访大厅集体上访，要求解除劳动合同、支付经济补偿金；深圳某制品厂因原厂房租期届满，公司近期计划将工厂搬到坪山办事处宝山第二工业区，导致 40 余名员工不愿随厂搬迁，围堵厂门，要求解除劳动合同、支付经济补偿金。某新能源汽车有限公司计划将合同主体更名，引发 30 余名员工到区信访大厅集体上访，要求解除劳动合同、支付经济补偿金。

8.3.5　劳务派遣制度有待进一步完善

劳务派遣本身是一种非标准的劳动关系，主要体现在用工“灵活性”上。在 2008 年《劳动合同法》颁布实施之前，劳务派遣制度一直处于晦暗不明的状态：实施过程中普遍没有法律规范。《劳动合同法》专门用 12

个条文来规范劳务派遣用工制度，原本立法的目的是要规范、限制劳务派遣制度的应用，但令立法者和很多人意外的是，《劳动合同法》颁布实施后，劳务派遣制度不仅没有衰退，反倒愈演愈烈。与此相比，法律规范的粗线条却显得捉襟见肘，难以应付现实中用人单位种种逃避责任的方法。劳动合同关系存在于劳务派遣机构与派遣劳动者之间，但劳动力给付的事实则发生在派遣劳动者与用工单位之间。

劳务派遣制度较长时间一直被诟病和质疑，对劳务派遣制度的管理得到了加强，政策有所收紧，劳务派遣制度转向了外包管理。据东莞市社保局资料：截至 2017 年 6 月底，东莞市劳务派遣机构共 971 家，其中行政许可的共 894 家，备案的分公司共 77 家，971 家劳务派遣单位共为全市 1143 家企业派遣员工共 60227 人，其中派往 521 家港澳台资及外资企业共 35612 人，派往 51 家国有企业共 1692 人，派往 447 家内资企业共 18879 人，派往 63 家机关事业单位共 1581 人，派往其他 61 家单位共 2463 人。存在的问题：一是劳务派遣单位数量庞大，但绝大部分用工单位持有资产不多，欠薪逃匿风险较高；二是劳务派遣政策收紧，很多原来使用派遣员工的企业不得不转为自己招用工并对员工进行管理，导致企业招用工成本快速上升。但因劳务外包没有明确法律界定，导致可能存在用工风险，劳动行政部门监管难度也进一步加大。

对劳务派遣制度，应当出台专门的法律，或者在现有框架下，出台更为细致的规定，尤其要在劳务派遣适用的行业和岗位、劳务派遣适用的时间、行业准入，以及劳务派遣职工的工伤保险等几个重要方面做出规定。对得到行政许可的劳务派遣单位必须具有正常履行用人单位权利义务的实力，从而保障劳动者的各项权益的落实。适当放宽劳务派遣用工限制，将市场自我调节的部分归还市场，适当减少一些刚性用工指标的设置，增加企业“三性”岗位用工的灵活性，使人力资源行政部门能腾出更多精力用在劳动者权益保护上，最终实现用工企业与员工的双赢。

8.3.6 工伤认定争议成为新的争议难题

工伤认定是劳动行政部门依据法律的授权对职工因事故伤害（或者

患职业病)是否属于工伤或者视同工伤给予定性的行政确认行为。单位、职工或其近亲属一方对工伤认定结论不服的,可以选择申请行政复议或者进行行政诉讼。工伤问题涉及外来务工人员偏多,包括工伤认定和劳动能力鉴定两个方面,是社保领域最容易形成极端个案、最难化解的问题。工伤保险有严格的认定条件和认定程序,一旦发生纷争,《工伤保险条例》第五十五条规定:有下列情形之一的,有关单位或者个人可以依法申请行政复议,也可以依法向人民法院提起行政诉讼:

(1)申请工伤认定的职工或者其近亲属、该职工所在单位对工伤认定申请不予受理的决定不服的;

(2)申请工伤认定的职工或者其近亲属、该职工所在单位对工伤认定结论不服的;

(3)用人单位对经办机构确定的单位缴费费率不服的;

(4)签订服务协议的医疗机构、辅助器具配置机构认为经办机构未履行有关协议或者规定的;

(5)工伤职工或者其近亲属对经办机构核定的工伤保险待遇有异议的。

工伤认定产生纠纷的主要原因:一是矛盾双方认识上的分歧和利益上的冲突,或是法律条文上难以界定;二是用人单位认为受伤者违章作业;三是工伤认定已不在时效性期间内;四是用人单位因没有按时足额为劳动者缴纳社会保险费,导致劳动者无法享受工伤待遇。

近年来,广东省社保系统已发生多起工伤者及其家属因不服工伤认定结论或劳动能力鉴定结论,而不断缠访、闹访甚至砸毁公物、跳楼要挟的极端案件。如南海西樵邓某案,对南海人社局工伤认定结论不服,三次行政复议失败后,不再依法提起诉讼,转而缠访、闹访,甚至对人社局工作人员施以人身安全威胁。又如南海大沥镇李某案,对广东省做出的劳动能力鉴定结论不服,在佛山市中级人民法院已判决不予支持的情况下,仍四处上访,甚至在广东省人社厅上访时砸毁三台电脑而被公安部门拘留。在其拘留期满后,南海区人社局和镇、社区多次约谈疏导均难以化解矛盾,其仍坚持要赴省甚至进京上访,态度非常强硬。工伤认定首先要有劳动关系的证明，有劳动关系才可以仲裁，工伤认定纠纷面对的是劳动过程中的工伤受害者，出于同情，往往以政府部门的退让而结束，让闹事者获取更多的经济补偿成为解决问题的关键。

8.3.7 社保问题成为劳资纠纷新焦点

随着社会保险法规体系的不断完善，历史遗留问题将不断增加，社会舆论及民众对社保的不理解，甚至抱怨情绪不断涌现。因社会保险参保问题引发的劳资纠纷和上访逐渐增多，随着社保跨市、跨省转移政策的实行，越来越多的逐步达到退休年龄的员工对参保问题更加重视，维权意识也越来越高，近年来因参保问题引发的劳资纠纷越来越多。值得注意的是，对于双重劳动关系和退休人员上岗工作的社会保险怎样缴纳，在无配套规定出台之前无法操作，对适用《劳动合同法》也有一定的障碍。

调研结果显示，目前企业职工未参加职工养老保险、已参加职工养老保险但缴费年限和缴费基数不足等问题仍在一定程度上普遍存在。劳动者的维权意识日益提高与企业依法参保意识薄弱的矛盾，容易成为集体劳动争议的导火线，劳动者往往在诉求社保利益的同时附带诉求诸如住房公积金、加班费等其他权益。如 2014 年 4 月，东莞裕元厂因为社保未足额缴费问题引发了大规模的群体性事件。事件具有典型性，随着社保政策宣传工作力度的加强，劳动者维权意识的提高，以及早期来珠三角地区的第一代务工人员面临退休养老的现实需要，职工关于社保参保和缴费的诉求，有可能进入一个持续爆发时期。

社保的历史性补缴问题突出、企业因承受全员参保及公积金的负担过重，均成为目前企业经营过程中一个不可回避的问题。调查中发现：一些老员工在接近退休年龄后，要求企业补缴社保的呼声非常高。一些企业在招聘过程中，一些新员工因要参加社会保险而拒绝入职，尤其是年龄偏小的员工，在其月薪中扣除数百元的社会保险缴费，是一道过不去的坎。在对东莞广东广益科技实业有限公司的调查过程中发现，因春运后返工难的问题，该公司招聘员工的男女年龄放宽到 50 岁，入职后迅速签订劳动合同与社保关系，一些新入职员工因参保需要个人缴费产生畏难情绪甚至很快离职,企业承受参保损失。是否重复参保问题以及大龄职工缴费达不到15年的问题,一律因招聘员工难而被企业忽视。

8.4 三方关系的转化与演变

基于劳动关系核心概念的分析框架,最重要的在于行为和规则的互构关系上。根据调查可知,珠三角地区在制度落实规范方面已经领跑全国,然而珠三角地区劳动关系问题严峻程度超越全国其他区域。前文已经论述了珠三角地区的外部环境因素,因此把关注的目光从互构转变到行为主体本身。对于主体而言,其特质如利益的冲突和博弈、身份的限制、偏好的选择和思想的多元与差异等,均会对主体的行为产生影响。但珠三角地区劳动关系多元主体的多方权利关系,是重中之重。因此下文将着重根据基于劳动关系核心概念的分析框架,论述劳动关系中三方关系的转变与演化。

8.4.1 建立和谐劳资关系是减少劳资纠纷的重要基础

劳动者从校园、农村或是其他渠道进入到当前所就职的企业之前,是"校园人"或"社会人"的角色,通过劳动合同,劳资双方既是特殊的合作伙伴关系,又是彼此独立的利益主体,权利与义务关系明确,他们通过劳动与资本的结合,共同创造劳动价值,雇主与雇员同时获得自己的应得利益。劳资双方之间都有一种对利益追求的需要,而这种合作关系本身又是一种利益博弈,矛盾难以避免。

为此,广东省一直走在探索和谐劳动关系的道路上,其中和谐劳动关系综合试验区就是较为突出的亮点。目前,广东在深圳盐田区、坪山区、广州花都区、惠州大亚湾经济技术开发区等地均设立了省市共建的和谐劳动关系综合试验区,此外,佛山顺德还成为国家级共建和谐劳动关系综合试验区。上述所提及的试验区均设立了一系列标准，以对象为划分标准，共分为广东省和谐劳动关系示范城区创建标准、和谐劳动关系示范园区（社区）标准、和谐劳动关系示范企业标准这三类。

以 2015 年发生在花都区的西铁城（广州）公司清算解散事件为例，广东省相关部门的处理是值得称赞的标杆。2015 年 2 月，日资企业西铁城集团在华重要生产基地——西铁城精密（广州）有限公司"突袭式"清算解散，并突然通知全体员工解除劳动合同。这一突击裁员一度引发上千名工人聚集"讨说法"，亦被一些舆论视为中国外资"撤资潮"的"标志性事件"。对此，广东省人社厅与广东省总工会迅速介入，开通了领取失业保险待遇的绿色通道，对已经同意终止劳动合同的 981 名员工，加快其失业保险待遇的申请与认领手续；对终止劳动合同关系的员工有就业意愿的进行登记，并在短时期内让其再就业，解决就业问题。① 从这一事件的处置看，和谐劳动关系不仅体现在企业内部，也体现在企业解体时，这种政府与员工之间和谐的接力棒值得传承，我们为这种劳政关系，为这种国家行政调节叫好。

在构建和谐劳动关系时，有许多的关键词以及各项建议，如建立工资集体协商制度、社会组织介入调解机制推进和谐建设、劳动监察"两网化"管理平台、企业劳动关系化法治化建设、劳动争议预警信息员制度、劳动事件"5+1"处置系统、劳动关系协调工作站机制、劳动关系诚信评价认证体系建设、商事主体诚信公示系统、建筑行业工程款和工资分账管理制度等。这些措施或做法均取得了一定的经验与收获，各地劳动纠纷发案率有所下降、结案率上升，大规模群体性劳资事件明显减少，企业主体责任意识与社会责任意识及自主化解劳资纠纷的能力明显增强。

但是我们也要看到，强势政府与强权力约束状态下的劳资和谐关系，还十分不稳定，经济下行、去产能和去库存、环保压力等社会经济因素都随时有可能促使劳资纠纷发案率的反弹。以 2018 年 7 月在舆论上不断升温发酵的深圳佳士公司工人"维权"事件为例，此案堪称当前在互联网

① 《广东省人社厅回应西铁城事件：问题已初步解决》，第一财经网站，2015-2-10。

时代下劳资关系处理的一个典型缩影。事件中所暴露的工人表达诉求的渠道是否畅通，政府应该何时干预等问题均成为值得反思的重点。如何才能让员工从“社会人”的角色进入到“企业人”的角色能够没有“后顾之忧”？毕竟市民化待遇低下是进城务工人员一道难以释怀的藩篱，我们的社会管理体制还存在较大的问题。社会层面对外来劳动力的社会歧视与教育限制等排斥机制，首先就为外来劳动力融入城市设置了障碍，加之生存空间有限，外来劳动力如何从思想上融入所就业的城市和企业成了一个极具挑战的问题，更谈不上让其成为一个忠诚于企业的“企业人”角色了。

在一些地方传统的劳动执法思维模式中，常常责怪外来劳动力或农民工“思想狭隘、利益至上、素质低下”等。与其用审视的目光从头到脚打量外来劳动力和农民工们，倒不如反思我们的城市管理在何种程度上为外来劳动力解除了哪些后顾之忧，市民化待遇问题解决得如何，全世界最庞大的、共计超过 1.5 亿的留守老人、留守儿童、留守妇女群体生存情况如何，承受着背井离乡酸楚的进城务工人员能否安心工作，他们如何才能不“利益至上”？这一系列的疑问也许不仅是企业内部的劳资矛盾的问题，更是一个重大的社会问题与宏观命题，如果人格化管理上治标不治本，那将无助于劳资矛盾的基本解决。

针对该问题，珠三角各地区也展开了积极探索。佛山市顺德区推出的“异地务工人员融入顺德工程”和“劳动关系社会治理工程”，就是将社会关爱工程、企业人性化管理工程及劳资纠纷综合治理工程联为一体。同时，工会组织送温暖活动也是一种贴心的活动。截至 2017 年 6 月底，深圳坪山区总工会探访受伤职工 765 人，其中慰问工伤职工 426 人，发放慰问金 21.3 万元，发放慰问品 426 份，[①]这种心贴心的工会服务，自然会减少工伤职工的失落感。总结来说，和谐劳动关系的建立，需要多部门联动。当然也要谨防资本的逐利性在政府的偏袒下的无限膨胀对劳动者合法权益的主观上或者客观上的侵害，建立起矫正不正当利益分配的系统工程，才能真正减少劳资矛盾。

① 武会先：《坪山区总工会汇报材料》，2017-7-19。

8. 4. 2 谨防劳资矛盾转化为劳政关系

现今,我们所赖以生活、工作的环境和经济社会结构变得越来越敏感和脆弱,一个很小的冲击都可能引发系统的紊乱和破坏。经济增长速度减缓,社会分化程度加大,利益格局差距加深,急剧的社会变迁引发的社会心理问题逐渐增多。从社会系统视角揭示重大劳动关系的孕灾环境、多种致灾因子和不同承灾体的相互作用、相互影响,风险演化过程中的多种因素、多个条件的复合叠加,形成了历史上珠三角地区重大劳资冲突的多个案例。

现代企业不再是一个独立的个体,企业安全事件关联性强,一种事故灾难本身不仅可能引发其他事故灾难,同时还可能引发社会公众的心理恐慌、对政府的不信任等一系列社会风险,本质上体现为风险相互碰撞、衍生、叠加,进而引发更大的劳政冲突风险。劳政冲突作为劳资矛盾的一种转移关系,现实中存在以下几种原因:

其一,珠三角地区招商引资工作历来成就卓著,为了稳定资方长期投资,在劳资矛盾的处理上地方政府可能更加偏袒于资方。以工资增长为例,历来是劳资纠纷的一个焦点问题。珠三角地区因劳动工资增长问题引发了不少劳资纠纷,工资增长的谈判协商机制没有发挥太大的作用,不排除地方政府对资方保护的"诸侯经济"的影响。

珠三角地区的最低工资制度增长机制同样也或多或少地存在地方政府的阻力问题,出现买方市场时,一些企业按政府制定的最低工资标准为普通工人发工资,影响了劳动者的工作积极性,事实上也在一定程度上造成了珠三角地区招工难的问题。而在珠三角地区遭遇用工荒的同时,农村外出人口在中西部地区的就业比重却在稳步上升。根据《中国流动人口发展报告 2017》,包括安徽、湖北、四川、江西在内的多个中西部省份已出现人口回流的情况。

其二,在处理劳资关系和劳资纠纷时,一些案例反映政府对于群体性事件有时进入过早,干预过多,在目前维稳的高压势态下,有时政府会迫使企业做出某些原则上的让步,保全员工利益,息事宁人,员工违纪成本低，这不利于企业管理，反而会促使往后劳资矛盾的频发甚至升级。

其三，政府把集体劳资冲突作为“维稳事件”对待，虽然能够防止冲突的进一步升级，但是当政府介入过度、使用警力不当时，很可能影响和谐劳动关系的建立，甚至可能引发劳政关系紧张。而户籍管理的身份歧视，如没有户籍不能购买房产、不能购车，教育资源对外来劳动者子女的排斥等，上述社会问题均超出了企业可解决的范畴，但都人为地制造了劳政关系紧张的局面。

劳方与资方是矛盾的对立统一体，政府偏袒劳方，资方利益受损，劳资矛盾演变成“资政关系紧张”；政府偏袒资方，劳方利益受损，会产生“劳政关系紧张”。更多的情况下，在政府与企业的关系中，地方政府关注的是资本的持续进入与税收的增长，地方政府为了追求经济效益和GDP 的增长，发展本地经济，不惜以降低工资标准和福利支出来招商引资，也是不得已而为之的一种痛苦选择。地方政府在保护工人权利这一政策议题上也往往是犹豫不决的，从而导致劳工权利向下竞争，出现“逐底竞争”的情况。

此外，建筑工程领域款项问题也是珠三角地区劳动关系的难题。在一些建筑工程中，将农民工的工资与工程预算欠款混为一谈，工资拖欠事件发生后，一些包工头在背后怂恿工人找政府索要工资，将劳资矛盾转化为劳政关系紧张。广东省 2017 年上半年欠薪事件总数 51.28%，其中60%案件因追讨工程款引发。近期列入广东省政府督查的 100 宗案件中，建筑工程领域有 47 宗，其中 14 宗以欠薪名义追讨工程款。例如深圳联建公司承包莞惠轻轨工程所谓欠薪案件，实质上就是惯用的以欠薪名义追讨工程款事件。而由于轻轨工程是地方政府项目，被欠薪民工将矛头对准政府。

此外，如因企业生产经营过程不当造成的工资拖欠，不属于恶意拖欠问题，无法追究雇主的法律责任，政府为此设置了应急款项，但也只能满足员工的基本生活需要，很难理清这是劳资矛盾还是劳政关系紧张。住建部 2017 年 11 月 7 日发布的《关于培育新时期建筑产业工人队伍的指导意见（征求意见稿）》提出，取消建筑施工劳务资质审批，设立专业作业企业资质,实行告知备案制;推行工程款支付担保制度;建立“黑名单”制度,情节严重的降低资质等级;全面落实施工总承包企业对所承包工程项目的建筑工人工资支付总负责、分包企业对所招用的建筑工人工资支付直接负责;建立全国建筑工人管理服务信息平台;对建筑企业职工参加工伤保险等具体规定。这些规定将有助于大幅度降低建筑工程项目欠薪问题的发生,特别是因工程承包商混淆工程款与工资款界限,以欠薪名义追讨工程款所引发劳政关系紧张的问题的发生。

8.4.3 资政关系紧张很多是因政策设置引起

资政关系紧张很多时候是政策设置引起,主要的表现为:

(1)将《劳动合同法》《住房公积金管理条例》与《社会保险法》捆绑在一起,让员工既有劳动保障、住房补贴,又有社会保险,这种企业福利与社会福利看起来非常丰满。而对于外资企业来说,一方面他们并非有在中国长期投资办厂的打算,随时可能撤资,所招员工也偏年轻化,没有养老负担和太多的医疗负担;另一方面是外资企业的工资普遍高于中国国有企业工资,已包含了福利工资在内,为什么还要缴纳五险一金?外资企业心有疑虑,但在珠三角地区,大部分外资企业总体上是合格的守法者。

珠三角地区劳动力工资近几年上升较快,加上社会保险成本、地租成本与税收成本,加速了一些外资企业向东南亚国家的迁移。对于中小微企业而言,五险一金的负担与工资增长的压力,导致正常的生产经营都难以为继。

(2)广东省政府也相继出台了一些补缴历年养老基金、公积金的政策文件,加之巨额的滞纳金,经营时间越长、员工越多的老企业,历史负债越重,加之一些老员工心态迫切,督促企业加快足额缴费甚至发起停工等事端,致使一些大型或老牌企业,为补缴巨额社保基金和公积金,一些经营不善的企业近乎被压垮。不再只是年轻工人会挑起停工,出于保护自身社会权益的目的,中年工人,特别是老年工人在关心未来社会保障方面会表现得更加激进。

(3)招聘工作中,从合规角度出发,要求为员工签订劳动合同,并缴纳社会保险费。一些新员工因个人也要缴纳养老保险费等原因很快离职,政府政策的强制性要求,使企业本已难上加难的招工问题(有的企业男女招工年龄放宽到50岁)"雪上加霜"。企业采取了上调工资、降低学历要求、放宽年龄限制、"老乡带老乡"的奖励,并以五险一金作保证等一系列措施,但仍难以解决招工难的问题。

(4)珠三角地区制造业发达,环保问题极其严重,环保风暴将迫使大量的中小化工企业关停,餐饮、汽修、家装、洗车等一些与日常生活息息相关的产业也受到波及。如果不能较好地处理关停企业的后续安置问题与员工的失业问题,劳资矛盾、劳政关系紧张、资政关系紧张都可能接踵而来。

(5)企业社会责任意识的教育在我国并不长,政府的政策议程中,要求企业因没有完成招收残疾人指标支付残疾人就业保障金,按人头计算;放开二孩后,生育人次大量增加,广东省人大2016年出台的《关于修改〈广东省人口与计划生育条例〉的决定》,98天产假加上80天的奖励假共178天,奖励假期工资、福利由企业支付。政府以企业社会责任的名义要求企业支持残疾人就业保障金和女工生育奖励假的工资和福利,加剧了资政关系紧张,也影响了女工比例高的企事业单位的正常经营和影响女性就业。

为此,广东省人大代表王海建议:一是将80天奖励假期与98天产假一起纳入生育津贴补贴范围,由生育津贴支付假期间的工资;二是将产检假、陪产假、难产假、多胞胎奖励假和1年哺乳期中每天1小时,以8小时为一天进行折算,将这一时间也纳入生育津贴补贴范围。我国生育保险2016年年末累计结存基金676亿元,对于生育保险覆盖的职工而言,这一建议政府可以加以考虑。

劳动关系事件的风险演化是一个复杂的系统过程,既需要对事件的不确定性进行分析,更需要研究社会结构、信息沟通、社会心理等因素构成的社会环境系统对企业员工的影响。要从单纯的事故灾害危机应对决策与危机处理向全面企业安全管理发展,强调社会风险演化机理,以企业系统脆弱性分析作为整体分析框架的核心。在事件的强度与规模越大时，如果管理者和承灾体存在系统结构上的脆弱性，甚至可以使普通的劳动安全事件变异、扩展和加速，以致损失增加导致劳资冲突乃至劳政冲突。

综上所述，劳资关系、劳政关系、资政关系，这三者关系可以相互转化、相互作用，三者均有利益分配与利益均衡的博弈问题。劳资关系是最重要的关系，劳资纠纷发生于企业，当权力与义务发生不对称的时候，劳资双方的利益摩擦随即发生，甚至可以发展为重大群体型事件。劳动关系严重不顺成为触发社会集体行为的导火索，严重影响社会稳定，严重影响企业正常的生产活动，给社会造成不良影响，预防与化解重大劳动关系引发的劳资冲突及至群体性事件，加强对政治形态、经济形态与社会形态演化下的重大劳动关系中员工的一些脆弱性心理和致灾性因子的研究，强化危机预防意识与防微杜渐的管理手段，均十分必要。

重大劳动关系事件是否会演化为劳政关系紧张，取决于政府在处置劳资关系时的态度和行为。劳动监察等相关部门办案不偏不倚，坚持公平正义，有助于劳资关系的缓和，否则劳资关系可能更加恶化或是直接转化为劳政关系紧张。资政关系的不协调反过来也会影响劳资关系，如广东省 80 天生育假补贴全由企业负担，女工比例大的企业难以承受，因生育假补贴期间还要招收新员工接替生育假期间女员工的劳动岗位，从企业角度来说，需付出双份工资。共计 178 天产假的政策直接对女性就业产生了负面影响，企业对政策的排斥行为使企业在职女工在生育权的选择上也难以决策。而上述这些负面影响正在扩延，因此公共政策对企业可能产生的负面效应和政策风险应该加以研究。重大劳动关系非常规突发事件机理同样可以划分为发生、发展、演化三个阶段。在研究劳资关系、劳政关系和资政关系时，要注重机理分析，注意矛盾转化的逻辑关联分析。

和谐劳动关系的理论探讨与改革实践由来已久，我们对重大劳动关系事件的危机管理、技术管理、社会动员与响应机制等均需要展开系统研究和顶层设计，重视事前、事中、事后三阶段常态化的预防与预警问题及信息平台建设，密切关注重大劳动关系事件纵深演化的劳政关系、关切政府政策导向引发的资政关系及至重大的资政关系紧张。关注社会保险政策、企业税收政策、计生政策、户籍政策、教育政策、积分落户政策等政策设计是否与企业的关联利益相一致,谨防利益集团过多地影响公共政策的公平性与可操作性所产生的政策风险,对和谐劳动关系的建立来说都是至关重要的。

9

中国城镇女性就业权益保障问题探析

殷　俊　周翠俭

9.1 引　言

随着我国全面二孩政策的实施，女性就业问题变得越来越复杂，女性就业形势也更加严峻，调查显示在我国大多数家庭分工中女性承担着更多抚育子女的责任，二孩政策的实施必然进一步增加女性承担的家务劳动，进而对女性的职业生涯产生较大的影响。这种影响对女性职业往往是负面的，它不仅对已生育女性有负面影响，而且对未生育女性也会产生较大的负面影响，尤其加大了女性的求职难度，迫使越来越多的女性回归家庭，成为“全职太太”。因此，我国女性就业保障制度亟须完善，保护女性的合法就业权益也成为社会保障迫切需要解决的问题。

就业是女性参与社会活动的基本方式，是其获得经济社会资源、提高社会地位、保持人格独立和尊严的重要途径之一。新中国成立后，女性的社会地位有了较大的提高，女性参与社会劳动的比例也大大增加，女性在社会主义建设中发挥着巨大的作用。然而，由于我国的儿童福利政策和妇女职业权益保护政策仍不完善，不仅缺乏对妇女儿童权益的保护，也制约着妇女的就业数量和质量。随着改革的不断推进，我国的社会保障制度在逐步完善，制度设计也愈加科学合理，对女性生活状态的改善发挥了一定的作用。但是，我国现行的社会保障制度是以社会保险为主导的“社会保险型社会保障制度”，它是建立在以在职职工为保障主体的基础上与在职职工的工资挂钩的保障制度，由于女性就业率和在职工资都相对较低，因此，不仅在职女性的社会保障权益受到较普遍损害，而且目前还有相当数量的未就业女性根本无法享受最基本的社会保障，很难实现体面的工作和生活。排除与男性在生理上的差异，女性在劳动力市场上受到歧视的主要原因是她们需要承担较多的家庭照顾责任，尤其是抚育儿童的重担，这些不仅挤占了女性家庭之外的职业工作时间，也严重影响了女性的职业工作效率。由此可见,女性就业求职难度增大、在职女性收入下降和社会保障权益受损等社会不公正问题的发生,实质上是女性在家庭内部的不平等的反映,其结果严重制约了女性的职业发展。为保障她们正当的就业权益不受侵害,研究女性就业保障问题显得尤为重要和紧迫。本章试图从儿童福利视角探索改善女性职业权益的保护问题,从而推动完善我国社会保障制度,消除现实就业市场中的性别歧视。

9.2 相关文献综述

关于就业中的性别歧视问题,国内外许多学者从不同视角做了较深入的研究。Gary,S.Becker 在 20 世纪 70 年代对就业性别歧视的研究认为[①],从经济学视角看,由于已婚生育女性的劳动生产率下降(或用工成本的相对上升)用人单位通常更愿意雇佣男性员工,同时大多数已婚生育女性减少有薪工作时间和增加无薪家务劳动时间,也是家庭出于经济利益考虑的选择,国际劳工组织最新研究成果 *Women at Work Trends* 2016 的数据表明[②]:1995—2015 年期间,全球女性劳动参与率从 52.4%下降到 49.6%,而同期男性的劳动参与率分别是 79.9%和 76.1%,基本上两性的劳动参与率相差 27 个百分点左右,由此可见,从世界范围来看就业性别歧视是各国女性面临的共同问题。此外,在已经就业的女性劳动者中,约 40%在非正规部门就业,这部分女性就业者收入低且不稳定,缺乏社会保障的庇护,即使是处于就业状态的女性,由于她们在家庭内部同时需要承担较多的家务劳动,她们每天的劳动时间比男性更长,女性在家务劳动和照顾家庭上花费的时间至少比男性多 1 倍以上,平均每天家务劳

① 加里·S.贝克尔:《人类行为的经济分析》,王业宇、陈琪译,上海人民出版社 1995 年版,第 105 页、第 212—215 页、第 222—226 页。

② International Labour Office,*Women at Work*:*Trends* 2016,Geneva:ILO,2016,p.6.

动1小时以上的职业女性占70.7%，而家务劳动时间在0.5小时以下的职业男性占70.7%[①]。世界经济论坛发表的《2017年全球性别差距报告》显示[②]，2017年中国女性每日的工作时长为8.75小时，男性为8.02小时。而女性花在照顾家庭等无报酬工作上的时间占总劳动时间的44.6%，而男性的这一数字仅为18.9%。这意味着多数女性需要承担比男性更多的无偿劳动，女性只能在有限的时间内压缩家庭外的工作量，因而女性从事家庭外有酬劳动的时间远少于男性。在大多数发展中国家中，已就业女性每天花在工作和照顾家庭的总时间长度超过男性，尽管近几年这一差距有所缩小，但并没有完全得到解决。从就业率和每天职业工作时间看，女性在就业方面都处于弱势地位。

Perales，Francisco（2013）分析英国的统计数据得出[③]，女性就业者大多集中在低薪的服务业，而男性在相对高薪的IT、金融等行业中占较大优势，并且男女在就业行业中的工资差距呈扩大趋势。Bielby和Baron（1986）证实了职业性别隔离的存在[④]，在他们针对加利福尼亚职工的研究中，61000名员工中仅有10%是男女处于同一岗位之中的，大多数都是男性或女性垄断某一职业。排除技术、教育、能力等因素的差异，固定思维模式和性别歧视是导致这种差异存在的主要原因。我国职业女性也同样集中在那些对人力资本要求低、收入低的行业内工作，无法突破职业性别界限，而且我国存在性别隔离的职业类别依旧处于增加状态，特别是针对女性的隔离职业数目远超男性。在职位方面，女性进入高管行列异常艰难，高层位置中男女比例悬殊。[⑤] 在我国产业结构调整时期，职业性别

① 赵琦：《家务劳动对城镇女性职业发展的影响分析》，《人口与经济》2009年增刊，第13—14页。

② The World Economic Forum, *The Global Gender Gap Report* 2017, Geneva: 2017 World Economic Forum, p.121.

③ Perales, Francisco, "Occupational Sex-Segregation, Specialized Human Capital and Wages: Evidence from Britain", *Work Employment & Society*, 2013, 27(4), pp.600-620.

④ Bielby, W.T., Baron, J.N., "Sex Segregation within Occupations", *American Economic Review*, 1986, 76(2), pp.43-47.

⑤ 蔡禾、吴小平：《社会变迁与职业的性别不平等》，《管理世界》2002第9期，第71—77页。

隔离也随之发生转移，当前炙手可热的智力型行业，如 IT 和互联网行业，女性就业比例仅为男性的 50%，而且女性在非正规就业领域从业的数量和比例均在增加。[①] 劳动力市场上的性别隔离是造成性别不平等的重要因素，是制约女性有效就业的绊脚石，是劳动力资源得不到有效配置的表现，因而需要改变这一不平等现象。[②]

女性就业歧视不仅体现在当期收入的性别工资差异中，更反映在未来收入的社会保障待遇水平上。2017 年泰国女性在工作岗位、劳动时间与男性相差无几的情况下，女性的月收入为男性的 76.3%，这一比例高于我国的 64.3%，[③]国际劳工组织（ILO）发布的《全球工资报告（2018/2019）》中的研究数据显示：2017 年全球范围内，女性平均工资比男性低 16%，即便是女性教育水平达到或高于男性，“同工不同酬”现象仍普遍存在。从性别工资差距的纵向变化来看，2017 年全球平均性别工资差距较 2015 年的 19.8%降低了 3.8 个百分点。[④] 虽然全球平均性别工资差距正在逐渐缩小，但在高收入国家，性别工资差距主要体现在高收入阶层，而在低收入和中等收入国家，性别工资差距主要体现在低收入阶层。[⑤] 可见发达国家与发展中国家的性别工资差距的内在影响因素仍然存在较大差异，并不会因为经济发展了就能够得到完全的解决，因此，性别工资差距仍然是值得各国政府关注的问题。此外，低工资也会导致低保障，各国养老金待遇与工资水平都存在一定程度的关联，如果女性就业时的薪酬普遍低于男性，那么老年时期领取的养老金也存在性别差异。综合全球数据，女性的退休金比男性约低 10.6%。各国政府在消除性别工资差异问题上已经做了大量工作，但最终仍然没能很好地解决这一难

---

① 王红芳：《劳动力市场职业性别隔离行为分析》，《求实》2005 第 10 期，第 44—47 页。

② 童梅：《社会网络与女性职业性别隔离》，《社会学研究》2012 第 4 期，第 67—83 页、第 243 页。

③ The World Economic Forum, *The Global Gender Gap Report* 2017, Geneva: 2017 World Economic Forum, p.120, p.318.

④ International Labour Organization (ILO), Global Wage Report 2018/19: *What Lies behind Gender Pay Gaps*, International Labour Office-Geneva: ILO, 2018, pp.84-87.

⑤ International Labour Organization (ILO), Global Wage Report 2018/19: *What Lies behind Gender Pay Gaps*, International Labour Office-Geneva: ILO, 2018, pp.14-43.

题。《中华人民共和国劳动法》第四十六条规定：工资分配应当遵循按劳分配原则，实行同工同酬。然而在市场经济体制下，性别工资差距仍有所扩大，女性职业权益受到损害。我国女性平均年收入是男性的65%，并且随着年龄增大，劳动力市场上性别工资差异呈扩大趋势。[①] 研究表明，工资差异中只有少于22.96%的比例可以用个人特征差异因素解释，剩下的77.04%只能用性别歧视来说明。[②] 同工不同酬的现象较普遍存在已成为一个不容忽视的社会问题。

女性职业发展受限既是就业性别歧视的结果，也是儿童福利缺失的产物。McCall(2000)认为女性晋升难的原因在于她们给雇主的印象是相比工作职责会优先承担儿童照顾责任，因此追求工作效率的雇主很少会重用女性。由于女性需要兼顾职业工作和包括育儿在内的家务劳动，她们有时被迫放弃一些好的升迁机会，在职位竞争中处于劣势，而现实中很难寻找到合意的儿童照顾方式，包括儿童照顾在内的家务负担成为掣肘女性职业发展的重要影响因素，使得她们难以具备与男性同等的竞争力。[③] Liu和Buzzanell(2004)指出[④]，女性育儿会影响雇主对她们工作效果的印象，而职场对已婚育女性的低评价和消极态度会加剧女性的心理负担，从而让她们否定自我、怀疑自我的能力，也不敢去争取晋升机会。我国的调查数据显示：15.7%的被调查者表示所在单位存在着女职工比男职工获得培训机会较少的现象，33.9%的人认为其单位男职工获得的提拔机会比女职工多，52.1%的被调查者得出了“女性照顾孩子和承担家

① 侯猛：《性别工资差异与工资歧视——基于RIF回归的分解方法》，《南方人口》2016年第1期，第18—25页。

② 曲兆鹏：《中国城市劳动力市场性别工资差异研究》，《北京工商大学学报（社会科学版）》2016年第2期，第30—40页。

③ Kathryn A. Henderson, “Do Workplace Structures Matter? A Cross-Cohort Analysis of Mothers' Labor Market Participation Choice of Child Care Arrangements”, Indiana University, 2005, pp. 1-104.

④ Liu, M., Buzzanell, P.M., “Negotiating Maternity Leave Expectations: Perceived Tensions between Ethics of Justice and Care”, *Journal of Business Communication*, 2004, 41(4), pp.323-349.

务,对升职机会造成影响"的结论。[①]

Stier 等(2012)认为,个人水平、工作时间、儿童照顾、工作特点等都对女性就业产生影响,为了更好地平衡女性职业生涯和照顾家庭的关系,便利的儿童照顾设施、灵活的工作安排十分必要[②]。Alan Siaroff(2000)提议[③],在女性全职就业的背景下,应将其承担的儿童照顾工作由国家来承担并使其社会化。Hofäcker Dirk 和 König Stefanie(2013)认为[④],灵活就业形式对于女性而言更有吸引力。面对传统性别角色的家庭分工和性别隔离的劳动力市场结构,女性为平衡工作和育儿的关系,更倾向于选择自由度高的工作方式。Boje Thomas,P.(2012)提出建立公托和育婴假制度、母亲就业指导等家庭政策集群的概念,认为政府应该为改善女性就业环境创造便利条件[⑤]。

女性付出的育儿时间远超男性的事实得到了世界各国学者的广泛认同,Lyn Craig 和 Killian Mullan(2011)研究了丹麦、澳大利亚、法国和意大利四个国家的两性育儿时间分配的情况,发现男性每天所花的育儿时间仅为女性的 25%(法国)到 35%(丹麦),而澳大利亚和意大利的这一比例处于中间为 30%。[⑥] 国际劳工组织《女性就业趋势报告(2016)》的数据显示[⑦],出于育儿需要,2015 年全球仍有 5.86 亿女性选择做全职家庭主

① 李莹:《中国职场性别歧视调查》,《中国社会科学》,2010 第 3 期(第 1 版),第 44—48 页。

② Stier, H., Lewin-Epstein, N., Braun M., "Work-Family Conflict in Comparative Perspective: The Role of Social Policies", *Research in Social Stratification & Mobility*, 2012, 30(3), pp.265-279.

③ Siaroff, A., "Women's Representation in Legislatures and Cabinets in Industrial Democracies", *International Political Science Review*, 2000, 21(4), pp.197-215.

④ Hofäcker, D., König, S., "Flexibility and Work-Life Conflict in Times of Crisis: A Gender Perspective", *International Journal of Sociology & Social Policy*, 2013, 33(9/10), pp.613-635.

⑤ Boje, T.P., Ejrnæs, A., "Policy and Practice: The Relationship between Family Policy Regime and Women's Labour Market Participation in Europe", *International Journal of Sociology & Social Policy*, 2012, 32(9/10), pp.589-605.

⑥ Craig, L., Mullan, K., "How Mothers and Fathers Share Childcare: A Cross-National Time-Use Comparison", *American Sociological Review*, 2011, 76(6), pp.834-861.

⑦ International Labour Office, *Women at Work Trends* 2016: *Executive Summary*, Geneva: ILO, 2016, xii.

妇,她们中的多数被迫放弃了事业追求。Presser 和 Baldwin(1980)建议采取远程办公、灵活就业的形式来平衡女性的双重责任。① 谢棋楠(2012)介绍了加拿大的女性生育保护政策,如育婴假规定让男性平等享受育儿假期,从而实现儿童照顾上的性别平等②。马蔡琛、刘辰涵(2011)认为利用税收政策的改革可以减少性别工资差距和就业差距,并进一步推进税收管理的精细化。当前的税收政策忽视了女性的家务劳动(包括生育和照顾子女)等未计入 GDP 的劳动贡献,而这些家务劳动对经济发展与社会进步有着巨大的作用。性别公平的税收政策需要考虑女性在家务劳动中的贡献,更好地促进男女平等。③ 综上所述,应该改变由女性主要照顾孩子的传统,引入社会、政府以及男性的责任,多方共同抚育孩子,为女性提供更加公平的就业环境。

9.3 妇女就业权益保障的理论基础

在妇女儿童权益保障及促进妇女就业等相关领域的研究上学者们做了大量工作,形成了社会认可的理论基础。本章从儿童福利和社会支持视角研究女性就业权益保障问题,相关内容涉及三个方面的理论观点,即社会性别平等理论、社会支持理论和儿童福利理论。

9.3.1 社会性别平等理论

社会性别平等是指男女性都应能自由发展个人能力和自由做出选

① Presser, H.B., Baldwin, W., "Child Care as A Constraint on Employment: Prevalence, Correlates, and Bearing on the Work and Fertility Nexus", AJS, 1980, 85(5), pp.1202-1213.

② 谢棋楠:《加拿大妇女劳工生育与育儿两性共同责任政策》,《中华女子学院学报》2012年第1期,第93—97页。

③ 马蔡琛、刘辰涵:《税收政策中的社会性别因素——基于个人所得税视角的考察》,《经济与管理研究》2011年第12期,第29—33页。

择。社会性别平等意味着男性和女性的不同行为、期望和需求均能得到社会的同等考虑、评价和照顾。社会性别平等并不意味着女性和男性必须变得完全一模一样,而是说他们的权利、责任和机遇并不由他们生来是男性还是女性来决定。社会性别平等承认男女生理性别差异的存在,认为生理性别是人与生俱来的性特征,不因人的种族、民族、地域或国别而有所不同。

性别平等是女性主义实践和理论研究追求的目标,在其理论发展过程中出现过两个重要的理论流派,即自由主义女性主义和社会主义女性主义。自由主义女性主义认为,男女皆理性,他们在一切领域都应当获得同样标准的对待,享有同等的就业权、财产权、选举权等。自由主义女性主义追求自由权和幸福权,希望女性完全纳入社会生活内,在工作中享受等值报酬以及与男性同样的工作环境。然而因为该理论过于强调男女的相同之处,忽视了他们客观存在的明显身体差异,导致女性在谋求工作时放弃了很多本该享有的必要权益(如产假、适宜的工作环境等)。事实上自由主义女性主义未区分人类的社会性别与生理性别,而是将两种等同起来考虑,仍旧以男性的规范为标准,要求女人变得和男人一样,忽略了女性品质所特有的价值。由于自由主义女性主义片面强调女性理性和独立性,忽视了女性职业发展与家务负担(包括抚育子女)的矛盾,因此,自由主义女性主义不能解决人类社会发展中需要协调好家庭抚育、社会合作和相互支持所面临的问题。随后,文化女性主义宣扬性别之间的差异,赞美女性特征,认为给予女性特殊保护才会实现真正意义上的性别平等。因此,她们主张照顾女性的育儿天赋,同时保障她们的工作权益。社会主义女性主义的理论建立在马克思、恩格斯的妇女理论的基础上,揭示了男女性别不平等的原因,指出家庭内部劳动与社会劳动同等重要,因而女性的社会劳动和家务劳动(如照顾子女)具有同样的价值,都应该得到社会认可,帮助女性顺利实现她们价值。

女权运动也试图打破以男性为中心的社会秩序,营造性别公平的社会环境。女权主义者认为当女性在面临家庭和工作双重角色冲突问题时,同一家庭中的男性就应该扮演分担者的角色,平等参与到家庭生活当中。其代表性人物 Betty Friedan 在其代表作《第二阶段》中就主张让男性参与到照顾儿童的家务劳动当中，在家庭中男性与女性同等分担家务，只有如此女性才能享有与男性同等的社会权利①。

要改变不平等的社会性别制度除依赖男性自省外，还应当借助政府和社会提供的有关保护妇女儿童的福利，诸如儿童照顾福利和家务劳动补贴等。从儿童照顾的性质来看，其具有广泛性、社会性、正外部性的特征，具备社会问题的基本属性，因此需要全社会参与进来。只有依靠社会尤其是政府的大力支持，女性才能真正从儿童照顾问题中脱身，实现育儿上的性别平等。从社会公正角度来说，儿童照顾本来就是两性共同的责任，现如今主要压在女性身上显然有失公平。当双薪家庭成为社会主流，家庭无力独立承担儿童照顾责任时，政府就应该起到补缺作用，集中社会力量帮助家庭照顾孩子。如此，才能促进性别平等，实现两性间利益分配的公平目标。

9.3.2 社会支持理论

关于社会支持的研究起源于 20 世纪 60 年代后期，Weiss 和 Bergen（1968）等学者研究发现，社会支持可以缓解精神疾病，不同个体对相同压力的承受力是有区别的，但是，受到来自家人、朋友较多关心和支持的人，其心理承受力较强，身心也更健康②。社会支持主要包括情感支持、物质支持、信息支持、尊重支持和陪伴支持。社会支持是个体从他人、群体、组织和社区中得到的各种形式的关心、扶持和帮助，本质上是一种物质救助、生活扶持、心理慰藉等社会性行为。③ 在市场经济体制下，弱势群体毫无竞争优势，逐渐成为被市场淘汰的群体，他们难以保障正常生活，需要社会的支持和帮助。只有得到一定的帮扶，个体遭受的身心压力

① Friedan, B., "Moving into the Second Stage: An Interview with Betty Friedan", *Nursing Outlook*, 1981, 29(11), pp.666-669.

② Weiss, R.J., Bergen B.J., "Social Supports and the Reduction of Psychiatric Disability", *Psychiatry*, 1968, 31(2), pp.107-115.

③ 方曙光：《社会支持理论视域下失独老人的社会生活重建》，《国家行政学院学报》2013 第 4 期，第 104—108 页。

才能得以缓解，对生活的适应度和满意度才能提高。

由于女性在劳动力市场中处于弱势地位，她们需要得到社会的多方面支持。针对女性普遍面临的就业歧视问题，以政府为主体加之社会力量的共同参与完善就业市场环境，制定出公平合理的就业保障政策，并在政策执行中加强监督、严格执法，保证法规政策的落实。同时为女性劳动者提供就业信息支持也很必要，应当及时发布就业信息降低她们的工作搜寻成本。为解决女性劳动技能不熟练问题，则需要为其提供社会化教育培训服务。至于影响女性无法常规就业的儿童照顾问题，就需要社会特别是政府的物质帮助了，提供数量足够、质量合格的托儿所或育儿津贴。

9.3.3 儿童福利理论

儿童福利理论认为，儿童也应享有公民权利，儿童福利权是公民权的重要组成部分，儿童不应被视为父母的私有财产，因此对儿童的照顾、教育和保护也不完全是家庭责任，而是国家和全社会的基本责任，儿童有权利从家庭、国家和社会获得所需的照顾服务，父母对儿童的照顾也是代行国家和社会责任，是国家和社会责任的具体体现。由于儿童福利是社会福利的重要组成部分，经济社会发展是所有儿童的“普惠型”福利。

儿童照顾福利是指由政府提供的有关儿童社会化的照顾和教育服务、设施、人员支持等，它对照料服务、时间安排和经济支持三方面提出了较高的要求。(1)照料服务。最直接的形式是公共托儿所及幼儿园，受过专业培训的工作人员提供看护和教育儿童的服务，让职业女性不再受育儿等家务负担的困扰，社会化的儿童照顾服务是保障妇女就业权益的有效措施。(2)时间安排。通过儿童福利制度安排给父母留出照顾孩子的法定时间，较为典型的是产假、配偶陪产假和育婴假①。通过为工作的

① 我国相应的法规没有明确规定育婴假，只有部分雇主单位有与育婴假相当的“生育延长假”。

父母提供带薪假期,缓解家庭中夫妇双方的职业与家务劳动的双重压力,不仅增进亲子感情,也提高了在职职工的工作效率。(3)经济支持。通过政府给予津贴的方式来帮助家庭分担儿童照顾成本,包括直接的现金补贴和间接地降税两种形式。这种方式下,父母就不必为维持家计而都在职场上打拼,至少可以让其中的一方有时间和精力参与到儿童照顾中来。儿童福利理论的发展反映出政府将儿童纳入社会保护和为儿童提供全面照顾服务的过程,儿童福利理论认为儿童是典型依赖群体,因他们心智和体质发育不全而应该受到有效监护和保护,儿童是国家的未来、民族的希望,儿童照顾连结着个人、家庭到劳动力市场和政府乃至社会,它反映了国家、市场、非营利组织和家庭之间在儿童照顾任务、成本和责任上的分配①。

随着社会发展,儿童教育社会化程度不断提高,妇女为抚育子女付出的家务劳动有所减轻,但学龄前儿童的抚育责任仍然主要由家庭承担。截至 2016 年年底,我国共有 0—14 岁少儿 23008 万人,少儿抚养比达 22.95%。② 他们无自立能力,需要家庭的照顾,这里的照顾包括两层含义:生活照料和基本教育,生活照料是指为儿童提供满足其生理需求的照看,而教育则是指帮助他们认知世界和做一些入学前的准备。然而,并非所有的家庭都有照顾儿童的能力,那些经济状况差、社会资源少的家庭将为此背上沉重负担,而女性在其中付出的艰辛更为突出。所以,由国家提供社会化的儿童照顾福利服务,是社会正义和性别正义共同的呼声。因此,从儿童照顾福利的角度入手,为女性就业保障提供强有力的支持至关重要。

马克思主义者主张将抚育儿童的责任社会化,恩格斯认为:“解放女性,只有妇女可以无约束的参加社会生产,而家务劳动每天只占她们很少时间的时候,才有可能。……并且它还力求把个体家务劳动逐渐在公共

① 张亮:《欧美儿童照顾社会政策的发展及借鉴》,《当代青年研究》2014 年第 5 期,第 85—92 页。

② 国家统计局人口和就业统计司:《2017 中国人口和就业统计年鉴》,中国统计出版社 2017 年版,第 58—70 页。

的事业中得以消化。”[①]显然,私人的家务劳动主要包括抚育子女,尤其是照顾儿童的劳动,只有利用公共化的途径解决儿童照料问题,女性才能真正得以解放,她们的工作诉求才能得以满足。此外,列宁在《论苏维埃共和国女工运动的任务》中也强调:“妇女要是忙于家务,她们的地位总不免要受到限制。要使妇女不再因经济地位与男子不同而受到压迫,要彻底解放妇女使她与男子真正平等,就必须有公共经济,必须使妇女参加共同的生产劳动。”[②]为实现女性平等的就业权,抚育子女、照顾儿童的责任社会化是必由之路。

9.4 我国城镇女性就业及权益保障的现状

在我国农村,从事农业生产的女性职业化特征不明显,因此,本章选择城镇女性就业及权益保障为研究对象。为了清晰描述我国城镇女性就业及权益保障的现状,笔者在湖北省武汉市做了 600 户访谈和问卷调查,问卷涉及儿童照顾福利、女性就业情况、女性的职业与家庭劳动的平衡等问题,本次关于武汉市劳动力年龄女性及其家庭的调查,有效问卷 588 份。

9.4.1 性别构成与女性就业现状

2017 年武汉市共有户籍人口 853.65 万人,性别比为 104.04(女性为 100)。女性劳动力人口(15—54 岁)为 243.04 万人,而同一年龄段的劳动力人口 501.99 万人,女性占总劳动力人口的 48.42%。从表 9-1 中可

① 恩格斯:《家庭、私有制和国家的起源》,人民出版社 1999 年版,第 168—169 页。

② 《列宁选集》(第 4 卷),人民出版社 1992 年版,第 71—72 页。

以看出,武汉市平均生育年龄阶段(20—39岁)的男性与女性性别比为109.06明显高于武汉市各年龄段的平均值104.04,而全国生育年龄段的男女性别比为104.62,接近于武汉市的平均值104.81。2017年全国城镇化率58.52%,武汉市的城镇化率为72.55%,由于在城镇化过程中,大量39岁以下以男性为主的农村劳动力人口迁移到城镇,导致城镇生育年龄段及以下(即15—39岁)劳动力人口的男女性别比明显高于平均水平。参见表9-1。

表9-1 2017年全国和武汉市分年龄、性别的人口构成

年龄(岁)	全国			武汉		
	男(万人)	女(万人)	性别比(女=100)	男(万人)	女(万人)	性别比(女=100)
0—4	3646.8	3184.5	114.52	24.7	21.7	114.04
5—14	6727.3	5676.7	118.51	37.4	32.2	116.12
15—19	3203.4	2721.7	117.70	16.1	13.0	124.01
20—39	17660.0	16879.8	104.62	141.9	130.1	109.06
40—54	14737.3	14257.6	103.36	100.9	99.9	100.99
55—59	3024.4	2957.9	102.25	28.4	28.4	100.15
60—64	3402.7	3401.7	100.03	30.3	31.6	95.92
65+	6205.4	6837.4	90.76	55.4	61.4	90.22
合计	58607.3	55917.3	104.81	435.3	418.4	104.04

资料来源:国家统计局编:《中国统计年鉴2018》,中国统计出版社2018年版;武汉市统计局编:《武汉统计年鉴2018》,中国统计出版社2018年版,第41—42页。

武汉市的调研数据显示,2017年武汉市城镇居民综合劳动参与率65.9%,其中:女性劳动参与率为57.1%,男性劳动参与率为72.3%,男性劳动参与率高于女性15.2个百分点,武汉市城镇女性劳动力人口平均受教育年限为14.21年。从武汉市分性别、分年龄段劳动力人口劳动参与率分布看，城镇 35—39 岁年龄段人口劳动参与率最高，15—19 岁、20—24 岁年龄段劳动参与率较低，主要是因为这两个年龄段的劳动力人口的劳动参与率因我国劳动力人口平均受教育年限的延长而逐年有所降低；虽然我国城镇女性就业率远远高于其他国家，但仍然低于男性就业率，且近年女性就业率呈下降趋势。尽管无法否认女性就业人数逐年增长的事实，但两性之间存在的就业率明显差距仍值得社会和政府等有关部门重视。

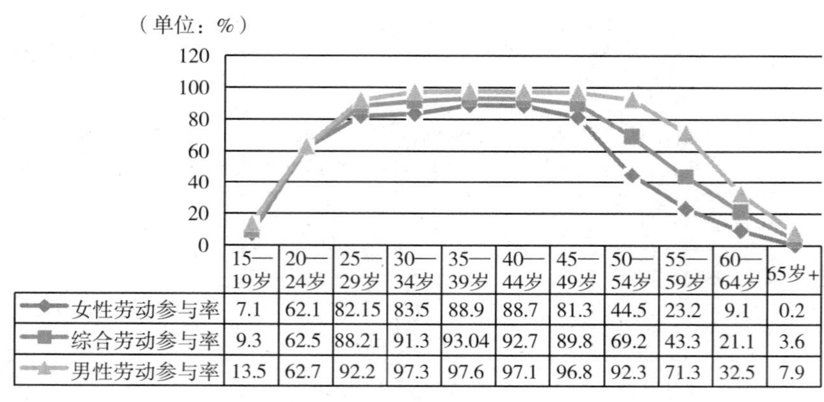

	15—19岁	20—24岁	25—29岁	30—34岁	35—39岁	40—44岁	45—49岁	50—54岁	55—59岁	60—64岁	65岁+
女性劳动参与率	7.1	62.1	82.15	83.5	88.9	88.7	81.3	44.5	23.2	9.1	0.2
综合劳动参与率	9.3	62.5	88.21	91.3	93.04	92.7	89.8	69.2	43.3	21.1	3.6
男性劳动参与率	13.5	62.7	92.2	97.3	97.6	97.1	96.8	92.3	71.3	32.5	7.9

图 9-1　武汉市分性别、分年龄段劳动力人口劳动参与率

仅凭整体就业数据，很难找到女性就业率低于男性的原因。从表 9-2 中我们可以看到不同年份不同年龄段不同性别的就业率。比较男性和女性 2010 年的人口普查就业率数据，我们发现除因法定退休年龄有性别差异而导致就业率差距甚远之外，25—49 岁之间的不同性别就业差距也很明显，而这个年龄段的女性正是需要照顾孩子的群体，似乎也印证了儿童照顾制约女性就业的观点。单看女性就业的数据，10 年间（2000 年和 2010 年两次人口普查数据），25—54 岁的就业比重全部呈下降趋势，就业性别差距越拉越大。随着社会愈加重视儿童照顾，将会进一步损害已婚育女性的社会就业权益，这也是 2010 年女性就业率整体差于 2000 年的原因之一（见表 9-2）。

表 9-2 湖北省、武汉市各年龄段劳动力人口分性别就业比重

（单位:%）

年龄（岁）	湖北				武汉			
	女性就业比重		男性就业比重		女性就业比重		男性就业比重	
	2000 年	2010 年	2000 年	2010 年	2000 年	2010 年	2000 年	2010 年
16—19	47.96	47.35	52.04	52.65	54.18	48.73	45.82	51.27
20—24	48.89	49.70	51.11	50.30	49.85	48.89	50.15	51.11
25—29	47.64	47.41	52.36	52.59	46.14	47.34	53.86	52.66
30—34	47.51	46.20	52.49	53.80	45.72	45.47	54.28	54.53
35—39	47.21	46.74	52.79	53.26	45.25	45.39	54.75	54.61
40—44	46.28	46.74	53.72	53.26	44.41	45.15	55.59	54.85
45—49	44.62	45.95	55.38	54.05	41.30	43.09	58.70	56.91
50—54	41.62	42.42	58.38	57.58	36.03	33.11	63.97	66.89
55—59	39.48	41.80	60.52	58.20	35.56	31.22	66.44	68.78
60—64	37.29	41.97	62.71	58.03	32.53	37.41	67.47	62.59
65+	35.59	38.05	64.41	61.95	32.43	34.87	67.57	65.13

资料来源:根据《湖北省第五次人口普查机器汇总资料》《湖北省 2010 年人口普查资料》《武汉市 2000 年人口普查资料》和《武汉市 2010 年人口普查资料》整理。

9.4.2 女性就业的质量

此次的调查对象中,城镇女性在制造业中从业人数最多(占全部女职工的 33.16%),此外女性就业比例较高的行业主要有:住宿和餐饮(占比 9.69%)、租赁和商务服务(占比 9.35%)、教育(占比 8.33%)等行业,而采矿、科学研究和技术服务等行业中从业的女性较少(见表 9-3)。虽然这只是本章调查对象的行业分布情况,但对比《中国劳动统计年鉴 2017》公布的城镇女性就业的行业分布会出现与本章调查类似的结果,大体能反映我国女性就业的领域及其分布状况。从湖北省城镇在岗职工分行业、分性别就业分布数据看,也反映出类似的分布趋势。在国家统计局公开统计口径的 19 个行业中,女性职工就业人数超过男性职工的行业较少,只有卫生和社会工作、金融服务业、住宿和餐饮、批发和零售业四个

行业中女性在岗职工人数占有一定优势，女性占优势的这四个行业普遍存在竞争激烈、收入较低的现象。即使在女性就业较多的制造业和教育行业中男性职工人数都远远超过女性职工人数，而且在同一行业内与男性职工的竞争中女性职工往往处于薪资较低的岗位，这些低薪资岗位对国家经济形势和社会政策的变动均较敏感，这意味着较多女性职工面临较高失业风险。总之，女性就业无论是行业性质还是行业待遇、工作环境，整体就业质量都偏低。

表 9-3　武汉市问卷调查女性的行业分布

行　业	人数	占比(%)
农、林、牧、渔业	1	0.17
采矿业	0	0.00
制造业	195	33.16
电力、燃气及水生产和供应业	5	0.85
建筑业	2	0.34
批发和零售	35	5.95
交通、仓储和邮政	6	1.02
住宿和餐饮业	57	9.69
信息、软件服务业	9	1.53
金融业	29	4.93
房地产业	32	5.44
租赁和商务服务	55	9.35
科学研究、技术服务	2	0.34
水利、环境和公共设施管理	13	2.21
居民服务、修理和其他服务	39	6.63
教　育	49	8.33
卫生和社会工作	19	3.23
文化、体育和娱乐	7	1.19
公共管理、社会保障和社会组织	33	5.61
合　计	588	100

资料来源：根据笔者问卷调查数据整理而得。

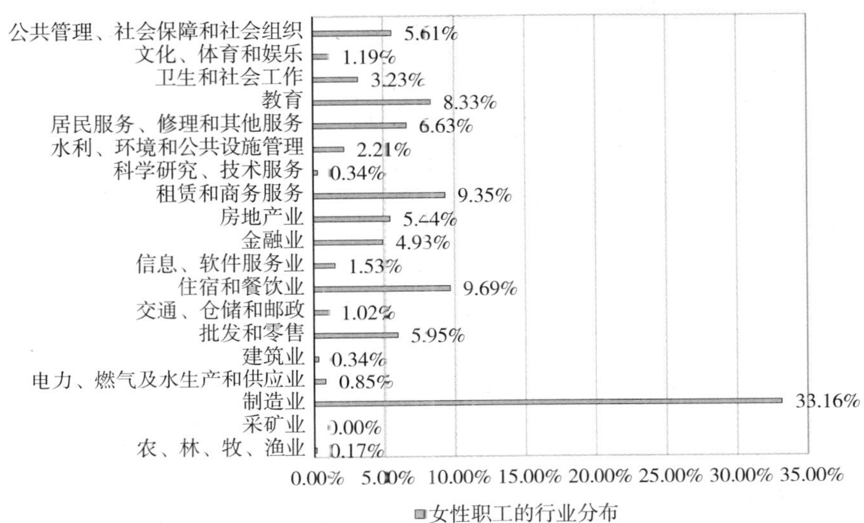

图 9-2　武汉市问卷调查女性职工行业分布

湖北省经济发展水平处于国内中等水平，正规就业岗位有限，很多女性只能选择非正规就业方式。无论在何种就业形式下，大多数女性都存在工作时间超标，每天劳动时间超过 8 小时，69. 73%的女性反映工作劳动强度较大，精神状态不佳。在调查中多数女性职工反映加班是常事，由于加班时间具有不确定性，绩效考核难度较大，基本没有领取过加班工资，甚至有些加班工作被认为是没有按时完成 8 小时内的工作的结果，连基本工资都有可能被扣减，受访者中 64. 97%的女性职工感到工作压力较大，27. 89%的女性职工感到工作压力非常大，只有不到 6. 97%的女性职工认为在职工作压力较小或无工作压力。

综上所述，湖北省城镇女性就业行业分布不均，工资水平不如男性，劳动时间长、强度大，在缓解女性职工面临的各种困境方面，现行社会保障制度能够发挥的作用非常有限，女性职工不仅社会保障福利待遇水平偏低，而且在面对雇主的侵权行为时，她们的自我维权能力较弱，迫切需要来自社会保障制度的支持。

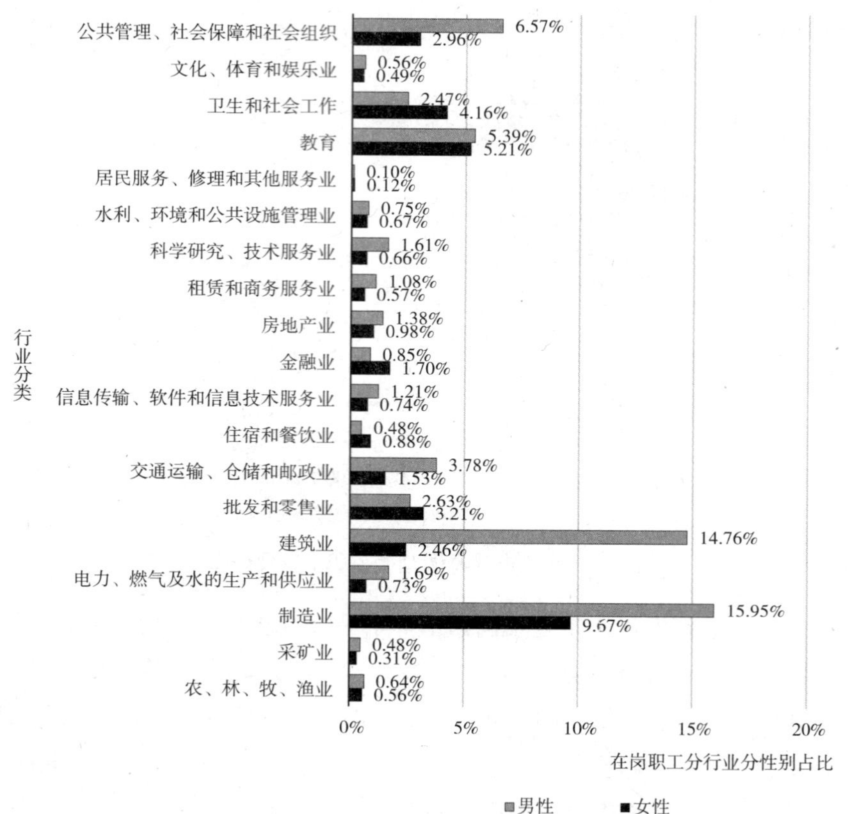

图 9-3　2017 年湖北省城镇在岗职工分行业、性别的分布

注：在岗职工分别为国有经济单位、城镇集体单位和其他经济单位的职工，不包括私营经济单位；各行业分性别占比是指每个行业男性职工和女性职工分别占总就业人口的比重。

资料来源：湖北省统计局、国家统计局湖北调查总队：《湖北统计年鉴 2018》，中国统计出版社 2018 年版。

9.4.3　女职工权益与社会保障

我国政府十分重视妇女儿童福利的发展，各地方政府都根据本地实际情况制定了妇女儿童发展政策，如湖北省政府 2012 年年初推出的《湖北省妇女发展规划和儿童发展规划（2011—2020 年）》详细制订了儿童健康、教育、法律保护和环境四方面的发展目标和策略。该规划提出，争取早日实现儿童保健普遍化目标，同时以幼儿园和社区为依托，加快培养3岁以下儿童早教专业化人才，基本普及0—3岁儿童的专业化养育。此外，为保障全省儿童公平享有学前教育，加大公共幼儿园服务供给能力和水平外，以入园补贴的形式鼓励民办幼儿园的发展，并建立科学的学前教育办园标准和质量检测评价体系。逐步增加财政对儿童福利的支持力度，最终实现儿童公共服务均等化。在保障儿童健康发展、解放职业女性的道路中，各地方政府都做出了较大的努力。例如武汉市提供了系列儿童照顾福利，主要集中在以下三个方面：

一、幼托公共服务

幼托公共服务包括托儿所（0—2岁）和幼儿园（3—5岁），但目前我国城镇的公立托儿所和幼儿园容纳能力有限，出现了一些收费较高的民办幼儿园，发挥了较重要的幼儿照顾作用，但也阻碍了一部分低收入家庭子女的入园选择，而低收入家庭更需要女性工作收入的支持，这一群体往往面临相对较大的生活和工作压力。幼儿园在解放女性、缓解她们家务劳动的压力、增强女性在职场中的竞争力方面，发挥着重要作用。通常0—1岁幼儿主要在家庭内部接受照顾，满2岁幼儿才可以进入幼儿园或托儿所（现在许多幼儿园都设有托儿所，招收2—3岁的幼儿），2017年武汉市2—5岁应入园儿童数为377249人①，实际在园人数302075人②，武汉市幼儿入园率为80.07%，略高于全国2017年幼儿入园率79.6%③，但总体上看武汉市的幼儿入园率仍偏低。

湖北省政府计划利用三年时间（2018—2021年），新建、改建和扩建900所公办幼儿园，将学前3年儿童入园率从现在87.4%提升至90%以上，2021年前全省基本建成公办幼儿园和普惠性民办幼儿园为主体的学

① 武汉市统计局编：《武汉统计年鉴2018》，中国统计出版社2018年版，第40页。作者根据其中相关数据计算而得。

② 武汉市统计局编：《武汉统计年鉴2018》，中国统计出版社2018年版，第326页。

③ 教育部：《2017年全国教育事业发展统计公报》，《中国教育报》2018年7月21日，第3版。

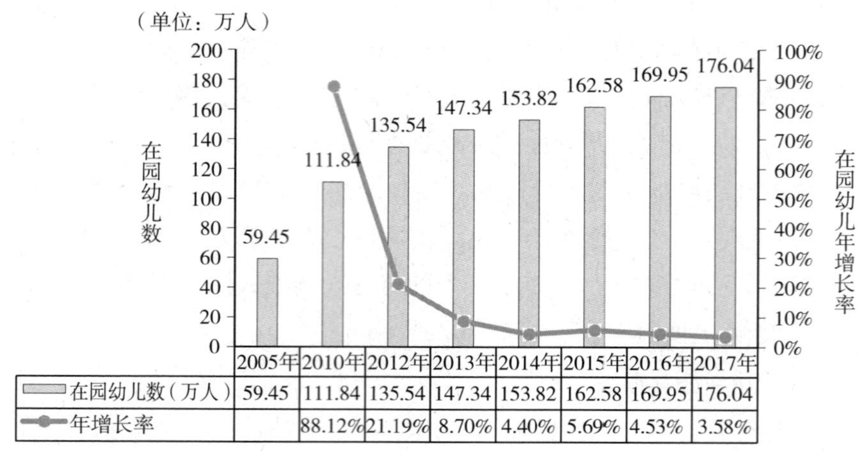

	2005年	2010年	2012年	2013年	2014年	2015年	2016年	2017年
在园幼儿数（万人）	59.45	111.84	135.54	147.34	153.82	162.58	169.95	176.04
年增长率		88.12%	21.19%	8.70%	4.40%	5.69%	4.53%	3.58%

图 9-4　湖北省 2005—2017 年在园幼儿数及其年增长率

资料来源：根据《湖北统计年鉴 2018》第 17 章数据整理而得。

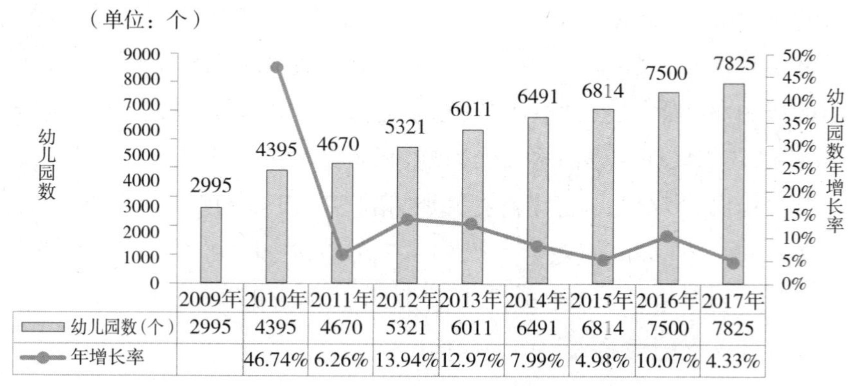

	2009年	2010年	2011年	2012年	2013年	2014年	2015年	2016年	2017年
幼儿园数（个）	2995	4395	4670	5321	6011	6491	6814	7500	7825
年增长率		46.74%	6.26%	13.94%	12.97%	7.99%	4.98%	10.07%	4.33%

图 9-5　湖北省 2009—2017 年幼儿园数及其年增长率

资料来源：根据《湖北统计年鉴 2018》第 17 章数据整理而得。

前教育公共服务体系。① 总体说来，现在离目标还有一定的差距，需要各方共同努力。学前教育的发展，对缓解女性照顾子女的压力、减轻女性家务劳动的负担、促进女性就业率的提升，将发挥越来越重要的作用。湖北

① 明晄生：《3 年内新改扩建 900 所公办幼儿园》，《武汉晚报》2017 年 9 月 21 日。

省在资助幼托公共服务项目上的投入有持续的规模增长，如图 9-4、图 9-5 所示，幼儿园的数量和入园幼儿人数都逐年递增，经过 2010 年爆发式增长后，增长率趋于平稳。2017 年全湖北省幼儿园数量达到 7825 个，在园幼儿人数也相应增长到 176.04 万人，平均每个幼儿园容纳 225 人，但相对于规划中的每个幼儿园容纳 360 人的规模标准，幼儿园的利用率仍然偏低。

二、亲职假福利

亲职假是国家通过法定形式给予父母假期，让他们有时间照顾孩子。湖北亲职假最重要的形式是产假和护理假，分别为 128 天和 15 天。相比其他省份（表 9-4），湖北省亲职假长度居于中间偏下的水平。产假最长的是西藏，女性足足有一年的带薪休假时间照顾孩子，而男性的护理假最长有 30 天，是天津和山东的 4 倍。总之，女性独享的产假和男性的护理假长短不一是普遍现象，照顾孩子的时间分配不公平让女性在劳动力市场上举步维艰。相比于男性，女性生育时享有的法定假期对就业产生的抑制作用更显著。

表 9-4　各省份产假和陪产假规定

（单位：天）

省份	产假	配偶陪产假	省份	产假	配偶陪产假
北　京	128	15	湖　南	158	15
天　津	128	7	广　东	178	15
湖　北	128	15	广　西	148	25
山　西	158	15	海　南	188	15
内蒙古	158	25	重　庆	128	15
辽　宁	158	15	四　川	158	20
吉　林	158	15	贵　州	158	15
黑龙江	180	15	云　南	158	30
上　海	128	10	西　藏	365	30
江　苏	128	15	陕　西	158—183	15
浙　江	128	10	甘　肃	180	20

续表

省份	产假	配偶陪产假	省份	产假	配偶陪产假
安　徽	158	10	青　海	158	15
福　建	158—180	15	宁　夏	158	25
江　西	158	15	新　疆	128	15
山　东	158	7	河　北	158	15
河　南	190	30			

资料来源:由各省市相关文件整理而来,产假=国家规定假期98天+生育奖励假。

三、政府对教育的资助与对育儿家庭的经济支持

我国作为发展中国家,没有充裕的财政实力支撑普惠型家庭福利,所以补缺型儿童照顾福利是主导。在儿童照顾问题越来越突出的情况下,为保障家庭的正常运转和女性的择业自主权,提升儿童的抚育质量,政府开始试行适度普惠型儿童福利,比较典型的是义务教育阶段营养改善计划和学前教育资助制度,部分有条件的地区可尝试实行学龄前2—3年义务教育。在学前教育阶段,我国按照“地方先行、中央补助”的原则,地方政府对经县级以上教育行政部门审批设立的普惠性幼儿园中的在园家庭经济困难儿童、孤儿和残疾儿童予以资助。

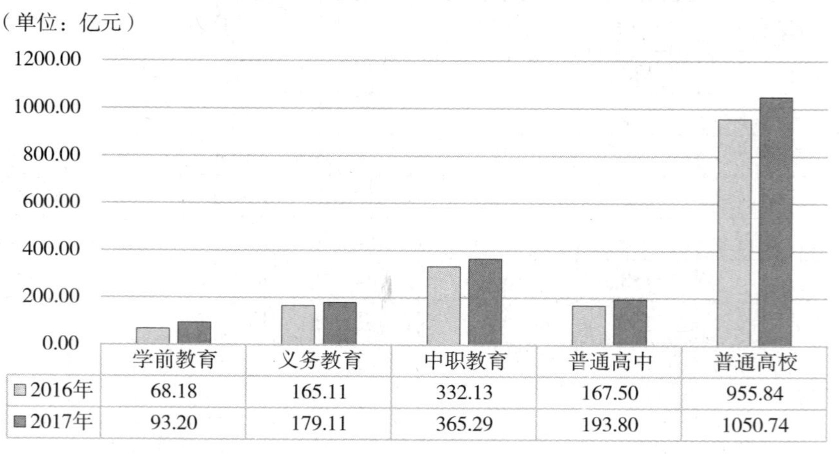

图 9-6　2017 年与 2016 年全国学生资助金额比较

如图 9-6 所示,2017 年全国对各类教育的投入共计 1882.14 亿元,较 2016 年的 1688.76 亿元有了较大幅度的增长,增幅达 11.45%。2017 年的全国教育投资中,高等教育投入规模最大,其投入占总投入的 55.83%;其次是中职教育,占总投入的 19.41%;投入最少的是学前教育,仅占总投入的 4.95%。[①] 学前教育阶段的公共服务对改善女性家务负担发挥的作用最大,因此这一阶段还需要进一步加大投入。

我国政府的儿童照顾福利虽然起步晚、发展慢,但终归是处于不断前进的过程中。公共托幼体系、产假制度,以及近两年来引起全社会重视的护理假制度,处处体现出政府、社会积极参与儿童照顾的努力。尝试重新划分家庭、性别、国家之间的儿童照顾责任,为女性就业提供多方面的帮助,为实现解放女性的目的分割儿童照顾责任,是政府未来需长期关注的问题,也是妇女儿童福利政策的发展方向。

9.5 女性就业权益保障存在的问题及原因分析

9.5.1 女性就业权益保障存在的主要问题

随着市场经济环境下政府对劳动力市场的干预从原来直接干预逐步转变为间接干预,以往政府行政干预方式的就业保障制度已难以奏效,而用人单位在选择劳动力时也有了更充分的自主权,因受传统性别观念和现实经济因素的影响,用人单位在招聘时以降低用人成本、提高经济效益为出发点,拒绝聘用肩负育儿重担、生理和心理素质相对较差的女性。因此,我国逐步开放的市场环境反而带来的是女性职业困境。尽管国家本

① 教育部全国学生资助管理中心:《2017 年中国学生资助发展报告》,《人民日报》2018 年 3 月 2 日,第 14 版。

着保障女性就业权益的目的，采取了诸多应对措施来帮助女性解决就业难题，但现行的就业保障制度仍难以落到实处，对女性劳动力的就业保障效果并不明显。

一、用人单位招聘时对婚育女性歧视

通过对武汉市 588 名女性进行的问卷调查显示，35.20%的女性在求职过程中遭遇过性别歧视，具体表现如：(1)面试过程中询问是否婚育和小孩的基本情况，如实回答后遭拒；(2)要求女性应聘者承诺 3—5 年或更长时间内不生育，也有用人单位明确表明该份工作需要经常加班不适合母亲，让婚育女性知难而退；(3)给予面试机会，然后以其他竞聘者(非婚育女性)更优秀的理由拒绝婚育女性。当女性面对劳动力市场上的性别歧视时，很难用法律方式维护自己的权益。一方面因为职场上的性别歧视行为越来越隐蔽，维权难度大、成本高；另一方面也因为有相当一部分女性维权意识不强，甚至有 11.39%的被调查女性对用人单位的性别歧视表示理解，觉得自己结婚生子的确会拖累用人单位，对求职和在岗工作过程中遇到的性别歧视现象视而不见、逆来顺受。

我国在《宪法》《劳动法》和《妇女权益保障法》等多部法律中都明确了女性与男性有平等的就业权利。如《宪法》第四十八条规定："妇女在政治的、经济的、文化的、社会的和家庭的生活等各方面享有同男子平等的权利"。此外，《劳动法》中的第十二条、第十三条，以及《妇女权益保障法》中的第二十一条、第二十二条、第二十三条等法律条款，都作了禁止对女性就业歧视的规定，同时，人力资源和社会保障部门也设置了劳动监管机构来保障上述相关法规的落实。但是，侵害妇女就业权益的行为缺乏必要的救济制度支持，相关法律规定不明晰。《劳动法》仅在第五十九条中明确规定："禁止安排女职工从事矿山井下、国家规定的第四级体力劳动强度的劳动和其他禁忌从事的劳动。"其他相关法律条款的规定都因过于笼统而缺乏具体可操作性。《劳动法》第十三条规定："在录用职工时，除国家规定的不适合妇女的工种或者岗位外，不得以性别为由拒绝录用妇女或者提高对妇女的录用标准。"《妇女权益保障法》第二十二条规定："各单位在录用职工时，除不适合妇女的工种或者岗位外，不得以性别为由拒绝录用妇女或者提高对妇女的录用标准,禁止招收未满十六周岁的女工。"上述两个类似的条款中"不适合妇女的工种或者岗位"的规定,不具有明确的判别标准和实施细则,在现实执法中缺乏可操作性。因此,许多用人单位在招聘时公开提出"只限男性"或"男性优先",更有甚者,部分机关事业单位的管理岗位招聘时也注明"只限男性报考",可见维护女性就业权益的相关法律规定实施起来难度较大且效果很不理想。

二、女职工劳动保护权益缺失

《劳动法》《妇女权益保障法》等法规都规定了女性在"四期(经期、孕期、产期和哺乳期)"时应受到特殊的劳动保护。《劳动法》第六十条规定,"不得安排女职工在经期从事高处、低温、冷水作业和国家规定的第三级体力劳动强度的劳动";第六十一条规定,"不得安排女职工在怀孕期间从事国家规定的第三级体力劳动强度的劳动和孕期禁忌从事的劳动。对怀孕七个月以上的女职工,不得安排其延长工作时间和夜班劳动";第六十二条规定,"女职工生育享受不少于九十天的产假";第六十三条规定,"不得安排女职工在哺乳未满一周岁的婴儿期间从事国家规定的第三级体力劳动强度的劳动和哺乳期禁忌从事的其他劳动,不得安排其延长工作时间和夜班劳动"。《妇女权益保障法》也分别在第二十六条和第二十七条中规定:"不得安排不适合妇女从事的工作和劳动""妇女在经期、孕期、产期、哺乳期受特殊保护"和"不得因结婚、怀孕、产假、哺乳等情形,降低女职工的工资,辞退女职工,单方解除劳动(聘用)合同或者服务协议"。改革开放前大多数用人单位都能够按照国家的有关规定和标准,对女职工进行特殊保护和照顾。

改革开放后随着市场竞争的愈发激烈化,越来越多的企业在追求经济效益的过程中放弃了对处于特殊时期的女性的保护。如今,不论是国有企业还是民营企业都或多或少存在着侵害女性特殊保护权益的情况。武汉市的调研数据显示,有 61.39%的女性在"四期"时有过加班现象,6.29%的女性在生育期间被降职甚至被辞退,14.63%的女性在怀孕期因得不到所在单位的特殊照顾而被迫提出辞职,86.39%的女性表示除国家规定的“带薪产假”外，没有享受到其所在单位对女性职工“四期”的其他劳动保护福利。

我国有部分地方政府提出加快母婴设施建设，要求在女职工较多的单位和人流量较大的（如车站、大型商场等）公共场所设置哺乳室，但很少有企业能够做到。被调查者中的多数女性反映照顾 3 岁以内的孩子让她们吃尽了苦头，其中喂奶是一个大问题。由于在职工作的母亲因较大的工作压力而疏于对幼儿照顾，很容易导致幼儿患病，从而加剧了年轻母亲的育儿负担，也会影响她们的正常工作。单位应为哺乳的母亲提供舒适的休息室，帮助她们缓解育儿和工作的疲劳，但是目前很多单位是没有这个条件的，甚至一些单位连遵守法定工作时间都无法满足，经常延长在职母亲的劳动时间，使她们背负沉重的工作和生活压力。92. 18%的女性认为由于缺失其所在单位对女性职工的劳动保护，使她们职业处境更加艰难。

三、“同工不同酬”问题依旧突出

我国《劳动法》第四十六条、《妇女权益保障法》第二十四条都提出了“同工同酬”的要求，然而女职工受家务负担和婚育因素的影响，“同工不同酬”是绝大多数女性职工普遍面临问题。有研究指出：每生育一个子女会造成女性工资率下降 7%左右，并且子女数量越多，工资率下降越多。[①] 武汉市的调查数据表明，49. 49%的受访者认为存在“同工不同酬”现象，38. 27%的受访者认为生孩子后的工资水平相对下降。

造成“同工不同酬”问题的原因主要有二点：

一是我国幼托和学前教育等公共服务供给数量不足且质量较低。社会难以给予母亲更多有效的育儿帮助，已婚女性需要对照料家庭投入更多的时间和精力，且女性承担的家务负担随着孩子的出生急剧增加。女性生育后因为托育体系的不完善而不得不花费大量时间在照顾子女上，她们可能会因此中断连续的工作经验积累和失去一些培训的机会，即使

① 於嘉、谢宇：《生育对我国女性工资率的影响》，《人口研究》2014 年第 1 期，第 18—29 页。

和男性仍处于同一岗位,但是考虑到女员工培训投入的减少,也会影响女性工资水平的提升。

二是本应该由国家承担的妇女儿童的部分福利支出分别转嫁给企业和家庭承担。我国政府规定的女职工享受的带薪假(如表9-4中各地政府规定的128—190天不等的产假)、女职工"四期"劳动保护的成本等社会福利开支都由用人单位承担,用人单位为规避这部分社会福利支出,往往减少雇佣女性职工或降低女性职工的工资水平,这无疑加剧了男女职工"同工不同酬"现象的发生。此外,由于幼托和学前教育等公共服务供给数量和质量的不足,增加了家庭抚育子女的资金和时间投入,而家务负担的增加又影响到女性在职工作效率,导致女性工资水平下降。

从女性职工的自我选择来看,部分女性会在孩子年幼时选择更换工作岗位,从事那些"友善"母亲的工作,从而兼顾她们作为母亲的角色,23.30%的女性在生育第一个孩子后进行了内部调岗或更换工作单位。根据补偿性工资差异理论,当一些工作能提供相对宽松的工作环境时,那么其工资往往较低。因此,女性为了方便照顾小孩,认为非货币补偿带来的效益大于高工资带来的满足感时,通常会选择那些适合母亲角色但工资偏低的岗位①。

9.5.2 女性就业保障水平偏低和范围偏窄

随着社会的进步和经济的发展,女性对就业保障的需求不断增加,如今需要的不仅仅是保障她们的就业权利,更需要是保障她们就业权实现的配套措施和提供给她们更广阔的职业发展通道。

一、生育保障无法满足基本需求

为弥补女性因为生育行为带来的损失,我国对怀孕、分娩期的妇女劳动者提供了医疗服务、生育津贴和产假补助。例如目前湖北省规定生育女性至少可享受128天的带薪产假、15天陪产假,并且女职工生育的检

① Bergmann, B.R., "Occupational Segregation, Wages and Profits When Employers Discriminate by Race or Sex", *Eastern Economic Journal*, 1974, 1(2), pp.103-110.

查费、接生费、手术费、住院费和药费都严格按照《湖北省职工生育保险办法》和《湖北省人口与计划生育条例》等的规定从生育保险基金中给予支付,但这些社会福利主要集中在女性怀孕和生产阶段,却忽略了养育子女这个相对较长阶段中的女性福利。生育是长周期的过程,它包括“生”和“育”两个阶段,后一个阶段将持续时间更长,如女性产后恢复期、孩子哺乳期和学前教育期等各环节都是需要母亲付出艰辛劳动的长期过程。因此,现行的妇女福利远不能满足生育女性的实际需求。武汉市的调查数据显示85.54%的已婚育女性从未领取孕检补贴,98.13%的女性认为生育医疗补贴费用不足,与基本医疗保险待遇差别不大,更有7.14%的女性认为自己未享受任何生育福利。可见现行的生育津贴远远达不到女性的预期,保障水平过低。此外,被访谈女性期待的社会福利还涉及:育婴假、亲子假、免费咨询、孕期保健、生育住院更便捷、儿童保健等福利要求,特别是关于母婴保健问题,大多数人认为应该纳入生育保险的范畴。总之,随着教育的普及和科学生养知识的大众化,简单的时间安排和资金补贴只能满足人们单纯的生理需求,而无法满足她们的安全和情感需求,迫切需要政府打破传统思维,为她们提供更多咨询和服务上的帮助。

二、女性就业层次低、晋升难

职业性别隔离的现象在我国较为普遍,婚育女性因为需要照顾孩子、承担较重的家务劳动而在职业发展中晋升困难,使大多数女性处在低技术含量和低收入岗位。武汉市的调查数据显示,在职女性职工中普通职员占76.83%,中层管理者占19.25%,而高层管理者仅有3.92%。女职工中因怀孕、生子和照顾孩子而耽误晋升的大有人在,她们在与男职工竞争中处于弱势地位。即使已婚育女性本人十分优秀,完全有能力兼顾家庭和工作,但因为受社会对女性职工整体印象的影响,优秀女性的晋升机会也会小于同等优秀的男性职工。

三、失业风险大与再就业难

裁员是企业应对不景气的方式之一,也是女性职工受损害最惨重的方式。一旦企业决定裁员,首先考虑的就是已婚育女性。即使经济发展势头好,生育行为本身也可能让女性失业。为逃避生育成本,个别企业同女性签订短期劳动合同,待她们不孕后合同也即将到期,然后不再续签,终止劳动关系。还有一些用人单位虽然没有明示辞退已婚育女性,但是它们通过加大孕期女性的工作量、调整女性的工作岗位等方式,逼迫女性主动辞职。此外,为抚育孩子留出几年工作空白期的女性也很多。简而言之,不管是被动还是主动因素,婚育女性的失业风险大大高于男性。在被访谈的女性中,因生育、抚育幼儿曾失去工作岗位的女性占19.59%。

失业后的女性想再就业更是困难重重,11.24%的女性表示待孩子长大一点后,想重新就业却到处碰壁。因为孩子的降临,女性在失业后的一段时间会全身心投入家庭,减少对社会的关注,重新求职时可能会面临沟通障碍。在这个日新月异的社会中,再就业时女性将面临新知识储备不足的问题。而且,孩子的照顾问题具有长期性,任何时候都离不开家长的参与,而且母亲往往是其中的主要力量,所以再就业时还得选择适合已婚育女性的工作。失业后的已婚育女性在寻找新工作时,需要权衡多种影响因素,诸如新工作是否需要加班、是否有一定的时间自由度、是否可兼顾家庭等,因此,在这种双向选择的制约下,适合她们的工作岗位大幅度减少,再就业难就很好理解了。

伴随着孩子的成长,儿童照顾压力会相对降低,而培育孩子的经济支出会增长,家庭对经济收入的要求会越来越高,由于我国目前人均产值不高,人均收入有限,大多数家庭仅靠男性的收入无法支撑一个家庭的全部开支,需要女性就业收入的支持。因此,女性再就业很有必要,需要得到政府的支持,包括:疏导她们的心理压力,开设新技能培训班,鼓励用人单位实行弹性工作时间等,这些措施都将有助于推动女性再就业。

9.5.3　原因分析

一、"工作—育儿"冲突严重

婚育女性就业难的原因很大一部分是由"工作—育儿"冲突所致,武汉市的调查数据表明,多数家庭面临"工作—育儿"冲突的困扰,其中75.47%的年轻父母都会寻求爷爷、奶奶(或外公、外婆)帮忙带孩子。在所有受访者中女性照顾孩子、承担家务花费的时间超过男性的家庭占

92.69%。因为花太多时间照顾孩子，导致错过公司(或自我)职业培训的占27.04%，工作很疲倦的占13.27%，影响工作发挥的占26.70%，没有其他群体参与的育儿重担让女职工疲惫不堪。

在如此繁重的儿童照顾任务面前，一方面受传统的“男主外、女主内”思想的影响，男性分担的家务太少，另一方面国家提供的幼托服务不足、儿童照顾福利的缺失，导致女性就业难的问题无法解决。现有的就业保障政策实施效果不理想，实质上就是儿童照顾政策缺失的反映。因此，缓解女性“工作”与“育儿”之间的矛盾冲突、保障女性就业，就必须改革现行的儿童照顾福利政策。

二、儿童照顾福利严重缺失

武汉市的调查数据显示，随着社会经济发展，劳动生产效率的提升，在岗职工个人平均年收入有较大幅度的增长，武汉市2017年人均79684元，较上一年增长10.73%(如图9-7所示)[①]，一个家庭中只需一个人工作就可以养活全家的家庭数增加，这些收入较高的家庭在抚育子女方式的选择上有两种：一是女性退出工作岗位回家照顾年幼的子女，另一种是雇佣保姆在家中照顾年幼的小孩，这可能是导致武汉市幼儿入园率偏低主要原因。但是，这两种育儿方式对数量更多的低收入家庭并不适用。

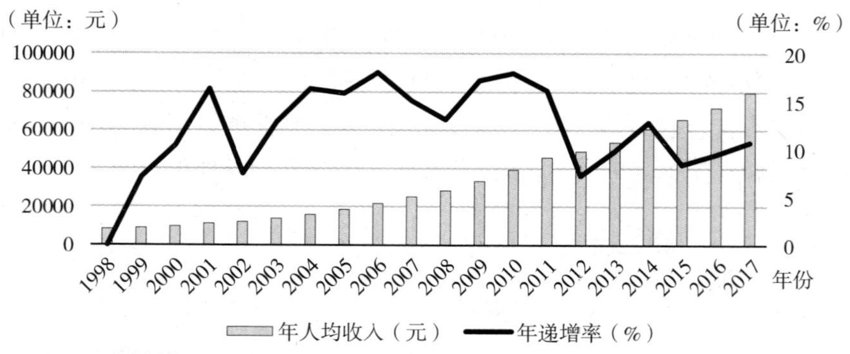

图9-7　武汉市在岗职工年均收入与年递增率

资料来源：根据《武汉统计年鉴2018》数据整理而得。

① 武汉市统计局编：《武汉统计年鉴2018》，中国统计出版社2018年版，第48页。

尽管全社会都在宣传和倡导“性别平等,共同分担家务和抚育子女”,但家庭内部传统性别分工的状况仍难以动摇,女性仍然是家务劳动和照顾子女的主要承担者。儿童照顾福利政策在减少社会性别不平等上发挥了巨大的作用,国家通过公共幼托服务体系的建设缓解了已婚育女性的家务负担,把她们从繁重的家务劳动中解放出来,也为她们的职业工作时间留出了空间,幼师们倾尽所能给孩子最好的专业化的教育,让职业女性不再分心孩子的教育,使她们能够把更多的时间和精力投入到工作中,工作效率也随之提高,个人的工资收入也会相应的增长。由此可见,只有不断改进有关儿童照顾的福利政策,制定符合现实需要且具有可操作性的福利政策,女性就业权益保障才能真正得以落实。

纵观我国现阶段,城镇家政服务市场费用居高不下,公共托儿所和幼儿园非常少,幼儿园人满为患,排队现象成为每年开学季的“风景”,目前国家提供的儿童照顾福利,数量上和质量上远远不能满足需求,实在无法达到职业女性期待的标准。

三、政策制定者未充分考虑性别正义

儿童照顾福利属于社会保障的范畴,我国的社会保障制度是建立在性别中立的价值理念上的,并没有从性别正义视角制定社会政策,这样很容易造成对女性权益的保护不当。

生育是女性的天职,产假是她们承担这一职责应得的补偿。但也正因为产假让女性中断了劳动,损害了企业的利益,才出现企业招聘偏好男性的现象。在鼓励生育二孩的政策推动下,部分地方的产假延长了 30—60 天,这本该是一件好事,但这些福利的买单者是企业,因此这些福利政策反而变相强化了企业对女性的歧视,使女性就业更加困难。产假除供女性产后恢复外,更多的是用于照顾新生儿。然而儿童照顾是父母共同的事,也应该保证父亲的照顾时间。例如湖北省规定男性享有 15 天陪产假,但显然远低于女性 128 天的假期。从性别正义视角,男性的假期时间应与女性相同,而不是在女性苦于生育和哺育幼儿时他们却忙于工作。如果休产假和陪产假达成一致,用人单位因产假排斥女性的动因就会消

失。此外,给予男性足额的陪护假期不仅有利于增加男性承担照顾孩子的责任,而且使父亲与子女的亲子关系更融洽。为了追求性别正义,让男性享有的"陪护假"延长至与女性"产假"相同的时间,尽管理论上是可行的,但是,这只是形式上的绝对公平,既不合理也不必要。首先,女性休产假是必要的,可以满足女性产后身体恢复和婴幼儿哺乳的需要,对男性而言太长时间的陪护假不是必要的,因为男性休陪护假并不能将女性从婴儿照料中置换出来,更不能替代女性哺乳行为;其次,单纯延长男性陪护假并不能均衡年轻父母双方照顾新生儿的负担,而男性休假将失去一些工资收入和发展机遇,对家庭经济产生负面影响,从个人选择的角度看多数男性并不赞成延长休假,多数女性也不赞同这一可能导致家庭经济利益受损的政策方案;最后,从社会整体考虑,延长男性休假也是一种变相的浪费资源,相对丁克家庭又会产生新的不公平,企业在利益的驱动下很可能又会歧视"生育"家庭,因此,单纯延长男性陪护假在现实社会中难以推行,不具备可操作性。

漠视性别正义必然导致其结果与政策目标初衷的偏离,且在更大范围内加剧了性别歧视。因此,为避免类似产假等社会福利给女性带来的困境,需重视公共政策制定中"性别正义"理念的运用,重新审视和改进现行有关女性就业权益保障的社会福利政策。

四、女性就业权益保障的监管执法不到位

《劳动法》是一部保护劳动者合法权益、调整劳动关系的基本法律,它对雇佣双方都很重要。但是,由于没有清晰的厘定劳动争议中举证责任的分配问题,让女职工面临就业权益受损时的纠纷,很难利用法律捍卫自己的权益。随后出台的《就业促进法》《劳动合同法》《劳务派遣暂行规定》等大多也存在类似问题,对用人单位产生的威慑力微乎其微。72.57%的受访者表示存在劳动争议时,不会诉诸法律,因为存在漏洞的法律条文难以真正保护女职工权益,弄不好反而是一件劳己伤财的事。

信息不对称也是导致女性就业权益受损的重要原因之一。武汉市的调查数据显示:选择"完全不了解"和"有一点了解"我国有哪些就业保障政策的受访者高达86.20%，而那些了解一点的人大多也是仅知道失业津贴、生育休假制度等常规保障方式，对政府大力支持的失业人员职业培训制度、创业税收优惠等一无所知。由于政策宣传力度不够，让本该享受更多福利的女性因未知晓而错过良机，进而面临更艰难的就业形势。由于女性就业权益保障的相关法规中提到的“同工同酬”“职业性别平等”等涉及的问题具有隐蔽性，执法监管难度大，致使许多监管都流于形式。

五、儿童照顾对女性就业影响的实证分析

这里将儿童照顾福利主要归为三类：给予照顾时间、提供照顾服务机构、解决照顾资金。为简化研究，前两类福利分别以女性工作日育儿时间、入托或入学与否来替代，第三类福利“儿童照顾资金”包含的范围较广，这里指政府提供的育儿经济支持，主要包括一次性补贴、一次性分娩营养补助费、补助托幼费、学前教育资助、特殊儿童救助或补助等。女性就业包括就业数量和就业质量两个方面，因为调研对象已经限定为就业女性，所以忽略就业数量问题，而以“岗位级别”和“工资水平”来表示就业质量。

1. 女性育儿时间的长短与女性就业的关系

表9-5　女性工作日家务劳动时间与岗位级别、工资透视表

		岗位级别			总计
		普通职员	中层管理者	高层管理者	
每天家务劳动时间≤2小时					
工资水平(元/月)	<3000	0.68%	0.00%	0.00%	0.68%
	3000—5000	11.56%	0.00%	0.00%	11.56%
	5000—8000	9.52%	10.20%	0.68%	20.41%
	>8000	2.04%	1.36%	3.40%	6.80%
	汇　总	23.81%	11.56%	4.08%	39.46%

续表

		岗位级别			总计
		普通职员	中层管理者	高层管理者	
每天家务劳动 2—4 小时					
工资水平（元/月）	<3000	6.80%	0.00%	0.00%	6.80%
	3000—5000	33.33%	2.04%	0.00%	35.37%
	5000—8000	4.08%	4.76%	1.36%	10.20%
	>8000	0.68%	1.36%	0.00%	2.04%
	汇　总	44.90%	8.16%	1.36%	54.42%
每天家务劳动时间≥4 小时					
工资水平（元/月）	<3000	2.04%	0.00%	0.00%	2.04%
	3000—5000	3.40%	0.00%	0.00%	3.40%
	5000—8000	0.00%	0.68%	0.00%	0.68%
	汇　总	5.44%	0.68%	0.00%	6.12%
总　计		74.15%	20.41%	5.44%	100.00%

武汉市的调查数据显示，60.54%的在职女性每天需要承担 2 小时以上的家务劳动（包括照顾小孩），6.12%的女性家务劳动时间甚至超过 4 小时，表明城镇在职女性家务劳动的负担较重。被调查者中普通职员占比为 74.15%，高层管理者仅占 5.44%，这一数据也反映出女性职位晋升的艰难。

综合比较，女性职工职位越高，薪酬水平越高，家务劳动时间越少。女性高层管理者平均每天陪伴孩子的时间少于 2 小时，而普通职员中近一半的女性花大量时间照顾孩子，可见女性在职业发展上取得的成绩是以削减家务劳动时间为代价的。我国女性家务劳动的主要工作是照顾孩子，通常孩子年龄越小越需要母亲的照顾，因此孩子处于幼儿阶段的母亲需要花较长时间照顾小孩，如果不改变我国儿童照顾的福利机制，加之受传统性别分工的制约，女性将很难从沉重的家务劳动负担中解脱出来，她们的职业发展之路也更加艰辛。

忽略岗位级别之间的差异，女性在家务劳动上花费的时间越少薪资越高。普通职员中，2.72%的女性每月工资收入超过8000元，她们的家务劳动时间平均每天在1.5小时左右，而薪资低于3000元的女性家务劳动时间平均每天3.5小时，中高层管理者呈同样的趋势。在时间既定的情况下，每天用于家务劳动的时间越长，则用于职业工作的时间越短，即家务劳动时间与薪酬水平呈负相关性。

2. 儿童照顾服务机构与女性就业的关系

表9-6　孩子入托/入学与女性工资水平

（单位：%）

		岗位级别			总计
		普通职员	中层管理者	高层管理者	
全部入托/入学					
工资水平（元/月）	<3000	2.72	0.00	0.00	2.72
	3000—5000	30.61	1.36	0.00	31.97
	5000—8000	10.88	10.88	2.04	23.81
	>8000	2.72	2.04	3.40	8.16
	汇　总	46.94	14.29	5.44	66.67
有孩子尚未入托/入学					
工资水平（元/月）	<3000	6.80	0.00	0.00	6.80
	3000—5000	17.69	0.68	0.00	18.37
	5000—8000	2.72	4.76	0.00	7.48
	>8000	0.00	0.68	0.00	0.68
	汇　总	27.21	6.12	0.00	33.33
总　计		74.15	20.41	5.44	100.00

随着二孩政策的放开,女性家务劳动中的育儿负担进一步加重,迫切需要政府出台有关儿童照顾福利政策的配套措施,增设一些与女性正常工作时间相匹配的托儿所、幼儿园等幼儿照顾公共服务机构,更好满足女性就业的需求。

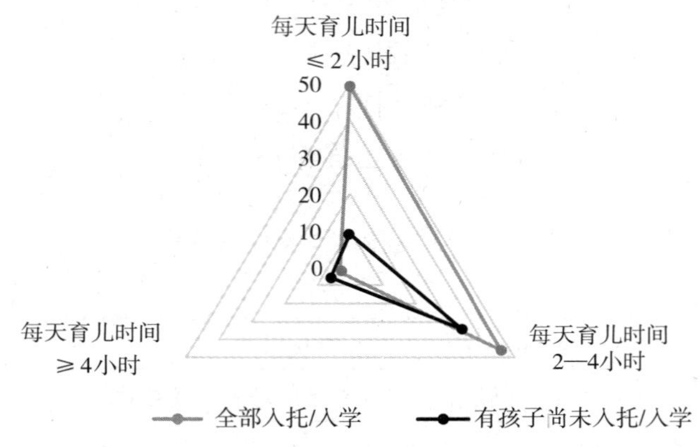

图 9-8　女性工作日育儿时间与孩子是否入托/入学的关系

公共幼托机构越多,可容纳孩子的数量越多,对女性工作的制约越小,在职女性的家务负担可以得到有效缓解。表 9-6 中的数据显示,孩子入托与否与母亲的职位和薪资有着紧密的联系。入托率越高,妈妈处于高层管理岗位的概率越大。甚至处于同一岗位层级的女性,孩子入托也会让她们在工作上收获更大的投资回报率。此次调研的结果显示,高层管理者占总受访者 5.44%,她们的孩子在幼儿园(或学校)接受教育的比率是 100%,这样节省了她们的育儿时间,保证了她们在工作上有更多时间和精力的投入。中层管理者的孩子入托(或入学)率是 70%,而普通员工中只有 63.3%家庭的孩子入托(或入学)。普通职员中,孩子全部入托(或入学)的母亲月工资高于 5000 元的占比 13.6%,而仍有孩子留在家里需要照顾且母亲月工资收入高于 5000 元者仅占 2.72%,中层和高层管理者中女职工的收入差异,也与孩子是否入托密切相关。

研究儿童照顾服务机构与女性就业的关系时,我们再来考虑儿童照顾服务与女性育儿时间之间的联系。女性职工育儿时间与儿童入托

(或入学)率呈负相关关系,即儿童全部接受公共托育机构的照顾,则女性育儿的时间越短;儿童在家照顾的可能性越大,女性育儿的时间越长。

联系上文不难发现,儿童托育率的高低是影响女性工作时间的长短、薪资水平以及职位高低的重要因素。因此,想要保障女性正常的就业时间,提高她们的就业质量,就应当大力提倡和推进儿童照顾社会化,引入更多的责任主体分担女性的儿童照顾责任。

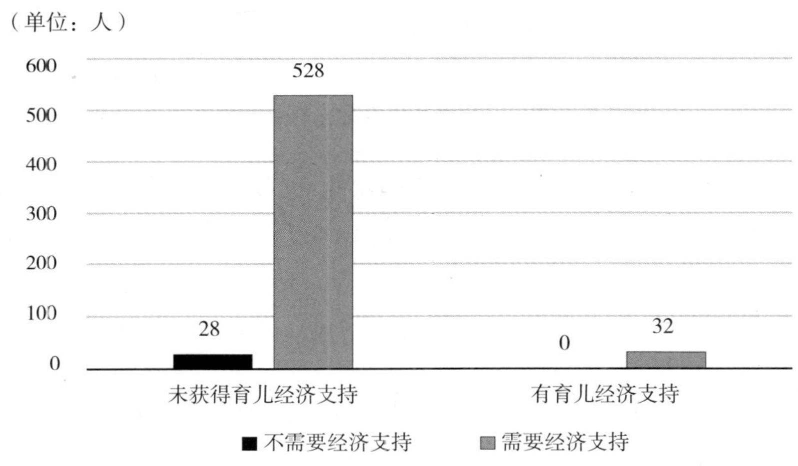

图 9-9 武汉市城镇女性育儿经济支持的获得率和需求度

9.5.4 经济补助与女性就业的关系

如图 9-9 所示,94.56%的受调查女性从未获得政府提供的育儿经济补助,政府对生育行为的经济支持在给付生育津贴之后就戛然而止。而几乎所有的被调查对象都表示她们需要育儿经济支持,特别是那些曾经获得过育儿津贴的人,她们 100%赞成"需要政府提供育儿经济支持"的观点。但这种意愿与大多数人得不到补助的现实相违背。育儿是一件成本昂贵的事情,孩子的生活开销、教育经费都会让家庭背负沉重的经济压力。减轻育儿家庭的经济压力,提供育儿经济支持是大家期盼的最重要的社会福利之一。

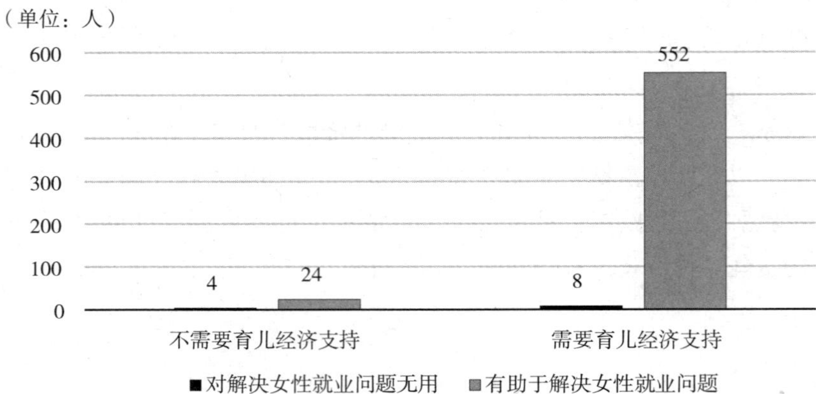

图 9-10　育儿经济支持的需要度与女性就业

大多数选择"需要育儿经济支持"的女性，也普遍支持育儿经济支持有利于解决女性就业问题的观点。图 9-10 显示，持这种观点的女性占比高达 95. 83%。即使是认为自己不需要国家帮助育儿的人，大部分也相信解决育儿资金问题，会对女性就业有帮助。从育儿经济支持的可及性来分析，不管曾经是否获得育儿经济支持，多数人都认为育儿经济支持有利于女性就业。据一位得到过育儿经济支持的女性反映，她的工作的确受益于政府育儿津贴。

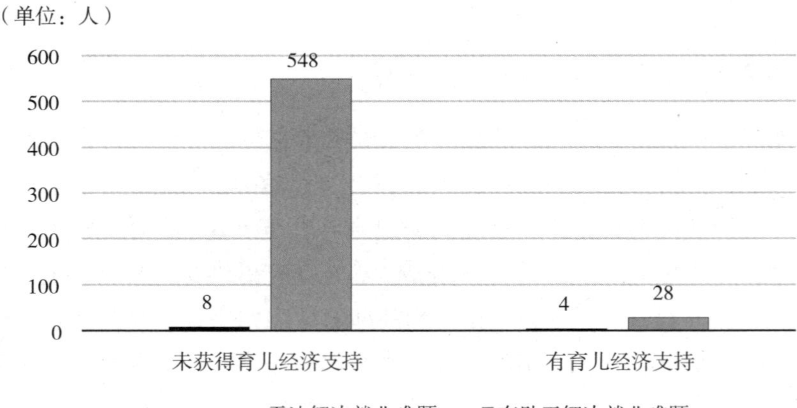

图 9-11　育儿经济支持的获得率与女性就业

育儿经济支持对女性就业的帮助是有据可循的。首先,政府提供育儿经济补助,分担了家庭的儿童照顾经济成本,女性不必为了生计被迫出去挣钱,她们可以自由决定是否就业,灵活选择就业的形式、行业等,这是对女性就业的一种保护。其次,在政府育儿经济补助的帮助下,家庭经济条件宽松一些,有足够的资金支付保姆或其他托育机构的费用,可以减少母亲照顾孩子的时间,她们投入工作的时间和精力都能增加,也进一步有助于她们加薪和晋升。最后,政府育儿经济补助也是改变雇主对女性员工态度的一个契机。因为没有过大的经济压力,女性对薪资的要求可能降低,这在很大程度上增加了她们被录用的概率。女性可以有更多职业工作时间(因为育儿时间减少),与男性创造等量的经济价值,会让用人单位改变观念,在一定程度上消除就业性别歧视。

可以说,儿童照顾福利(给予照顾时间、提供照顾服务机构、解决照顾资金)的改善对女性就业具有显著影响。社会托幼机构的照顾,可以较大程度把女性从沉重的家庭负担中解放出来,让她们灵活选择就业的方式和行业。

9.6 女性就业权益保障的新路径

完善儿童照顾福利对女性就业意义重大。在双薪家庭理念得到强化的当今社会,照顾儿童成为女性就业的拖累,家庭承担育儿责任的压力越来越大。为了帮助女性克服"职业工作"与"家务劳动(包括育儿)"困境,在政府主导下社会和家庭共同参与的儿童照顾福利体系的完善势在必行。

9.6.1 构建社会化的幼儿综合照顾服务体系

儿童照顾不再是私领域的问题,它困扰着多数职业女性,已经成为迫切需要解决的公共政策议题。女性受家务劳动(尤其是婴幼儿照顾)的困扰,仅仅靠家庭自身已经无法解决育儿负担问题,其他主体参与进来是必然趋势。通过提供社会化的育儿服务,可以将以往家庭内部的“育儿”家务劳动转变为社会劳动的一部分,能有效缩短妇女照顾幼儿的时间,为实现女性平等就业、儿童妥善照顾目标奠定了基础。因此,当务之急是构建国家、市场、家庭、男性和女性共同承担的高质量的社会化儿童综合照顾服务体系。

一、多方主体共担儿童照顾责任

第一,公共幼托体系普遍化。完善的幼托公共服务体系不仅可以将已婚育女性从繁重的家务劳动中解放出来,增强女性在劳动力市场中的竞争力,而且可以有效缩小性别工资差距,消除就业性别歧视。因此,应由政府主导加大学前教育体系的投入,力争数量上能满足适龄儿童都能入园得到照顾。建议将学前教育纳入义务教育体系当中去,根据当地的经济条件选择推行学前(3—5岁)3年或(2—5岁)4年义务教育制,让所有2岁或3岁以上的孩子都能有机会在公立幼儿园内接受专业幼教老师的照顾。由于城镇女性职业化发展的需要,应优先发展城镇学前义务教育,首先在城镇实现学前初级教育的公平,促进城镇低收入家庭女性的职业发展,最终实现性别公平。此外,幼托公共服务机构建设还应该有质量建设标准,不仅硬件设施要达标,而且幼教老师也需要专业人才担任。

第二,儿童照顾服务方式多元化。受财政、师资等因素的制约,公立幼托服务机构普惠全民仍有很长的路要走,可引入多元化主体,如非营利组织、企业法人和个人等主体,加入儿童照顾服务体系,不仅可以缓解幼托服务机构供给不足的压力,也可以满足不同层次的幼托服务需求。

为了鼓励民办托儿所和幼儿园的发展,政府可给予民办幼托机构税收减免优惠或向他们购买服务。多样化的儿童照顾服务方式,不仅可以满足家长的多种选择,实现保障女性就业的目标,还能弥补政府财政投入的不足。相比于政府直接提供公共幼托服务,以补贴、税收优惠或购买服务的方式来满足育儿需求可以降低成本,至少省去了基础建设成本和一些行政费用。

第三，公共照顾服务供给标准化。我国缺少幼托机构，更缺的是服务质量良好的幼托机构。因此，“统筹学前教育资源均衡配置，实行幼儿园标准化建设”是政府监管的基础。政府应该对民办幼托机构加强监管，可对幼托机构按一定标准分等级管理，对于达标的民办幼托机构政府可以按实际入园儿童数给予相应补助，并将其纳入公共幼托服务体系实行价格管制，让这些民办幼托机构以较低价为儿童提供照顾服务。民办幼托机构的收费标准与其相应的等级挂钩，服务质量较高的幼托机构可以对应较高等级的收费。同时，对不符合标准的民办幼托机构，应该坚决予以关闭。

收费公平、服务优质、保障安全是幼儿园供给的基本准则，也是建设托儿所的基本标准。公共照顾服务供给标准化是多方主体共担儿童照顾责任的质量监控有效手段，是保障儿童安全、实现公平合理收费和免除儿童家长后顾之忧必由之路。

二、改革亲职假制度

其一，改进产假和护理假。《劳动法》第六十二条规定，“女职工生育享受不少于九十天的产假”；《妇女权益保障法》第二十七条规定，“任何单位不得因结婚、怀孕、产假、哺乳等情形，降低女职工的工资，辞退女职工，单方解除劳动（聘用）合同或者服务协议”。根据《劳动法》的规定，女性产假最低不能少于 90 天，现在各地方政府都在此基础上增加了天数，多数省份规定产假为 128 天，也有 158 天、188 天和 190 天不等，各地规定的女性生育产假长短不一有失公允，建议还是统一规定产假的时长较好。此外，女性休带薪产假和男性休带薪护理假，这两个带薪假作为社会福利的重要项目，其福利的本质是“带薪休假”，因不用出工但仍可获得报酬，实际的“带薪休假”的福利成本是由企业承担的，由此造成一系列问题，如女性就业歧视、性别工资差距等问题，为了消除因女性生育产假造成的性别歧视问题，建议政府通过“生育补贴”形式为“带薪”产假付费，将“带薪产假”这种实际上的企业福利还原为政府承担的“社会福利”。

二孩政策实施后，受生育保险保护的女性普遍享受最短为 128 天的产假。这为她们照顾初生婴儿提供了便利,但现行产假的时长仍不能满足现实需求。然而即使是如此短暂的休假时间,众多农民工女性、灵活就业女性却依然无法享受,她们生育过后在经济压力下只能立即返回劳动力市场。让所有就业女性享有同等的带薪产假,是国际劳工组织的要求,更是消除女性在生育权利上不平等的要求。应扩大生育保险的覆盖面,让灵活就业女性和女性农民工等其他女性群体同样纳入休产假的范围,方便她们照顾孩子,并在产假期间不需为生计发愁。要想将无正式工作的灵活就业女性群体纳入"带薪产假"福利受益群体的范畴,必须由政府承担该项福利的所有支出。

其二,增设育婴假。由于产假、护理假的时间太短,父母全心照顾孩子的时间不够,设置育婴假是西方发达国家较普遍实行的一种福利,值得我们学习和借鉴。育婴假实质上是与产假衔接的,区别在于父母双方都有自愿享受的权利,并且时间可以长于产假。育婴假供0—3岁孩子的父母使用,最长达2年,保证一定的薪酬待遇。

虽然育婴假是促成男女平等的好契机,也可以强化男性照顾儿童的自觉意识,减轻女性"工作—育儿"冲突,但如果政策设置不当,不但达不到预期目标,反而是对女性扮演"儿童照顾"角色的强化,也会进一步加剧就业性别歧视。因为在我国传统性别分工制度的影响下,一旦自愿选择休假,多数情况都是女性休假,男性参与的积极性往往并不高。因此,在育婴假中应设置"父亲配额",规定父亲必须参与一段时间的休假活动,能有效避免育婴假"陷阱"。

三、合理分配儿童照顾成本

第一,加大财政支持力度。既然儿童照顾是一种具有正外部性的行为,它涉及公共利益,就应当在全社会范围内分配照顾成本。在当今中年一代背负"三座大山"(看病、住房、教育)的时代,依靠家庭独立承担儿童照顾费用压力较大,迫切需要中央和地方政府的经济支援。

儿童是祖国的未来和希望,国家负有重要的照顾责任。2016年,我国中央财政对儿童照顾服务的投入不足财政总支出的0.1%,而OECD国家普遍高于0.7%(丹麦为1.5%,英国为1.1%,荷兰为0.9%)。为帮助女性减轻儿童照顾的负担，让公共照顾服务普遍化，国家必须加大财政投入比例。权衡国际水平，我国的儿童照顾财政支出比例至少要达到0.5%的水平。为实现儿童照顾社会化的目标，除中央需要拨付大量资金外，地方政府也要积极行动，为儿童照顾公共服务项目筹措资金，地方政府应正视差距，不断创造条件以填补儿童照顾服务资金的短缺。

第二，发放生育津贴和育儿津贴。女性选择就业的最重要目的是迫于家庭经济压力，在经济压力下她们的"工作—育儿"冲突更加显著。如果能降低她们生育和育儿时期的经济负担，这一冲突将在一定程度上得以缓解。我国生育保险规定，在职业女性因生育而离开工作岗位期间，支付生育津贴，金额与月平均工资挂钩。但是当今生育成本高昂，生育津贴数额远远不能满足生育开销，所以为了保障女性的利益，必须适当增加生育津贴的金额。

孩子在抚养过程中所需要的医疗、食品、教育等物品的支出都很大，对家庭来说一笔很重的负担。因此，为弥补女性生育行为带来的育儿费用，国家还应提供育儿津贴，尽可能减轻孩子养育过程中的家庭经济负担，通过生育津贴和育儿津贴的形式来帮助女性在育儿和工作之间做出自己的选择。

四、降低困难家庭的育儿经济压力

困难家庭的女性面临更严峻的"工作—育儿"压力，一方面儿童离不开母亲的照顾，另一方面家庭经济困难的局面又逼迫她们立即工作挣钱。即使公共幼托机构能解决儿童照顾问题，政府承担大部分照料费用，需自费承担的较小份额的托育成本她们也可能无力支付，这类家庭的适龄儿童还是得不到公共幼托机构的照顾。所以，为保障这部分女性就业权的可获得性，国家要密切关注困难家庭孩子的照顾问题，给予贫困母亲更多的补助，甚至承担全部照顾费用。建立困难家庭儿童资助制度，为贫困儿童提供免费托育，是目前来说可以推行试用的办法。

9.6.2　尊重妇女的就业选择权

针对现实中，女性既承受生育之痛，又承担较多的家庭照顾服务的责任，同时还要求她们担起社会建设之责，而社会对她们的苛求太多，保护太少这一现状，运用性别正义的理念制定的“友善女性”政策，是解决女性困境的根本途径。

让社会认同女性生育/育儿的经济价值，给予她们更灵活的工作时间和更便捷的就业渠道，帮助她们维护自身的合法权益，都是友善女性和保障她们就业的有力举措。

一、认可女性育儿的社会价值

传统上女性在家庭内部的育儿工作被固化为私领域的活动，而私领域劳动是她们的义务，不得向任何群体索取回报。的确，在实现社会发展目标的过程中，需要人们在私领域付出无偿劳动，但家庭内部夫妻双方就无偿的儿童照顾工作分配不均，导致性别经济差异，必然有损性别正义，导致女性角色冲突，也影响到人类社会的和谐健康发展。

女性在抚育子女过程中付出了大量艰辛的劳动，却得不到任何形式的经济酬劳。与此同时，男性在公领域从事有酬工作，其劳动价值被社会普遍承认。同样的时间、精力消耗，经济价值却截然不同，违背了马克思主义的劳动价值理论。早在1993年，联合国发布的《世界妇女状况》中就有“女性家庭劳动未被估算或被低估”的声音。全面核算女性的育儿价值，高度肯定她们的育儿劳动，对她们的育儿劳动付出给予相应的经济补偿，有利于推动真正意义上的男女平等。把女性育儿行为视为职场中的一份工作，除补偿相应的劳动所得外，也要将她们纳入社会保障的范围。只有在尊重女性育儿劳动和经济权利的基础上制定社会政策，才能妥善解决女性的角色冲突问题。

既然女性的家务劳动中主要包括抚育子女的劳动，而抚育子女的劳动是社会劳动的重要组成部分，因此，应该改变现有女性从事的无薪酬家务劳动的状况，承认女性家务劳动的价值。对全职从事家务的妇女，依据家庭收入的情况对低收入家庭给予相应补贴，将女性补贴与儿童福利关联起来，对0—3岁幼儿加大福利补贴力度，随着儿童年岁的增长，分阶段逐步降低儿童福利补贴金额，同时对在家庭内部从事无薪劳动的妇女减免社会保障税费，对其在外就业的丈夫适当减免工资收入所得税。

二、推动适合女性的弹性就业模式发展

在用人单位对女性的刻板印象影响下，面对整体就业压力趋紧和经济结构重型化的劳动力市场环境，就业性别歧视更甚的趋势愈发明显。为平衡工作和育儿，降低用人单位的雇用成本，减轻就业歧视程度，弹性就业模式是女性理想的就业方式。

首先是工作时间的弹性。婚育女性受雇后，无须严格遵守公司的打卡制度，而是可根据自身需要灵活安排工作时间。为保障劳动量与所得的匹配度，弹性工作时间的从业者可享受计件式待遇，即按照完成的任务量来计发工资。其次，工作地点也可灵活多变，远程就业不仅让用人单位节省了办公成本，也方便女性工作之余的育儿活动。最后，顾及弹性时间和地点就业所得低于常规就业薪资，可以鼓励从事弹性工作的女性职工建立多维劳动关系，让她们领取多份劳动报酬以维持正常工资水平。随着工作模式的变化，社会保险制度也要进行相应的调整。对那些弹性时间工作的女性，社保部门允许她们分段缴费，而那些同时有多重劳动关系的女性，则需要多家单位共担缴费责任。总之，只有社会保险和福利制度适时作出相应调整，才能真正落实女性弹性就业模式。

女性就业弹性化在我国就业体制转型时期就已出现，但是，经过近40年的时间，多数用人单位仍然无法认同这种就业模式。因此，改变用人单位的观念，创造女性弹性就业的文化氛围具有重要的意义。国家有关部门在多个场合表明支持和鼓励弹性就业，但效果均不明显。这需要政府部门出台相应的配套政策，以法律形式规范弹性就业，规定用人单位根据需要设置弹性就业岗位，或许才能真正推进弹性就业模式的发展，达到保障女性权益的效果。

三、建立健全女性就业保障法律援助体系

现实中女性因生育或照顾孩子被用人单位侵害权益的案例数不胜数，但每年选择为此维权的人数占比不到3成，武汉市的调查数据显示，有65.31%的受访女性表示她们在权益受损时也不会维权到底。当发生劳动争议时，我国《劳动法》规定先协商解决，协商不成再申请仲裁，最后才能提起诉讼。如此复杂的程序让很多被歧视女性望而却步。而且，

《劳动法》规定的劳动争议举证责任模棱两可,给了用人单位逃避责任的活动空间,让处于弱势的女性职工维权难度加大。此外,维权需要花费大量的成本,这对部分权益受损女性来说代价太高。女高管遇到权益受损时采取维权的比例相对较高,而且较高的工资收入也成为她们维权的经济保证,加之她们维权的法律意识较强,更有可能维权成功。而普通女性协调并解决经济、时间、举证等难题就要花很多精力和财力,更无能力对雇主开展长期维权了。

利益受到侵犯本已经让女性受伤,维权又如此艰辛更是让她们苦不堪言。为鼓励女性维权,保障她们的就业权益,我国需要简化劳动争议诉讼程序,厘清举证责任,分担维权成本,搭建法律援助的平台。只有建立女性就业保障专项法律援助体系,降低她们维权时的时间、精力、经济消耗,才能让更多的女性加入劳动维权的队伍,才能对用人单位起到威慑作用,最终实现减少就业性别歧视,促使用人单位形成公正公平的用人理念。

9.6.3　改革社会保障制度,保护女性就业权益

女性就业受生育和儿童照顾行为制约,而社会保障特别是其中的生育保险与女性就业密切相关,因此,通过社会保障制度的改革,达成保障女性就业的目的既有理论依据,也是现实需求。

一、制度中融合性别正义理念

联合国第四届世界妇女问题国际会议上通过的行动纲领为推动两性平等,明确了社会性别主流化,成为全球制定社会政策的重要原则。我国社会保障制度遵循该行动纲领精神,本着性别中立的理念设计保障规则。然而社会性别主流化与性别中立化不是同一概念,这样设计的保障制度难免存在性别盲点。如我国领取养老金的条件之一是缴费满 15 年,或许对男性来说不是难事,而对于承担照顾孩子主责的女性来说可能有些困难。再者,婚育女性总体失业的概率大、时间长,而失业津贴无论性别领取的时长都一致,这显然是不合理的。

政府是推动性别正义的责任主体,要想女性公平的分享经济发展成

果,就必须在社会保障制度设定中融入性别正义理念。考虑到社会保障制度改革后的合理性和可行性,必须专业人才加入政策方案的讨论当中去。政府相关部门可参考社会保障领域专家的意见,对每一项改革后的政策实行评估,让性别正义理念与社会保障政策真正融合。

二、强化政府责任,保障女性育儿权

当婚育女性保障缺失或力度不够时,政府应主动承担相应的责任,将她们纳入保障体系内。我国的养老保险规定一般女性退休年龄为 50 岁,男性为 60 岁,10 年时间之隔,是对女性平等就业权的剥夺,让她们在因儿童照顾而缩短就业时间后再次面临减短就业时间。为取得女性公平的养老保障权,需要取缔退休年龄性别差异化规定,推行弹性退休制度,让女性自由选择退休时间。在身体结构差异与女性生育之痛的影响下,女性患病的种类和概率与男性不同,应适时调整医疗保险报销比例和范围,增加女性疾病的报销种类,对她们育儿或工作来说都影响深远。虽然目前工伤保险保障的是职工遭受意外伤害或患职业病时的风险,但考虑到工作环境的复杂性,可能对女性生育或照顾孩子会产生慢性的伤害,所以可考虑将女性工作时对怀孕或育儿造成的慢性伤害纳入工伤保险内。

随着社会进步,儿童福利的提高,许多地方已将九年义务教育向学龄前 3 年义务教育拓展,形成 12 年义务教育,因抚育子女而离职的妇女,可将失业保险与育儿福利关联起来,加大对女性的关心和照顾。在她们因生育或照顾孩子离开职场时,应享受失业津贴,同时为她们再次返回职场提供就业指导和培训。生育保险担负着平衡女性生育与就业的重责,它的改革尤为重要,为提高女性哺乳期的健康保护,以及其他一切方便女性生育和育儿的生育保险改革办法都应被采纳吸收。

总之,无论在政策规划阶段,还是具体实施方面,应始终秉持由政府负责的态度,采取各种行之有效的方案,保障女性解决“工作与家务劳动(抚育子女)”冲突,实现儿童照顾社会化、性别平等化和真正意义上的女性自由择业。

参考文献

白海琦、孟泉:《延续包容型分析框架的传统——劳动关系多元主义理论的发展和局限》,《中国人力资源开发》2017 年第 9 期。

曹铭、张成科、朱怀念:《劳资关系演化博弈分析——以珠三角地区为背景》,《广东工业大学学报》2015 年第 4 期。

邸敏学、宋璐鹏:《我国私营企业劳资关系同一性及工会职能定位》,《山西大学学报(哲学社会科学版)》2018 年第 3 期。

顾文静:《后危机时期的企业劳动关系影响因素分析——基于珠三角企业的抽样调查》,《中南大学学报(社会科学版)》2013 年第 4 期。

侯风云:《劳资关系中的市场调节困境》,《福建论坛(人文社会科学版)》2014 年第 7 期。

胡磊:《影响我国劳动关系和谐运行的因素与政策演变》,《经济纵横》2013 年第 10 期。

靳延明、张玮、辛均庆:《代表建言:80 天生育奖励应纳入津贴范围》,http://news.southcn.com/gd/content/2017-01/23/content_164219163.htm。

李超海:《农民工工资结构的地区差异——以珠三角、长三角地区企业农民工为例》,《南方经济》2015 年第 11 期。

[美]玛丽·E.加拉格尔:《全球化与中国劳工政治》,郁建兴、肖扬东译,浙江人民出版社 2010 年版。

孟泉:《从中心论到互构论:构建基于核心概念的劳动关系分析框架》,《中国人力资源开发》2018 年第 5 期。

年志远、袁野:《企业劳资关系冲突的形成过程及其政策意义——基于产权视角》,《吉林大学社会科学学报》2013 年第 1 期。

孙中伟、贺霞旭:《工会建设与外来工劳动权益保护——兼论一种“稻草人机制”》,《管理世界》2012 年第 12 期。

孙中伟、杨肖峰:《脱嵌型雇佣关系与农民工离职意愿——基于长三角和珠三角的问卷调查》,《社会》2012 年第 3 期。

汪建华、范璐璐、张书琬:《工业化模式与农民工问题的区域差异——基于珠三角与长三角地区的比较研究》,《社会学研究》2018 年第 4 期。

杨清涛、张文彩:《现阶段我国私营企业劳资矛盾冲突的原因探析》,《郑州大学学报(哲学社会科学版)》2013 年第 6 期。

张义明、崔勋:《基于 ser-M 范式的劳动关系理论分析框架》,《中国人力资源开发》2015 年第 3 期。

赵小仕、潘光辉:《农民工个体过激维权行为研究:基于珠三角的微观调查》,《理论月刊》2015 年第 4 期。

Bieler, A., Lee, C.Y., “Chinese Labour in the Global Economy: An Introduction”, *Globalizations*, 2016, 14(2), pp.1-10.

Ching Kwan Lee, *Against the Law: Labour Protests in China's Rustbelt and Sunbelt*, Berkeley: University of California Press, 2007.

Deng Y., Huang S., Lin L.et al., “Labor Rights in Chinese Manufacturing Firms: An Empirical Analysis Based on the China Employer-Employee Survey Data”, *China Economic Journal*, 2017, 10(1), pp.90-105.

Huang W., Li Y., Wang S. et al., “Can ‘Democratic Management’ Improve Labour Relations in Market-Driven China?”, *Asia Pacific Journal of Human Resources*, 2016, 54(2).

Lüthje, B., “Labour Relations, Production Regimes and Labour Conflicts in the Chinese Automotive Industry”, *International Labour Review*, 2014, 153(4), pp.535-560.

Lüthje, B., Butollo, F., “Why the Foxconn Model Does Not Die:

Production Networks and Labour Relations in the IT Industry in South China", *Globalizations*, 2017, 14(2), pp.1-16.

Ma X., "Labor Market Segmentation by Industry Sectors and Wage Gaps between Migrants and Local Urban Residents in Urban China", *China Economic Review*, 2018, 47.

Thorborg, M., "Chinese Workers and Labor Conditions from State Industry to Globalized Factories", *Annals of the New York Academy of Sciences*, 2010, 1076(1), pp.893-910.

WU Qingjun, Sun Zhaoyang, "Collective Consultation under Quota Management: China's Government-Led Model of Labour Relations Regulation", *International Labour Review*, 2014, 153(4), pp.609-633.

附　录

人力资源和社会保障部 财政部关于建立城乡居民基本养老保险待遇确定和基础养老金正常调整机制的指导意见

人社部发〔2018〕21号

各省、自治区、直辖市及新疆生产建设兵团人力资源和社会保障厅(局)、财政厅(局),各计划单列市人力资源社会保障局、财政局:

党中央、国务院高度重视城乡社会保障体系建设,2014年在全国建立了统一的城乡居民基本养老保险制度,在保障城乡老年居民基本生活、调节收入分配、促进社会和谐稳定等方面发挥了积极作用。同时,还存在着保障水平较低、待遇确定和正常调整机制尚未健全、缴费激励约束机制不强等问题。根据中央关于改革和完善基本养老保险制度的要求,为进一步完善城乡居民基本养老保险制度,经党中央、国务院同意,现就建立城乡居民基本养老保险待遇确定和基础养老金正常调整机制提出以下意见。

一、总体要求

全面贯彻党的十九大精神,以习近平新时代中国特色社会主义思想为指导,紧紧围绕统筹推进"五位一体"总体布局和协调推进"四个全面"战略布局,牢固树立和贯彻落实新发展理念,坚持以人民为中心的发展思想，按照兜底线、织密网、建机制的要求，建立激励约束有效、筹资权责清晰、保障水平适度的城乡居民基本养老保险待遇确定和基础养老金正常调整机制，推动城乡居民基本养老保险待遇水平随经济发展而逐步提高，确保参保居民共享经济社会发展成果，促进城乡居民基本养老保险制度健康发展，不断增强参保居民的获得感、幸福感、安全感。

二、主要任务

（一）完善待遇确定机制。城乡居民基本养老保险待遇由基础养老金和个人账户养老金构成。基础养老金由中央和地方确定标准并全额支付给符合领取条件的参保人；个人账户养老金由个人账户全部储存额除以计发系数确定。明确各级人民政府、集体经济组织和参保居民等各方面的责任。中央根据全国城乡居民人均可支配收入和财力状况等因素，合理确定全国基础养老金最低标准。地方应当根据当地实际提高基础养老金标准，对65岁及以上参保城乡老年居民予以适当倾斜；对长期缴费、超过最低缴费年限的，应适当加发年限基础养老金。各地提高基础养老金和加发年限基础养老金标准所需资金由地方负担。引导激励符合条件的城乡居民早参保、多缴费，增加个人账户资金积累，优化养老保险待遇结构，提高待遇水平。

（二）建立基础养老金正常调整机制。人力资源社会保障部会同财政部，统筹考虑城乡居民收入增长、物价变动和职工基本养老保险等其他社会保障标准调整情况，适时提出城乡居民全国基础养老金最低标准调整方案，报请党中央和国务院确定。地方基础养老金的调整，应由当地人力资源社会保障部门会同财政部门提出方案，报请同级党委和政府确定。

（三）建立个人缴费档次标准调整机制。各地要根据城乡居民收入增长情况，合理确定和调整城乡居民基本养老保险缴费档次标准，供城乡居民选择。最高缴费档次标准原则上不超过当地灵活就业人员参加职工基本养老保险的年缴费额。对重度残疾人等缴费困难群体，可保留现行最低缴费档次标准。

（四）建立缴费补贴调整机制。各地要建立城乡居民基本养老保险缴费补贴动态调整机制，根据经济发展、个人缴费标准提高和财力状况，合理调整缴费补贴水平，对选择较高档次缴费的人员可适当增加缴费补贴，引导城乡居民选择高档次标准缴费。鼓励集体经济组织提高缴费补助，鼓励其他社会组织、公益慈善组织、个人为参保人缴费加大资助。

（五）实现个人账户基金保值增值。各地要按照《国务院关于印发基本养老保险基金投资管理办法的通知》（国发〔2015〕48 号）要求和规定，开展城乡居民基本养老保险基金委托投资，实现基金保值增值，提高个人账户养老金水平和基金支付能力。

三、工作要求

（一）加强组织领导。建立城乡居民基本养老保险待遇确定和基础养老金正常调整机制是党中央、国务院部署的重要任务，是基本养老保险制度改革的重要内容，关系到广大城乡居民的切身利益，各级人力资源社会保障部门、财政部门要高度重视，加强组织领导，明确部门责任，切实把政策落实到位。

（二）完善机制建设。各地要根据本指导意见的精神，逐项落实各项政策，尽力而为，量力而行，建立和完善适合本地区情况的城乡居民基本养老保险待遇确定和基础养老金调整机制。

（三）强化部门协同。各地人力资源社会保障部门、财政部门要切实履行职责，加强协调配合，精心制定工作方案，共同做好基础养老金、个人缴费档次标准、政府补贴标准等测算和调整工作，相关标准和政策报上级人力资源社会保障部门和财政部门备案。

（四）做好政策宣传。要采取多种方式全面准确解读政策，正确引导社会舆论，让参保居民形成合理的预期。

人力资源和社会保障部　财政部

2018 年 3 月 26 日

企业年金办法

中华人民共和国人力资源和社会保障部
中华人民共和国财政部令　第36号

《企业年金办法》已经2016年12月20日人力资源社会保障部第114次部务会审议通过，财政部审议通过。现予公布，自2018年2月1日起施行。

人力资源和社会保障部部长　尹蔚民

财政部部长　肖　捷

2017年12月18日

企业年金办法

第一章　总　则

第一条　为建立多层次的养老保险制度，推动企业年金发展，更好地保障职工退休后的生活，根据《中华人民共和国劳动法》、《中华人民共和国劳动合同法》、《中华人民共和国社会保险法》、《中华人民共和国信托法》和国务院有关规定，制定本办法。

第二条　本办法所称企业年金，是指企业及其职工在依法参加基本养老保险的基础上，自主建立的补充养老保险制度。国家鼓励企业建立企业年金。建立企业年金，应当按照本办法执行。

第三条 企业年金所需费用由企业和职工个人共同缴纳。企业年金基金实行完全积累，为每个参加企业年金的职工建立个人账户，按照国家有关规定投资运营。企业年金基金投资运营收益并入企业年金基金。

第四条 企业年金有关税收和财务管理，按照国家有关规定执行。

第五条 企业和职工建立企业年金，应当确定企业年金受托人，由企业代表委托人与受托人签订受托管理合同。受托人可以是符合国家规定的法人受托机构，也可以是企业按照国家有关规定成立的企业年金理事会。

第二章 企业年金方案的订立、变更和终止

第六条 企业和职工建立企业年金，应当依法参加基本养老保险并履行缴费义务，企业具有相应的经济负担能力。

第七条 建立企业年金，企业应当与职工一方通过集体协商确定，并制定企业年金方案。企业年金方案应当提交职工代表大会或者全体职工讨论通过。

第八条 企业年金方案应当包括以下内容：

（一）参加人员；

（二）资金筹集与分配的比例和办法；

（三）账户管理；

（四）权益归属；

（五）基金管理；

（六）待遇计发和支付方式；

（七）方案的变更和终止；

（八）组织管理和监督方式；

（九）双方约定的其他事项。

企业年金方案适用于企业试用期满的职工。

第九条 企业应当将企业年金方案报送所在地县级以上人民政府人力资源社会保障行政部门。

中央所属企业的企业年金方案报送人力资源社会保障部。

跨省企业的企业年金方案报送其总部所在地省级人民政府人力资源社会保障行政部门。

省内跨地区企业的企业年金方案报送其总部所在地设区的市级以上人民政府人力资源社会保障行政部门。

第十条 人力资源社会保障行政部门自收到企业年金方案文本之日起 15 日内未提出异议的,企业年金方案即行生效。

第十一条 企业与职工一方可以根据本企业情况,按照国家政策规定,经协商一致,变更企业年金方案。变更后的企业年金方案应当经职工代表大会或者全体职工讨论通过,并重新报送人力资源社会保障行政部门。

第十二条 有下列情形之一的,企业年金方案终止:

(一)企业因依法解散、被依法撤销或者被依法宣告破产等原因,致使企业年金方案无法履行的;

(二)因不可抗力等原因致使企业年金方案无法履行的;

(三)企业年金方案约定的其他终止条件出现的。

第十三条 企业应当在企业年金方案变更或者终止后 10 日内报告人力资源社会保障行政部门,并通知受托人。企业应当在企业年金方案终止后,按国家有关规定对企业年金基金进行清算,并按照本办法第四章相关规定处理。

第三章 企业年金基金筹集

第十四条 企业年金基金由下列各项组成:

(一)企业缴费;

(二)职工个人缴费;

(三)企业年金基金投资运营收益。

第十五条 企业缴费每年不超过本企业职工工资总额的 8%。企业和职工个人缴费合计不超过本企业职工工资总额的 12%。具体所需费用,由企业和职工一方协商确定。

职工个人缴费由企业从职工个人工资中代扣代缴。

第十六条　实行企业年金后，企业如遇到经营亏损、重组并购等当期不能继续缴费的情况，经与职工一方协商，可以中止缴费。不能继续缴费的情况消失后，企业和职工恢复缴费，并可以根据本企业实际情况，按照中止缴费时的企业年金方案予以补缴。补缴的年限和金额不得超过实际中止缴费的年限和金额。

第四章　账户管理

第十七条　企业缴费应当按照企业年金方案确定的比例和办法计入职工企业年金个人账户，职工个人缴费计入本人企业年金个人账户。

第十八条　企业应当合理确定本单位当期缴费计入职工企业年金个人账户的最高额与平均额的差距。企业当期缴费计入职工企业年金个人账户的最高额与平均额不得超过5倍。

第十九条　职工企业年金个人账户中个人缴费及其投资收益自始归属于职工个人。

职工企业年金个人账户中企业缴费及其投资收益，企业可以与职工一方约定其自始归属于职工个人，也可以约定随着职工在本企业工作年限的增加逐步归属于职工个人，完全归属于职工个人的期限最长不超过8年。

第二十条　有下列情形之一的，职工企业年金个人账户中企业缴费及其投资收益完全归属于职工个人：

（一）职工达到法定退休年龄、完全丧失劳动能力或者死亡的；

（二）有本办法第十二条规定的企业年金方案终止情形之一的；

（三）非因职工过错企业解除劳动合同的，或者因企业违反法律规定职工解除劳动合同的；

（四）劳动合同期满，由于企业原因不再续订劳动合同的；

（五）企业年金方案约定的其他情形。

第二十一条　企业年金暂时未分配至职工企业年金个人账户的企业缴费及其投资收益，以及职工企业年金个人账户中未归属于职工个人的企业缴费及其投资收益，计入企业年金企业账户。

企业年金企业账户中的企业缴费及其投资收益应当按照企业年金方案确定的比例和办法计入职工企业年金个人账户。

第二十二条 职工变动工作单位时，新就业单位已经建立企业年金或者职业年金的，原企业年金个人账户权益应当随同转入新就业单位企业年金或者职业年金。

职工新就业单位没有建立企业年金或者职业年金的，或者职工升学、参军、失业期间，原企业年金个人账户可以暂时由原管理机构继续管理，也可以由法人受托机构发起的集合计划设置的保留账户暂时管理；原受托人是企业年金理事会的，由企业与职工协商选择法人受托机构管理。

第二十三条 企业年金方案终止后，职工原企业年金个人账户由法人受托机构发起的集合计划设置的保留账户暂时管理；原受托人是企业年金理事会的，由企业与职工一方协商选择法人受托机构管理。

第五章 企业年金待遇

第二十四条 符合下列条件之一的，可以领取企业年金：

（一）职工在达到国家规定的退休年龄或者完全丧失劳动能力时，可以从本人企业年金个人账户中按月、分次或者一次性领取企业年金，也可以将本人企业年金个人账户资金全部或者部分购买商业养老保险产品，依据保险合同领取待遇并享受相应的继承权；

（二）出国（境）定居人员的企业年金个人账户资金，可以根据本人要求一次性支付给本人；

（三）职工或者退休人员死亡后，其企业年金个人账户余额可以继承。

第二十五条 未达到上述企业年金领取条件之一的，不得从企业年金个人账户中提前提取资金。

第六章 管理监督

第二十六条 企业成立企业年金理事会作为受托人的，企业年金理事会应当由企业和职工代表组成，也可以聘请企业以外的专业人员参加，其中职工代表应不少于三分之一。

企业年金理事会除管理本企业的企业年金事务之外，不得从事其他任何形式的营业性活动。

第二十七条　受托人应当委托具有企业年金管理资格的账户管理人、投资管理人和托管人，负责企业年金基金的账户管理、投资运营和托管。

第二十八条　企业年金基金应当与委托人、受托人、账户管理人、投资管理人、托管人和其他为企业年金基金管理提供服务的自然人、法人或者其他组织的自有资产或者其他资产分开管理，不得挪作其他用途。

企业年金基金管理应当执行国家有关规定。

第二十九条　县级以上人民政府人力资源社会保障行政部门负责对本办法的执行情况进行监督检查。对违反本办法的，由人力资源社会保障行政部门予以警告，责令改正。

第三十条　因订立或者履行企业年金方案发生争议的，按照国家有关集体合同的规定执行。

因履行企业年金基金管理合同发生争议的，当事人可以依法申请仲裁或者提起诉讼。

第七章　附　则

第三十一条　参加企业职工基本养老保险的其他用人单位及其职工建立补充养老保险的，参照本办法执行。

第三十二条　本办法自 2018 年 2 月 1 日起施行。原劳动和社会保障部 2004 年 1 月 6 日发布的《企业年金试行办法》同时废止。

本办法施行之日已经生效的企业年金方案，与本办法规定不一致的，应当在本办法施行之日起 1 年内变更。

人力资源社会保障部交通运输部水利部能源局铁路局民航局关于铁路、公路、水运、水利、能源、机场工程建设项目参加工伤保险工作的通知

人社部发〔2018〕3号

各省、自治区、直辖市及新疆生产建设兵团人力资源社会保障厅（局）、交通运输厅（局、委）、水利（水务）厅（局）、能源局、各地区铁路监管局、民航各地区管理局：

党中央、国务院高度重视建筑业农民工工伤权益保障问题。2014年12月，经国务院批准，人力资源社会保障部、住房城乡建设部、安全监管总局、全国总工会制定印发了“关于进一步做好建筑业工伤保险工作的意见”（人社部发〔2014〕103号，以下简称《意见》），做出了工伤优先，项目参保，概算提取，一次参保，全员覆盖的制度安排，并明确交通运输、铁路、水利等相关行业参照执行。三年来，在各部门的协力推动以及各地共同努力下，住建领域新开工工程建设项目参保率已达到99.73%，累计4000多万人次建筑业农民工纳入工伤保险保障。部分地区结合实际一并推动交通运输、铁路、水利等相关行业工程建设项目参加工伤保险工作，取得了一定成效，为全面推开创造了条件。为全面贯彻党中央、国务院关于切实保障和改善民生的重大部署，深入落实《意见》要求，加大力度将在各类工程建设项目中流动就业的农民工纳入工伤保险保障，现就

铁路、公路、水运、水利、能源、机场（以下简称交通运输等行业）工程建设项目参加工伤保险工作通知如下：

一、切实增强做好工作的责任感和紧迫感。《国务院办公厅关于促进建筑业持续健康发展的意见》（国办发〔2017〕19号）再次强调要“建立健全与建筑业相适应的社会保险参保缴费方式，大力推进建筑施工单位参加工伤保险”，明确了做好建筑行业工程建设项目农民工职业伤害保障工作的政策方向和制度安排。各地要在进一步健全住建领域工程建设项目按项目参加工伤保险长效工作机制的同时，进一步增强责任感和紧迫感，按照《意见》要求，全面启动交通运输等行业工程建设项目参加工伤保险工作，结合行业用工特点，做好参保办法、办理流程、保障服务等具体制度安排，确保在各类工地上流动就业的农民工依法享有工伤保险保障。

二、推进形成更高水平更高效率的部门协作机制。按项目参加工伤保险工作涉及多部门职责，必须协调联动，合力推进。在推进住建领域工程建设项目参加工伤保险工作中，各地普遍建立的联席会议、联合督查、信息共享、经办对接等部门协作机制，发挥了重要作用，创造积累了行之有效的经验做法。各地要在现有工作基础上，扩大协作范围，丰富协作内容，针对交通运输等行业工程建设项目施工管理、用工管理的特点，设计高效、便捷、管用的管理服务流程和参保约束机制，切实做到“先参保，再开工”。

按照“谁审批，谁负责”的原则，各类工程建设项目在办理相关手续、进场施工前，均应向行业主管部门或监管部门提交施工项目总承包单位或项目标段合同承建单位参加工伤保险的证明，作为保证工程安全施工的具体措施之一。未参加工伤保险的项目和标段，主管部门、监管部门要及时督促整改，即时补办参加工伤保险手续，杜绝“未参保，先开工”甚至“只施工，不参保”现象。各级行业主管部门、监管部门要将施工项目总承包单位或项目标段合同承建单位参加工伤保险情况纳入企业信用考核体系，未参保项目发生事故造成生命财产重大损失的，责成工程责任单位限期整改，必要时可对总承包单位或标段合同承建单位启动问责程序。

三、依法合理确定缴费比例。建筑施工企业相对固定的职工，应按用人单位参加工伤保险。不能按用人单位参加工伤保险的职工特别是短期雇佣的农民工，应按项目优先参加工伤保险，一般应由施工项目总承包单位或项目标段合同承建单位按照劳动雇佣关系一次性代缴本项目工伤保险费，覆盖项目使用的所有职工，包括专业承包单位、劳务分包单位使用的农民工。各类工程建设项目可以项目或标段为单位，按照项目或标段的建筑安装工程费（或工程合同价）的一定比例参保缴费。对人工成本占比较低的工程建设项目，可按照人工成本乘以工伤保险行业基准费率的方式计算工伤保险费。对于难以确定直接人工成本的工程建设项目，可参照本地区社会平均工资确定缴费基数。各统筹地区要按照“以支定收、收支平衡”原则，根据当地工伤保险基金的运行情况，科学合理确定费率。同时，注重发挥浮动费率作用，低保费起步，逐步实现收支平衡。

四、进一步加强督查和定期通报工作。从 2017 年起，人力资源社会保障部已将新开工项目参保率纳入人力资源社会保障事业发展指标体系，定期分省通报调度。各地人力资源社会保障部门要以此为契机，会同有关部门进一步强化督查措施，提高数据的可靠性和可应用性。要在全面启动交通运输等行业工程建设项目参加工伤保险工作的同时，将同口径数据纳入通报调度安排，并作为督查重点。各地人力资源社会保障部门要在门户网站上定期通报当地工程建设项目参保率情况，并加强与住房城乡建设、交通运输、水利、能源、铁路和民航部门的数据共享。

五、着力提高经办服务质量和管理水平。按项目参加工伤保险是适应流动用工特点做出的政策创新。各地人力资源社会保障部门要为参保工程建设项目及标段和工伤职工提供更加优质便捷的人性化服务，积极探索优化适合按项目参加工伤保险的登记、缴费、认定、劳动能力鉴定、待遇支付等服务流程，开辟绿色通道、专门窗口等，提供一站式服务。要最大限度缩短参加工伤保险工作流程、简化手续，力争实现施工企业办理参保缴费备案当日办结，避免因办理项目参加工伤保险而影响工程开工进度。施工项目总承包单位或项目标段合同承建单位应当在工程项目施工期内督促专业承包单位、劳务分包单位建立职工花名册、考勤记录、工资发放表等台账，对项目施工期内全部施工人员实行动态实名制管理。施工人员发生工伤后，以劳动合同为基础确认劳动关系，对未签订劳动合同的，由人力资源社会保障部门参照工资支付凭证或记录、工作证、招工登记表、考勤记录及其他劳动者证言等证据，确认事实劳动关系。对在工地内发生、事实清楚、当事双方无争议的工伤案件实行"快认快结"，一般应当在10日内作出工伤认定的决定。对在参保工程建设项目施工期间发生工伤，项目竣工时尚未完成工伤认定或劳动能力鉴定的，建筑施工企业要保证工伤职工医疗救治和停工留薪期间的法定待遇，在完成工伤认定及劳动能力鉴定后工伤职工依法享受各项工伤保险待遇。

各地人力资源社会保障部门要会同各部门按照《工伤预防费使用管理暂行办法》（人社部规〔2017〕13号），指导建筑施工企业积极开展工伤预防宣传和培训工作，要建立健全政府部门、行业协会、施工企业等多层次的培训体系，不断提升职工特别是农民工的工伤保险意识，控制和减少工伤发生。对积极开展工伤预防，有效减少工伤发生的项目承包单位，符合条件的，要优先落实浮动费率政策。

各地人力资源社会保障、交通运输、水利、能源、铁路、民航等部门要依据国家法律法规和本通知要求，结合本地实际制定具体实施方案，合力做好工程建设领域职工特别是农民工工伤保险权益保障工作。

人力资源社会保障部
交通运输部
水利部
国家能源局
国家铁路局
中国民用航空局
2018年1月2日

国务院关于建立企业职工基本养老保险基金中央调剂制度的通知

国发〔2018〕18 号

各省、自治区、直辖市人民政府，国务院各部委、各直属机构：

根据党中央、国务院决策部署和《中华人民共和国社会保险法》有关要求，为深入贯彻习近平新时代中国特色社会主义思想和党的十九大精神，均衡地区间企业职工基本养老保险基金（以下简称养老保险基金）负担，实现基本养老保险制度可持续发展，国务院决定建立养老保险基金中央调剂制度，自 2018 年 7 月 1 日起实施。现就有关事项通知如下：

一、总体要求

（一）指导思想

全面贯彻党的十九大和十九届二中、三中全会精神，以习近平新时代中国特色社会主义思想为指导，坚持党的基本理论、基本路线、基本方略，牢固树立和贯彻落实新发展理念，统筹推进“五位一体”总体布局和协调推进“四个全面”战略布局，紧扣满足人民日益增长的美好生活需要，着力解决发展不平衡不充分的突出问题，围绕建立健全更加公平更可持续养老保险制度目标，从基本国情和养老保险制度建设实际出发，遵循社会保险大数法则，建立养老保险基金中央调剂制度，作为实现养老保险全国统筹的第一步。加快统一养老保险政策、明确各级政府责任、理顺基金管理体制、健全激励约束机制，不断加大调剂力度，尽快实现养老保险全国统筹。

（二）基本原则

——促进公平。通过实行部分养老保险基金中央统一调剂使用，合理均衡地区间基金负担，提高养老保险基金整体抗风险能力。

——明确责任。实行省级政府扩面征缴和确保发放责任制，中央政府通过转移支付和养老保险中央调剂基金（以下简称中央调剂基金）进行补助，建立中央与省级政府责任明晰、分级负责的管理体制。

——统一政策。国家统一制定职工基本养老保险政策，逐步统一缴费比例、缴费基数核定办法、待遇计发和调整办法等，最终实现养老保险各项政策全国统一。

——稳步推进。合理确定中央调剂基金筹集比例，平稳起步，逐步提高，进一步统一经办规程，建立省级集中的信息系统，不断提高管理和信息化水平。

二、主要内容

在现行企业职工基本养老保险省级统筹基础上，建立中央调剂基金，对各省份养老保险基金进行适度调剂，确保基本养老金按时足额发放。

（一）中央调剂基金筹集

中央调剂基金由各省份养老保险基金上解的资金构成。按照各省份职工平均工资的90%和在职应参保人数作为计算上解额的基数，上解比例从3%起步，逐步提高。

某省份上解额=（某省份职工平均工资×90%）×某省份在职应参保人数×上解比例。

各省份职工平均工资，为统计部门提供的城镇非私营单位和私营单位就业人员加权平均工资。

各省份在职应参保人数，暂以在职参保人数和国家统计局公布的企业就业人数二者的平均值为基数核定。将来条件成熟时，以覆盖常住人口的全民参保计划数据为基础确定在职应参保人数。

（二）中央调剂基金拨付

中央调剂基金实行以收定支，当年筹集的资金全部拨付地方。中央调剂基金按照人均定额拨付，根据人力资源社会保障部、财政部核定的各省份离退休人数确定拨付资金数额。

某省份拨付额=核定的某省份离退休人数×全国人均拨付额。

其中：全国人均拨付额=筹集的中央调剂基金/核定的全国离退休人数。

（三）中央调剂基金管理

中央调剂基金是养老保险基金的组成部分，纳入中央级社会保障基金财政专户，实行收支两条线管理，专款专用，不得用于平衡财政预算。中央调剂基金采取先预缴预拨后清算的办法，资金按季度上解下拨，年终统一清算。

各地在实施养老保险基金中央调剂制度之前累计结余基金原则上留存地方，用于本省（自治区、直辖市）范围内养老保险基金余缺调剂。

（四）中央财政补助

现行中央财政补助政策和补助方式保持不变。中央政府在下达中央财政补助资金和拨付中央调剂基金后，各省份养老保险基金缺口由地方政府承担。省级政府要切实承担确保基本养老金按时足额发放和弥补养老保险基金缺口的主体责任。

三、健全保障措施

（一）完善省级统筹制度

各省（自治区、直辖市）要在统一基本养老保险制度、缴费政策、待遇政策、基金使用、基金预算和经办管理的基础上，推进养老保险基金统收统支工作，并建立地方各级政府养老保险基金缺口责任分担机制。

（二）强化基金预算管理

各级政府及财政、人力资源社会保障部门要切实加强基金预算编制和审核工作，严格规范收支内容、标准和范围，并按照批准的预算和规定的程序执行，不得随意调整。进一步强化基金预算的严肃性和硬约束，确保应收尽收,杜绝违规支出。

(三)建立健全考核奖惩机制

将各省(自治区、直辖市)养老保险扩面征缴、确保基本养老金发放、严格养老保险基金管理、养老保险基金中央调剂制度落实等情况列入省级政府工作责任制考核内容,对工作业绩好的省级政府进行奖励,对出现问题的省级政府及相关责任人进行问责。具体办法另行制定。

(四)推进信息化建设

建立全国养老保险缴费和待遇查询系统、养老保险基金中央调剂监控系统以及全国共享的中央数据库。在中央与地方之间以及各部门之间实现信息、数据互联互通,有效监控在职应参保人数和离退休人数,及时掌握和规范中央调剂基金与省级统筹基金收支行为,防范风险。

四、组织实施

建立养老保险基金中央调剂制度是加强基本养老保险体系建设的重要内容,事关改革、发展和稳定全局。各地区、各有关部门要统一思想,提高认识,加强领导,密切协调配合,精心组织实施。人力资源社会保障部、财政部要加强指导和监督检查,及时研究解决工作中遇到的问题,确保养老保险基金中央调剂制度顺利实施,同时抓紧制定养老保险全国统筹的时间表、路线图。

国务院

2018 年 5 月 30 日

国家医保局、财政部、国务院扶贫办关于印发《医疗保障扶贫三年行动实施方案（2018—2020年）》的通知

医保发〔2018〕18号

各省、自治区、直辖市及新疆生产建设兵团医保局（办）、民政厅（局）、财政厅（局）、人力资源社会保障厅（局）、卫生计生委、扶贫办：

为认真贯彻落实习近平总书记关于脱贫攻坚的重要指示精神和《中共中央　国务院关于打赢脱贫攻坚战三年行动的指导意见》，扎实做好2018—2020年医疗保障扶贫工作，国家医保局、财政部、国务院扶贫办联合制定了《医疗保障扶贫三年行动实施方案（2018—2020年）》。现印发你们，请认真组织实施。

国家医保局

财政部

国务院扶贫办

2018年9月30日

医疗保障扶贫三年行动实施方案

（2018—2020年）

党的十八大以来，医疗保障立足现有制度，采取综合措施，着力提高农村贫困人口医疗保障水平，在缓解贫困人口因病致贫因病返贫方面发挥了重要作用。党的十九大明确把精准脱贫作为决胜全面建成小康社会的三大攻坚战之一，作出新的部署。为进一步做好建档立卡贫困人口、特困人员等农村贫困人口医疗保障工作，完善医疗保障扶贫顶层设计，进一步明确细化扶贫政策，推动工作有效落实，特制定本实施方案。

一、总体要求

（一）指导思想

全面贯彻党的十九大和十九届二中、三中全会精神，以习近平新时代中国特色社会主义思想为指导，认真贯彻落实习近平总书记关于脱贫攻坚的重要指示精神，坚持精准扶贫精准脱贫基本方略，坚持脱贫攻坚目标和现行扶贫标准，将打赢脱贫攻坚战作为当前和今后三年的首要任务，重点聚焦“三区三州”等深度贫困地区和因病致贫返贫等特殊贫困人口，立足当前、着眼长远，精准施策、综合保障，实现参保缴费有资助、待遇支付有倾斜、基本保障有边界、管理服务更高效、就医结算更便捷，充分发挥基本医保、大病保险、医疗救助各项制度作用，切实提高农村贫困人口医疗保障受益水平，为实现2020年我国现行标准下农村贫困人口脱贫提供坚强保障。

（二）任务目标

到 2020 年，农村贫困人口全部纳入基本医保、大病保险、医疗救助范围，医疗保障受益水平明显提高，基本医疗保障更加有力。

——实现农村贫困人口制度全覆盖，基本医保、大病保险、医疗救助覆盖率分别达到 100%。

——基本医保待遇政策全面落实，保障水平整体提升，城乡差距逐步均衡。

——大病保险加大倾斜力度，农村贫困人口大病保险起付线降低 50%、支付比例提高 5 个百分点、逐步提高并取消封顶线。

——医疗救助托底保障能力进一步增强，确保年度救助限额内农村贫困人口政策范围内个人自付住院医疗费用救助比例不低于 70%，对特殊困难的进一步加大倾斜救助力度。

——促进定点医疗机构严格控制医疗服务成本，减轻农村贫困人口目录外个人费用负担。

——医疗保障经办管理服务不断优化，医疗费用结算更加便捷。

（三）基本原则

坚持现有制度，加强综合保障。立足基本医保、大病保险、医疗救助现有制度功能，坚持普惠政策与特惠措施相结合，统筹医疗保障扶贫整体设计，合理统筹使用资金和服务资源，充分发挥综合保障合力。

坚持基本保障，明确责任边界。严格执行基本医疗保障支付范围和标准，加强医疗费用管控、提高资金使用效率，尽力而为、量力而行，千方百计保基本、始终做到可持续，防止不切实际过高承诺、过度保障，避免造成基金不可持续和出现待遇“悬崖效应”。

坚持精准扶贫，确保扶贫实效。精准识别扶贫对象，精准使用扶贫资金，精准实施扶贫政策，加强贫困人口精细化管理，掌握贫困底数，细化扶贫措施，明确扶贫目标，落实各级责任，夯实扶贫效果。

坚持协同配合，形成保障合力。发挥机构改革优势，加强制度政策协同；加强医疗保障扶贫与医疗扶贫衔接，协同解决深度贫困地区医疗资源不足问题，提高贫困人口医疗服务利用可及性；坚持社会保障与家庭尽责相结合，既加大外部帮扶，又引导增强自我健康意识，落实家庭照护责任。

二、重点措施

（一）完善可持续筹资政策，实现贫困人口应保尽保

1. 稳步提高城乡居民医保筹资水平和医疗救助政府补助水平。合理提高城乡居民医保政府补助标准和个人缴费标准。省级财政要加大对深度贫困地区倾斜力度，按照规定足额安排补助资金并及时拨付到位。加大对城乡医疗救助的投入，2018 年起中央财政连续三年通过医疗救助资金渠道安排补助资金，用于提高深度贫困地区农村贫困人口医疗保障水平，加强医疗救助托底保障。

2. 将农村建档立卡贫困人口作为医疗救助对象，实现农村贫困人口基本医保、大病保险和医疗救助全覆盖，其中对特困人员参保缴费给予全额补贴、对农村建档立卡贫困人口给予定额补贴，逐步将资助参保资金统一通过医疗救助渠道解决。

3. 结合全民参保计划的推进，探索建立适合农村贫困人口特点的参保办法，提升经办服务能力，做好身份标识、组织参保和信息采集等工作，加强信息共享和数据比对，配合有关部门做好农村贫困人口参保缴费工作，确保已核准有效身份信息的农村贫困人口全部参保，实现应保尽保。

（二）实施综合保障措施，提高贫困人口待遇水平

4. 公平普惠提高城乡居民基本医保待遇。全面推进城乡居民基本医保制度整合，均衡城乡保障待遇，稳定住院保障水平。进一步完善城乡居民医保门诊统筹，逐步提高门诊保障水平，扩大门诊保障范围，减轻患者门诊医疗费用负担。

5. 加大大病保险倾斜支付力度。2018 年城乡居民医保人均新增财政补助 40 元的一半（20 元）用于大病保险。大病保险支付比例达到 50%以上。在此基础上，重点聚焦深度贫困地区和特殊贫困人口，巩固完善大病保险倾斜支付政策。对包括农村贫困人口在内的困难群众降低起付线 50%、提高报销比例 5 个百分点，逐步提高并取消封顶线。

6. 加大医疗救助托底保障力度。完善重特大疾病医疗救助政策，分类分档细化农村贫困人口救助方案，确保年度救助限额内农村贫困人口政策范围内个人自付住院医疗费用救助比例不低于 70%；有条件的地区，可在确保医疗救助资金运行平稳情况下，合理提高年度救助限额。在此基础上，对个人及家庭自付医疗费用负担仍然较重的，进一步加大救助力度，并适当拓展救助范围。

（三）使用适宜技术，促进就医公平可及

7. 落实基本医疗保障范围规定。全面执行国家基本医保药品目录，将国家医保目录谈判准入药品纳入医保支付范围。落实国家对诊疗项目目录和医疗康复项目的管理要求。

8. 引导落实分级诊疗制度。结合分级诊疗制度建设，将符合规定的家庭医生签约服务费纳入医保支付范围，引导参保人员优先到基层首诊。对于按规定转诊的贫困患者，住院费用可连续计算起付线，省域内就医结算执行所在统筹地区同等支付政策。鼓励有条件的地区将互联网诊疗服务纳入医保支付范围。

（四）优化基层公共服务，全面推进费用直接结算

9. 提高深度贫困地区基层医保经办管理服务能力，指定专门窗口和专人负责政策宣传并帮助贫困人口兑现政策，解决群众政策不知情、就医报销难等问题。

10. 全面推进贫困人口医疗费用直接结算。结合城乡居民医保制度整合，推进城乡居民医保、大病保险、医疗救助信息共享和服务衔接，实现农村贫困人口市（地）域范围内“一站式服务、一窗口办理、一单制结算”，减少农村贫困人口跑腿垫资。

11. 做好跨地区就医结算服务。对异地安置和异地转诊的农村贫困人口，医保经办机构要优先做好异地就医登记备案和就医结算等服务，切实做好贫困地区外出就业创业人员异地就医备案工作。2018 年率先实现深度贫困地区每个县有一家医院纳入全国跨省异地就医直接结算系统，加快实现深度贫困地区乡镇医院纳入全国跨省异地就医直接结算系统。

（五）加强医疗服务管理，控制医疗费用不合理增长

12. 完善支付方式改革，探索建立区域内医疗卫生资源总量、医疗费用总量与经济发展水平、医保基金支付能力相适应的调控机制。深度贫困地区要更加注重医疗费用成本控制，提供使用适宜的基本医疗服务，切实降低农村贫困人口医疗费用总体负担。

13. 完善定点医药机构服务协议管理，健全定点服务考核评价体系，将考核结果与医保基金支出挂钩。全面开展医保智能监控，不断完善医保信息系统，提高医保基金使用效率。

三、保障措施

（一）加强组织领导

各级医疗保障部门要把打赢脱贫攻坚战作为重大政治任务，坚持中央统筹、省负总责、市县抓落实的工作机制，强化一把手负总责的领导责任制，明确责任、尽锐出战、狠抓实效。要将医疗保障扶贫工作纳入年度重点任务推进，积极会同扶贫、民政等部门明确农村贫困人口的具体范围，结合实际制订扶贫三年行动具体实施方案，建立医疗保障扶贫工作沟通联系机制，确保各项扶贫政策落实落地。

（二）坚持现行制度基本标准，狠抓贯彻落实

各地要充分认识医疗保障扶贫任务的重要性、艰巨性和长期性，将思想和认识统一到中央的决策部署上来，既要狠抓落实确保扶贫任务全面完成，也要高度重视防范出现不切实际过高承诺、过度保障、不可持续的问题。坚持基本医疗保障标准，充分发挥现有医疗保障制度功能；贯彻落实精准方略，创新医疗保障扶贫机制；坚持严格管理，确保基金长期平稳可持续。对出现的苗头性、倾向性问题，要采取有效措施，及时规范整改，并做好衔接和平稳过渡。各地在现有医保制度之外自行开展的新的医疗保障扶贫措施探索，要在 2020 年底前转为在基本医保、大病保险和医疗救助三重保障框架下进行。

（三）建立专项工作调度机制

做好农村贫困人口身份标识，建立贫困人口专项管理台账。统筹基本医保、大病保险、医疗救助三项制度,加强农村贫困人口参保缴费、患病就医、待遇保障、费用结算等情况监测。建立医疗保障扶贫专项工作调度机制,按市、省、国家 3 级定期汇总报送数据,加强医疗保障扶贫工作督导检查。

(四)深入开展医疗保障扶贫作风专项治理

将作风建设贯穿医疗保障扶贫全过程,重点解决贯彻中央脱贫攻坚决策部署不坚决、扶贫责任落实不到位、政策措施不精准、资金管理使用不规范、工作作风不扎实、考核评估不严格等问题。防止形式主义、官僚主义,加强工作实效,切实减轻基层工作负担。

(五)加强典型宣传和风险防范

深入宣传习近平总书记关于扶贫工作的重要论述和党中央关于精准扶贫精准脱贫的重大决策部署,宣传医疗保障扶贫成就和典型事迹,营造良好的舆论氛围。加强医疗保障扶贫政策风险评估,建立重大事件应急处置机制,加强对脱贫攻坚的舆情监测,合理引导社会舆论。

关于申报按疾病诊断相关分组付费国家试点的通知

医保办发〔2018〕23 号

各省、自治区、直辖市医疗保障局，新疆生产建设兵团人力资源和社会保障局：

为认真贯彻党中央、国务院决策部署，落实《国务院办公厅关于进一步深化基本医疗保险支付方式改革的指导意见》（国办发〔2017〕55 号，以下简称 55 号文）要求，加快推进按疾病诊断相关分组（DRGs）付费国家试点，探索建立 DRGs 付费体系，我局决定组织开展 DRGs 国家试点申报工作。有关事项通知如下：

一、高度重视推进按 DRGs 付费试点工作

推进医保支付方式改革是党中央、国务院赋予国家医保局的重要职能，是完善中国特色医疗保障制度的重要内容，是推进医药卫生体制改革的一项长期任务，对于规范医疗服务行为、引导医疗资源配置、控制医疗费用不合理增长具有重要意义。为落实 55 号文提出的"国家选择部分地区开展按 DRGs 付费试点"任务要求，国家医保局正在研究制定适合我国医疗服务体系和医保管理能力的 DRGs 标准，并在部分城市启动按 DRGs 付费试点。各级医保管理部门要高度重视，积极参与按 DRGs 付费试点工作，加快提升医保精细化管理水平，逐步将 DRGs 用于实际付费并扩大应用范围。

二、工作目标

按照“顶层设计、模拟测试、实施运行”三步走的工作部署，通过DRGs付费试点城市深度参与，共同确定试点方案，探索推进路径，制定并完善全国基本统一的DRGs付费政策、流程和技术标准规范，形成可借鉴、可复制、可推广的试点成果。

三、范围和条件

原则上各省可推荐1—2个城市（直辖市以全市为单位）作为国家试点候选城市。试点城市应具备以下条件：

一是试点城市当地政府高度重视和支持试点工作，有较强的参与DRGs付费方式改革意愿或已开展按DRGs付费工作；医保行政部门有能力承担国家试点任务，牵头制定本地配套政策，并统筹推进试点；医保经办管理机构具备较强的组织能力和管理服务能力。

二是试点城市医保信息系统具有相对统一的医保药品、诊疗项目和耗材编码；能够提供近三年的完整、规范、标准化医保结算数据；具备安装DRGs分组器的硬件网络环境和运维能力，支持与医疗机构信息系统、DRGs分组器互联互通，保证数据传输的及时性、完整性和准确性。

三是试点城市至少有3家以上的医疗机构具备开展按DRGs付费试点的条件。试点医疗机构医院领导层和医护人员有较强的改革主动性，并能准确把握改革内涵；诊疗流程基本规范，具有较强的病案编码人员队伍及健全的病案管理制度；可以提供分组必须的近三年的完整、规范、标准化的医疗相关数据；具备对HIS系统接口进行改造的能力，与医保经办系统及分组器实现数据互传。

四是试点城市医保部门与本地卫生健康、财政等有关部门，以及区域内试点医院保持良好的合作关系，已经建立常态化的协商沟通机制。

五是试点城市医保基金运行平稳，有一定结余。

四、工作要求

各省要积极推动和参与按 DRGs 付费国家试点工作，建立健全工作机制，指导拟申报国家试点的城市做好调查摸底、数据收集等前期准备和申报工作。

各省级医保部门应提交书面申请，于 12 月 20 日前将书面申请与信息汇总表报送国家医疗保障局医药服务管理司。我局将综合评估，确定国家按 DRGs 付费试点城市，并开展后续工作。

国家医疗保障局办公室

2018 年 12 月 10 日

责任编辑：陈　登
责任校对：张　莉

图书在版编目(CIP)数据

中国社会保障改革与发展报告.2018/邓大松 等 著. —北京：
人民出版社,2020.1
(教育部哲学社会科学系列发展报告)
ISBN 978-7-01-021646-1

Ⅰ.①中… Ⅱ.①邓… Ⅲ.①社会保障体制-体制改革-研究报告-中国-2018②社会保障-发展战略-研究报告-中国-2018 Ⅳ.①D632.1

中国版本图书馆 CIP 数据核字(2020)第 000799 号

中国社会保障改革与发展报告 2018
ZHONGGUO SHEHUI BAOZHANG GAIGE YU FAZHAN BAOGAO 2018

邓大松　刘昌平 等 著

人民出版社 出版发行
(100706　北京市东城区隆福寺街 99 号)

北京中科印刷有限公司印刷　新华书店经销

2020 年 1 月第 1 版　2020 年 1 月北京第 1 次印刷
开本:710 毫米×1000 毫米 1/16　印张:28.75
字数:412 千字

ISBN 978-7-01-021646-1　定价:90.00 元

邮购地址 100706　北京市东城区隆福寺街 99 号
人民东方图书销售中心　电话 (010)65250042　65289539